KB261360

동남아의 구조조정과 개혁의 정치경제

동아시아연구단 총서 12

동남아의 구조조정과 개혁의 정치경제

제1판 1쇄 발행 2005년 9월 15일

지은이 ǀ 윤진표 외
펴낸이 ǀ 정민용
펴낸곳 ǀ 도서출판 폴리테이아
출판등록 ǀ 제 300-2004-63호
주   소 ǀ 서울시 종로구 홍파동 42-1 신한빌딩 2층
편   집 ǀ 02-739-9929 제작·영업 ǀ 02-722-9960, 02-733-9910(팩스)
표지디자인 ǀ 서진

ISBN 89-955215-5-4   03300

동아시아연구단 총서 12

동남아의 구조조정과 개혁의 정치경제

윤진표 편

서강대학교 동아연구소
서울대학교 비교문화연구소

폴리테이아

동아시아연구단 총서를 발간하며

　　지난 반세기 동안 동아시아는 줄곧 세계사적 변화와 사건의 주역을 담당해 왔습니다. 미국의 패권을 확인한 태평양전쟁, 냉전질서를 고착화한 한국전쟁, 미국의 개입정책에 의문을 던져 준 베트남전, 끔찍한 대학살로 수백만의 생명을 앗아간 캄보디아 내전과 인도네시아의 군사정변 등 역사의 줄기를 가른 주요 전쟁들이 모두 동아시아에서 발발하였습니다. 동시에 일본의 경제기적과 해외진출, 신흥공업국의 고도성장, 동남아시아국가연합(ASEAN)의 창설과 확대, 중국의 개혁개방과 강대국의 부상 등, 탈냉전과 미국 단일패권의 국제질서에 중대한 의미를 던져 줄 현상들 또한 동아시아에서 목도된 바 있거나 전개되고 있습니다. 그래서 21세기에는 위대한 동아시아의 시대가 열릴 것이라고 예측하는 사람들이 많습니다.

　　동아시아 시대의 막을 열면서 이 지역은 커다란 변화에 직면해 있습니다. 무엇보다도 중국은 급속한 경제성장을 바탕으로 일본의 경제력과 미국의 군사패권에 대한 강력한 도전자로 부상하고 있습니다. 일본은 1990년 이후 "잃어버린 10년" 동안 장기불황으로 상실한 내적 추진력과 개혁의 동력을 찾고자 애쓰고 있지만, 이것은 역설적이게도 동아시아의 세력균형과 지역협력에 적지 않게 기여한 것으로 보입니다. 또한 1997년 갑작스럽게 동아시아에 엄습한 금융위기는 이른바 동아시아 성장모형에 대한 재검토와 새로운 발전전략에 대한 모색을 요구하고 있습니다. 동시에 세계무역기구(WTO)의 다자주의적 세계화, 국제통화기금(IMF)의 경제자유화 프로그램, 유행처럼 번지고 있는 쌍무적 자유무역협정(FTA), 다양한 수준의 지역통합과 같은 새로운 추세와 외부적 압력이 동아시아 지역과 국가들에게 변화와 적응을 강요하고 있습니다. 불과 몇 년 전에 창설되어 성공적으로 추진되고 있는 아세안+3은 바로 이러한 시대적 요구에 부응하여 동아시아 통합을 향해 매우 빠른 속도로 순항하고 있습니다. 21세기는 동아시아에게 새로운 기회와 동시에 막중한 도전 거리를 던져 주고 있습니다.

요컨대, 동아시아의 지난 반세기는 "성장과 위기"의 시대였으며, 앞으로 열릴 반세기는 "통합"의 시대가 될 것입니다. 〈동아시아의 성장, 위기, 통합: 21세기 발전모델의 탐색〉은 이 시대를 사는 한국의 모든 지식인의 화두입니다. 따라서 한국학술진흥재단 설립 이래 최대 규모의 공동연구로 조직된 저희 동아시아연구단은 지난 2년간 이 화두에 천착하였습니다.

모두 60여 명에 달하는 공동연구진은 인문, 사회분야에서 중국, 일본, 동남아를 전공하고 있는 지역전문가들로 구성되었습니다. 이들은 모두 지난 반세기 안에 태어나서 성장하고, 바로 이 성장과 위기의 시대에 학문의 세계로 뛰어든 사람들입니다. 그런 의미에서 이 책의 필진은 모두 자신이 직접 산 시대의 경험을 인문학적 사유와 사회과학적 분석으로 해석, 검증하고 있다고 할 수 있겠습니다.

동아시아연구단 총서 제9권부터 총 8권으로 꾸며진 본 총서는 동아시아연구단의 제2차년도 공동연구 결과입니다. 2004년 3월에 출간되었던 제1차년도 연구총서와 마찬가지로, 이번 총서 시리즈도 중국편이 2권, 동남아편과 일본편이 각 3권으로 구성되었습니다. 제1차년도 연구가 동아시아의 성장을 회고하고 비판적으로 검토해 보았다면, 금번 연구는 동아시아 여러 나라들이 1990년대 들어 경험한 경기침체, 경제위기, 대안적 발전전략의 모색 등을 그 연구주제로 설정하였습니다. 1997년 태국에서 발원하여 인도네시아, 한국으로 확산되었던 금융위기는 이 3국을 넘어 동아시아 전역에 커다란 충격을 던져 주었습니다. 동남아연구팀은 이러한 위기의 전개과정과 그것이 낳은 경제적, 사회적, 정치적 결과를 분석하고 이를 극복하고자 각국이 추구하였던 해결책과 대안을 검토하고 있습니다. 일본의 장기불황은 동아시아의 경제위기보다 훨씬 앞선 것이었지만 이로 인해 불황이 한층 심화되고 극복이 지연됨으로써 이웃 국가들과 동병상련의 처지가 되었다고 말할 수 있습니다. 일본연구팀은 일본이 1990년대 이후 정치, 경제, 사회 분야에서 벌여 온 각종 개혁프로그램의 성과와 한계를 전문가의 잣대로 평가해 보았습니다. 마지막으로, 중국은 다른 동아시아 국가와 달리 불황의 늪에 빠지거나 위기의 물결에 휩싸이지 않고 지속적인 성장을 구가하고 경제발전에 매진해 온 나라입니다. 그럼에도 불구하고 동아시아의 경제위기는 중국에게 지금까지 추진해 온 발전전략과 사회경제정책을 재검토할 수 있는 좋은 계기를 제공하였다고 볼 수 있습니다. 저희 연구단의 중국연구팀은 중국이 동아시아의 위기를 타산지석으로 삼아 위기에 대비하고 대안을 모색하는 시도들을 소개하고 평가하였습니다. 제1차년도 총서에 실렸던 60편의 논문들이 "환상과 허구 속에 성장의 시대를 살아 온 사람들의 자아비판"이라고 한다면, 이 총서에 실린 60여 편의 논문들은 위기의 시대를 직접 경험한 전문가들이 자기성찰을 한 결과라고 할 수 있을 것입니다.

이 연구는 한국학술진흥재단이 제공한 2002년도 기초학문육성 인문사회분야지원 국내외지역연구(과제번호 2002-072-BL2058)의 연구비 지원으로 이루어졌습니다. 2002년 8월 1일부터 2004년 7월 31일까지 2년 동안 지속된 이 공동연구는 무려 26억 원에 달하는 거액의 연구비를 지원 받아 22명의 전임연구원들이 오로지 연구에 몰두하고, 40여 명의 공동연구원들이 공동연구와 현지조사의 소중한 기회를 가지며, 40여 명의 석, 박사과정 대학원생들이 학업과 훈련에 정진할 수 있도록 해 주었습니다. 지난 2년 동안 이렇게 엄청난 지원을 저희 연구단에게 해 준 한국학술진흥재단과 관계자 여러분께 진심으로 고맙다는 말씀을 드립니다. 또한 교정, 편집,

출판을 도맡아 깔끔하게 처리해 준 폴리테이아 여러분께도 감사의 마음을 표합니다. 마지막으로, 인문사회과학 분야에서 사상 최대의 공동연구 프로젝트로 기록될 동아시아연구단에서 심사평가위원장, 연구위원장, 운영위원 등의 임무를 맡아 이 컨소시엄을 함께 이끌어 준 서강대학교 이갑윤 교수, 강원대학교 박사명 교수, 서울대학교 오명석 교수, 서강대학교 전성흥 교수, 가톨릭대학교 김재철 교수, 세종연구소 진창수 박사, 서강대학교 동아연구소 이한우 박사와 함께 이 총서 출판의 기쁨을 나누고 싶습니다.

2005년 5월
〈동아시아연구단〉 연구책임자 겸
서강대학교 동아연구소 소장 신윤환 씀

동남아의 구조조정과 개혁의 정치경제　차례

이 논문들은 2002년 한국학술진흥재단의 지원에 의하여 연구되었음(KRF-2002-072-BL2058).

동남아의 구조조정과 개혁의 정치경제 서론

동남아의 구조조정과 개혁의 정치경제

■ 윤진표

1997년 7월 태국에서 발생하여 동아시아 전체로 확산된 금융위기는 이 지역 경제에 심대한 타격을 입혔다. 전 세계적인 시장 수요 확대와 수출 지향형 경제정책으로 승승장구하던 동아시아 경제는 태국의 달러화 고갈과 외환 지불 불능사태로 촉발된 금융위기 앞에 무력하게 무릎을 꿇을 수밖에 없었다. 사회주의 진영의 붕괴와 함께 시작된 1990년대는 자본주의 시장경제의 세계화가 대세로 자리 잡고 이에 적응하는 것만이 경제를 살리는 길이라는 인식이 모든 나라들에 확고하게 퍼진 시기였다. 자본의 세계화는 정치적 민주화와 더불어 1990년대를 특징짓는 테제가 되었던 것이다. 세계의 자본은 오직 이윤을 찾아 국경을 초월하여 자기증식을 거듭하였고 자본의 초국가적 이동은 어느 나라의 경제든 한번에 흔들어 버릴 수 있는 위력을 갖추게 되었다.

무역과 투자의 자유화에 이어 자본시장이 개방되면서 각국의 경제정책과 제도의 중요성은 더욱 커져갔다. 시의 적절한 정책과 제도적 보완을 통해 금융시장을 안정시키는 것은 무역확대를 통한 지속적인 경제성장의 필요조건임을 모든 국가들은 항상 유념해야 했다. 해외자본의 유입이 던져 주는 달콤함에 빠져 자본의 냉정한 생리를 깨닫지 못하고 대비하지 못한 대가는 처절했다. 1990년대 들어 세계시장경제에 급속히 편입되었으면서도 낙후된 제도와 관행화된 정책으로 일관했던 동남아 국가들은 국제자본의 냉혹한 결정의 제물로 변해버렸던 것이다.

　동남아 경제가 갑자기 거품처럼 꺼져 버리게 되었던 핵심요인은 이 지역의 자본흐름이 급격하게 역전되었기 때문이며, 자본 유출입 통계는 이러한 현상을 잘 보여주고 있다. 경제위기를 겪은 동남아시아 나라들의 자본 순유입(net capital inflow)은 1995년 국내총생산(GDP)의 6.3%, 1996년에 5.8%를 나타냈지만 1997년에는 2%의 자본 순유출(net capital outflow)로 바뀌었고, 1998년에는 5.2%로 증가했다. 자본 유출입의 역전 현상이 몰고 온 경제적 충격은 심각했고 파장은 결국 경제위기로 나타났다.

　자본의 유출이 투자자들의 변덕스런 심리와 투기자본의 음모에서 비롯되었으며 이로 인해 동남아 경제위기가 발생했다고 진단하는 것은 시장 작동원리를 무시하고 경제위기 상황을 지나치게 외부요인에 연결시키려는 안이한 시각일 뿐이다. 이윤이 예상되는 곳에 자본이 몰리는 것은 언제나 무차별적이고, 자본 유입의 증가로 만들어진 신용 확대는 국가경제를 위한 중요한 수혈 작용과 같은 것이다. 핵심적인 질문은 시장의 상황을 보고 국내로 유입되어 늘어난 신용을 어떻게, 어떤 곳에 투자하거나 흘러가게 했는가 하는 것이다. 경제위기를 일으킨 문제의 본질은 늘어난 신용이 수익성과 생산성을 무시한 채 투명도도 높지 않은 곳으로 흘러갔고 이는 마침내 부실대출의 급격한 증가로 귀결되었다는 점이다. 부실대출은 자본의 수익성을 저하시키고 대출금융기관의 연쇄부실화를 초래하면서 전체적으로는 경제성장률을 감소시켰다. 국제자본시장은 이러한 하락 추세를 주시하다가 경제체질이 허약해진 증거로 파악하고, 투자 위험도를 재평가하여 자본을 회수하려고 하였다. 게다가 관련 정부의 미온적이고 적절치 못한 정책 대응은 세계 시장이 등을 돌리는 데 결정적 작용을 하였던 것이다.

　국제자본시장이 동남아 경제에 변화를 보인 것과 더불어 몇 가지 요인들이 상황을 더욱 악화시켰다. 우선 고정환율제가 문제를 더욱 꼬이게 만들었다. 관련국 정부들은 고정환율제를 계속 유지할 것이라고 확언함으로써 통화가치 변동을 적절하게 반영하여 위험을 최소화할 수 있었던 기회를 놓치고 말았다. 결국 뒤늦게 어쩔 수 없이 변동환율제로 전환하면서 금융기관에 대규모 채무를 발생시키고 지불불능상태로 빠져들게 만들었다. 한편 금융기관들의 방만한 영업에 대한 국가의 부실한 규제도 문제를 더욱 악화시킨 요인이었다. 금융기관들이 자본시장개방으로 급속히 늘어난 돈을 객관적인 신용평가에 의존하지 않고 부패된 관례를 따라 대출을 늘렸고 정부는 도덕적 해이와 연관된 대출의 부실화를 규제하거나 막지 못했던 것이다. 동남아 경제성장의 한계를 인식한 자본 이탈과 정부의 부적절한 대응, 그 결과 외환 부족과 지불불능 사태로 이어지면서 금융위기는 확산되었다. 결국 IMF에 긴급구제금융을 요청하고 IMF의 관리를 받아들이면서 값비싼 구조조정의 대가를 치르게 되었다.

동남아 경제위기는 몇 가지 교훈을 던져주고 있다. 거시경제의 안정성을 목표로 하는 정책의 수립과 집행의 중요성은 아무리 강조해도 지나치지 않다. 모든 경제정책의 궁극적인 목적은 지속적이고 적절한 속도의 경제성장을 달성하는 데 있다. 빠른 성장만이 능사는 아니다. 정책의 틀은 경제의 체질에 맞춰 비교적 높은 성장률이 지속적으로 유지될 수 있도록 하는 데 초점이 맞춰져야 한다. 견실한 경제성장은 빈곤을 감소시키고 분배를 이룰 수 있는 최고의 현실적 수단이다. 경제성장이 생활수준을 높이고 삶의 질을 향상시킨다는 것은 세계의 모든 지역에서 입증된 경험이다. 경제위기를 당한 나라들도 경제를 제 궤도에 진입시켜 다시 성장할 수 있도록 하는 것만이 위기가 초래했던 사회적 비용을 갚고 정상화시킬 수 있는 유일한 방안이라는 것을 인정해야 할 것이다.

또 하나의 교훈은 경제정책의 두 분야인 재정정책과 금융정책이 조화를 이루면서 추진되어야 한다는 것이다. 적절한 재정정책은 경제성장과 빈곤감소에 상당한 효과를 갖고 있다. 건전한 재정정책은 희소한 자원 활용을 활성화하고 적절한 자유화 조치와 조세 왜곡 축소조치 등과 더불어 경제에 활력을 불어넣는 역할을 한다. 그런데 재정정책은 경기순환과는 반대 방향으로 진행되어야 실제로 효과가 있다. 많은 나라들이 경기호황일 때 팽창적 재정 정책을 추진함으로써 거시경제의 안정화라는 정책 목표를 오히려 그르치는 실수를 반복하고 있다. 경기가 좋은 상태에서 재정정책은 재정적자 감소와 균형 달성을 위해 의도적으로 긴축 방향으로 추진되어야 한다.

경제위기 이후 달라진 상황 중 정부가 각별히 유념해야 할 재정문제가 공공부채의 급격한 증가이다. 국가차원에서 경제위기를 해결해야 했기 때문에 정부는 결과적으로 상당한 공공부채를 떠안을 수밖에 없었다. 동아시아 지역 국가들의 공공부채는 1996년 국내총생산의 40%에서 2001년에는 65% 이상으로 늘어났고 이러한 추세는 더욱 증가하고 있어 현재는 중남미 국가들과 구 공산권국가들보다도 높은 수준에 이르렀다. 높은 공공부채비율은 경제의 발목을 잡게 된다. 계속 이어지는 부채 상환압력으로 인해 이자율이 낮아지지 못하고, 민간부문의 투자를 위축시키고 재정정책의 유연성을 제한하게 된다. 공공부채 부담을 해소하려는 적극적인 노력이 없다면 이번에는 민간부문이 아닌 국가부문으로부터 발생하는 경제위기를 걱정해야 하는 상황이 나타날 수도 있다. 정부가 공공부채의 증가에 주목하여 긴축 재정을 시행하고, 부채 원리금을 정상적으로 상환하고 있음을 보여 주는 것은 경제의 안정화와 국가에 대한 대내외 시장의 신뢰 형성에 매우 중요하다.

견실한 금융정책의 핵심은 변동환율제의 실시와 지나친 시장개입 자제 그리고 금융부문에 대한 투명한 관리감독 등으로 요약된다. 기업과 금융기관은 변동환율제에서 환위험을 피하면서 생산과 수출입, 자산관리에 대해 책임을 지는 훈련을 하게 된다. 금융정책은 부실여신을 줄이고 수신고를 적절하게 활용하는 선진기법을 금융기관들이 체득하도록 돕는 역할을 해야 한다. 그럼으로써 투자위험을 분산시키고 수익률 극대화에 중점을 두도록 유도해야 한다. 또한 효율적인 부도처리법을 가동시켜 채권자와 채무자의 권리에 균형을 맞춘 부도처리가 되도록 하여 자유로운 시장 진출입이 가능한 분위기를 만들어가야 한다. 또한 금융기관에 대한 관리감독을 효과적으로 수행하는 수준을 넘어 정부는 재산권 보호와 법 지배 강화 그리고 부정부패 처벌을 위한 법과 제도의 정비를 확고하게 실행해 나가야 한다.

1997년 경제위기 발생 이후 지금까지 동남아 국가들이 취한 개혁 노력은 상당한 성과가 있었다고 평가된다. 2003년 말까지 인도네시아가 IMF지원 프로그램을 완료함으로써 경제위기로 인해 IMF와 체결했던 동아시아의 경제개혁 프로그램들은 모두 종료되었다. 경제위기를 겪었던 나라들은 세계경제의 회복에 힘입어 순조로운 경제성장이 재개되었고, 거시경제구조도 예전과 비교해 상당히 건전해졌다는 평가를 받고 있다. 개혁프로그램은 재정정책보다는 금융구조조정에 초점을 맞췄던 금융정책분야에서 더 많은 성과가 있었다. 변동환율제도 이제 동남아 지역에서 자리를 잡아 보다 안정적인 외환관리가 가능해졌다.

그러나 제도적 개혁의 영역에서는 아직도 해야 할 일이 많이 남아 있다. 여전히 제도상의 미진한 부문으로 인해 건실한 경제성장의 발목을 잡는 병목현상이 곳곳에 도사리고 있기 때문이다. 외부여건이 호전되고 경제성장세가 자리 잡은 현재의 시점이 반대가 심할 수 있는 제도개혁의 문제를 다룰 수 있는 호기라는 사실을 알아야 한다. 가장 시급하게 다루어야 할 분야는 역시 금융부문을 더욱 강화시키는 것이다. 금융부문의 선진화는 자본주의 체제를 건강하게 움직이는 핵심이기 때문이다. 금융부문이 취약하면 외부충격에 쉽게 타격을 입기 마련이다. 그렇지만 여전히 동남아 국가들의 은행과 기업들은 취약한 재무구조를 벗어나지 못하고 있다. 은행과 기업의 재정 악화는 성장잠재력을 약화시키는 것과 직결되어 있다. 따라서 금융부문의 개혁에 박차를 가하는 나라만이 지속적인 성장을 확보할 수 있는 기회를 갖는다는 사실을 분명히 인식해야 한다. 시장의 진출입을 효율적으로 보장해 주는 부도처리법의 시행, 자본시장 감시망의 확충, 객관적 여신위험 평가체계 확립, 투명한 거래를 위한 회계 관련 법규 보완, 기업지배구조의 제도적 개혁, 과도한 은행의존을 줄일 수 있는 채권과 부동산거래 시장의 활성화 등이 금융부문 구조조정과 함께 실현되어야 할 과제들이다. 다시 말해 금융부문의 건전성 확보는 지속적인 경제성장을 보장하기 위한 가장 중요한 기준이다. 금융위기는 언제 어디서라도 발생할 수 있고 그 여파는 모든 경제에 급속하게 퍼져 나가기 마련이다. 그렇지만 금융구조가 튼튼하고 위기발생 경고시스템이 작동하고 있다면 위기를 사전에 막거나 피해를 최소화할 수 있다는 것을 우리는 동남아 경제위기로부터 배웠다.

개혁은 결코 중단될 수 없는 지속적인 과정이어야 한다. 선진경제란 외부변화에 적극적으로 반응하면서 새로운 모습으로 진화하려는 끊임없는 적응의 과정을 보여주는 것이라고 생각한다. 그런데 경제가 최악의 상태를 벗어나 조금이라도 나아지면 개혁피로 증상이 사회전반에 나타나게 된다. 개혁에 대한 피로감은 사회 모든 분야에서 분출되어 개혁의 발목을 잡는 구실로 작용한다. 이럴수록 국가의 역할은 더욱 중요해진다. 노사의 가운데에서 중립적이면서 객관적인 판단을 행사할 수 있는 정부의 능력은 국가리더십의 문제와 직결된다. 동남아 경제위기 이후 위기극복의 국가리더십 연구가 필요한 이유가 여기에 있다. 어떤 리더십을 가지고 있느냐에 따라 개혁의 방향과 내용이 다르게 전개될 수 있기 때문이다.

이 책은 2004년에 출간된『동남아의 경제성장과 발전전략 : 회고적 재평가』에 이어 동남아 경제위기의 발생과 과정, 결과에 초점을 맞춘 연속적인 연구의 결과물이다. 동남아시아가 세계 어느 지역과 비교해도 빠른 경제성장을 구가하다가 1997년 갑자기 경제위기를 맞게 된 원인이 무엇인지, 경제위기가 어떤 충격을 동남아에 주었는지, 동남아 각국이 경제위기의 직접 당사국이든 간접적인 관련국이든 '개혁과 구조조정'의 화두를 어떻게 소화시켜 나갔는지, 그리고 경제위기의 결과가 현재 시점에서 어떻게 평가되는지에 대해 7명의 연구자들은 2개의 지역차원의 연구와 5개의 국가별 연구를 수행하였다. 동남아 경제성장과 발전전략에 대한 1차년도 연구 결과와 맥락을 유지하면서 2차년도에는 역사적 사건으로서의 1997년 경제위기를 중심

개념으로 하여 동남아 정치경제를 현재의 시점에서 평가하고자 하였다. 권율은 경제위기와 구조조정문제를 지역차원에서 비교하였고 이요한은 경제위기와 지역협력문제의 상관성을 분석하였다. 국가별 연구에서 윤진표와 전제성은 각각 경제위기 발생국인 태국과 인도네시아를, 김동엽, 박승우, 이한우는 간접관련국인 말레이시아, 필리핀, 그리고 베트남을 각각 분석하였다. 아래는 이들의 연구내용을 요약 정리해 본 것이다.

권율은 동남아 경제위기의 발생과 과정을 지역 전체 수준에서 분석하고 있다. 고성장의 이면에 가려져 있던 동남아 경제의 구조적 취약성을 지적하면서 경제위기의 원인과 성격을 진단하고, 금융구조조정과 기업구조조정의 성과를 비교적 관점에서 검토하고 있다. 그는 통화가치 하락이 외환위기 차원을 넘어 금융체제의 기능 마비로 확대되었던 동남아 경제위기의 근본적인 원인은 동남아 경제의 구조적 취약성 때문이라고 진단한다. 1980년대 후반 이후 국제자본시장의 변화와 자본이동의 자유화가 급진전되면서 해외자본 유입에 의존한 동남아의 고도성장정책은 과잉투자문제를 유발시켰고 이는 금융부문의 내재적 취약성이라는 구조적 문제를 낳았다. 금융과 자본자유화 정책으로 해외로부터 무분별하게 민간단기자금이 유입되면서 급격한 대출 증가가 일어났다. 그러나 1990년대 중반 이후 수출이 하락하고 경제성장에 제동이 걸리면서 자산가치의 버블 붕괴와 함께 금융기관의 부실화로 이어졌다. 당연히 국제자본시장으로부터 신인도가 급속히 하락하면서 외국자본의 대량유출에 의한 금융시장 불안이 발생하고 금융기관의 중개기능이 마비되면서 외환위기에 봉착하게 되었던 것이다. 더욱이 관련 정부들은 금융규제 완화와 함께 금융기관에 대한 건전성 규제 및 감독기능을 제고하였어야 함에도 불구하고 전체적으로 퍼진 도덕적 해이에 적절히 대응하지 못하고 있었다. 결국 금융부문의 부실화가 대량 자본유출에 의한 유동성위기로 이어지면서 급격하게 외환위기로 발전하였던 것이다.

권율은 동남아 경제의 구조적 취약점으로 자본투입형 성장 구조와 자본시장의 불안정성을 지적하고 있다. 동남아 주요국들이 수출지향형 고도성장을 기록했던 것은 높은 투자율에 의한 요소투입형 성장패턴을 유지해 왔기 때문이고, 대내외경제의 균형을 위해서는 안정적인 자본유입이 무엇보다도 중요하였다. 고도경제성장정책에 따라 발생하는 국내저축 부족문제를 해외저축, 즉 외자도입에 의존할 수밖에 없으면서 불안정한 경제구조를 낳게 되었던 것이다. 다시 말해 높은 투자수준을 유지하기 위하여 10여 년에 걸쳐 동남아의 외자의존적 성장전략이 지속되면서 경제의 불안정성은 더욱 심화되었던 것이다. 한편 1980년대 후반 이래 외환과 자본거래 자유화의 영향으로 외자유입이 확대되면서도 동남아 각국은 그것을 감시하고 관리할 수 있는 금융시스템 정비에 소홀히 함으로써 자본시장의 불안정성을 심화시켰다. 불안정한 자본시장의 취약한 구조에서 1990년대에 들어 국제금융자본들이 신흥시장에 대한 투자를 크게 늘이자 무분별한 민간의 단기자본유입이 확대되었고 이는 자산인플레의 발생과 경제확대에 수반한 소비의 급팽창 등 경제구조를 심각하게 왜곡시켰던 것이다.

그는 태국과 인도네시아 등 외환위기 당사국이 IMF의 구제금융체제하에서 실시한 금융 및 기업구조조정 및 사회부문에 대한 개혁 과정을 정리하고 있다. 당사국들은 IMF와의 협의에 따라 긴축정책 기조하에 금융 및 자본시장의 취약성에 의한 경제위기의 구조적 문제점을 치유하는 데 개혁조치의 중점을 두었다. IMF 체제하에서 구조조정의 기본 방향은 금융부문 구조조정의 최우선 추진, 과잉투자 문제 해결을 위한 산업 및 기업구조조정 추진, 공기업 민영화 등 공공부문 구조조정 단행, 채무조정과 외환수지 균형 달성, 변동환율제 정착과 외환거래 투명성 확보 등이었다. 태국과 인도네시아 정부는 금융체제 재건과 기업 구조조정에 초점을 맞춘 조치들을 취해 나갔는데, 그 기본적인 특징은 부실금융기관의 정리 및 금융산업의 구조조정을 위한 전담기구 설치, 금융산업의 건전성 확보를 위한 국제적 수준의 감독 기준 설정, 금융기관 정상화를 위한 유동성 지원 및 증자를 통한 정부의 적극 개입, 기업구조조정을 위한 정부차원의 채무조정위원회 신설 등이었다.

권율은 IMF 지원을 받은 태국과 인도네시아 그리고 독자적인 노선을 걸었던 말레이시아 등 세 나라의 사례를 들어 경제위기 개혁조치들의 추진과정과 주요 성과를 비교하고 있다. 경제위기 재발방지를 위해 동남아 각국은 경제적 기초체력 강화를 목적으로 금융구조개혁과 법률 정비, 금융기관에 대한 자본 투입, 불량채권 정리, 기업채무조정 등을 적극적으로 추진했다는 공통점이 있다. 그러나 경제구조조정이 지연되면서 개혁의 피로현상이 누적되고 개혁조치의 모순과 갈등이 정치·사회적 긴장을 높이면서 경제적 불안정성이 심화되는 역현상을 겪기도 하였다.

그는 그렇지만 많은 어려움에도 불구하고 대외 경제여건의 호전에 힘입어 1999년 상반기를 지나면서 동남아 주요국들의 경제는 플러스 성장세로 돌아섰고 세계 경기가 급속히 회복됨에 따라 경제성장 국면으로 재진입하고 있다는 기대가 높아지고 있다고 설명한다. 그러나 그는 구조개혁이 철저하게 추진되지 못함으로써 대내외적인 위기감과 불안정 요인이 잔존해 있다는 점과 부실화된 금융부문의 재건을 위해 조속한 구조조정과 개혁조치를 통한 금융산업의 정상화가 가장 시급한 과제라는 점을 지적하고 있다.

이요한은 동남아 경제위기 이후 ASEAN을 중심으로 한 지역협력의 방향과 내용을 검토하고 있다. 경제위기라는 심각한 도전 앞에 ASEAN이 대응하고 있는 방식이 위기 이전과 비교하여 차이가 있는 것인지에 대해 질문을 던지고 이에 대한 분석을 시도하고 있다. 그는 동남아 경제위기에도 불구하고 ASEAN경제협력이 적어도 외형적으로는 활발하게 이루어지고 있다고 평가한다. 이에 대한 근거로 경제협력의 지역적 확대가 일관되게 이루어지고 있음을 지적한다. ASEAN은 위기 이후 라오스, 미얀마와 캄보디아를 가입시켜 ASEAN 10 형성을 완성하였고, 한국, 중국, 일본과 ASEAN＋3 체제의 구축을 통해 동아시아 경제협력도 주도적으로 수행하고 있으며 역외국과의 FTA 결성 등 각종 경제협력에도 박차를 가하고 있다. 한편 ASEAN은 경제협력분야의 확대를 추진하고 있다. 경제위기의 원인이 금융부문의 구조적 취약성과 외국투기자본에 대한 대응의 미비라는 인식하에 ASEAN은 기존의 무역협력을 심화시키는 것과 더불어 금융과 통화협력을 추진하고 있다. 그는 경제위기 발생 이후 ASEAN이 외연적 확장과 내연적 심화를 동시에 이루기 위해 노력하고 있는 점을 지적하면서 긍정적인 평가를 내리고 있다.

그는 ASEAN 경제협력의 내용으로 무역분야에서 AFTA plus와 금융분야에서 환율 안정을 위한 지역차원 조치, 지역경제위기 감시체제의 가동, 회원국간의 격차 해소를 위한 노력 등을 살펴보고 있다. ASEAN은 1999년 9월 기존 회원국은 2015년까지, 신규 회원국은 2018년까지 관세를 완전 폐지하기로 합의함으로써 AFTA 결성을 확실하게 결정하였다. ASEAN은 역내협력의 증진을 위해 관세인하는 물론 비관세장벽을 제거해야 한다는 데도 합의하였다. 또한 AFTA plus를 통해 무역부문뿐 아니라 금융, 통신, 교통 부문까지 포함시키고, 무역관련 투자조치와 지적 재산권 문제까지 포함하여 각국 간의 상호조화를 증진시키고 협력의 내실을 기하자는 목표를 설정하였다. AFTA plus는 경제위기의 여파로 일정이 연기되거나 계획이 유예되는 우여곡절을 겪었지만 협력의 기본 틀은 유지되고 있다.

이요한은 ASEAN이 금융협력에 관심을 갖게 된 것은 동남아 경제위기가 무역부문에서 보다 금융부문의 취약성에서 기인하였고 위기의 전염 속도가 매우 빨랐기 때문에 지역 차원의 협력을 통해 위기 재발을 방지하자는데 공감하여 동북아 3국을 포함한 역내금융협력을 적극적으로 추진하게 되었다고 말한다. 그러나 경제적 논리의 타당성에도 불구하고 아시아통화기금(AMF)의 설립구상은 일본의 팽창을 경계하는 미국과 중국 등의 반대에 직면하여 구체적으로 실현되지 못하였다. AMF 설립 실패는 경제협력에는 상호성을 추구하는 것이 중요하며 특정 국가의 독주보다는 수평적인 협력의 틀이 필요하다는 교훈을 주고 있다.

동남아 경제위기에서 거시경제 변수의 감독만으로는 위기의 징후를 발견하기가 어려웠다는 한계를 인정하고 자본거래를 포함한 금융부문에 대한 조기경보체제와 지역감시체제의 개발 필요성이 제기되었다. 1997년 11월 마닐라에서 아·태지역 14개국과 국제금융기구가 참가하여 지역협력을 통한 금융안정 증진을 위해 새로운 지역감시체제인 마닐라 프레임워크(Manila Framework)를 창설하기로 합의하였다. 이러한 지역감시체제의 강화 및 금융협력에 대한 논의는 IMF의 국제적 감시기능의 한계를 보완하고 역내에서의 새로운 경제위기를 예방한다는 차원에서 진행되었다.

ASEAN은 신규회원국인 베트남, 캄보디아, 미얀마, 라오스와의 경제력 격차를 해소하는 것이 ASEAN 통합의 중요 문제로 간주하고 있다. ASEAN은 2000년 11월 싱가포르 정상회담에서 개발격차를 줄이기 위한 공동 노력에 합의하고 IAI(Initiative for ASEAN Integration)를 출범시켰다. 2002년 7월에는 ASEAN 외무장관들이 IAI 실행계획에 합의했는데, IAI 실행계획은 2008년 6월까지 신규회원국의 경제발전과 빈곤해소를 위해 사회간접자본의 확충, 인적자원의 개발, 정보와 통신기술 및 지역경제 통합 등에 집중하고 있다.

이요한은 동남아 경제위기가 ASEAN에 경제뿐 아니라 정치의 위기 나아가 협력의 위기로까지 확산되었다고 설명한다. 기존 ASEAN Way로 대변되는 느슨한 형태의 경제협력은 무용지물이라는 것을 ASEAN은 경제위기를 통해 깊이 인식하게 되었다. 따라서 ASEAN의 협력은 재구성되어야 했고 더 세밀한 형태로 전환될 필요가 있었다. ASEAN 경제협력이 위기 이전까지는 ASEAN 자체의 협력에 초점을 맞추는 단선적인 특성을 띄었다면 위기 이후에는 중범위(ASEAN＋3)협력과 대범위(WTO)협력 등으로 다양하면서도 복합적인 방향으로 전개되고 있다. 그는 ASEAN 경제협력이 실질적인 성과를 거두기 위해서는 절차의 개혁과 더불어 정치적 결속을 강화시켜나갈 필요가 있다고 지적한다. 현재 추진되고 있는 ASEAN 경제협력의 동인이 기본적으로 위기였기 때문에 위기감이 퇴조함으로서 협력의 기반이 약해질 수도 있다. 따라서 향후 지역협력을 발전시키고 성숙시키기 위해서는 제도의 확립과 정치적 의지의 결합이 중요하다는 점을 지적하고 있다.

윤진표는 동남아 경제위기의 진원지인 태국에 대한 분석을 시도하고 있다. 1997년 7월 시작된 태국의 외환 지불 불능과 바트화 폭락 현상이 전체적인 경제위기로 이어진 사태의 발생 배경과 태국 정부와 IMF가 취했던 정책의 내용, 그리고 지금까지 경제위기의 충격이 남긴 정치경제적 변화에 대해 설명하고 있다. 그는 태국의 경제위기는 왜 발생했으며, 태국 바트화에 대한 국제시장의 신뢰 상실이 태국 전체의 경제위기로 번지게 된 이유는 무엇인지에 대해 설명한다. 태국 경제위기의 직접적인 요인은 심각한 외환부족과 투자자들의 신뢰상실이었지만 이렇게 된 실제적 요인은 제도적 결함과 정책적 실패 때문이었으며, 이를 개념화하여 시장에 대한 국가의 실패(state failure)라고 주장한다. 경제성장으로 인한 확대된 시장의 기능과 경제정책에 대한 기업의 영향력 증가에 비해 태국 중앙은행과 재무부간의 오랜 정책갈등, 경제정책 결정에 대한 정치적 입김, 금융제도 개선 지연과 방만한 해외 투자자금 관리, 제도권의 도덕적 해이 등 국가의 경제운영은 심각한 문제를 안고 있었고 이것을 국가의 실패라고 규정하고 태국 경제위기 발생의 핵심 요인이라고 지적한다.

그는 경제위기가 발생하고 IMF로부터 구제금융을 받음으로써 외부로부터 구조조정을 강요받게 된 태국이 겪었던 과정을 금융부문과 기업부문으로 구분하여 살펴보고 있다. 구제도의 개선과 새로운 제도의 도입, 그리고 IMF가 요구한 경제정책의 내용과 태국 정부의 대응에 대해 설명하고, 구조조정 과정을 거치면서 나타난 태국 경제의 변화를 정리하고 있다. 또한 경제위기로 비롯된 개혁 과정이 경제에 미친 결과와 더불어 정치 영역에 남긴 영향도 살펴보고 있다. 정권의 변동, 신헌법 공포, 총선 실시, 탁신 정권 등장 등 경제변동이 정치제도와 정치행위자들에게 미친 영향과 연관성에 대해 설명하면서 경제위기와 구조조정이 태국 정치의 책임성, 효율성, 투명성 제고에 어떤 효과를 미쳤는지에 대해 평가하고 있다.

윤진표는 국제경제환경의 변화와 투기자금의 횡포 등 대외적 원인으로 태국 경제위기 발생을 설명하려는 한계를 지적하고 대외적 요인도 대내적 요인이 발생시킨 틈새를 파고 든 결과라고 주장한다. 1997년 태국의 외환위기 발생은 내부적 요인이 만들어 놓은 좋지 않은 상황을 국제투기자금이 이용했고, 해외 투자자들이 실망하여 자금을 회수하려고 달려든 결과라고 설명한다. 1990년대 중반까지 태국의 눈부신 경제성장은 풍부하고 비교적 잘 훈련된 값싼 인력과 일본을 중심으로 한 해외투자의 집중, 국가의 수출드라이브 전략 등이 어울려 이룩한 결과였다. 그러나 태국은 성장의 빛에 취해서 성장이 드리운 그림자에 주목하여 대비하지 못했다. 특히 1990년대 초 역외 자본시장을 개방하는 자유화 조치를 취한 후 민간부문은 생산보다 부동산과 주식 등에 유입된 돈을 쏟아 붓는 머니게임(money game)에 빠지기 시작했다.

그는 민간부문의 방만한 경영을 규제하고, 관리하지 못한 국가의 실패를 태국의 부패한 정치구조에서 찾고 있다. 내각책임제하의 태국 정치는 다당제 연립정권에서 힘을 갖는 소수 정치인을 중심으로 광범위한 이권추구(rent seeking) 행위가 퍼져 있었다. 국가의 정책 수행에 일관성과 책임성이 결여되는 것이 당연했다. 1996년부터 경제위기의 적신호가 켜졌음에도 불구하고 총리실과 타이중앙은행, 재무부 등 책임 있는 부서의 협력은 이루어지지 못했고, 부적절한 정책을 견제하지도 못했다. 과열된 시장과 왜곡된 자원배분을 인식하면서도 국가는 제대로 된 정책결정을 적시에 하지 못했던 것이다. 경제성장의 흥분에 취한 '시장의 실패'를 국가가 적절히 규제하지 못한 '국가의 실패'까지 겹치면서 태국의 1997년 경제위기는 발생했다고 주장한다.

대대적인 구조조정의 고통을 겪은 태국 경제는 2003년 7월 IMF 관리를 벗어났다. 외부의 힘에 의해 개혁과 구조조정이라는 값비싼 기회비용을 치르면서 태국 거시경제는 위기 이전 수준을 회복한 것으로 보인다. 그러나 많은 구조조정안이 완료되지 못한 채 지지부진한 상태로 있고, 경제위기가 남긴 충격을 흡수하는 사회 안전망의 구축도 여전히 미진한 상태이다. 경제위기로 인해 갖게 된 태국인들의 복잡한 감정상태가 반영된 두 가지 정치적 결과가 신헌법의 제정과 탁신 정권의 등장이었다. 1997년 10월 공포된 신헌법은 경제위기가 태국인들에게 준 위로이자 전화위복의 성과였다. 또한 탁신 총리의 집권은 경제위기의 또 하나의 중요한 결과였다. 의회 과반수 의석을 차지하면서 강력한 집권당 체제를 구축한 탁신의 부상은 경제위기 이후 새로운 리더십을 갈망하는 국민들의 마음을 반영하고 있다. 민족주의적 대중주의 전략을 쓰고 있는 탁신의 인기는 2005년 2월 총선에서의 압승으로 다시 확인되었다.

전제성은 인도네시아의 경제위기가 몰고 온 자본과 노동간 산업관계의 변화에 분석의 초점을 맞추고 있다. 1997년 말부터 시작된 경제위기가 던진 사회적 충격과 그것이 제도적으로 반영된 결과 그리고 제도 개혁과정에서 동원되었던 수단에 대해 규명하고 있다. 비슷한 여건의 나라들과 비교하여 인도네시아는 경제위기 이후 산업관계의 변화가 큰 무리 없이 이루어졌다고 주장하는 그는 2000년부터 2004년 초까지 개정된 '노동 3법'의 내용을 소개하면서 개혁 과정에서 동원된 자원과 타협 방식에 주목하고 있다.

인도네시아의 경제위기는 수하르또 정권하의 경제성장이 만들어 놓은 통제와 보호를 교환하는 온정주의적 산업관계가 위기를 맞는 계기가 되었다. 하비비, 와히드, 메가와띠 정권으로 이어진 경제위기 이후 6년간 산업관계의 재편을 위한 노동법개정은 국가의 개입을 축소하고 노사관계의 자율성을 진작시키는 방향으로 추진되었고, 노동과 자본에 대한 보호와 통제를 공히 약화시키는 이중적 자유화를 내용으로 구체화되었다.

전제성은 개정된 노동법의 내용을 살피면서 우선적으로 노동에 대한 통제가 완화되고 노동권이 강화되었다고 말한다. 국가조합주의가 폐기되고 다원적 이익대표가 허용되고 노동권이 인정되었으며, 전국노조의 복수화와 동시에 단위사업장 수준까지 복수노조가 허용되었을 뿐 아니라 노조 설립기준이 크게 완화되었다. 2003년 8월에 발효된 '근로기준법'은 파업권을 노동자 및 노조의 권리로서 명시하고 파업의 요건을 크게 완화했다. 지역별 최저임금의 결정권이 중앙정부로부터 주 단위 지방정부로 이양되어 임금정책이 유연해졌다. 이러한 조치는 자본과 노동 모두에게 이익이 되는 합리적인 조치이며 지방차원의 노사정 3자협의를 강화하는 기반이 되었다. 그는 또 하나의 중요한 변화로 산업분쟁의 해결을 기존의 노사정 3자조정 방식에서 분쟁 당사자간의 양자조정 방식으로 전환하는 '산업분쟁해결법'의 통과를 들고 있다. 이를 통해 해고 문제에 대한 오랜 정부 개입이 중단되었으며 기존의 분쟁조정기구였던 중앙노동조정위원회와 지방노동조정위원회가 해체되고 산업분쟁해결재판소가 설치되었다.

그렇다면 국가가 노동문제에 대하여 안보 문제를 다루듯이 깊이 개입했던 수하르또 정권에 비해 국가가 노동문제에서 손을 터는 접근법을 구사한 경제위기 이후의 정권들은 어떻게 개혁을 성사시킬 수 있었는가? 이에 대해 그는 인도네시아의 신생정부는 경제위기 극복과 민주주의의 진전이라는 과제를 동시에 짊어지게 되었고 이러한 어려운 과제를 해결하기 위해 위임민주주의, 사회협약, 시민권 지향의 정치개혁 방법 등 세 가지 길이 모두 실험되었다고 말한다. 하비비의 위임민주주의식 개혁추진은 과거 강력한 대통령제 하의 관행을 이용한 것이었고, 와히드와 메가와띠의 사회적 대화 방식은 수하르또 시대에 유기적 국가관을 강제하는 통로로서 기능했던 노사정 3자 협력 포럼이라는 제도를 활용한 것이었다.

인도네시아의 산업관계는 공동의 목표를 위해 노사간 상호부조와 가족적 협력이 추구되는 '빤짜실라' 산업관계로 정의되어 왔는데 전제성은 경제위기 이후 6년간의 노동법 개정 과정에서 노동법개정안의 일방적인 관철 시도가 전혀 없었고 3자 협상이 자리를 잡게 된 점이 자유화 시대에도 빤짜실라 산업관계가 새로운 활로를 찾고 있다는 것을 증명한다고 말한다. 그는 노동조합 자유화와 노동시장 유연화라는 이중적 자유화는 노·사 양측의 반대를 받았지만 동시에 같은 이유로 양측의 타협도 가능했다는 점에서 계급 타협을 단지 경제적 이익 배분의 문제로 보아서는 안 된다고 주장한다. 그는 인도네시아 경제위기 이후 산업관계 변화를 분석하면서 물질적 기반이 없는 곳에서도 계급타협은 발생할 수 있으며 중요한 것은 양측이 적어도 부분적으로 만족할 만한 개혁의 내용을 국가가 제공해 줄 수 있어야 한다는 점을 지적하고 있다.

김동엽은 동남아 경제위기가 말레이시아에 미친 정치경제적 영향에 대해 분석하고 있다. 그는 말레이시아를 국가가 주도하는 경제정책에 의존하여 성장한 말레이 자본가 계층과 일부 화인 자본가들이 정치엘리트와의 후원-수혜 관계를 통하여 오랜 기간 동안 연합을 이루어온 발전국가 모델로 정의하고 있다. 말레이시아는 국가 우위의 발전국가 형태로 성장과 분배 정책을 비교적 효과적으로 펼쳤고, 동아시아 발전모델에서 흔히 볼 수 있듯이 국가가 주도하여 자본과 시민사회를 적절히 통제하고 또한 육성하기도 하였다. 그러나 산업화의 진전과 함께 서구 자유주의 사상의 확산은 그동안의 집단적 가치로서의 민족적 결속력이 감소되고, 경제적 차이에 의한 계층간의 구분이 보다 부각되는 현상이 나타났다. 이는 그동안 민족을 기반으로 한 국가주도의 성장과 분배정책이 새로운 경제적 소외계층을 생성시키면서 사회적 갈등과 정치적 위협으로 부각되기 시작했다는 것을 의미한다.

1997년 동남아 경제위기 직전의 말레이시아의 정치경제적 상황은 신경제정책(NEP)을 대체한 '비전(Vision) 2020'에 따른 제한적 자유화정책이 추진되고 있었다. 이러한 상황에서 닥친 경제위기는 정치행위자들 간에 각자의 정치경제적 이해관계에 따라 해결방안을 놓고 대결하는 양상으로 나타났다. 경제위기 도래 이전의 말레이시아 정치경제 모델은 시대적 상황과 정치적 판단에 따라 무게중심이 성장과 분배 사이를 오고 갔다. 말레이인, 화인 그리고 인도인 등으로 분화된 민족·계층구조 하에서 분배가 중요한 이슈였지만 이에 대한 지나친 치중은 성장의 정체 원인이 되었으므로 성장과 분배간의 적절한 조화가 말레이시아 정치경제의 핵심 과제였다. 1990년대 들어 성장을 위한 분배정책의 약화현상으로 계층간의 분열현상이 심화되었고 이런 현상은 경제가 위기를 맞게 되면서 정치적 갈등현상으로 나타났던 것이다.

김동엽은 1997년 동남아 경제위기는 말레이시아 경제에 직접적인 충격을 주지는 않았지만 그동안 마하티르 총리가 이룩한 경제적 성취에 대한 회의와 불신의 폭발, 그리고 정치경제적 도전으로 옮겨갔다고 주장한다. 경제위기를 통해 그동안 잠재해 있던 경제적 계층간의 분열의 골이 더욱 깊어졌고 이것이 표면화되기 시작했다. 마하티르는 정치적 후계자에서 도전자로 부상한 안와르를 퇴출시키고, 거대자본 우선의 경제정책으로 선회하였다. 이는 다른 경제 조치들과 결합하여 위기로부터 탈출하는 효과를 보였지만 마하티르의 정치경제적 행태가 말레이시아 국민들에게 전적인 지지를 받았던 것은 아니었다. 1999년 총선에서 반마하티르 정서가 직접적으로 선거결과에 드러났으며 경제위기가 말레이시아의 경제정책을 일시적으로 회귀시키기는 했지만 결국 신자유주의 경제를 향한 대세를 돌려놓을 수는 없었다. 그는 동남아 경제위기가 오히려 그동안 파행적으로 진행되어 오던 새로운 정치경제모델의 도입을 위한 계기를 제공하였고, 이러한 변화하는 환경 속에서 마하티르의 퇴진과 바다위라는 새로운 지도자의 부상은 경제위기 이전과 이후를 구분하는 경계선이 되었다고 말한다. 그는 포스트 마하티르 시대, 즉 바다위 정권의 선택은 분화된 사회라고 하는 말레이시아의 현실을 인정하고 사회구성원들 간의 경제적 균형과 정치적 안정을 효과적으로 이루기 위해 국가의 분배 역할을 강조하고 민족간 합의를 바탕으로 하는 협의민주주의 모델을 발전시킬 것을 권하고 있다.

박승우는 동남아 경제위기와 필리핀의 개혁과 구조조정의 논문에서 파행과 난맥으로 귀결된 에스트라다 대통령 시대를 통해 필리핀 정치경제체제의 본질적 문제점을 찾는 데 초점을 맞추고 있다. 그는 에스트라다 시대의 문제점이 1990년대에만 국한되지 않은 전후 필리핀 정치경제체제의 영속적인 문제점의 일단이라고 주장하고 있다. 라모스 대통령(1992~1998년)과 에스트라다 대통령(1998~2001년) 집권기를 포함한 연구는 동남아 경제위기의 발생시기와 겹치면서 라모스 대통령 집권기의 경제 개혁 성과와 한계에 대해 논하고 있다. 이어서 동남아 경제위기 과정에서 직접 당사국이 아님에도 불구하고 필리핀이 겪은 충격을 설명하고, 에스트라다 정권의 파행적인 국정운용과 사회적 파장에 대해 분석하고 있다. 그는 라모스-에스트라다 집권기를 통틀어 1990년대의 필리핀 정치경제체제에 나타나는 구조적 속성과 고질적 문제점이 전후 필리핀 정치경제체제의 지속적인 특성과 변함없이 맞닿아 있다고 주장한다.

박승우는 라모스 정권에서도 필리핀의 '이권추구 자본주의'는 변함없이 지속되었다고 말한다. 라모스 정권에서 추진되었던 개혁프로그램도 경제의 자유화 개혁 정도가 성과였을 뿐 정치적, 제도적 개혁은 선언적 수준에 머물렀다. 라모스 집권기간 동안 경제개혁을 제외한 나머지 개혁이 제대로 성과를 거두지 못한 이유는 국가역량의 부족 때문이었고, 이러한 국가와 정치체제의 취약성으로는 필리핀 경제의 이권추구적 성격을 결코 바꿀 수 없었다. 라모스 대통령 시기에 좌우의 극단 세력이었던 공산당과 신인민군 및 소장파 군부 개혁세력을 약화시키는 데 성공했지만 상대적으로 아키노 정권하에서 과거의 영향력을 완전히 회복했던 전통적인 과두지배엘리트들이 중앙정치무대를 재장악하였다. 과두지배세력이 장악한 필리핀의 국가기구는 이권추구를 막을 수 없는 허약한 체질일 수밖에 없었던 것이다.

에스트라다가 1998년 대선에서 승리한 데는 소외된 하층민과 서민들의 기대가 폭발하면서 그들의 지도자로 부각되었기 때문이다. 에스트라다의 당선은 새로운 정치를 추구해 온 시대적 흐름을 반영한 것이었다. 그러나 그의 당선은 제도와 정치문화의 변화가 수반되지 않고 인물중심 정치의 연장선상에 있었던 것도 사실이다. 서민의 대통령이라는 이미지로 대통령에 당선되었음에도 불구하고 에스트라다는 필리핀 정치문화의 고질적 특성인 2C, 즉 부패(corruption)와 측근주의(cronyism)를 그대로 드러냈다. 결국 2001년 1월 '제2의 피플파워'(People's Power)에 의해 불명예스럽게 권좌에서 물러난 에스트라다의 사례는 필리핀 정치경제의 고질적 특성이라 할 수 있는 국가 역량의 취약성, 국가와 정치체제의 가산제적 성격 그리고 이권추구 자본주의 경제가 재현된 것이었다고 지적하고 있다.

그는 필리핀은 사회경제적 특권과 부의 재분배를 위한 개혁 노력의 부재로 인해 여전히 심각한 빈부격차, 거대한 빈곤층의 존재, 계급의 양극화, 계급간 갈등의 증폭 등의 문제가 커지고 있고, 에스트라다의 등장과 몰락, 그리고 에스트라다 이후 아로요 대통령 시대에도 필리핀 정치경제 체제의 근본적인 문제점을 극복하지 못하고 있기 때문에 사회 불안정은 계속될 수밖에 없다고 전망하고 있다.

이한우는 여전히 베트남 경제의 중추적 역할을 담당하고 있는 국영기업의 개혁문제를 다루고 있다. 베트남 같은 사회주의 국가에서 국영기업부문의 효율성 제고는 매우 중요한 산업화 과제이지만 한편으로는 체제성격의 변화와 관련하여 가장 민감한 영역이기도 하다. 국영기업의 개혁은 경제 전체의 건전한 발전을 위하여 신속히 추진되어야 하지만, 급격한 전환이 가져올 경제적 충격과 국유경제부문이 경제 전체를 주도하여 사회주의체제를 유지해야 한다는 보수적 주장들과 결부되어 복잡한 상황을 맞고 있다. 국영기업 개혁의 방향은 대형 국영기업의 총공사 또는 주식회사 형태로의 전환, 기업 운영에서 소유와 경영의 분리, 국가와 기업간 권한과 책임의 명료화 등이다. 이러한 목표에도 불구하고 국영기업의 구조조정이 지체되는 것은 공산당과 정부의 경제에 대한 통제권 약화에 대한 우려가 중요한 이유라고 지적한다.

그는 국영기업 개혁을 둘러싼 복합적인 갈등과 타협의 과정에 초점을 맞추어 분석하고 있다. 공산당과 정부의 국영기업 개혁정책의 추이를 검토하면서 정책 변화과정에서 정책결정자 집단 내의 갈등과 타협과정을 파악하고, 국가와 이해당사자인 기업경영인과 노동자간의 갈등과 타협 과정에 대해서 논하고 있다. 1991년 12,000여 개에 달하던 베트남 국영기업의 경영이 비효율적이고 영세하여 시장경쟁에서 살아남을 수 없어, 투자재원을 확보하고 경영효율을 높이기 위해 국가전략적 분야를 제외한 분야의 기업들을 주식회사화하는 방안이 추진되어 왔다. 국영기업의 주식회사화 과정은 1992~1996년의 시험적 시행기와 1996년 이후의 확대기로 나누어 살피고 있다. 그 결과 2004년 말까지 2,000여 개의 국영기업이 주식회사로 전환되었다. 베트남 정부는 국영기업의 주식회사화를 확대하기 위하여 과정상 발생한 문제점을 보완하기 위해 재정부 산하에 국가자산을 관리하는 국가자본투자경영공사를 설립하고, 주식회사화 이후 실직할 국영기업 소속 잉여 노동력에 대한 지원을 목적으로 잉여노동자지원기금도 설치하였다. 또한 국영기업 개혁과정에서 발생하는 다양한 형태의 기업을 관리하기 위해 2003년 국영기업법을 개정함으로써 국영기업의 전환에 박차를 가하게 되었다.

이한우는 베트남 정부가 중앙정부 부처와 총공사들에게 매년 산하 국영기업의 전환계획을 제출하고 실행하도록 요구하고 있지만 정부가 이를 효율적으로 감독하거나 강제하지 못하고 있어 정부의 계획대로 추진되지는 못하고 있다고 한다. 또한 악성 부채를 안고 있는 국영기업을 전환하기 위해 정부가 할인 가격으로 기업을 매매할 것도 고려하고 있지만 악성 부채 증가와 재정부담 증가 문제와 조화시키는 것이 문제로 남는다고 지적한다.

그는 베트남 국영기업의 전환은 꾸준히 진행되어야 하는 피할 수 없는 국가적 과제이며, 전환이 명목상은 국영으로 남아있지만 실질적으로는 사영화라는 특성을 보여주고 있다고 말한다. 국영기업의 주식회사로의 전환과정에서 정부가 일부 지분을 가진 다양한 형태의 주식회사 또는 국영유한책임회사 설립을 활성화하는 사례에서 보듯이 지분의 일부를 보유하여 명목상 국영기업을 유지하려는 베트남 정부의 의지는 강하더라도 내용상으로는 이미 실질적 사유화가 진행되고 있다고 판단하고 있다.

1997년 경제위기를 이미 과거사로 간주하는 경향이 있다. 경제위기를 겪었던 대부분의 나라들이 위기 이후 빠른 경제회복을 하고 있고 이러한 추세는 당분간 이어질 것으로 보인다. 선진국 경제가 견실하게 성장하는 추세를 보이는 가운데 경제위기 이후 과감한 개혁을 단행했던 성과가 나타나고 있다는 평가를 하고 있다. 그렇지만 긍정적인 전망이 나오고 있는 지금이 미래에 닥칠 불황과 위기에 대비하여 안전조치를 강화시킬 좋은 기회이기도 하다. 경제위기 직후 개혁은 고통스럽지만 당연한 것으로 여겼다. 그러나 경제가 잘 돌아가는 상황에서 개혁을 지속적으로 추진하는 것이 매우 중요하다는 사실은 동남아 경제위기로부터 얻은 값진 교훈 중의 하나이다.

동남아 경제위기와 금융 및 기업구조조정

동남아 경제위기와 금융 및 기업구조조정*

■ 권 율

1. 머리말

　동남아시아 경제는 1980년대 중반 이후 연평균 7~8%의 고도성장을 기록하면서 신흥경제권으로 큰 주목을 받아왔다. 그러나 1997년 7월 태국에서 촉발된 외환위기로 극심한 경기침체국면에 진입하면서 금융기관 부실화와 기업도산에 의한 최대의 경제적 위기를 경험하였다. 외환위기 극복을 위해 태국과 인도네시아는 물론 주변 동남아 주요국들은 경제구조조정과 강도 높은 구조개혁을 추진해 왔다.

　동남아의 금융 및 기업구조조정의 기본적 특징을 파악하려면, 우선 경제위기가 발생하게 된 보다 근본적인 배경을 살펴볼 필요가 있다. 급속한 통화가치의 하락이 단순한 외환위기 차원을 넘어서서 금융시스템의 기능저하로 연결되었던 것은 동남아 경제의 구조적 취약성에 기인하기 때문이다. 즉, 1980년대 후반 이후 국제자본시장의 변화와 자본이동의 자유화가 급진전되는 가운데, 해외자본유입에 의존한 동남아의 고도성장정책은 과잉투자문제를 유발시키고, 금융부문의 내재적 취약성이라는 구조적 문제로 표면화되면

---

* 이 논문은, "동남아의 경제위기와 구조개혁: 금융부문의 구조조정을 중심으로," 『동남아시아연구』 제14권 2호(2004. 8), pp.299-341에 게재된 내용을 수정·보완한 것임.

서 경제위기를 보다 심화시켰다. 이에 따라 대외신인도가 급속히 하락하면서 외국자본의 대량유출에 의한 금융시장의 불안과 금융기관의 중개기능이 사실상 마비됨으로써 극심한 경기침체를 겪게 되었던 것이다.

경제위기가 심화되면서 태국과 인도네시아는 IMF 처방에 따른 포괄적이고, 급진적인 개혁조치를 추진하였다. 그러나 외국자본의 대거 이탈과 금융시장의 교란으로 경기침체국면이 장기화되면서 동남아 각국은 극도의 정치·경제적 불안정을 겪었고, 대내외적인 제약조건으로 인해 금융 및 기업구조조정이 상당기간 지연되면서 사회·경제적 갈등이 증폭되었다. 특히 경제적으로 부실채권 규모가 급증하고, 복합불황이 심화되는 가운데 기업과 금융기관의 연쇄부도로 경제기반이 와해되어 경제회복에 많은 어려움을 겪게 되었다.

이에 따라 외환위기의 진원지인 태국과 인도네시아는 IMF의 지원조건을 비교적 충실히 따르면서 부실금융기관을 정리하고, 금융부문의 관리·감독 강화를 통해 자본시장의 안정성 확보에 역점을 두는 등 과감한 개혁조치를 추진해 왔다. 특히 금융시스템을 재건하기 위하여 공적자금이 투입되거나 금융기관의 재무체질 강화를 위한 다양한 방안이 추진되었으며, 부실채권 처리와 금융시스템의 건전성은 기업구조조정과도 밀접히 연결되어 구조개혁의 핵심적 과제로 부각되어 왔다.

현재 국별로 다소 상이한 측면이 있지만, 금융 및 기업구조조정의 성과는 아직 미흡하고 불완전한 실정이다. 최근 경제여건이 호전되면서 각국은 경기부양책을 통해 본격적인 성장국면에 진입하고 있지만, 부실채권 비중은 여전히 높고 금융시스템 재건을 위한 제도적 기반도 불충분한 상황이다.

따라서 본 연구는 동남아 경제의 구조적 취약성을 중심으로 경제위기의 원인과 성격을 진단하고, 고성장의 이면에 가려져 있던 동남아 경제의 문제점을 통해 금융시장 개편과 기업구조조정의 성과를 비판적으로 검토함으로써 향후 구조개혁의 진로와 주요정책과제를 제시해 보고자 한다.

2. 동남아 경제위기의 특징

1) 경제위기의 원인과 성격

그동안 외환위기를 경험한 국가들의 사례를 비교해 보면, 다양한 요인이 복합적으로 작용하면서 그 전개과정이나 파급효과에 큰 차이를 보여 왔다. 1980년대 중남미 국가들의 경우 거액의 대외채무가 국내적으로 누적되면서 방만한 재정적자와 취약한 세수기반, 중앙은행의 통화증발에 의한 초인플레이션 등 구조적인 문제와 복합적으로 작용하면서 극심한 경제혼란을 겪은 바 있다.

그러나 동남아 국가들이 겪었던 경제위기는 1982년 멕시코를 시작으로 중남미에서 발생했던 외채위기(debt crisis)와는 매우 다른 양상을 보이고 있다. 무엇보다도 특징적인 것은 급격한 통화가치 폭락과 해외자금의 유출이 단순한 외환시장의 혼란과 거시경제정책의 실패 등에 의하여 비롯된 것이 아니라, 기본적으로 금융기관의 부실화에 따른 은행위기(banking crisis)에 의하여 촉발된 것이라고 할 수 있다.

골드스타인(Goldstein 1996)이 지적하였듯이 은행위기는 대내외적인 거시경제의 급변, 대출붐과 자산가격의 급락, 부적절한 신용팽창, 금융자유화에 있어서 미숙한 준비, 비효율적인 금융감독과 정부의 과도한 개입 등과 같은 요인이 복합적으로 작용함으로써 나타나게 된다. 또한 은행위기가 심화됨에 따라 대외신인도가 급속히 하락하고, 외국채권자의 예금인출사태(bank run)로 단기채무의 상환연장이 중단되면서 금융기관의 자금공급능력이 현저히 저하되어 신용경색이 지속된다. 이러한 가운데 기업과 금융기관의 연쇄부도로 실물경제기반이 와해되는 악순환을 초래하게 되는 것이다.

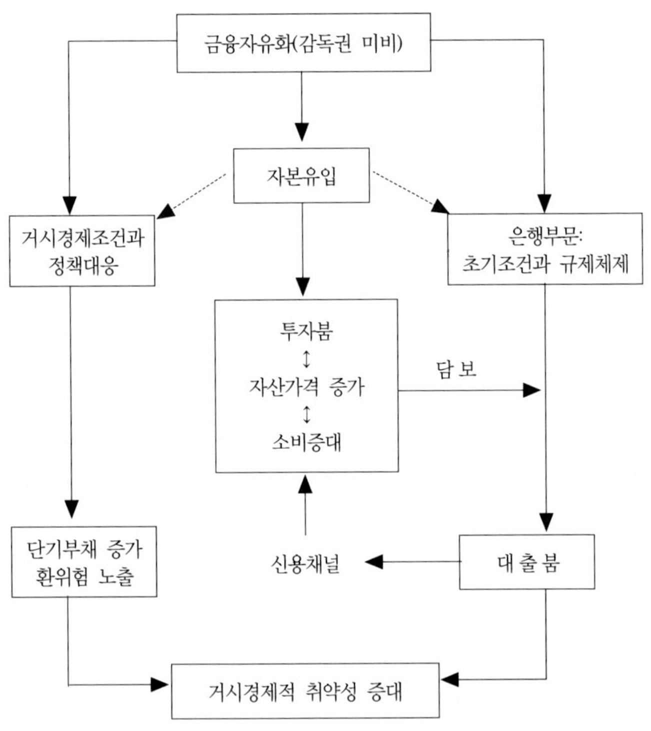

〈그림 1〉 동남아 금융체제의 취약성

자료: World Bank(1998b, 36).

동남아 경제위기에 있어서 주목해야 할 부분은 1980년대 후반 이후 국제 자본시장의 변화와 자본이동의 자유화가 급진전되는 가운데 추진되었던 동남아 각국의 금융자유화와 자본시장개방이라 할 수 있을 것이다. 일반적으로 금융자유화는 실물부문에 대한 외부의 충격을 흡수하고 금융부문의 경쟁을 촉진함으로써 효율성을 제고하고, 중장기적으로 금융 안정화에 기여하게 된다. 그러나 제도적인 측면에서 금융자유화가 충분한 사전준비와 여건 정비없이 추진될 경우 그동안 억제되었던 대출수요로 대출붐(lending boom)이 일어나고, 금융기관들의 위험자산에 대한 투자증가로 부실채권의 직접적 요인으로 작용하게 된다(〈그림 1〉 참조). 자본자유화를 포함한 금융자유화가 불안정한 거시경제 상황에서 충분한 선결요건이 충족되지 않을 경우 은행위기가 촉발되고, 결국 금융시스템 기능저하에 의해 경제위기로 발전될 가능성이 높아지게 된다.[1]

이와 같이 자본유입에 따른 경제불안정의 문제점이 상존함에도 불구하고, 금융자유화 초기에 대출심사기능 등 리스크 관리능력을 갖추지 못한 상태에서 금융기관들이 시장점유율 확보를 위해 고위험 분야에 대한 대출을 급격히 늘리게 된다면 대출의 상당부분이 부실화될 수밖에 없다(Goldstein and Turner 1996, 17-18). 그동안 금융자유화를 추진한 많은 나라에서 금융기관들의 도덕적 해이에 의한 신용팽창, 통화당국의 정책 자율성 저하로 환율 및 금리 변동의 위험에 노출됨으로써 금융불안이 증폭된 것은 금융기관의 건전성 규제 및 감독 능력이 뒤따르지 못했기 때문이다(Kaminsky and Reinhart 1996).

동남아의 경우 1990년대에 들어 추진한 금융 및 자본자유화 정책으로 해외로부터 무분별하게 민간단기자금이 유입됨으로써 급격한 대출붐이 일어난 바 있다. 특히 자산버블의 붕괴와 함께 금융기관의 부실화는 결국 은행위기로 이어지면서 경제위기의 결정적 원인으로 작용하였다. 무엇보다도 금융규제 완화와 함께 금융기관에 대한 건전성 규제 및 감독기능이 기능적으로 제고되지 않음으로써 도덕적 해이에 적절히 대응하지 못하고, 결국 금융산업의 부실화로 귀결되었다. 이러한 은행위기가 외환위기로 급진전되면서 대량 자본유출에 의한 유동성위기에 직면하게 되었던 것이다.

---

1) 그동안 개도국의 금융 자유화정책에 대한 경제적 효과가 의문시되면서 많은 논쟁이 진행되어 왔고, 금융자유화와 경제성장에 대한 최근의 논쟁과 금융자유화가 성공하기 위한 선결조건에 대해서 구체적 조건들이 제시되어 왔다(한국은행 1998). 자세한 내용은 Fry(1997)와 Singh(1997) 참조. 한편 1990년대 이후 자본개방하에서의 경제위기에 대한 연구는 Sachs and Velasco(1996), Diaz and Carstens(1996), Goldstein(1996), Honohan(1997), 주상영(1996), 한국은행(1997) 등을 참조.

특히 태국의 경우 과열경기를 막기 위해 1994년 도입된 부동산융자 규제 조치와 1995년의 금융긴축정책으로 부동산 가격이 하락하기 시작하고, 경기의 급속한 위축에 따라 이상과열현상을 보여왔던 부동산경기가 급속히 하락하게 되자 건설업체와 부동산 개발업체를 중심으로 기업의 도산이 늘어나는 등 금융기관의 부실채권이 크게 증가하게 되었다. 결국 1997년 3월 자산규모 12번째 은행인 타이다뉴은행(Thai Danu Bank)이 최대 금융회사(finance company)인 Finance One사를 합병하기로 하였다는 정부의 발표를 계기로 금융기관의 부실화에 대한 불안감이 확산되면서 경제위기가 표면화되었다.

결국 투자자들이 금융주를 대거 투매함에 따라 태국 증권거래소에서는 1975년 창설 이래 처음으로 1997년 3월 초 금융주의 주식거래가 정지되는 사태가 발생하였으며 주가는 폭락세를 지속하였다. 그럼에도 불구하고 태국 당국이 금융시장의 불안정과 외환시장의 동요를 조기에 진정시키는 데 실패함으로써 1997년 7월 초부터 태국경제는 전면적인 외환위기에 봉착하게 되었다. 이러한 측면에서 태국의 경제위기는 1997년 초 은행위기에서 비롯되었다고 할 수 있다. 즉, 1997년 들어 1990년대 고성장의 원동력이 되어 온 외국자본의 유출이 확대되고, 1997년 5월 이후에는 바트화에 대한 투기적 공격이 빈번해지면서 환율의 불안정이 심화됨으로써 외환위기의 징후가 뚜렷해졌다.

그동안 해외자본 유입을 촉진하기 위해 태국은 경상수지 적자 누증에도 불구하고 경제의 기초경제여건과는 괴리되게 바트화를 인위적으로 높게 유지하다가 갑자기 환율정책을 변경하고 평가절하를 시도함으로써 거시경제 여건의 불안정을 증폭시켰다는 점에서 멕시코 사태와 매우 유사한 점을 발견할 수 있다. 멕시코의 경우 1994년 12월 정정불안을 계기로 외화가 대량유출되면서 일시에 국가부도위기에 직면하게 되었다. 동남아와 마찬가지로 당시 멕시코도 1990년대 초반 양호한 경제적 성과를 거두면서 대내외적으로 성장기대가 높았으나, 페소화의 과대평가에 의한 경상적자 확대와 이에 따

른 단기외채 의존도가 급속히 증가함으로써 통화위기에 직면하게 되었던 점
은 동남아 경제위기와 매우 유사한 점이라 할 수 있다.

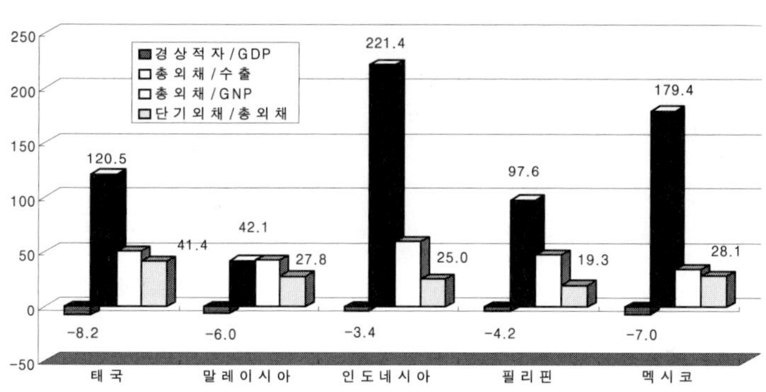

자료 : World Bank(1998a).

〈그림 2〉에서 나타나듯이 전반적으로 ASEAN 4의 외채비중은 멕시코보
다 높아 과도한 외자의존적 경제구조를 보이고 있다. 특히 태국의 경우 GDP
대비 경상수지 적자는 8.2%를 기록하여 멕시코의 7%보다 심각한 수준을
보이고 있고, 단기외채비중도 41.4%에 이르고 있음은 주목할 만하다. 한편,
인도네시아의 경우에는 수출대비 총 외채 규모가 멕시코보다도 월등히 높아
221%에 이르고 있다. 흥미로운 것은 멕시코가 통화위기 발생 3개월 후인
1995년 3월 하순에는 수습되기 시작하여 주변국으로의 영향도 한정적이었
다는 점이다. 반면에 태국의 경제위기는 동남아시아 전역은 물론 홍콩, 한국
등 아시아 NIEs로까지 확대되어 멕시코보다 훨씬 심각하게 진행되었다. 물
론 단기국채 상환문제로 인한 유동성부족으로 발생된 멕시코의 외환위기는
미국을 주도로 한 대규모 국제금융지원[2]에 의해 조기에 진정되었고, 멕시코
의 신인도 회복도 비교적 순조롭게 진행되어 1995년 7월에는 국제금융시장

으로의 재진입이 가능하게 되었다.

이와 같이 멕시코가 비교적 조기에 경기회복이 가능할 수 있었던 것은 의존도가 높은 미국경제의 호조와 페소화 평가절하를 바탕으로 수출주도의 경기회복이 가능했기 때문이다. 그러나, 동남아 경제의 경우 의존도가 높은 일본경제가 침체국면에 빠져 있고, 동아시아 통화의 동반하락과 함께 대내외적 사정으로 불가피하게 공세적 수출전략을 펴고 있는 중국경제로 인하여 수출촉진효과는 그 자체 한계를 갖고 있었기 때문이다. 이에 따라 동남아 경제의 급속한 통화가치 하락에 따른 수출확대의 가능성은 매우 적고, 금융시스템의 기능저하와 과잉설비투자의 대폭적인 조정이 불가피한 장기 불황 국면하에 금융시스템 재건과 구조조정이 핵심과제로 부상하게 되었다.

2) 동남아경제의 구조적 취약성

(1) 자본투입형 성장구조

공업화 초기단계부터 수입대체전략에 따라 내향적 경제개발을 추진해온 동남아 각국은 1980년대 중반 이후 수출주도형 경제개발정책으로 적극적으로 전환해 왔다. 특히 태국, 말레이시아, 인도네시아 등은 외국자본과 외자기업을 대거 유치하여 수출지향적 공업화를 추진하는 대외지향적 성장전략에 의해 압축성장을 달성해 왔다(권율 2002, 39).

그동안 동남아 국가들이 연평균 7~8%의 높은 성장률을 기록할 수 있었

---

2) IMF는 178억 달러, 미국은 200억 달러, 캐나다와 중남미 4개국 각각 10억 달러, 국제결제은행 100억 달러 국제민간은행 30억 달러 등 총 528억 달러 규모의 국제금융지원이 약속되었다. 자세한 내용은 김원호 외(1997, 32-34) 참조.

던 것은 무엇보다도 기술과 경영노하우를 수반한 외국인투자의 활발한 유입과 함께 정부차원에서 투자 및 무역자유화를 적극 추진해 왔기 때문이다. 이러한 대외지향적 경제성장전략이 가능하기 위해서는 해외시장과 자본 확보가 전제되어야 하는데, 그 결정적인 계기가 되었던 것은 1985년 9월에 개최된 주요선진국 재무장관 및 중앙은행총재회의(G5)라고 할 수 있다. 이른바 '플라자 합의'를 통해 급속히 엔고정책이 추진됨에 따라 미국의 보호무역주의 정책이 상대적으로 완화되고, 개방적 미국시장을 전제로 한 수출확대는 물론 엔고로 인하여 일본기업의 동남아진출이 가속화됨으로써 직접투자(FDI)의 확대는 자본과 기술이전을 촉진시켜 제조업을 중심으로 고도성장을 가능케 하였다.3)

　　〈표 1〉은 경제권별, 지역별 성장추이를 보여주고 있는데, 동남아 경제위기가 촉발한 1997년 이전까지를 비교해 보면, 동남아 국가 중에서 필리핀을 제외한 태국, 인도네시아, 말레이시아의 경제성장률은 세계 전체는 물론 개발도상국의 평균성장률보다 월등히 높게 나타나고 있다. 태국의 경우 1980~89년 연평균 7.3%의 성장을 이룩하고, 1991년 8.1%에서 지속적인 증가추세를 보이면서 1995년 9.2%의 성장률을 기록하였다. 특히 말레이시아의 경우에는 1995년 9.8%의 높은 성장률을 기록하여 개도국의 평균성장률을 크게 웃도는 높은 성장률을 기록하였다. 이와 같이 동남아 주요국이 고도성장을 기록할 수 있었던 것은 높은 투자율에 의한 요소투입형 성장패턴을 유지해 왔기 때문이다.

---

3) 동남아로의 직접투자 유입은 1985년 '플라자합의' 이후 엔화가치의 상승에 따라 일본 기업들의 생산기지 이전과 동남아 화교자본의 활발한 역내투자로 급격히 증가했다. 또한 국내요소가격상승과 무역흑자 누적, 비교적 손쉬웠던 해외차입 등으로 자금운용의 여유가 생긴 ANIEs 국가들은 저렴하고 풍부한 노동력과 천연자원을 가진 동남아에 대한 투자를 산업구조조정차원에서 크게 증가시켰다.

〈표 1〉 지역별 실질 GDP 성장률 비교 (단위 : %)

구 분	80~89[1]	1990	1991	1992	1993	1994	1995	1996	1997	1998	1999	2000
선진국	2.9	2.7	1.2	1.9	1.2	3.4	2.7	3.0	3.4	3.4	3.4	3.4
개도국	4.3	4.0	5.0	6.6	6.5	6.7	6.2	6.5	5.9	3.5	4.0	5.7
아시아[2]	7.0	5.6	6.6	9.5	9.3	9.7	9.0	8.3	6.6	4.0	6.1	6.7
·태국	7.3	11.6	8.1	8.2	8.5	9.0	9.2	5.9	-1.4	-10.5	-0.4	-0.4
·인니	5.3	9.0	8.9	7.2	7.3	7.5	8.2	8.0	4.5	-13.1	0.8	4.8
·말연	5.8	9.6	8.6	7.8	8.3	9.2	9.8	10.0	7.3	-7.4	6.1	8.3
·필리핀	1.9	3.0	-0.6	0.3	2.1	4.4	4.7	5.8	5.2	-0.6	3.4	4.4
중남미	2.2	0.7	3.8	3.2	3.9	5.1	1.2	3.5	5.0	n.a.	n.a.	n.a.
아프리카	2.6	2.4	1.9	0.4	0.8	2.3	3.0	5.6	3.1	3.4	2.8	3.0
세계경제	3.3	2.6	1.8	2.6	2.7	3.7	3.7	4.0	4.2	2.8	3.6	4.7

주 : 1) 연평균 실질성장률, 2) 아시아 국가중에서 개도국만 포함.
자료 : IMF, *World Economic Outlook* 각년호.

이와 같은 배경하에 동남아 경제위기와 관련하여 주목되는 것은 지난 10여 년간 동남아의 고도성장을 지탱하기 위하여 유지해 왔던 높은 투자율과 경제안정성의 문제라 할 수 있다. 투갭(Two Gap) 모델에 의하면 경제성장에 필요한 외자소요액은 저축격차와 외환격차로 결정되고(Meier 1995, 215~216), 기본적인 국민소득방정식에서 도출되는 저축(S)-투자(I)의 불균형은 경상수지적자로 나타나게 되므로 이는 자본수지상의 해외자본 유입으로 보전되어야만 한다. 이에 따라 지속적인 고도성장정책을 추구해 온 동남아 주요국들로서는 대내외경제의 균형을 위해서는 안정적인 자본유입이 무엇보다도 중요하였다. 따라서 경제성장을 제약하는 저축격차(Savings Gap)는 일반적으로 국내저축 부족문제로 귀착된다. 저축격차에 의한 외자소요액(FK)을 간단한 수식으로 살펴보면 다음과 같이 정리할 수 있다.

$$FK = I\text{-}S \ \text{---} \ (1)$$

그런데, $I = \dfrac{\delta K}{\delta Y} \cdot \dfrac{\delta Y}{Y} = ka Y$ 단, ka는 투자율

$S = \dfrac{\delta S}{\delta Y} \cdot Y = \beta Y$ 　　　　　　단, β는 저축률

따라서 $FK = I - S = ka Y - \beta Y = (ka - \beta)Y$ —— (2)

(2)식에 의하면, 외자소요액은 한계자본계수 k가 클수록, 경제성장률 a가 높을수록 커진다. 이러한 관계를 동남아 경우를 통해 살펴보면, 〈표 2〉에서 나타나듯이 태국과 말레이시아 등은 고도성장을 달성하기 위하여 높은 투자수준을 유지해야 했다. 즉, GDP대비 투자수준이 1980년대 중반 이후 개도국 평균인 21~25% 수준에서 줄곧 40% 이상의 투자를 기록하고 있고, 저축도 30% 수준을 넘어서고 있어 개도국의 평균을 크게 상회하였다. 이에 따라 저축률이 결코 낮은 수준이 아님에도 불구하고 1990년대 중반에 이르러서는 GDP대비 7% 수준규모의 외자도입(해외저축)에 의존할 수밖에 없는 구조적 문제점을 낳게 되었다.

따라서 1990년대에 들어서 태국은 외자의 안정적 확보를 위하여 바트화를 미 달러에 연동시키는[4] 한편 자본 및 금융개방조치를 통해 기존의 정부주도로 이루어진 차입을 민간차입과 증권투자로 확대하고, 국내금융체제를 자유화함으로써 투자재원을 효율적으로 민간부문에 배분하고자 하였다. 이에 따라 저축률이 결코 낮은 수준이 아님에도 불구하고 해외저축에 의존할 수밖에 없는 불안정적인 경제구조를 낳게 되었다. 즉 높은 투자수준을 유지하기 위하여 10여 년에 걸쳐 추진된 동남아의 외자의존적 성장전략이 지속되면서 경제의 불안정성이 심화되었던 것이다.

---

4) 태국은 미 달러의 비중이 약 85%에 이르는 통화바스켓제를 통해 바트화를 미 달러에 사실상 고정시킴으로써 외국투자가는 환리스크를 거의 부담하지 않고 투자를 할 수 있게 되어, 바트화의 과대평가는 금리차를 이용한 재정거래를 촉진시키는 등 단기민간자본이 유입할 수 있는 기반을 제공하였다.

<표 2> 동남아 주요국의 저축갭 변화추이(1980~1997) (단위 : GDP대비 %)

		1980	1985	1990	1994	1995	1996	1997
태국	투자(I)	27.6	22.7	40.3	40.9	42.9	42.5	40.6
	저축(S)	22.5	19.1	32.8	35.5	35.2	34.8	37.2
	I-S	5.1	3.6	7.5	5.4	7.7	7.7	3.4
말레이시아	투자(I)	31.0	29.8	32.4	40.1	43.0	46.2	40.1
	저축(S)	29.2	25.7	29.2	34.1	34.8	38.7	37.4
	I-S	1.8	4.1	3.2	6.0	8.2	7.5	2.7
인도네시아	투자(I)	20.9	28.0	28.3	27.4	28.6	29.3	29.9
	저축(S)	21.7	30.8	27.9	29.8	29.0	29.2	29.7
	I-S	-0.8	-2.8	0.4	-2.4	-0.4	0.1	0.2
필리핀	투자(I)	27.2	16.5	23.1	23.7	22.2	23.2	23.2
	저축(S)	29.1	14.3	17.5	19.9	17.8	20.0	19.1
	I-S	-1.9	2.2	5.6	3.8	4.4	3.2	4.1
개도국	투자(I)	n.a.	21.3	22.1	24.7	24.6	24.8	25.1
	저축(S)	n.a.	21.6	24.0	23.6	24.0	24.5	25.4
	I-S	-	-0.3	-1.9	1.1	0.6	0.3	-0.3
선진국	투자(I)	22.0	19.3	21.0	19.6	19.8	19.8	19.2
	저축(S)	21.5	19.4	20.7	20.1	20.3	20.1	20.0
	I-S	0.5	-0.1	0.3	-0.5	-0.5	-0.3	-0.8

자료 : DRI(1998); *World Economic Outlook*.

(2) 자본시장의 불안정성

그동안 동남아 각국은 고도성장과 높은 투자수준을 유지하기 위하여, 1980년대 후반 이후 국제자본시장의 변화와 자본이동의 자유화가 급진전되는 가운데 외자유치 확대를 위해 경쟁적으로 규제조치를 완화하고, 적극적인 외자유치정책을 추진하였다.[5] 특히 1990년대에 들어서는 유입된 외국자금을 효율적으로 배분할 수 있는 금융시스템의 정비를 위해 금융 및 자본이

---

5) 동남아의 외국인 직접투자 유입은 1988~90년 중 연평균 약 61억 달러에 불과하였으나, 1991년 중에는 134억 달러로 2배 이상 급증한 바 있으나, 1992년 이후 중국이 천안문사태의 후유증에서 벗어나 개혁, 개방정책을 가속화하면서 아시아로 향한 외국인 직접투자를 대거 흡수함으로써 동남아로의 직접투자 유입비중이 지속적으로 하락하고 있다. 왕윤종 편저(1997, 331-336) 참조.

<표 3> 동남아 주요국의 자본이동 및 금융관련 조치

	자본이동자유화	금융자유화
태 국	- 외국은행지점의 신규설립인가 방침(88.12) - IMF 8조국 이행(90) * 상업은행의 자본거래 자유화 (91.4) - 역외금융시장 개설(BIBF, 93) - BIBF 실적으로 외국은행 지점인가 방침예정 발표(95.2)	- 금융자유화 종합안 발표(90.3) - 단계적인 금리자유화(89.6~92.6) * 정기예금 상한금리 규제철폐(89.6, 90.3) * 상업은행의 대출금리 상한 철폐(92.6) - 중앙은행 제2차 금융 3개년 계획(93) - 사채시장 설립(94.12) * 은행과 금융회사에 채권인수업무부여
말레이시아	- 국내증권회사에 외자합작비율 30% 허용(86.4) * 49%로 상향조정 (88.7) - 외국은행지점의 현지법인화 94년까지 추진방침 발표(89.10) - 라부안 역외금융센터 설립(90.10)	- 최고대출마진 설정(BLN의 4%) - 기준결정금리(BLR) 결정의 자유화(91.2) * 상업은행의 금리 완전자유화
인도네시아	- 외국합작은행 신규허가방침(88.10) - 자본시장 육성방안 발표(88.12) * 외국합작기업에 증권업무 허용 * 시가발행증자 인가 - 외국은행 100%출자 허가(94.6)	- 제2차 금융개혁(88.10) * 국영과 일반은행의 업무 동등화 * 신규설립 자유화 - 국영은행의 저리융자 폐지(90.1) - 국영은행 민영화(92.3)
필리핀	- 외국은행 규제완화(94.5) * 업무제한 철폐 * 점포수 증가 * 합자은행 신설인가(출자비율 60%)	- 금리자유화 * 예금금리의 완전자유화(82.12) * 대출금리의 완전자유화(83.1) - 은행의 신규지점 개설조건 완화(88.10) - 외국은행 자유화법 발효(94.5)

자료 : 필자작성.

동 자유화를 위한 조치를 적극적으로 추진해 왔다(<표 3> 참조).

일반적으로 자본자유화는 장단기 차관은 물론 직접투자, 증권 및 채권 투자를 포함한 자본에 대하여 그 사용목적이나 이동방법에 대한 규제나 간섭을 완화 또는 철폐함으로써 국가간 자본이동을 허용하는 것을 의미한다. 그러나 자본자유화로 인해 대규모 국제자본이동과 환율변동을 초래할 수 있기 때문에 동아시아 국가들은 그동안 경상거래 자유화 → 직접투자 제한 철폐 → 자본거래 자유화의 순으로 단계적인 조치를 추진해 왔다.

특히 동남아 주요국은 1980년대 후반에 접어들면서 금융시장 개방압력 증대, 국내금융시장의 자유화와 국제화 등 국내외 금융환경변화로 자본자유화를 본격적으로 추진하게 되었다. 그동안 동남아 국가들은 자본시장이 발달되어 있지 않아 주식이나 채권과 같은 직접금융보다는 은행차입에 의한 간접금융에 의존해 왔다. 그러나 1980년대 후반 자본시장개방과 함께 자금유입이 크게 늘어나 인도네시아(1986), 태국(1987), 필리핀(1987), 말레이시아(1989) 등은 자본수지 흑자를 기록하기 시작하였다. 그런데 필리핀, 태국 등은 증권투자 중심의 단기성 자본유입 비중이 큰 반면, 인도네시아, 말레이시아, 중국, 베트남 등은 직접투자유치에 치중해 왔다. 외환거래에 있어서도 자유화가 확대되어 한국(1988. 11), 인도네시아(1988. 5), 태국(1990. 4), 필리핀(1995. 9), 중국(1996. 12) 등이 IMF 8조국으로 이행함으로써 경상거래를 자유화하였다. 특히 동남아의 경우 국제금융센터가 경쟁적으로 개설되면서 싱가포르(1968), 필리핀(1977)은 물론 말레이시아(1990)와 태국(1993) 등에서 외환자유화가 크게 확대되었다.

태국의 경우를 살펴보면, 1990~94년 중 3차에 걸친 외환거래 자유화와 함께 1993년에는 방콕역외금융시장(Bangkok International Banking Facility: BIBF)이 설립되어 단기자본 유입이 크게 확대되는 계기를 마련하였다. 그러나 태국이 BIBF를 통해 외환거래에 있어서 역내외거래를 사실상 허용하였던 것에 비해, 싱가포르는 역내외거래를 제한하는 조치를 둠으로써 경제위기에서 빗겨갈 수 있었다. 한편 인도네시아도 국내기업이나 은행 등 거주가에 의한 외화거래가 실질적으로 가능해짐에 따라 급속한 금융자율화 정책은 해외차입에 대한 정부규제 없이 결과적으로 민간의 대외채무비율을 높이는 데 결정적으로 기여하였다. 이와 같이 1980년대 후반 이래 외환 · 자본거래 자유화의 영향으로 외자유입이 확대되면서도, 각국은 그것을 감시, 관리할 수 있는 금융시스템 정비에 소홀히 함으로써 자본시장의 불안정성을 심화시키게 되었던 것이다. 이러한 취약한 구조하에서 1990년대에 들어 선진국 국제금융자본들이 신흥시장(Emerging Market)에 대한 투융자를 크게 늘이자 무분별한 민간의 단기자본유입이 크게 확대됨으로써 자산인플레의 발생과 경제확대에 수반한 소비의 급팽창 등 경제구조의 왜곡이 심화되었던 것이다.

이러한 배경하에서 금융회사에 대한 대출 증가가 부동산 및 주식 투자 등으로 이어져 자산가격이 상승하고 다시 이를 담보로 금융기관 대출이 증대되는 과정을 거쳐 경제의 거품현상이 확대되는데, 경기변동이나 정책변화에 의해 거품현상이 해소될 경우 대규모의 금융기관 부실채권이 발생하게 된다. 태국의 경우도 1990년대 중반을 거치면서 금융회사의 총자산 급증현상과 함께 자금조달이 용이해짐에 따라 금융회사들은 고수익이 기대되는 상업용 부동산 및 자동차론 등에 대한 융자를 경쟁적으로 증가시켰다.

금융자유화가 진전된 상황에서는 효율적인 금융기관 경영을 위해 시장자율규제기능(market discipline)의 작동 및 금융감독의 강화가 필수적이나, 시장자율규제기능이 제대로 작동하지 못하거나 부적절한 감독 및 규제가 이루어질 경우 금융산업이 부실화되어 경제위기가 발생할 가능성이 증대된다. 이론적으로 살펴보면, 자본유입에 의한 유동성 증가와 국내지출의 증가는 인플레이션을 유발하고, 실질환율의 절상으로 인한 교역재 부문의 위축과 경상수지의 악화는 다시 자본유입으로 충당되어 재정건전도가 취약해진다. 특히 환율절상이 지속된다고 예상된다면, 국내 서비스산업 등과 같은 비교역재부분으로 자원배분이 이루어지고, 소득의 지출이 투자보다는 소비에 더욱 치중될 것이다. 이때 정책당국의 대응이 잘못되어 경제에 왜곡이 발생하면, 국가의 신인도가 떨어지고, 그 정도가 심각하면 국가위험도(Country Risk)가 높아져 자본의 유출이 심각해지고, 경제는 침체에 빠지게 된다(주상영 1996, 57-63).

〈표 4〉 역내 국가별 민간자본유입 현황 (단위 : 십억 달러)

	1995	1996	1997	1998	1999
태국					
- 민간자본 유입	21.86	19.54	-7.53	-14.87	-13.73
외국인 직접투자	1.18	1.40	3.31	7.18	5.87
외국인 간접투자	4.08	3.54	4.53	0.36	0.07
은행차입, 기타	16.60	14.59	-15.37	-22.41	-19.68
인도네시아					
- 민간자본 유입	10.25	11.51	-0.34	-13.85	-9.92
외국인 직접투자	3.74	5.59	4.50	-0.40	-2.82
외국인 간접투자	4.10	5.01	-2.63	-1.88	-1.79
은행차입, 기타	2.41	0.91	-2.21	-11.57	-5.31
말레이시아					
- 민간자본 유입	7.85	10.04	2.56	-2.72	-6.56
외국인 직접투자	4.18	5.08	5.14	2.16	1.55
외국인 간접투자	-0.44	-0.27	-0.25	0.28	0.80
은행차입, 기타	4.11	5.23	-2.33	-5.17	-8.92
필리핀					
- 민간자본 유입	5.72	11.89	6.81	0.69	-1.19
외국인 직접투자	1.08	1.34	1.09	2.13	0.63
외국인 간접투자	1.19	5.32	0.59	-0.93	4.82
은행차입, 기타	3.45	5.23	5.14	-0.51	-6.64
한국					
- 민간자본 유입	18.19	24.91	-13.56	-12.30	10.10
외국인 직접투자	-1.78	-2.34	-1.61	0.67	5.14
외국인 간접투자	11.71	15.10	14.38	-1.22	9.19
은행차입, 기타	8.25	12.15	-26.34	-11.75	-4.23
외환위기당사국(5)	소계				
- 민간자본 유입	63.88	77.89	-12.06	-43.05	-21.31
외국인 직접투자	8.41	11.07	12.43	11.74	10.37
외국인 간접투자	20.65	28.70	16.62	-3.39	13.09
은행차입, 기타	34.82	38.12	-41.11	-51.40	-44.78

자료: IMF, *International Financial Statistics 2000.*

자본시장의 규모가 상대적으로 작고 미성숙한 동남아 국가들의 경우 국제적 단기자금의 급격한 이동에 따른 자국 자본시장의 불안정성을 피하기 위해서 단기자본거래의 자유화를 보다 신중하게 추진했어야 함에도 불구하

고, 태국을 비롯하여 동남아 주요국은 적절한 방법으로 단기자본의 유입규제
책을 마련하지 않은 것이 동남아 경제위기의 주요 요인으로 작용하였다고
할 수 있을 것이다. 결국 그동안 고성장의 이면에 가려져 있던 경제·금융시
스템의 후진성과 불투명성에 대한 불신감이 일시에 분출되어 금융공황에 노
출되면서, 과거 중남미가 경험했던 외환위기보다 더욱 심각하게 진행되었고,
대규모 외자유출과 함께 대내적으로는 국내예금의 인출이 지속되면서 신용
경색에 의한 유동성위기가 장기화되었던 것이다. 특히 경제위기 이후에는 증
권투자와 은행대출이 급격히 감소하는 등 자금유출이 확대되어 외환위기 당
사국의 경우 1996년 779억 달러에 이르던 민간자본 유입이 1998년에는 441
억 달러가 순유출되는 등 자본시장이 크게 위축된 바 있다(〈표 4〉 참조).

3. 금융 및 기업 구조조정의 추진현황과 성과

1) IMF 지원체제와 구조개혁

외환위기 당사국인 태국과 인도네시아는 IMF의 구제금융체제하에서 거시
경제 전반과 사회부문에 대한 구조개혁을 추진했다.[6] 특히 금융 및 자본시장
의 취약성에 의한 경제위기의 구조적 문제점을 치유하기 위해 경제구조조정
과 제반 개혁조치에 중점을 두었다. 그러나 동아시아 지역으로 경제위기가
확산되면서 동남아 각국은 대외신인도 제고를 통한 외환시장의 안정에 주력

---

6) 태국은 IMF의 40억 달러 지원을 포함한 총 172억 달러 규모의 구제금융에 합의한 후 1997년 8월
　20일 IMF와 지원조건(conditionality)에 최종 합의하였고, 바트화 폭락과 함께 외환금융시장이 혼
　란을 거듭하자 인도네시아도 1997년 10월 8일 IMF 구제금융을 신청한 바 있다.

하는 한편 IMF의 권고에 따라 긴축정책하에 본격적인 구조개혁을 추진했다.[7]

　　IMF 지원체제하에서 금융시장 개편 및 구조조정의 기본 방향은 다음과 같이 몇가지로 요약될 수 있다. 우선 급속한 통화가치의 하락이 단순한 외환위기 차원을 넘어서서 금융시스템의 기능저하로 연결됨으로써 최우선과제를 금융체제개혁으로 설정하여 적극적으로 금융부문의 구조조정을 추진했다. 둘째, 고도성장정책에서 비롯된 과잉투자 문제를 해결하기 위해 산업구조조정을 추진하면서 기업 및 공공부문의 구조조정에 역점을 두었다. 특히 공기업 민영화와 관련하여 매각을 통한 세수확충 및 재정부담 경감을 도모하고 있다. 그동안 정부의 보호아래 투자재원을 전략산업에 집중적으로 투자해 오던 기존의 투자패턴을 수정하여 민영화를 추진하고, 정부주도의 재정투자 축소를 과감히 추진했다. 셋째, 단기외채의 급격한 유입으로 초래된 파행적 외채구조를 개선하고, 채무조정과 외환수지균형을 위해 노력했다. 넷째, 투기자본에 의한 금융・자본시장의 불안정이 지속되면서 외자가 급속히 이탈됨에 따라 단기자본의 대량유입을 촉진시켰던 달러 페그제를 폐기하고, 원칙적으로 자본이동 자유화를 추진하면서 금융기관에 대해서는 건전성 규제 강화와 외환거래에 있어서의 보고의무제 및 실수요 원칙을 도입하여 외환관리를 강화하였다.

　　그러나 동아시아 역내 전체로 경제위기가 확산되면서 경제불안정이 심화됨에 따라 개도국 금융・외환시장에 대한 국제투기자본의 공격이 본격화되고 경제위기가 전 세계적으로 파급되면서 동남아 각국의 개혁정책과 구조조정은 그다지 큰 성과를 거둘 수 없었다. 특히 1998년 러시아 금융위기를 전후로 하여 국제핫머니에 의한 아시아 금융시장의 동요가 심화되고, 정

---

7) IMF는 경제위기의 처방으로서 경상수지 및 재정적자 축소를 위한 총수요억제책을 중심으로 구조조정을 추진하고, GDP성장률, 소비자물가지수, 경상수지, 재정수지 등 엄격한 지원조건을 제시하였다. 이를 위해 금융부문의 건전화, 균형재정의 유지(증세 및 세출삭감), 금융긴축 등이 명시되고, 특히 인도네시아의 경우 수입, 유통부문의 독점폐지 등 규제완화를 위한 개혁조치가 추가되었다.

치·경제적 불안정 요인으로 동남아 경제의 위기국면이 지속되었다. 이와 같이 급격한 자본이동에 의한 금융시장의 불안정성과 함께 IMF 처방의 오류로 동남아 경제위기는 1995년의 멕시코 위기 때보다 더욱 심각한 양상으로 나타났다. 태국과 인도네시아는 물론 말레이시아, 필리핀, 싱가포르 등 주변국으로 위기가 급속히 확산되면서 전염효과(contagion effect)에 의한 경제위기 확산이 지속되었다.

이에 따라 IMF의 경제재건책과 관련하여 많은 논란이 제기되었는데, 그 핵심은 경제위기 해결의 당면과제인 금융시스템의 재건과 재정·금융정책에 의한 총수요관리정책과의 균형문제라고 할 수 있다. 1998년 8월 러시아 금융위기 이후 개도국 신흥시장을 중심으로 세계도처에서 금융위기가 확산되고, 미국을 중심으로 한 선진국 경제가 동시적인 디플레이션 확산의 조짐을 보이면서 전통적인 IMF식 처방에 의한 회의와 비난이 고조되었다.[8] 특히 폴 크루그만 교수는 IMF의 처방에 대해 비판하면서 외환통제책이 필요하다고 적극 권고하고 나서서 주목을 받았다(Krugman 1998, 33-38).[9] 그는 동아시아위기에 대한 IMF의 처방이 당초 불가피한 정책적 선택이었음을 인정하면서도, 경제위기 이후 IMF의 처방이 지속되면서 유동성제약과 고금리정책을 통한 강력한 구조조정은 오히려 기업의 연쇄파산과 막대한 규모의 부실채권 누적으로 경제상황을 더욱 악화시키게 되었다는 것이다. 세계은행 수석부총재인 스티글리츠(J. Stiglitz)도 국제단기자본의 흐름은 아시아국가들에게 불필요한 위험을 부과하고 있다고 언급하며, 외국인 투자를 저해하지 않는 범위 내에서

---

8) 금년 초부터 펠드스타인(Feldstein)과 삭스(Sachs) 등이 대표적인 반대론자로 IMF의 고금리정책을 비판해 왔음.

9) 금융시스템의 기능저하로 신용경색 현상이 실물경제에 파급됨에 따라 대내적으로 경기부양책이 필요하다는 국제적 논의가 점차 확산되고 있는 가운데, 폴 크루그만 교수를 중심으로 IMF식 처방에 의한 위기관리 프로그램의 전면적인 전환과 그 대안으로 외환통제(exchange controls)를 실시할 것이 제안되었고, 말레이시아가 도입한 외환규제조치와 관련하여 큰 주목을 받았다.

단기자본에 대한 통제를 고려할 수 있다는 견해를 표명한 바 있다.[10] 더욱이 UNCTAD가 발표한 1998년 "무역개발보고서"에서는 국제자본이 세계경제의 불안정성을 높이는 상황에서 자본거래를 규제할 필요가 있고, 더 나아가 공급 과잉과 수요부족에 의한 경기침체로 이러한 디플레이션 국면을 극복하기 위해서는 통화확장정책이 필수적이라는 지적이 있었다(UNCTAD 1998, 6-11).

이와 같이 경제위기 초기의 IMF 처방은 1980년대 멕시코, 아르헨티나, 브라질의 위기와 같이 정부부채 중심의 외채구조하에 재정적자가 크고 저축률이 낮은 경우에 유효한 것이고, 동아시아 경제위기에는 부적합하다는 비판이 제기되었다. 즉, 한국을 포함한 태국과 인도네시아의 경우 저축률이 상대적으로 높고, 해외민간자본의 유출에 의하여 유동성 부족에 직면했음에도 불구하고, 고금리정책에 의한 긴축정책이 강행됨으로써 오히려 문제가 악화되었던 것이다. 그 동안 재정균형하에 물가안정과 높은 저축률을 기록하면서 비교적 양호한 경제적 여건을 유지해 왔음에도 불구하고, 고금리정책으로 대표되는 IMF의 총수요억제책은 오히려 금융부문의 유동성위기를 심화시켰다는 것이다.

<표 5> 경제위기국가에 대한 국제금융지원 규모비교 (1998년 7월 23일 현재)

(단위: 십억 달러)

| | 약정액 | | | | IMF |
	IMF	다자간[1]	양자간[2]	총계	지급액
태국	4.0	2.7	10.5	17.2	2.8
인도네시아	11.2	10.0	21.1	42.3	5.0
한국	20.9	14.0	23.3	58.2	17.0
합계	36.1	26.7	54.9	117.7	24.8

주: 1) 세계은행과 아시아개발은행의 지원, 2) 한국과 인도네시아는 2선 지원액 포함.
자료 : IMF(1998, 24).

---

10) *Wall Street Journal*, 1998/09/07 참조.

    따라서 동아시아에서와 같이 전지역으로 확산되고 있는 금융시스템의 붕괴에 대해서 IMF가 적절하고 효과적인 처방을 내리지 못했고(Feldstein 1998), 오히려 급진적인 조치는 경제적 불안정을 확대시켰던 것이다. 이에 따라 IMF에 대한 비판의 핵심은 외환위기 이전 대체로 인플레이션이 문제시되지 않아 수년 동안 균형예산을 유지해 온 동아시아 국가들에 대해 중남미나 체제전환국가에 적용하던 재정의 흑자운영을 요구한 것이 오히려 경제위기를 악화시키게 한 주된 요인으로 작용하였다는 것이다. 즉, 민간부문의 수요가 붕괴되고 있는 상황에서는 흑자재정보다 금융 및 재정완화책이 보다 적절했다는 것이다. 더욱이 금융체제의 안정없이는 국내경제의 정상화는 물론 무역금융의 기능회복과 수출진흥을 추진하기에는 어려운 실정이고, 과도한 금융긴축은 실물경제의 악화를 통해 부실채권을 증가시키게 된다는 점을 인식하게 되었다.

    이와 같이 중남미국가와 체제전환국을 대상으로 실시되었던 IMF의 처방이 경제적 상황을 고려하지 않고, 그대로 동남아국가들에 적용되면서 IMF의 정책적 오류에 대한 우려가 고조되었다. 고금리정책으로 외환유출을 막고, 금융구조 개선을 통해 경제위기를 조속히 수습하겠다는 IMF의 급진적 처방이 당초 기대했던 효과를 나타내지 못함에 따라 결국 IMF는 지원조건을 완화하는 것이 불가피하게 되었다. 또한 구제금융체제하에서의 타율적 구조조정을 통해 급속한 개혁프로그램을 추진하는 데 대한 국민적 반발이 높아지자 IMF는 지원조건의 핵심조항인 재정긴축 및 흑자재정 요구를 철회하게 되었다. 즉, 민간부문의 과도한 차입 및 취약한 금융시스템 등을 고려하지 않아 금융경색과 함께 유동성위기를 확대시킴으로써 IMF는 태국과 인도네시아에 대한 흑자예산 달성 요구를 완화하는 등 신축적인 자세로 전환했다.[11]

---

11) 실제로 태국과 인도네시아는 각각 수 차례에 걸쳐 IMF와 협상을 통해 이행조건을 조정한 바 있는데, 태국의 경우 1998년 초 세 차례의 협상을 통해 적자재정 운용을 대폭 완화하고, 이를 바탕으로 재정·금융부문 개혁과 경제구조조정을 보다 강화키로 하였다. 한편 인도네시아는

경기침체가 장기화되는 가운데, 부실금융기관의 정리와 예금자보호를 위한 공적자금의 투입이 확대됨에 따라 재정부담이 크게 증가하면서 재정정책 완화는 불가피하게 되었다. 그러나 동남아 경제가 금융체제의 불안과 부실채권문제를 근본적으로 치유하기 위해서는 금융체제 개편을 통해 경제구조조정을 적극적으로 추진하는 것이 최대 과제로 부각되었다. 이를 위해 동남아 각국은 구조개혁차원에서 각종 독점부문에 대한 규제완화, 국영기업 민영화, 금융기관 정비 등 경제재건책을 본격적으로 추진하게 되었다.

한편 IMF는 불가피한 자본규제에 대하여 용인하고 있지만, 금융부문의 체질강화와 건전한 금융시스템 구축을 전제로 자본자유화 추진을 적극 권고하였다. 따라서 한국, 태국 등 경제위기 당사국들은 대부분(말레이시아 제외)이 경제위기 조기 극복을 위해 외자유입을 목적으로 다양한 정책수단을 개발하고, 자본자유화를 지속적으로 추진해 왔다. 특히 태국, 인도네시아, 한국 등은 IMF 권고에 따라 자본시장개방을 적극 수용하는 한편 금융부문의 관리·감독강화를 통해 자본시장의 안정성 확보에 역점을 두었다. 한편 외국인 직접투자 유치를 위해 각종 투자제한 조치를 철폐하고, 주식시장 개방과 같은 단기자본시장 자유화를 위해 노력해 왔다. IMF 지원을 받지 않고 자본통제정책을 추진한 말레이시아의 경우 고정환율제와 주식시장 자금유출을 통제하면서 직접투자중심의 자금유입정책을 고수하였지만, IMF의 권고로 한국, 태국, 인도네시아는 자유변동환율제로 전환하였다.

1997년 10월 30일 IMF와의 지원협상에서 1998년도 회계에서 경상GDP 대비 재정수지 흑자 1% 이상 유지에 합의한 바 있으나, 1998년 1월 초 인도네시아 정부는 당초 IMF와의 협정을 무시한 채, 확대예산안을 발표함으로써 IMF와 미국 등에 정면으로 저항하기도 하였다. 인도네시아 정부는 1998년 1월 중순 IMF와 2차 협정을 통해 재정수지 적자 1% 운용에 합의하였으나, 수하르토 정권의 연임문제와 관련하여 정정 불안이 심화되고, 외환시장의 혼란이 가중됨에 따라 인도네시아 정부는 환율안정을 위하여 통화위원회(Currency Board System) 도입 방침을 1998년 2월 전격적으로 발표하였다. 그러나 외환시장 안정을 위해 IMF의 강력한 처방을 무력화시키는 것으로서 미국과 IMF의 강력한 반발로 결국에는 무산되었다.

〈그림 3〉 경제위기 이후 자본이동자유화와 정책기조

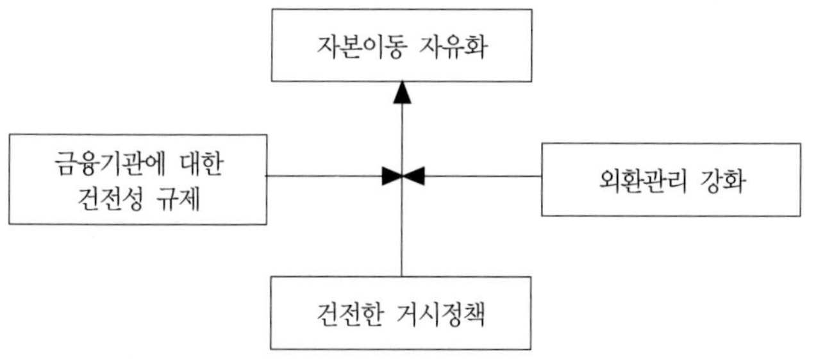

〈표 6〉 동남아 국가들의 환율제도 (2000년 9월 30일 기준)

국가	환율제도
태국	Independently floating
인도네시아	Independently floating
말레이시아	Conventional fixed peg arrangements (링깃화의 달러화 3.8:1 고정)
필리핀	Independently floating
싱가포르	Managed floating with no preannounced path for exchange rate

자료: IMF, *International Financial Statistics* April 2001.

2) 금융 및 기업구조조정의 추진체제

경제위기 이후 태국과 인도네시아를 포함한 동남아 국가들은 극도의 경제불안정과 많은 정치사회적 진통을 겪으면서도 금융산업 재편에 초점을 맞추고, 금융시스템 재건과 기업 구조조정을 적극 추진하였다. 그 기본방향은 다음과 같은 몇 가지 기본적인 특징을 갖고 있다.

우선 부실금융기관의 정리 및 금융산업의 구조조정을 위한 전담기구를 설치하여 금융기관 구조조정에 착수했다. 태국은 1997년 10월 금융회사의 합병 및 증자 업무를 전담하는 금융재건청(Financial Restructuring Authority:

FRA)을 설립하고, 부실 금융회사의 채권매입 및 매각을 담당하는 자산관리공사(Asset Management Corporation: AMC)를 신설했다. 인도네시아도 1998년 1월 부실은행 정리 등 금융산업의 구조조정을 전담할 인도네시아 은행재건청(Indonesian Bank Restructuing Agency: IBRA)을 신설한 데 이어 1998년 9월에는 부실금융기관의 자산 청산을 담당하는 국영기관으로서 자산관리청(Asset Management Unit : AMU)을 설립했다. 말레이시아도 태국 및 인도네시아와 마찬가지로 1998년 7월 부실채권인수기관(Danaharta)과 자본금 확충을 위한 기구(Danamodal)를 설립하여 금융산업의 구조조정에 착수했다.

그러나 흥미로운 것은 인도네시아와 말레이시아가 금융구조조정을 초기 단계부터 정부주도로 추진했던 것과는 달리 태국은 정부개입보다는 시향지향적인 접근 방법을 채택하여 민간주도로 자발적인 방식을 추진해 왔다는 점이다. 경제위기 직후 비교적 신속하게 56개 금융회사를 폐쇄하고, FRA가 인수한 자산을 AMC가 인수하였지만, 그 이후 추진된 민간상업은행들이 부실자산은 자체적으로 민간 자산관리회사에서 처리하도록 유도하였다. 그러나 태국도 탁신정부 출범 이후에는 대선공약으로 제시된 국영 타이자산관리공사(Thailand Asset Management Corporation: TAMC)를 2001년 7월 설립하여 적극적인 정부개입정책으로 전환한 바 있다.

<표 7> 금융 및 기업구조조정을 위한 전담기구 비교

	자산처리기관	은행자본확충기관	기업채무변제
인도네시아	IBRA, AMU	은행재건청(IBRA)	JITF
말레이시아	Danaharta	Danamodal	기업채무재건위원회 (CDRC)
태국	FRA, TAMC	금융기관 발전기금 (FIDF)	기업채무재건자문위원회 (CDRAC)
한국	한국자산관리공사 (KAMCO)	한국예금보험공사 (KDIC)	기업재건조정위원회 (CRCC)

자료 : World Bank(2000).

둘째, 금융산업의 건전성을 확보하기 위하여 동남아 각국은 국제적 수준의 감독기준을 마련하고, 단계적으로 그 기준을 적용해 나갔다. 태국은 1998년 7월부터 부실채권 분류기준을 강화하여 당초 원리금 6개월 이상 연체채권에서 3개월 이상 연체된 부실채권으로 그 기준을 강화하였다. 이에 따라 태국의 무수익여신(Non Performing Loan: NPL) 비율은 1997년 말 18% 수준에서 1998년 말에는 45%로 크게 증가되었고, 1999년 말까지 39.9%로 동남아 4개국 중 가장 높은 수준을 기록하였다(〈표 8〉 참조). 이와 같이 부실채권의 급속한 증가는 금융기관의 경영악화를 초래, 일반기업에 대한 대출제한으로 기업들의 경영을 직접적으로 압박함으로써 금융시스템 재건에 근본적인 제약요인으로 작용하였다. 이에 따라 동남아 각국의 자산관리공사는 적극적으로 부실채권을 인수하여 금융기관의 여신능력 제고와 수익성을 회복시켜 금융시스템을 재건하는 데 주력하였다.

셋째, 금융기관 정상화를 위해 유동성 지원 및 증자를 통해 정부가 적극적으로 개입하였다. 특히 증자에 실패한 부실금융기관을 신속히 정리하고, 예금자와 채권자는 정부가 최대한 보호한다는 원칙하에 금융부문의 구조조

〈표 8〉 동남아 주요국의 NPL 비율 변화추이 (단위: %)

	1997	1998	1999	2000	2001			
	12월	12월	12월	12월	3월	6월	9월	12월
태국	-	45.0	41.5	29.7	29.3	28.9	29.3	29.6
(AMCs 제외)	18.0	45.0	39.9	19.5	19.2	13.9	14.1	11.5
인도네시아(a)	-	-	64.0	57.1	54.4	52.6	50.5	48.8
(IBRA 제외)	7.2	48.6	32.9	18.8	18.1	17.6	14.7	12.1
말레이시아	-	21.1	23.4	22.5	23.2	23.9	23.0	24.4
(Danaharta 제외)	-	16.7	16.7	13.4	14.3	15.5	16.5	16.3
필리핀(c)	4.7	10.4	12.3	15.1	16.6	17.0	17.9	17.3
한국(b)	8.0	17.2	23.2	14.0	12.9	10.5	9.6	7.4
(KAMCO 제외)	6.0	7.3	13.6	8.8	7.6	5.6	5.1	3.3

	2002				2003			
	3월	6월	9월	12월	3월	6월	9월	12월
태국	29.7	29.9	29.6	34.2	34.1	34.1	33.5	30.9
(AMCs 제외)	11.4	11.3	11.7	18.1	17.8	17.6	16.8	14.0
인도네시아(a)	50.3	48.5	40.7	31.1	30.3	28.0	24.0	-
(IBRA 제외)	12.8	11.8	10.5	7.5	7.6	7.1	6.7	
말레이시아	24.6	23.7	23.1	22.4	22.1	21.3	-	-
(Danaharta 제외)	16.7	15.7	15.3	14.7	14.6	13.9	13.3	13.1
필리핀(c)	18.0	18.1	16.5	15.0	15.5	15.2	14.5	14.1
한국(b)	6.6	5.0	4.8	4.1	4.2	4.7	4.9	4.4
(KAMCO 제외)	2.9	2.5	2.5	2.4	2.6	3.2	3.3	2.7

주: 음영으로 표시된 숫자가 실제 무수익여신 비율로서, 부실채권인수기관이 보유한 불량채권을
　　제외한 것임.
자료 : World Bank(2004).

정을 위해서 각국 정부는 자체 자금 또는 국채 발행을 통하여 공적자금을
조달하였다. 그러나 재원마련에 많은 어려움을 겪으면서 각국 정부는 외국
인 소유지분 규제 폐지를 통한 금융기관의 자본금 확충을 적극 추진 중이다.
태국의 경우 1997년 10월 외국인의 금융기관 소유지분 한도(기존 25%)를
향후 10년간 한시적으로 철폐하기로 하였으며, 인도네시아는 1998년 1월
외국인의 은행 소유지분 상한(기존 49%)을 폐지하였다. 그러나 외환위기로
막대한 손실을 입은 외국은행들이 은행인수에 소극적이어서[12] 결국 부실금
융기관 자본금 확충에 소요되는 자금의 대부분을 정부가 지원함으로써 재정
부담이 급속히 증가해 왔다.

넷째, 금융부문의 부실채권 정리와 밀접히 연결되어 있는 기업구조조정

---

12) BIS에 의하면, 1997년 6월 말 현재 유럽계 은행의 아시아 기업 및 금융기관에 대한 대출잔액은
　　3,650억 달러에 달하는데, 스탠더드 앤 푸어스(Standard & Poor's)의 추정 결과 이중 200억 달러
　　(태국에 대한 대출의 30%, 인도네시아에 대한 대출의 50% 등)가 부실화될 가능성이 있는 것으로
　　알려지고 있다(*Far Eastern Economic Review*, 1998/02/12 참조).

을 위해 정부차원의 채무조정위원회를 두고, 기업 채무조정을 적극 추진하였으나, 대부분 채권단과 자율적인 방식을 통해 이루어졌기 때문에 금융구조조정보다는 비교적 느리게 추진되었다(〈표 7〉 참조).

3) 국별 추진과정과 주요성과

(1) 태국

태국 정부는 1997년 10월 중순 부실금융처리 및 국내금융기관에 대한 외국인 지분제한 폐지를 골자로 한 구체적인 금융정상화 대책을 발표함으로써 본격적인 금융구조조정을 추진하기 시작하였다.[13] 1997년 12월 영업정지된 금융회사 중 56개를 폐쇄했는데,[14] 이는 91개의 금융회사 중 60%를 정리한 것이었다.

그러나 태국의 금융구조조정은 비교적 완만하게 이루어졌는데, 한국, 인도네시아, 말레이시아 등과는 달리 부실채권 정리 및 공적자금 투입에 있어서 정부개입보다는 시장지향적인 자조노력을 통해 금융시스템 재건을 추진했기 때문이다. 이에 따라 경제위기 초기에 폐쇄된 56개 금융회사의 자산만 FRA가 인수했을 뿐 민간상업은행에 대해서는 민간 자산관리회사를 설치·운영토록 하였다. 단지 15개 민간상업은행 중 부실중소은행 4개에 대해서는

---

13) 부실 금융회사의 관리를 위한 금융재건청 및 부실채권 정리를 위한 자산관리공사 신설, 금융기관에 대한 외국인 지분제한 10년간 폐지, 자기자본비율 상향 조정 등을 규정하였다.
14) 폐쇄된 56개 금융회사에 대한 조치를 보면, 금융재건청(FRA)이 56개 금융회사를 관리하고, 금융재건청은 각 회사별로 재무부 및 중앙은행 직원과 민간채권자들로 구성되는 위원회를 설치하고 회계전문가를 특별관리인으로 선임키로 하였다. 그리고 1998년 1월 중 우량자산 및 부실자산을 분류하고 56개 금융회사의 채권자를 주주로 하는 1~2개 은행을 신설하여 신설 은행이 56개 금융회사의 우량자산을 관리·처분하였다.

금융기관발전기금(Financial Institution Development Fund: FIDF)을 통해 채권을 주식으로 전환하는 방식으로 국유화하여 경영진 교체 후 해외매각을 추진하고 있다.

그동안 태국은 금융시스템의 신속한 재건을 위해 건전성 확보를 위한 기준을 마련하고, 증자를 유도하는 등 다양한 노력을 기울였지만, 부실채권문제가 지연되면서 많은 문제점이 노정되었다. 태국 정부는 부실채권의 추가 발생을 방지하기 위하여 부실자산 분류기준 및 대손충당금 적립기준을 국제 수준으로 상향조정하고, 감사·회계기준 및 경영정보 공시 등 금융기관의 재무건전성 강화를 위해 노력했다. 그러나 유동성 부족 및 실물경제의 악화로 경제위기가 심화되자 1998년 8월 태국 정부는 3천억 바트 규모의 은행자본금 지원계획을 발표하는 등 포괄적인 금융재편계획을 마련한 바 있다.

이와 같이 태국은 부실 금융기관 처리를 위해서 금융회사의 경우 영업정지 후 청산방식을 취하면서 경제위기 초기 정부가 직접 개입하기도 했으나, 민간상업은행의 경우에는 인도네시아, 말레이시아, 한국과는 달리 기본적으로 정부지원보다는 시장지향적인 방법을 추진하였다. 4개의 부실민간은행은 감자 후 민영화를 전제로 일시 국유화라는 이원적 접근방식을 취했는데, 신

〈표 9〉 태국 금융기관의 부실채권 (단위 : 10억 바트, %)

	대출액	부실채권액	부실채권비율(%)
상업은행	5,350	2,490	46.5
지역상업은행	4,653	2,404	51.7
민간은행	2,980	1,223	41.0
국유화 은행	1,673	1,181	70.6
외국은행	697	86	12.3
파이넌스·컴퍼니(FC)	250	168	67.4
합 계	5,600	2,658	47.5

주: 1999년 6월 말 기준.
자료 : 태국중앙은행.

규자본 확보와 부실자산 처리에 있어서는 민간은행이 자체적으로 추진하도록 유도하였다. 무수익여신(NPL) 비율은 1999년 6월 47.5% 수준에 달하고, 기업의 설비과잉과 금융기관의 여신지원 기피현상으로 부실채권 규모는 지속적으로 누적되어 왔다(〈표 9〉 참조).

이에 따라 은행부문의 구조조정은 상대적으로 늦어져 부실채권 처리가 지연되자 탁신정부는 2001년 7월 국영 타이자산관리공사(TAMC)를 설치하고, 정부관리하에 신속한 금융부문 부실자산 정리를 추진하게 되었다. TAMC는 탁신정부의 공약사항으로서 대선기간 중 주요 쟁점으로 부각된 바 있고, 국영은행으로부터 240억 달러, 민간은행으로부터 5억 달러 등 총 295억 달러를 인수하여 2000년 말 무수익여신(NPL) 비율이 19.5%에서 2001년 말에는 11.5% 수준으로 낮아지게 되었다(〈표 8〉 참조).

한편, 기업채무조정이 금융기관 재편과 밀접히 연결되어 추진되었는데, 태국 정부는 민간기업의 구조조정을 지원하기 위해 1998년 6월 기업채무조정자문위원회(Corporate Debt Restructuring Advisory Committee: CDRAC)를 설립하였다. 중앙은행 주도의 CDRAC는 기업채무조정에 있어서 시장경제원칙에 따라 채권은행과 기업들과의 합의를 도출할 수 있도록 '방콕 어프로치'를 기본원칙으로 해서 자산매매 및 취득에 관련된 조세부담을 낮추고, 중앙은행의 대출분류 및 담보평가를 국제적 수준으로 재정비하였다. 또한 정부차원에서는 파산법 및 경제관련법 제정 등 법제 정비를 통해 자율적인 기업채무조정을 지원하였다. 그러나 CDRAC에 의하여 주도된 채무협상 규모는 2003년 9월 말까지 1.4조 바트(10,346건)에 달하고 있는데, 법정에서 처리가 지연되면서 채무의 약 44.3%가 조정되지 않는 등 채무조정은 매우 느리게 진행되었다. 따라서 태국은 법원을 통한 기업채무조정관련 분쟁해결 신속화를 위해 자율적 법원 중재절차를 위한 기술지원을 제공하고, 금융분쟁조정센터(Financial Dispute Mediation Center: FDMC)를 통해서 법적 소송을 줄이기 위한 조정절차를 강화하고 있다.

그럼에도 불구하고 국내 경기부양책과 수출호조에 힘입어 태국은 2002
년부터 경기회복이 본격화되면서 2003년 7월 말 경제위기 6년만에 IMF 관
리체제를 벗어났다. 금융시스템이 재건됨에 따라 상업은행의 민간부문에 대
한 대출이 2002년 플러스로 반전되고, TAMC에 의하여 인수된 부실채권은
명목 GDP의 14.3%에 달해 금융기관의 건전성이 크게 개선되고 있다. 그러
나 아직도 태국의 부실채권비율은 2003년 말 기준으로 14%에 이르고 있어
한국(2.7%, 2003년 말 기준), 인도네시아(6.7%, 2003년 9월 기준) 등에 비해
여전히 높은 실정이다(〈표 8〉 참조). 태국 정부는 금융기관 유동성 지원,
예금보호, 은행 국유화 등에 소요되는 비용으로 1.4조 바트가 소요될 것으로
평가하고, 이를 충당하기 위한 국채발행 비용을 포함할 경우 금융재건비용
은 2.4조 바트로 추정한 바 있다. 이는 2002년 명목 GDP의 42.6%에 해당하
는 규모로서 이자부담이 정부예산의 16%에 달하기 때문에 이에 대한 재정적
대비책이 필요한 실정이다.

(2) 인도네시아

인도네시아 정부는 루피아화에 대한 투기적 공격이 본격화되자 1997년
7월 11일 환율의 일일변동폭을 종전의 8%에서 12%로 확대한 이후 8월 14일
에는 환율의 일일 변동폭(상하 12%)을 폐지하고, 9월 16일에는 대형 건설사
업의 연기 또는 취소를 포함하는 외환위기 수습대책을 발표한 바 있다. 이러
한 발표에도 불구하고 외환시장의 불안이 심화됨에 따라 인도네시아 정부는
결국 10월 8일 IMF에 구제금융을 신청하고, 동월 30일에 IMF와 342억 달러
(추후 430억 달러로 증액)의 구제금융을 지원 받는 대신 경제안정화 정책
및 구조개혁을 실시하기로 합의하였다.

이에 따라 인도네시아 정부는 1997년 11월 경영난에 처한 16개 부실은행
을 영업정지시킨 데 이어 1998년 4월 초 7개 부실은행을 영업정지시키는

한편 또 다른 7개 부실은행은 인도네시아 은행재건청(IBRA)이 관리하도록 결정하였다. 1997년 10월 중앙은행이 수립한 금융산업개편계획에 따라 국영은행을 합병하는 등 금융산업의 구조조정을 추진하였다. 특히 1998년 부실은행 정리 등 금융산업의 구조조정을 전담할 은행재건청(IBRA)과 부실금융기관의 자산 청산을 담당하는 자산관리청(AMU)을 설립하였다. IBRA의 활동이 본격화되면서 금융부문행동위원회(Financial Sector Action Committee: FSAC)를 금융감독기관으로서, IBRA의 감사기관으로서 독립감독위원회(Independent Review Committee)를 설치하기도 하였다.

1998년 1월 중순 IMF와의 재협상 타결에도 불구하고 일주일 후인 1월 25일에는 루피아화가 15,000루피아까지 절하되자 인도네시아 정부는 통화위원회제도(Currency Board System) 도입을 추진하기도 했다. 그러나 IMF 등의 강력한 반대에 직면한 인도네시아 정부는 1998년 3월 12일 포기를 시사하고 IMF와 재협상을 통해 4월 8일 은행구조조정, 재정정책, 통화정책, 구조개혁 등에 관해 재합의하였다. 한편, 인도네시아 중앙은행은 3월 말 통화공급 억제, 물가안정 및 루피아화 환율안정을 위해 중앙은행 증권(Bank Indonesia Certificates)의 발행금리를 대폭 인상하였다.[15]

1998년 4월에는 국영은행 1개, 민간은행 6개가 IBRA로 이관되고, 민간은행 7개가 영업정지 당하였다. IBRA의 활동이 본격화되면서 최대 민간은행인 Bank of Central Asia(BCA)를 포함하여 4개 민간은행이 국유화되었다. 특히 인도네시아 정부는 은행부문의 개혁을 가속화하기 위해 1999년 3월 중순 38개 부실 민간상업은행을 폐쇄하는 등 강도 높은 은행부문 개혁 조치를 발표하였다. 이 조치로 인도네시아의 민간상업은행 수는 128개(정부계은

---

15) 1주일물은 25%에서 43%로, 1개월물은 22%에서 45%로 대폭 높이고, 3개월물은 19%에서 30%로 올렸음. 한편 6월 21일 기준으로 인도네시아의 은행간 대출금리는 30일물의 경우 60~62%, 90일물의 경우 40~45%에 이르고 있음. 참고로 태국은 30일물이 24.5%, 90일물이 23.5%를 기록하고 있음.

행과 외국계은행 제외)에서 89개로 축소되었는데, 금융산업의 건전성을 확보하기 위하여 다음과 같은 감독기준을 마련하고, 단계적으로 그 기준을 적용해 나갔다.16)

한편 금융기관의 증자를 위해 1998년 1월 외국인의 은행 소유지분 상한(기존 49%)을 폐지하였으나, 외국은행들이 은행인수에 소극적이어서 부실 금융기관 자본금 확충에 소요되는 자금의 대부분을 정부가 지원할 수밖에 없었다. 당시 은행부문 개혁을 위해서는 500조 루피아(700~800억 달러)가 소요될 것으로 추정되었고, 이를 위한 재원은 부실자산 매각과 국채발행으로 충당되었다. 금융구조조정의 핵심조치인 은행의 자본확충방식은 국채와 주식의 교환방식으로 이루어졌는데, 이는 실물경제 회복과 금융시스템의 조기건전화를 통해 거시경제적 성장을 담보하는 방식이라 할 수 있다.

그러나 인도네시아에 있어서 금융시스템의 정상화를 위해서는 은행부실의 주요인이었던 부실채권 누증과 루피아화 가치 폭락에 기인한 외채상환부담 가중이라는 고리가 단절되어야 한다. 이에 따라 인도네시아는 민간부문 단기외채에 대해서 만기 연장이나 중장기 외채로의 전환을 추진해 왔다. 루피아 급등으로 740억 달러 규모(〈표 10〉 참조)의 민간채무가 급속히 확대됨에 따라 인도네시아 정부는 1998년 2월 초 채무고문단을 구성하여 서방 채권은행단과 교섭 추진하여 1998년 6월 기업의 부실채무를 처리하기 위한

---

16) 인도네시아 정부의 은행개혁 기준을 살펴보면, 첫째, 공공자금 지원 없이 생존 가능한 것으로 판단된 73개 은행(A범주의 은행, 위험자산에 대한 자기자본비율이 4% 이상인 은행)에 대해서는 정기적인 건전성 평가를 실시하기로 하였다. 둘째, 부실하지만 정부의 지원이 있을 경우 생존 가능성이 있는 것으로 판단된 은행(B범주의 은행, 위험자산에 대한 자기자본비율이 -25~4% 미만인 은행) 중 9개 은행에 대해서는 자본확충에 필요한 자본을 정부가 지원하기로 하였다. 셋째, B범주의 은행 중 7개 은행에 대해서는 은행재건청(IBRA)이 100% 지분을 인수하기로 하고, 이들 은행을 건전화시킨 후 민영화하기로 하였다. 넷째, B범주의 은행 중 지불능력이 취약하고 회생가능성이 낮은 21개 은행과 자생 능력이 없다고 판단된 은행(C범주의 은행, 위험자산에 대한 자기자본비율이 -25% 이하인 은행) 17개를 포함해 총 38개 은행에 대해서는 폐쇄를 결정하였다.

<표 10> 인도네시아의 대외채무잔고 (단위 : 억 달러)

	1997	1998	1999	2000	2001	2002
공적채무	539	673	759	749	714	747
민간채무	822	836	722	668	617	567
금융기관	178	129	119	89	77	76
은 행	144	108	108	77	66	49
비은행 금융기관	34	21	10	12	11	28
기 업	644	707	604	579	540	490
합 계	1,361	1,509	1,481	1,417	1,331	1,313

자료 : 인도네시아 중앙은행.

인도네시아 채무조정청(Indonesian Debt Restructuring Agency: INDRA)을 설립하고, 자카르타 이니셔티브 작업반(JITF)이 구성되었다.

프랑크푸르트 협약에 의해 기업채무는 8년간 유예조건(3년 거치기간 포함)으로 루피아가치로 부채를 상환키로 합의되어 2003년 10월 현재 117건이 신청되어 96건이 채무조정되었는데, 이는 액면가치로 293억 달러의 70%인 205억 달러에 해당한다. 한편 인도네시아 정부는 민간기업의 채무구조조정을 원활히 하기 위해 태국과 마찬가지로 파산법을 개정하여 기업의 파산절차가 원활히 이루어질 수 있도록 하였다. 한편, 자발적인 기업구조조정 계획을 마련하도록 유도하고, 채무의 주식전환을 허용하는 등의 노력을 하고 있으나, 아직까지 채무구조조정의 성과는 미흡한 상황이다.

인도네시아는 2001년 메가와띠 정권 출범 이후 정국안정과 경제재건의 기대가 높았으나, 지속적인 정정불안과 국제신인도 하락으로 경제회복이 늦어지고, 방대한 외채와 재정부담으로 대내외적 위험요인이 상존하고 있는 실정이다. 특히 일부 채무상환으로 대외공적채무 잔고는 점차 감소되고 있는 추세이나(<표 9> 참조), 세입에서 차지하는 채무원리금 상환 비율이 약 30%에 이르러 재정부담이 크기 때문에 국제적 지원과 리스케줄링이 불가피한 실정이다.

이에 따라 2002년 4월 인도네시아 외채에 대한 파리클럽 채권단의 협상에서는 2003년까지 만기가 도래하는 75억 달러의 채무 중 54억 달러에 대해 상환기간을 연장키로 최종합의한 바 있다. 반면에 인도네시아 정부는 2003년 말로 IMF 지원을 추가로 연장하지 않고, IMF 프로그램을 종료하였다. 이러한 결정은 인도네시아가 경제난에서 벗어나 본격적인 회복단계에 접어들었다는 것을 입증하는 것이기도 하나, IMF 졸업 이후 민간차입에 의존한 자력조달이 순조롭게 이루어질지는 아직 불투명하다.

(3) 말레이시아

IMF와는 독립적으로 자본규제조치에 의하여 독자적인 방식으로 경제위기에 대처해온 말레이시아는 금융구조개혁을 위해 태국 및 인도네시아와 마찬가지로 1998년 7월 부실채권인수기관(Danaharta)을 설치하고, 중앙은행 산하에 자본금 확충을 위한 기구(Danamodal)를 1998년 8월 설립하여 금융산업의 구조조정에 본격적으로 착수하였다. Danaharta는 2002년 말까지 금융기관으로부터 장부가격으로 198억 링깃의 부실채권을 매입하였으며, 시암은행과 부미뿌뜨라은행의 채권 279억 링깃을 수탁관리하고 있다. 8개 금융기관의 자본금확충을 위해 Danamodal은 52억 링깃을 지원한 바 있다.

기본적으로 말레이시아는 1998년 9월 자본규제조치와 함께 경기부양책으로 선회하면서 정부주도하에 부실채권을 적극적으로 매입하여 금융부문 정상화를 추진하였다고 볼 수 있다. 특히 인수자산의 조기매각보다는 자산가치 회복에 중점을 두었기 때문에 평균할인율(자산액면가 기준)은 20% 수준(1999년 기준)에 불과하였다. 또한 총외채는 약 400억 달러 규모로서 GDP의 약 50%수준이지만, 단기외채비중이 18%에 불과하여 단기외채에 대한 채무조정이 적어서 여타 동남아 외환위기국가들에 비해 외채부담은 적은 편이다.

　　1998년 상반기 중 러시아의 경제위기를 전후하여 국제투기자본에 대한 위험성이 고조되고, 연이어 홍콩, 중국 및 대만 등 아시아 금융시장에서의 환투기세력과의 공방전은 자본규제에 대한 논의를 현실화시키는 계기가 되었다. 말레이시아는 9월 초 전격적으로 고정환율제로 전환을 시도했고, 특히 그동안 자국 금융시장을 혼란에 빠뜨린 주범을 국제투기자본으로 규정하면서 종합적인 외환규제책을 내놓았다. 동남아 경제위기이전 고도성장을 구가해 왔던 말레이시아가 국제적 비난을 무릅쓰고 외환규제조치를 공표하게 된 배경은 매우 복합적인 것이다. 그 주된 이유는 신흥시장으로서 외국인투자 환경이 가장 양호하다던 말레이시아가 1985년 이후 처음으로 1998년 1/4분기 중 마이너스 성장을 기록하였고, 2/4분기에는 마이너스 6.8%를 기록하면서 동남아 경제위기의 파급효과가 매우 심각하게 나타났기 때문이다.

　　따라서 외환규제조치는 마하티르 총리가 기존의 긴축정책을 버리고 재정지출을 확대하는 방향으로 선회한 것이라고 평가할 수 있고, 사실상 국제투기자금의 유출입을 차단하고, 링깃화의 국내거래만을 인정하는 것으로서 단기적으로는 말레이시아 국내경기의 부양효과와 주식시장의 안정화에 기여하였다. 무엇보다도 1998년 10월부터 사실상 링깃화의 대외거래를 제한함으로써 싱가포르를 중심으로 해외에 유출된 200~250억 링깃(말레이시아 추정) 중 상당규모가 유입됨으로써 금리인하효과가 발생하고, 대규모 자금이 실물경제로 몰리게 되어 단기적인 경제부양이 가능하였다. 그러나 외환규제조치가 링깃화의 대외거래 중단조치에 의한 대외신인도 저하는 물론 건전한 외국자본의 해외유출, 외국인투자자본의 유입중단 등 부작용이 클 것으로 판단됨에 따라 1999년 2월 4일 말레이시아 정부는 외자유출을 막기 위해 자본규제를 완화하는 조치를 발표하였다.[17]

---

17) 유입자본에 대해 1년간 유출을 전면 금지해 왔던 이전의 엄격한 규제에 대신하여 국외 유출세 (exit tax)를 부과하는 것을 주요 내용으로 하고 있다. 1999년 2월 15일 이전에 투자된 외국자본이

　　한편 기업들의 채무재조정을 위해 말레이시아 정부는 1999년 8월 중앙은행 산하에 기업채무재조정위원회(CDRC)를 설치하여 금융기관과 기업간에 채무재조정 협상을 지원해 주고 있다. 2002년 3월 현재 87개사가 신청하여 부채총액은 676억 링깃에 달하였다. 이중에서 51개사, 546억 링깃이 채무재조정에 들어가 2002년 7월까지 47개사 440억 링깃이 처리되어 채무재조정에 합의하였고, CDRC는 2002년 7월 4건, 111.4억 링깃 처리를 남겨두고 활동을 종료하였다. 남겨진 4건 중에서 3건은 2002년 8월 처리가 결정되어 부채총액 86억 링깃에 달하는 라이온 그룹의 처리가 마지막까지 쟁점이 되었지만, 2003년 2월까지 그룹의 채무조정계획에 대하여 채권자의 합의를 얻어 채무처리가 이루어졌다.

　　말레이시아의 경우 정부가 적극적으로 개입하면서 부실채권비율이 상대적으로 낮아 1998년 말 16.7%를 기록한 이후 2000년 말에는 13.4%로 저하되기도 하였다(〈표 8〉 참조). 이는 은행으로부터의 무수익여신 중 상당부분을 정부 자산관리회사인 Danaharta가 매입하면서 무수익여신 비율이 크게 낮아졌기 때문이다. 그러나 2002년 초 경기침체가 지속되면서 16.7%로 증가했다가, 2002년 상반기 다시 저하되기 시작하면서 2003년 말에는 13.1%를 기록하고 있다. 부실채권의 40%에 해당하는 건설 및 부동산분야에 있어서 개선이 뚜렷해지고 있는데, 이는 금리저하에 의한 주택대출 및 외국인의 부동산 취득이 활발해짐에 따라 금융기관의 융자가 증대되었기 때문이다.

국외로 유출되는 경우 투자기간에 따라 투자원금에 대해 최고 30%의 유출세가 부과된다. 즉 2월 15일 기준으로 투자기간이 7개월 미만일 경우에는 원금의 30%, 7~9개월은 20%, 그리고 9~12개월은 10%의 유출세가 부과된다. 그러나 투자기간이 12개월 이상인 외자에 대해서는 유출세가 부과되지 않는다. 한편 1999년 2월 15일 이후에 유입되는 외자의 원금유출에 대해서는 투자기간에 관계없이 유출세가 부과되지 않으나, 투자 이익금의 유출에 대해서는 최고 30%의 유출세가 부과되었다.

4. 금융 및 기업 구조조정의 평가와 전망

태국에서 촉발된 외환위기 이전까지만 해도 동남아 주요국들은 순조로운 외자유입과 함께 급속한 성장을 달성해 왔고, 상대적인 물가안정, 세수확대에 의한 재정의 건전성을 유지하면서 신흥시장으로서 큰 기대를 모아 왔다. 특히 역내 교역 및 투자기반이 확대되고, 일본을 축으로 하는 분업체제의 강화는 동아시아지역의 자율적인 성장이 가능하다는 낙관론으로 확대되었다. 이미 세계은행은 1993년 "동아시아의 기적"이라는 보고서(World Bank 1993)에서 ANIEs에 이어 ASEAN의 성장을 높이 평가하면서 '고성장의 동아시아경제권'(HPAEs)의 부상을 역설하기도 하였다.

그러나 아시아 내 선·후진국간의 순차적인 산업발전 패턴과 상호보완적인 경제관계가 엔고에서 엔저 국면으로 전환되면서 수출 및 성장기조가 흔들리고, 바트화의 폭락으로 촉발된 외환위기는 동아시아 전체로 확산되면서 최대의 경제위기에 직면하였다. 그동안 동남아 경제위기의 원인과 배경으로 지적되었던 것은 1990년대 이래 경기호황과 해외자본 유입 급증으로 인한 과열경기와 버블경제의 붕괴, 자본유입을 위한 고정환율정책의 실패, 금융기관에 대한 정책당국의 감독 소홀, 경제적 투명성의 부족, 정치적 불확실성 등으로서 동남아 경제의 구조적인 문제점이 다양한 측면에서 지적되어 왔다(World Bank 1998, 29-39).

그러나 IMF 처방에 따른 급진적인 개혁조치에도 불구하고, 외국자본의 대거 이탈과 금융시장의 교란이 지속되었던 것은 세계경제의 침체와 함께 단기 투기자본의 급격한 이동이 지속되었기 때문이다. 이와 같이 대외경제의 불안으로 동남아 각국의 경제안정이 저해되고, 이는 결국 지속적인 경제구조개선 노력에 제약조건으로 작용하였다. 그럼에도 불구하고 경제위기 재발방지를 위해 동남아 각국은 금융기관의 취약성, 경상수지 및 단기채무의 급증 등과 같은 경제적 기초여건 개선을 목적으로 금융구조개혁을 통해 법

체제 정비, 금융기관 자본주입, 불량채권 정리, 기업채무조정 등을 적극적으로 추진해 왔다.

그러나 국별로 다소 차이가 있지만, 전반적으로 경제구조조정이 지연되면서 개혁의 피로현상으로 개혁조치의 모순과 갈등이 정치·사회적 긴장을 높이고, 국가신인도 하락과 함께 경제적 불안정성이 심화되기도 하였다. 이와 같이 금융 및 기업구조조정은 많은 어려움을 겪어 왔으나, 대외 경제여건 호전에 힘입어 1999년 상반기를 지나면서 동남아 주요국들이 플러스 성장세로 돌아섰고, 경기가 급속히 회복됨에 따라 최근에는 경제여건이 성장국면으로 재진입하고 있다는 기대가 높아지고 있는 실정이다.

최근 몇 년간 미국을 중심으로 주요 선진국들이 금리인하를 통한 경기회복을 지속하면서 세계경제가 안정화됨에 따라 동남아 각국도 적극적인 경기부양책으로 선회한 바 있다. 이에 따라 본격적인 경제성장이 이루어지고 있지만, 구조개혁이 철저하게 추진되지 못함으로써 대내외적인 위기감과 불안정 요인이 잔존해 있는 것도 사실이다.

특히 태국의 경우 2001년 2월 출범한 탁신정권의 경제활성화 정책에 힘입어 GDP 성장률이 2001년 2.1%에서 2002년 5.4%, 2003년 6.7%로 크게 증가하고 있다. 그러나 2000년 8월 IMF 지원프로그램이 종료되면서 금융시스템 안정을 위해 불가피한 금융제도 개혁이 사실상 중지되어 추안정권에서 제출되었던 중앙은행법, 금융기관법, 통화법 등 금융개혁법이 입안되지 않고 있다. 2000년 5월에 인플레이션 목표제로 금융정책이 전환되었음에도 불구하고, 중앙은행의 독립성이 보장되지 않고 있으며, 금융기관의 감독권한 강화와 감독체제 재편도 진전되지 않고 있는 실정이다. 또한 예금보험기구 설립은 경제위기 이후 금융기관에 대한 유동성 지원, 부실은행 처리, 예금보호 등의 기능을 담당하는 중앙은행 산하의 FIDF의 개혁과 밀접히 관련된 문제이지만 지연되고 있다. 2003년 8월 경제위기가 발생한지 6년만에 IMF로부터 지원받은 145억 달러의 구제금융 중에서 마지막 남아있던 16억 달러

를 당초의 일정을 2년 앞당겨 상환함으로써 IMF 관리체제로부터 벗어났지
만, 금융제도 개혁조치가 지연되면서 금융시스템의 불안정이 내재되어 있다
고 할 수 있다. 최근에는 저금리 기조하에서 민간소비와 주택투자가 급증하
면서 가계부문의 채무잔고가 급증하고 있어 금융불안정 요인으로 작용하고
있다.[18]

한편 인도네시아의 경우 IMF 관리체제에 대한 국내의 비판적 여론을 의
식하여 2003년 말 IMF 프로그램을 조기 종료함에 따라 공적채무조정이 사
실상 어렵게 되고, 국채발행에 의존한 자금조달이 확대되고 있어 재정부담
요인이 가중되면서 경제불안정이 우려되고 있는 실정이다.[19] 특히 2004년
대선을 앞두고 그동안 IMF 지원체제하에서 추진되어 왔던 구조개혁 노력이
후퇴될 가능성도 있어 국가신인도 저하 및 금융시스템 강화를 위한 각종
제도정비 지연이 예상된다. IMF는 인도네시아에 대한 사후감독체제(post
program monitoring)를 유지하면서 98억 달러의 채무상환을 2010년까지
연장해 줄 것을 합의하고, 정기적인 경제정책협의회는 유지될 예정이다.

이와 같이 경제위기 이후 구조개혁이 상당히 진전되었음에도 불구하고
태국과 마찬가지로 동남아 각국에서는 아직도 부실채권 비중이 높고, 취약
한 금융시스템 때문에 경제구조조정이 지연되고 있어 본격적인 경제회복의
장애요인으로서 작용하고 있다. 특히 인도네시아와 필리핀은 대통령 선거를
전후로 국내정치 불안정 요인이 커서 국별로 구조개혁과 경제성장의 진로는
아직 불투명한 실정이다.

동남아 경제위기의 핵심은 금융시스템의 기능저하에 있으므로 부실화된

---

18) 태국중앙은행 조사에 의하면, 가계부문의 가처분소득에 대한 채무잔고비율이 2001년 39.9%에서
   2002년 46.1%, 2003년 6월 47.8%로 상승하였다.
19) Hanna and Maxino(2002)에 따르면, 인도네시아의 금융구조조정 비용은 GDP 대비 52%에 이르
   고, 태국 48%, 말레이시아 30.9%로서 정부 재정부담은 크게 늘고 있다.

금융체제의 재건을 위해 조속한 구조조정을 통해 금융산업을 정상화시키는 것이 시급한 과제이다. 금융기관 부실채권의 누적과 경영부실화에 따른 금융시스템의 불안정화를 극복하기 위해서는 현재 정체되어 있는 금융제도 개혁을 지속적으로 추진해야만 한다. 무엇보다도 부실채권 및 부실금융기관 정리를 차질 없이 추진하고 금융기관에 대한 감독권 강화와 감독체제 개편에 보다 역점을 두어야 할 것이다. 이를 위해서는 중앙은행의 독립성을 유지하면서 금융기관 경영에 대한 정부의 간섭을 배제하여 자율경영체제를 확립하는 한편 중장기적으로는 자본시장의 안정을 위해 해외단기자금의 관리방식을 재검토하고, 금융시장 정비와 함께 국내장기자금 조달시스템으로서 채권시장 육성을 적극 추진해야 할 것이다.

참고문헌

권 율. 1998. "동남아경제의 금융위기와 구조조정."『대외경제정책연구』제2권 2호.

______. 1999. "일본의 동남아 진출전략과 新미야자와 구상."『대외경제정책연구』제3권 4호.

______. 2002.『ASEAN 산업·교역구조 분석』. 정책연구 02-15. 대외경제정책연구원.

______. 2003a. "싱가포르의 新국가비전에 대한 평가와 시사점."『KIEP 세계경제』제6권 제4호(통권 55호).

______. 2003b.『ASEAN 경제통합의 확대와 한국의 대응방향』. 정책연구 03-08. 대외경제정책연구원.

______. 2004. "동남아의 경제위기와 구조개혁: 금융부문의 구조조정을 중심으로."『동남아시아연구』제14권 2호.

김원호 외. 1997.『IMF 구제금융사례 연구』. KIEP 자료논문 97-09. 대외경제정책연구원.

대외경제정책연구원.『국제경제주보』. 98-32호, 33호, 34호, 35호.

박경서·김정미. 1995. 5.『금융환경변화와 금융제도의 안정성』. 금융조사자료 97-2. 한국금융연구원.

왕윤종 편저. 1997.『한국의 해외직접투자현황과 성과』. 대외경제정책연구원.

주상영. 1996.『금융·자본자유화에 따른 금융위기 사례와 정책 시사점』, 정책연구 96-3. 대외경제정책연구원.

한국수출입은행.『조사월보』. 각호

한국은행. 1997. 7.『주요국의 금융위기 발생요인과 시사점』. 조사통계월보.

______. 1998a.『금융발전과 경제성장』. 내부연구자료(3월).

______. 1998b.『아시아 주요국 경제의 문제점과 정책과제』. 조사연구자료 98-7(4월).

______.『주간해외경제』. 각호.

Ahn, Choong Yong. 2001. "A search for robust East Asian developing models after the financial crisis: mutual learning from East Asian experience." *Journal of Asian Economics*. Vol. 12, No. 3.

BIS. *Annual Report*.

Callen, William. 1995. "Non-Government Organization, Non-Violent Action and Post-Modern Politics in Thailand." *Sojourn* Vol. 10, No. 1.

Chia Siow Yue and Seiichi Masuyama eds. 2001. *Industrial Restructuring in East Asia*. Singapore: Institute of Southeast Asia Studies.

Crafts, Nicholas. 1998. "East Asian Growth Before and After the Crisis." *IMF staff*

Papers 46(2).

Deyo, Frederic. 1987. *The Political Economy of the New Asian Industrialization.* Ithaca: Cornell University Press.

DRI. 1998. *World Economic Outlook.*

Economic Development Board. 1998. *Recommendation of the Committee on Singapore's Competitiveness.*

Feldstein, M. 1998. "Refocusing the IMF." *Foreign Affairs.* Mar/Apr.

Fry, Maxwell J. 1997. "In Favour of Financial Liberalisation." *The Economic Journal* June.

Gavelin, L. and L. Lundberg. 1983. "Determinants of Intra-Industry Trade: Testing Some Hypotheses on Swedish Data." in P. K. M. Tharakan ed. *Intra-Industry Trade: Empirical and Methodological Aspects.* Amsterdam: North-Holland.

Goldstein, M. and P. Turner. 1996. *Banking Crises in Emerging Economies : Origins and Policy Options.* BIS Economic Papers No. 46.

Grubel, H. G. and P. J. Lloyd. 1975. *Intra-Industry Trade: The Theory and Measurement of International Trade in Differentiated Products.* MacMillan.

Helpman, E. and P. R. Krugman. 1985. *Market Structure and Foreign Trade: Increasing Returns, Imperfect Competition, and the International Economy.* The MIT Press.

Honohan, P. 1997. *Banking Systems Failures in Developing and Transition Countries : Diagnosis and Prediction.* BIS Working Papers No. 39.

IMF. *International Financial Statistics.* various issues.

________. *Annual Report 1998,* 1998.

ISEAS. 1998. *Regional Outlook : Southeast Asia 1998-99.*

Ishida. K., Yoon K. Kim. 1999. "Input coefficients of EDEN Data Base." *KEO discussion paper,* No. 88. Keio Economic Observatory.

Ito, Takatoshi. 2001. "Growth, Crisis, and the Future of Economic Recovery in East Asia." in Joseph E. Stiglitz and Shahid Yusuf ed. *Rethinking the East Asian Miracle.* Oxford University Press.

Kaminsky, G. L. and Reinhart, C.M. 1996. *The Twin Crises: The Causes of Banking and Balance of Payments Problems.* International Finance Discussion Papers No. 544.

Kimura, Fukunari. 2002. "Development Strategies for Economies under Globalization: Southeast Asia as a New Development Model." *Korea and the World Economy,* the proceeding paper of a joint conference of AKES,

KDI, and RCIE.

Kol, J. and L. B. M. Mennes. 1983. "Two-way Trade and Intra-Industry Trade with an Application to the Netherlands." in Tharakan, P. K. M. ed. *Intra-Industry Trade: Empirical and Methodological Aspects.* Amsterdam: North-Holland.

Krugman, Paul. 1994. "The Myth of Asia's Miracle." *Foreign Affairs.* Vol. 73, No. 6.

_______. 1998. "Saving Asia : It's time to get radical." *Fortune,* September 7.

Leipziger, D. M. ed. 1997. *Lessons from East Asia.* The University of Michigan Press.

Meier, G. M. 1995. *Leading issues in Economic Development.* sixth edition. Oxford University Press.

Nabi and Shivakumar. 2001. *Back from the Brink: Thailand's Response to the 1997 Economic Crisis.* The World Bank.

Naya, S. and M. G. Plummer. 1991. "ASEAN Economic Co-operation in the New International Economic Environment." *ASEAN Economic Bulletin* Vol. 7, No. 3.

OECD. *Foreign Trade by Commodities.* Volume 5. various issues.

Sachs, J., Tornell A. and Velasco, A. 1996. 5. *Financial Crises in Emerging Markets : The Lessons from 1995.* NBER Working Paper 5576.

Scott, R. Christensen, David Dollar, Ammar Siamwalla and Pakon Vichyanond. 1997. "Thailand: The International and Political Underpinnings of Growth." in D. M. Leipziger ed. *Lessons from East Asia.* The University of Michigan Press.

Sharel, Michael. 1997. *Growth and Productivity in ASEAN Countries.* IMF Working Paper.

Singh, A. 1997. "Financial Liberalisation, Stockmarkets and Economic Development." *The Economic Journal.*

Stiglitz, J. E. 1989. "Markets, Market Failure, and Development." *American Economic Review* Vol. 79, No. 2(May).

Tan, Gerald. 1996. *ASEAN Economic Development and Cooperation.* Times Academic Press.

Tharakan, P. K. M. ed. 1983. *Intra-Industry Trade: Empirical and Methodological Aspects.* Amsterdam: North-Holland.

UN. *1994. Commodity Trade Statistics 1992.* Statistical Papers Series D.

UNCTAD. 1996. *Handbook of International Trade and Development Statistics 1995.*

_______. 1998. *Trade and Development Report 1998.*

World Bank. 1993. *The East Asian Miracle: Economic Growth and Public Policy.* Oxford University Press.

_______. 1998a. *Global Development Finance.* March.

______. 1998b. *East Asia : The Road to Recovery*. September.

______. 2000. *Global Economic Prospects and the Developing Countries 2000*.

______. 2001. *World Development Report 2001*.

______. 2004. *East Asia Update : Strong Fundmentals to the Fore-Regional Overview*.

외환위기와 ASEAN 경제협력의 전환

제2장

외환위기와 ASEAN 경제협력의 전환

▌이요한

1. 서론

1997년 발생한 동남아경제위기는 ASEAN의 경제협력에 근본적 질문을 던지게 하였다. ASEAN "경제위기"는 곧 ASEAN "협력의 위기"였다. 경제협력은 이익을 창출하며 회원국의 복지를 향상시킨다는 일반적 통념은 ASEAN경제위기로 훼손되었다. 회원국간 자원부존·경제발전단계·산업구조의 상이성은 효과적인 협력을 제한하고 이익을 불평등하게 배분한다는 구조적인 한계로 지적되어왔다(Wong 1989, 122).

1990년대 경제협력의 여러 노력들은 당초의 기대에 크게 못 미치는 결과를 가져왔으며, 위기는 ASEAN회원국으로 하여금 보다 세밀하고 구체화된 협력의 추진을 촉구하게 하였다. 기존의 느슨한 형태의 경제협정과 각종 합의는 보다 공식적이고 구속력 있는 형태로 전환되어야 했던 것이다. 본고는 심각한 도전 가운데 처한 ASEAN 경제협력이 경제위기 이후 어떻게 대응하고 있는가? 위기 이후 추진되고 있는 ASEAN 협력은 위기 이전과 본질적인 차이가 있는가? 그 차이는 본질적인 차이인가 아니면 전략적인 차이인가? 위기 이후의 ASEAN 협력은 구체적으로 어떤 형태로 추진되고 있는가? 에 대한 종합적이고 면밀한 분석을 시도하고자 한다.

본고는 경제위기에도 불구하고 ASEAN경제협력이 적어도 외형적으로는 활발하게 이루어지고 있음을 밝히고자 한다. 우선 첫 번째 특징으로 경제협력의 '지역적 확대'를 일관되게 이루어지고 있다. ASEAN은 위기 이후 ASEAN 10 형성을 완성하였다. 1997년 미얀마·라오스, 1999년에 캄보디아가 가입함으로서 '동남아의 ASEAN화' 즉, 동남아 전 국가(동티모르 제외)가 ASEAN의 회원국이 되었다.

ASEAN은 또한 ASEAN+3체제의 구축을 통한 동아시아 경제협력도 주도적으로 수행한다. 동아시아 경제위기 극복이라는 공감대 속에서 ASEAN+3은 시작될 수 있었으며, 지금까지 ASEAN+3을 활용한 각종 협력프로그램이 양산되고 있다. ASEAN은 이에 그치지 않고 역외국가와의 자유무역지대(FTA: Free Trade Area) 결성 등 각종 경제협력에 박차를 가하고 있다. ASEAN이 경제협력의 외연적 확대를 통해 얻고자 하는 협력의 이익이 무엇인가를 살펴볼 필요가 있다.

또한 ASEAN '협력분야의 확대'를 분석하고자 한다. 경제위기의 원인이 금융부문의 구조적 취약성과 외국투기자본에 대한 대응의 미비라는 인식하에 ASEAN은 기존의 무역협력을 심화시키는 것은 물론 금융·통화협력을 추진한다. 본고는 무역협력의 심화를 목표로 하는 AFTA plus의 내용과 금융·통화협력을 위한 구체적 프로그램은 어떠한 내용을 가지고 있는지에 대하여 고찰하고자 한다.

본고는 ASEAN 경제협력의 두 가지 특징인 지역적 확대와 분야별 확대과정을 고찰하고, 향후 ASEAN 경제협력에 대한 전망과 보다 효과적인 협력을 위한 제안으로 결론을 맺고자 한다.

2. 협력의 위기와 대응

1) '경제' 위기와 '협력' 위기

ASEAN 경제협력의 성과는 실망스러운 것이었다. 각국의 관세인하프로 그램은 내부적인 반발에 부딪히기도 하였고, 민감한 품목은 예외품목으로 제외됨으로써 자유무역지대에서 흔히 기대될 수 있는 역내교역의 증가는 미미하였다.

ASEAN의 위기에 대한 다양한 분석에도 불구하고 우선 동남아의 경제위기는 세계금융시장에 대해 취약하였기 때문에 발생하였음을 공통적으로 언급하고 있다. 위기 직전 대부분의 ASEAN(기존 회원국)국가들의 금융부문이 자율화되면서 단기유동성자금이 대거 흘러들어왔다. 1997년 초 무역수지 적자폭의 확대와 민간기업의 단기부채의 급증으로 동남아경제위기의 징후가 나타났다. 그러나 1997년 3월 개최된 ASEAN 재무장관회담에도 이러한 문제는 본격적으로 논의되지 않았다(Rüland 2000, 422). 국내금융부분이 충분히 성숙되지 않은 상황 속에서 단기자금의 유입은 그 자체로 유동성 위기를 불러올 위험성을 내포하고 있었고, 결국 우려하던 상황이 현실화 되었다(Beeson 2002, 196).

경제위기의 발생을 바라보는 시각은 크게 두 가지로 요약된다. 우선 마하띠르(Mahathir bin Mohamad) 전 말레이시아 수상의 의견으로서 국제자본시장의 투기꾼들의 조작으로 동남아 금융시장이 교란되었다는 것이다. 실제로 말레이시아는 고정환율제로의 전환을 통해 외환시장을 통제함으로써 국제금융시장의 조작으로부터 국내금융시장을 보호하는 정책을 폈다(Garnaut 1999, 101). 또한 위기 불과 몇 개월 전인 1997년 3월 ASEAN 재무장관회의에 참석했던 Michel Cammdessus IMF 총재(당시)가 "ASEAN의 경제여건이 지속적인 성장을 할 수 있는 매우 강한 상태"임을 언급하였음을 지적한다. 동남아 경제에 대해 서구금융계의 수장이라고 할 수 있는 IMF 총재의 낙관론에도 불구하고 위기를 맞이한 것은 음모론의 설득력을 더하고 있다고 본다(Soesastro 1999, 161).

다른 관점은 ASEAN 각 회원국이 보다 효율적인 협력을 하였다면 위기를 미연에 방지하거나 최소화시킬 수 있었다는 의견이다. ASEAN 협력의 제도가 잘 기능을 발휘하여 정책적 협조가 이루어졌다면 전혀 다른 결과를 가져올 수 있었다는 것이다. 따라서 ASEAN 회원국들이 기존협력의 미비함을 보완함으로서 실질적 협력을 해나가야 한다고 인식하는 것이다. 이러한 인식 속에서 ASEAN은 외연적 확대(widening)와 내부적 심화(deepening)를 동시에 추진하게 되었다(Kong 2000, 225).

2) 경제협력의 외연적 확대

ASEAN은 위기를 대응하기 위한 수많은 제안을 하게 되었다. 당시 ASEAN 사무총장이었던 Rodolf Soverino는 ASEAN의 대응을 개별 국가적 (national), 쌍무적(bilateral) 그리고 국제적인(international) 수준으로 나누어 구분하였다(Soesastro 1999, 160). 국가적인 수준에서는 금융기관의 투명성과 은행 감독을 강화하였고, 기업의 경쟁력을 증진시키고자 하였다. 쌍무적인 수준에서는 경제위기로 가장 큰 어려움을 겪고 있는 인도네시아에 대해 태국, 필리핀, 말레이시아, 싱가포르, 브루나이 등이 의약품과 식량을 지원하였다.

본 논문에서 가장 주목하고자 하는 것은 국제적인 수준에서의 대응으로서 ASEAN은 외연적 확대와 내적인 심화에 주력하였다는 점이다. 본래 외연적 확대와 내적인 심화는 상호 모순적인 특성을 가지고 있으나 ASEAN은 이들 사이에서 균형을 찾기 위해 노력하고 있다.

(1) ASEAN 10

　동서냉전과 중소분쟁의 시절 동남아의 분열은 극에 달하였으나 1988년 당시 태국 수상인 챠티차이(Chatichai Choonhavan)가 인도차이나 지역 국가에 대한 포용정책을 천명하면서 ASEAN 확대가 검토되었다.

　1992년 6개국으로 시작되었던 아세안자유무역지대(AFTA: ASEAN Free Trade Area)의 최초의 확대는 베트남의 가입이었다. 1995년 베트남의 가입은 ASEAN경제협력에 있어서 모험과도 같은 것이었다. 베트남이 사회주의 경제체제를 유지하는 가운데 기존회원국의 시장경제와 경제협력을 추진하는 것 자체가 쉽지 않았기 때문이다. 그럼에도 불구하고 베트남은 ASEAN에 가입하면서 공동유효특혜관세(CEPT: Common Effective Preferential Tariffs)에 합의하였고 세부사항은 다음과 같다(Menon 1998, 11).

　　· ASEAN회원국에 대한 상호주의 원칙아래 최혜국 대우 부여
　　· 2006년 1월까지 관세수준은 0~5% 수준으로 인하
　　· 2000년 1월부터 2006년 1월까지 농산품 조정
　　· 무역 레짐 조정 시 (타회원국에게) 정보 제공

　AFTA의 두 번째 확대라고 할 수 있는 것은 1997년의 미얀마와 라오스의 가입이었다. 이들 국가도 위에서 언급된 사항에 동의하였고, 단지 관세인하의 시간 계획만 다를 뿐이었다. 두 국가가 AFTA의 의무사항을 2008년까지 준수하기로 합의하였다. ASEAN은 1999년 캄보디아를 회원국으로 받아들임으로서 ASEAN 10을 완성하였다. ASEAN은 이에 그치지 않고, 지리적으로 가장 인접한 호주-뉴질랜드 경제협정(Closer Economic Relations Agreement)과의 협력을 추진하고 있다.

　ASEAN에 신규 가입한 미얀마, 캄보디아, 라오스 등은 세계 최빈국인데다가 시장경제의 경험도 거의 전무한 상태이기 때문에 경제협력에서 일반적으로 기대되는 규모의 경제나 상호보완적 교역을 기대하기 어려웠다. 오히

려 신규회원국의 사회간접시설 조성 등 기존 회원국의 원조 및 경제지원이
필요한 상황이었다. 신규회원국의 적응 여부는 순조로운 경제성장에 있었으
며, 신규회원국 역시 기존 회원국의 경제성장 경험을 체득하고자 하는 것이
ASEAN 가입의 주요 동기였다. 그러나 1997~1998년의 기존회원국의 경제위
기로 인해 신규회원국에 대한 투자 및 지원은 불가능해졌으며, 이로 인한
협력의 진전은 난관에 봉착하게 된다. ASEAN국가들은 신규회원국에 대한
지원 및 투자 유치를 위해 동북아국가와의 협력을 모색하게 된다. 동북아국
가는 신규회원국에 대한 투자능력을 갖고 있을 뿐 아니라 지정학적 측면에
있어서도 전략적으로 중요한 지역들이었기 때문에 동북아의 관심을 유도하
기에 충분하였다.

〈표 1〉 동남아 해외직접투자 유입 추이 (1993~1998) (단위: 미 백만 달러)

연도	1993	1994	1995	1996	1997	1998
ASEAN	15,944	19,681	21,643	25,980	27,813	21,400
중국	27,515	33,787	35,849	40,180	44,236	45,460
세계투자규모 중 동남아 비중(%)	7.3	7.8	6.6	7.2	6.0	3.3
개발도상국 중 동남아 비중(%)	20.3	19.4	20.4	19.2	16.1	12.9

자료: UNCTAD(1999)

　　이와 같이 ASEAN의 확대를 도모하는 가장 중요한 목적은 규모의 경제
를 바라는 해외투자자들을 유인하고자 하는 목적이 가장 크다. ASEAN 경제
발전에 매우 중요한 역할을 하던 해외투자유입이 1990년대부터 조금씩 감소
하더니 경제위기 이후 더욱 그 규모는 감소되어 세계투자자금 중 동남아에
유입된 금액 비중은 불과 3%였다(〈표 1〉 참조). 이는 중국이 투자유치 경쟁

국으로 등장하면서 투자가 분산되었기 때문이며, 중국과의 경쟁을 위해서는 ASEAN의 시장 확대가 절실하였다. 또한 신규 ASEAN회원국의 저임금은 중국에 비해 경쟁력을 갖고 있기 때문에 투자선의 전환을 통해 역내경제의 활성화를 도모하고자 하는 것이다(Freeman 2001, 88).

ASEAN 경제협력의 목적은 그러나 단지 경제적 이익 증대에 두고 있지 않다. 회원국은 ASEAN 경제협력이 동남아 지역의 평화와 안정에 큰 기여를 할 것으로 기대하였다(Kartadjoemena 2001, 207). ASEAN 10의 완성으로 지역의 불안정이 감소되고 장기적인 해외투자를 유입할 수 있다는 기대를 갖고 있다.

신규회원국 대부분은 아직 내부적으로 불안정한 상태이며, 특히 경제적 후진성을 면치 못하고 있다. 또한 관료들의 부패 등으로 인해 해외투자를 유보하는 요인이 있는데 ASEAN 경제협력 프로그램의 참여는 신규회원국의 개혁과 개방을 돕고, 협력의 증가를 통해 냉전기에 존재했던 회원국간의 긴장요소를 크게 완화시키고 상호신뢰를 회복할 수 있다고 보았다(Menon 1998, 13).

1997년 동아시아 경제위기는 기존 ASEAN 회원국 못지않게 신규 회원국에게도 큰 타격을 입히게 된다. 1998년 11월까지 라오스의 킵화(Kip貨)는 무려 80%나 평가절하 되었고, 미얀마의 Kyat은 50%, 베트남의 Dong은 25%가 각각 절하되었다. 무역에 있어서도 아시아 국가에 절대적인 의존을 하고 있는 상황(미얀마는 수출의 80%, 베트남은 수출의 60%)이어서 크게 위축된다. 1997년과 1998년 각각 38%와 21%의 수출 성장률을 기록한 베트남은 1998년 불과 3%의 증가에 그쳤다. 해외직접투자도 급격하게 감소했는데, 베트남은 1998년 해외투자가 1996년의 60% 수준에 불과하였다(Rüland 2000, 437).

(2) ASEAN+3

1997년 동아시아경제위기가 확산되는 상황 하에서 ASEAN은 창설 30주년을 맞았다. 창설 30주년을 기념하는 정상회담에 동북아 3국인 한·중·일 정상을 초대함으로서 비공식적이기는 하지만 최초의 ASEAN+3 정상회담이 말레이시아 쿠알라룸푸르에서 개최되었다.

ASEAN이 경제위기를 ASEAN+3 체제를 주도한 것은 여러 가지 의미를 가지고 있다. 우선 동북아가 가지고 있는 경제력과 자본력은 매우 거대한 것이다. 한·중·일의 시장은 동남아의 10배가 넘는 규모이다. 한·중·일은 세계최대의 외환보유국이기도 하다.[1] 달러의 부족으로 위기를 경험한 ASEAN국가로서는 동북아와의 협조가 매우 절실한 상황이었다.

ASEAN이 ASEAN+3에 적극적인 것은 APEC에 대한 실망감의 반증이기도 하다. APEC 회원국이 경제적으로 매우 이질적인 것에 비해 ASEAN+3은 보다 동질적인 형태를 띠고 있으며 역내교역과 투자의 비중도 급속히 증가하고 있다(〈표 2〉 참조).

무엇보다 중국과 일본의 태도가 적극적으로 변화된 것이 주목할 만한 점이다. 중국은 ASEAN 위기 이후 소규모이기는 ASEAN에 대한 경제적 지원을 시작했고, 위안화 평가절하에 대한 주변국들의 우려를 불식시킴으로서 ASEAN의 대 중국 정서를 크게 호전시켰다. 뿐만 아니라 이후 ASEAN과 중국은 FTA에 합의함으로써 양국간 경제협력을 본격화시켰다(Cai 2003, 388).

중국의 대동남아 접근은 경제적인 것뿐만 아니라 동아시아 지역의 영향력을 강화하기 위한 측면이 강하다. 탈냉전 이후 캄보디아에 평화유지군을 파견하는 등 일본의 군사적 역할의 부상과 미국과의 안보 및 군사협력의

---

[1] 외환보유고에서 일본은 세계 1위(약 8,000억 미 달러), 중국은 세계 2위(약 6,000억 미 달러), 한국은 세계 4위(약 2,000억 미 달러)를 기록하고 있다(2004년 현재).

공고화는 중국을 고립시키고자 하는 것으로 중국 지도자들은 인식하고 있다 (Yang 2003, 309). 1996년 미일 안보공동선언(Joint Declaration for Security)과 1998년 미사일방어체제(Missile Defense) 구축에 대한 미일합의 등은 중국 안보에 심각한 영향을 줄 것으로 보고 있는 것이다. 따라서 이러한 중국 고립화 정책에 대응하기 위하여 동남아로의 진출은 중국 입장에서 매우 중요하고 핵심적인 외교 전략으로 대두된 것이다. 동남아와의 적대적 관계가 형성되는 것은 바람직하지 않으며, 미·일의 중국봉쇄정책을 무력화시키기 위해서 ASEAN과의 관계 개선이 필수적인 것이다.

중국의 대 ASEAN 접근정책은 대만의 ASEAN 관계 강화를 견제하기 위한 목적도 있다. 대만은 동남아 위기 당시 83억 달러의 지원을 약속했으며 이는 '하나의 중국'을 지지하던 ASEAN의 태도를 바꿀 수도 있다는 중국 정부의 우려가 있었다(Rüland 2000, 433). 이에 중국은 쿠알라룸푸르에서 열린 ASEAN+3 정상회의에서 위안화 평가절하를 시행하지 않을 것을 약속하였으며, ASEAN의 기본 이념인 우호협력조약(TAC: Treaty of Amity and Cooperation)에도 가입하였다.[2]

일본은 냉전시대에 동남아 국가와의 경제적 관계를 확고히 해왔다. 그러나 1991년 마하티르 수상에 의한 동아시아경제회의(EAEC: East Asia Economic Caucus)에 대한 미국의 부정적인 태도로 일본은 소극적 입장을 견지하였다. 그러나 동아시아 경제위기 이후 미야자와 구상 및 아시아통화기금(AMF: Asian Monetary Fund)을 제안하는 등 적극적인 태도로 변화하였다. 이는 동아시아경제위기가 침체된 일본 경제에 더욱 불안감을 가중시킬 수 있다는 우려에서 비롯되었지만, 동시에 엔화의 영향력 확대도 도모하고 있다. 미국 주도의 IMF가 AMF 구상을 반대하여 현실화되지는 못하였지

---

2) 중국은 1995년 ASEAN이 합의한 동남아비핵지대안(SEANWFZ: Southeast Asian Nuclear Weapon Free Zone)을 지지한 첫 핵보유 국가이기도 하다.

만, 동아시아 경제침체로 인한 최대의 피해자가 일본이 될 수도 있다는 우려
가 확산되었고, 이에 경제적 리더십을 발휘하여 국내외의 경제위기를 극복
하고자 하였던 것이다(Rüland 2000, 430).

일본의 이러한 적극적인 태도로의 변화는 전통적 우호 지역이고 무역·
투자지대인 ASEAN이 친 중국적인 행태를 띄는 것에 대한 위기감에 기인하
는 것이다. 일본은 동남아 지역에 대한 우위성을 유지하기 위해 과거 어느
때 보다도 ASEAN에 대한 지원과 협력을 강조하고 있다.

〈표 2〉 동아시아의 역내무역 추이 (단위: 억 달러, %)

수입 \ 수출	연도	일 본	NIEs	ASEAN 4	중국
일본	1985		227(12.8)	76(4.3)	126(7.1)
	1990		568(19.7)	222(7.7)	61(2.1)
	1993		809(22.3)	329(9.1)	174(4.8)
	1996		1,015(24.7)	511(12.4)	218(5.3)
	1997		1,026(24.4)	480(11.4)	217(5.2)
NIEs	1985	114(10.0)	102(8.9)	85(7.5)	82(7.2)
	1990	304(11.4)	316(11.8)	231(8.6)	234(8.8)
	1993	337(9.0)	497(13.2)	335(8.9)	637(16.9)
	1996	517(9.4)	877(15.9)	623(11.3)	775(14.0)
	1997	454(8.1)	851(15.1)	609(10.8)	843(15.0)
아세안 4	1985	142(31.0)	91(19.9)	20(4.4)	6(1.3)
	1990	210(24.4)	189(21.9)	36(4.2)	18(2.1)
	1993	254(19.3)	278(21.1)	59(4.5)	31(2.4)
	1996	374(18.5)	516(25.5)	130(6.4)	62(3.1)
	1997	363(16.6)	549(25.0)	146(6.7)	64(2.9)
중국	1985	61(22.1)	92(33.3)	7(2.5)	
	1990	92(14.8)	295(47.5)	18(2.9)	
	1993	158(17.4)	286(31.5)	24(2.6)	
	1996	309(20.4)	470(31.1)	53(3.6)	
	1997	318(17.4)	612(33.5)	66(3.6)	

주: ( )안은 구성비, 아세안 4국은 말레이시아, 태국, 인도네시아, 필리핀.
자료: 박번순(1998).

중국과 일본의 대 ASEAN 접근으로 ASEAN의 역할과 입장은 강화되고 있다. 중국과 일본이 대립하는 이슈에 대하여 ASEAN이 결정적인 열쇠를 쥐게 된 것이다(Yang 2003, 314). ASEAN+3은 동아시아 지역협력이라는 대세 속에 중국과 일본 그 어느 국가도 패권을 행사하기 어려운 상황 속에 ASEAN이 주도권을 가지고 진행하고 있으며, ASEAN의 이익을 극대화하기 위한 레짐으로 운영하고 있는 것이다.

한국의 경우에도 위기의 전염(contagion)을 경험하면서 동남아경제와의 상호성을 깊이 인식하게 되었다. 동남아의 외환위기는 곧 한국에 전달되었고, 한국의 위기는 한국금융기관의 채권회수로 인하여 동남아의 위기를 더욱 심화시켰다.

한국은 전통적으로 미국과 일본 등 주요국과의 쌍무적인 관계에 중점을 두었기에 동아시아의 다자적 틀에 대한 이해와 연구가 부족하였다. 그러나 동아시아경제위기 이후 한국은 지역협력에 대한 적극적인 태도로 전환하였고 동아시아비전그룹(EAVG: East Asia Vision Group)과 동아시아연구그룹(EASG: East Asia Study Group)을 제안하여 ASEAN+3 정상회의를 보조하도록 하였다.

위기 이후 한·중·일의 ASEAN에 대한 접근으로 ASEAN+3체제는 순조롭게 출발할 수 있었다. 중국·일본의 정치적·역사적 갈등 관계에도 불구하고 경제위기는 동아시아의 협력에 대한 공감대를 형성하게 하였고 협력에 대한 본격적인 시도가 ASEAN+3인 것이다. ASEAN은 ASEAN의 주도성을 유지하기 위해 명칭을 변경해야 한다는 일부 주장을 일축하고 있으며, 개최지도 ASEAN 국가에 제한되어 있다.

ASEAN이 ASEAN+3에서 차지하는 정치적·군사적·경제적 비중은 미약하지만 동아시아 지역협력을 선도함으로서 역내이익을 최대화시키려고 하는 것이며, 경제협력 역시 ASEAN 중심으로 이루어지기를 원하고 있다. 동북아의 강대국들에 대한 주도권을 유지하기 위해서 ASEAN 회원국 간의 결속력은 더욱 강화될 필요가 있으며, 실제로 ASEAN+3 회의에 있어서 ASEAN이 집단적으로 움직이는 것은 쉽게 찾아볼 수 있다. 또한 인접지역 강국과의 개별협상보다는 다자적이고 집단적인 형태를 취함으로써 협상력을 강화할 수 있고 실제로 다양한 협력을 추진하고 있다

(3) 역외지역

ASEAN이 대외협력으로 지금까지 시도해왔던 APEC이나 ASEM 등은 전시적 효과가 있을 뿐 실질적인 성과가 미흡하였다. 경제위기 이후 ASEAN의 역외교역은 APEC이나 ASEM 등 대권역적인 협력을 지양하고 주변의 소지역 또는 개별국가와의 FTA 형성을 추진하고 있다(〈표 3〉 참조).

〈표 3〉 ASEAN 자유무역협정 추진 동향

관련국가	내 용
ASEAN	ASEAN 6개국 1992년 1월 AFTA 체결
ASEAN-중국	2002년 11월 정부 간 공식적인 합의, 2010년을 목표로 협상 중 - 선자유화조치 2004년 추진 개시
ASEAN-인도	2002년 11월 FTA 추진 합의
중국-ASEAN	2003년 10월 포괄적 협력협정 체결
일본-ASEAN	
인도-ASEAN	

자료 : 권율(2004, 9).

이는 FTA와 WTO의 세계적인 개방 추세에도 영향을 받은 바 크지만, ASEAN이 수출지향적인 산업에 의존하고 있으며, 이들 수출지역이 대부분 역외지역이기 때문이다.[3] 특히 ASEAN 주요 수출지역인 선진국과의 경제적 연계성을 통하여 수출가격을 안정시키고 또한 선진국의 투자[4]와 기술의 획득을 기대하는 것이다.

ASEAN의 대외경제협력은 ASEAN과 개별국가와의 협력과 EU, NAFTA 와의 블록 간 협력 두 가지 형태로 추진되고 있다. 개별국가와의 협력은 인적 자원 개발과 산업간 보완 등을 추구할 수 있다는 장점이 있다. ASEAN은 미국·캐나다·호주 등 주요 선진국과의 협력을 통해 다양한 형태의 이익 을 추구하고 있다.5) 개별국가와의 협력은 프로그램의 진행이 빠르고 실질적 인 성과를 기대할 수 있다는 점에서 선호되고 있다.

NAFTA는 선진국인 미국·캐나다와 개발도상국인 멕시코의 상호보완 적 산업구조를 활용하고 있다. 멕시코의 저임금과 선진국의 자본과 기술을 결합한 형태인데, 이는 ASEAN의 주요수출품목인 노동집약적 산업에서 불 리할 수밖에 없다. 뿐만 아니라 미국이 NAFTA를 기초로 중남미를 포괄하는 미주자유무역지대(FTAA: Free Trade Area of America) 결성을 의도하고 있다는 점을 ASEAN은 깊이 우려하고 있다. 따라서 ASEAN과 NAFTA의 경 제관계의 개선을 통해 무역장벽을 완화하고, 더 나아가 NAFTA의 호황을 경제위기 극복의 기반으로 활용하고자 하는 의도를 가지고 있다.

ASEAN-EU의 협력은 폐쇄적 형태보다 '개방적 지역주의'(open region-alism)의 형태를 특징으로 한다. EU는 ASEAN이 과거 식민통치 이후 상대적 으로 소홀했던 관계를 개선하고 새로운 협력형태로 나아가기를 원하고 있다. EU에게 있어 ASEAN이 차지하고 있는 경제적 비중은 크지 않지만, 1996년 ASEM회의를 계기로 ASEAN-EU관계는 급속히 발전하고 있다. 또한 EU는 지역통합의 가장 우수한 모델로서 아직 답보상태에 머물러 있는 ASEAN 협 력에 많은 도움을 줄 수 있으며 특히 경제안정화를 위한 통화체제의 협력의

---

3) 말레이시아와 태국의 무역의존도는 75%에 이르며, 싱가포르는 무려 200%(GDP의 2배)에 이른다.
4) 투자의 경우 대 ASEAN 직접투자에 있어서 일본이 1위이며 EU와 미국이 각각 2, 3위를 차지하고 있다.
5) 이에 대한 자세한 논의는 Abidin(2001, 250-257) 참조.

경험을 가지고 있다(Abidin 2001, 261).

　　ASEAN이 타 블록과의 협력을 추진하게 되는 것은 우선 APEC 협력의 한계를 절감하였다는 점과 EU, NAFTA가 폐쇄적인 형태를 띨수록 ASEAN 의 수출이 어려움을 겪을 수밖에 없다는 점 때문이다. ASEAN은 EU, NAFTA 등 세계적 블록과 경쟁하기보다는 협력을 통하여 무역을 원활히 하고 투자 를 유인하며, 또한 WTO의 자유무역체제를 적응하는 방향으로 나아가고 있 다(Simanduntak 1998, 113).

3. ASEAN 경제협력의 심화

1) AFTA plus

　　ASEAN은 1999년 9월 열린 13차 AFTA 평의회를 통해 관세의 완전폐지 를 기존 회원국은 2015년까지 신규 회원국은 2018년까지 하기로 합의하였 다(Thongpakde 2001, 45). 이처럼 ASEAN이 AFTA 추진을 강화하는 것은 주요경제협력체에 비해 역내수출비중이 낮은 데다가 경제위기 이후 역내비 중이 더욱 감소한 것에 대한 위기감이 작용한 것이다(〈표 4〉 참조).

〈표 4〉 주요권역별 역내협력 수출비중 (단위: %)

	1990	1995	1999
NAFTA	41.4	46.2	51.0
EU	59.0	63.5	62.5
ASEAN	18.7	23.0	20.6

자료: IMF(1999).

ASEAN은 역내협력의 증진을 위한 노력으로 관세인하는 물론 비관세장벽(NTBs: Non Tariff Barriers)을 제거해야 한다는 데 합의했다(Lee 1994, 4). 무역부문 뿐만 아니라 금융, 통신, 교통 부문도 포함시킨 것이다. AFTA plus를 통하여 각국 간의 상호조화를 증진시킴으로서 협력의 내실을 깊이하고 이를 기초로 역외투자의 유입을 증가시키고자 한 것이다. AFTA plus는 또한 무역관련 투자조치(TRIMs: Trade-related investment measures)와 지적재산권협정(TRIPs: Trade-related intellectual property provisions)의 영역도 함께 다루고자 하였다.

NTBs가 유관산업에 의한 반대와 로비에 의해 지금까지 지체되고 있지만, 최근 각종 의료분야와 곡물분야 등에서 실제적인 장벽의 철폐가 진행되고 있다(Menon 1998, 17).

ASEAN은 전통적 무역 분야뿐 아니라 관광 등 각종 서비스 분야의 협력을 확대하고 있다. ASEAN 관광장관들은 항공분야를 개방하기로 합의하고 있으며, 여타 분야에서는 쌍무적인 형태로 협상하고 있다.

〈표 5〉 AFTA plus의 GDP 효과 (단위: %)

	AFTA+미국	AFTA+중국권	AFTA+한국+일본	ASEAN+3	APEC
ASEAN5	2.1	2.0	3.3	4.3	5.4
인도네시아	2.8	2.8	6.1	8.0	10.0
말레이시아	1.3	1.6	2.2	2.9	3.3
필리핀	3.7	2.2	4.1	5.3	8.1
태국	1.7	1.9	2.9	3.8	4.5
싱가포르	1.2	1.3	1.7	2.1	2.5

자료: Kong Yam Tan(2000).

AFTA plus가 경제위기로 인해 일정이 연기되거나 프로그램이 유예되는 우여곡절을 겪었지만 기본적인 협력의 틀은 유지되고 있다. ASEAN은 투자지대(AIA: ASEAN Investment Area)의 완성을 통해 해외투자를 견인하고자 한다. 즉 ASEAN에 역내투자의 활성화시키기 위한 세금면제 등 다양한 인센 티브를 제공하고 절차를 간소화하며 투자에 대한 각종 제한을 철폐해나간다 는 것이다. ASEAN은 또한 투자 유입을 위해 숙련노동자 양성을 위한 고위전 략계획(high level strategic planing) 모임을 갖기로 합의하였고 1987년에 제정된 투자협정을 개정하여 외국기업의 승인절차를 간소화하고 투명화하 기로 하였다. 그러나 투자자(특히 다국적기업)의 입장에서 가장 중요한 것은 AFTA의 완성을 통해 각종 관세가 사라져야 하는 것이다. 따라서 AFTA와 AIA는 상호보완의 의미를 가지고 있다. AIA의 의의는 투자를 경쟁적으로 유입하는 ASEAN의 구조를 상호확대라는 윈-윈(Win-Win) 전략으로 나아가 고자 하는 것이다. 즉 ASEAN의 통합은 시장규모를 늘려 해외투자자로 하여 금 전체적인 투자의 향상을 가져오게끔 하고자 하는 것이다.

1998년 3월 태국의 주도로 회원국의 NTBs를 당초 2010년에서 늦어도 2003년까지 제거하는 것에 합의하였다(*Bangkok Post* 1998). 이는 경제위기 이후 위축되고 있는 역내투자를 증진시키기 위한 조치이다(Menon 1998, 15). 이 회의에서는 또한 ASEAN 회원국에 의해 일반적으로 행해지는 관세 의 할증료 부과, 국영기업에 의한 시장 독점 등도 지적되었다.

〈표 6〉 국가 및 산업별 협력 분야

국 가	산업 분야
브루나이	항공분야, 관광
인도네시아	해운업, 관광
라오스	-
말레이시아	항공분야, 해운업, 관광
미얀마	-
필리핀	비즈니스 서비스분야, 관광
싱가포르	항공분야, 관광
태국	해운업, 관광
베트남	통신업, 관광

자료: ASEAN 사무국(2001),

2) 금융협력

ASEAN이 금융협력에 관심을 갖게 된 것은 동아시아 경제위기가 무역 부분에서 보다 금융 부분에서 취약성이 노출되었다는 점이고, 또한 위기의 전염 속도가 매우 빨랐기 때문이다. 따라서 개별국가의 대응보다는 지역적 차원의 협력을 통해 위기의 재발을 방지하자는 데 공감하여 동북아 3국을 포함한 금융협력을 적극적으로 추진하게 되었다. 금융협력이 무역협력에 비해 국내의 저항을 덜 받고, 무엇보다 동아시아지역협력 자체를 부정적인 시각으로 바라보고 있는 미국에게도 금융위기에 대한 동아시아의 대응이라는 명분을 갖는다는 장점이 있다.

(1) 환율의 안정

외환위기 이전에 ASEAN의 환율은 상대적으로 고평가되어 있었으며, 경제위기는 환율의 폭락에 기인하였다. 환율 방어의 실패로 인하여 여타 거시경제 상황은 무시되고 ASEAN은 위기에 빠져들게 되었다. 무엇보다 환율의 불안정이 가져오는 비용을 지불한 ASEAN은 환율의 안정을 위해 노력하고 있다(Montes & Popov 1999, 98).

1998년 9월 홍콩에서 열린 IMF · IBRD 합동총회에서 아시아 경제위기의 무역신용 · 외환방어 및 경상수지 적자 보전을 위해 1천억 달러 규모의 아시아통화기금(AMF)을 만들자는 계획을 발표하면서 구체화되었다. IMF의 일방적인 구조조정과 역할한계에 따른 새로운 아시아 통화체제 논의에 기인하는데 일본은 이미 300억 달러의 기금으로 동아시아 국가들의 경기부양과 구조조정을 지원하는 미야자와 구상을 실행에 옮기고자 하는 것이다.

ASEAN 역시 IMF를 보완하는 AMF 또는 아시아기금(Asian Fund)의 설립을 희망하였다. AMF의 설립추진은 금융 및 외환시장의 불만을 느끼고 있는 동아시아지역의 국가들이 IMF체제를 벗어나 독자적인 공동보호막을 결성하자는 것으로서, 외환위기의 발생시 AMF를 통하여 긴급자금을 제공받도록 한다는 것이다(이대균 1998, 10).

AMF의 역할은 회원국들 중에 돌발적인 외환위기 등이 발생했을 때 AMF가 신속히 개입하여 필요한 구제 금융을 지원하고 정책자문을 제공하는 것이다. IMF와는 달리 구제 금융에 수반되는 고금리와 긴축정책, 대대적인 구조개혁 등의 조건이 따르지 않고 제반절차와 협의 등에 따르는 장기적인 시간소요가 필요 없이 신속히 지원책을 내놓을 수 있다는 장점이 있다. 더욱이 AMF가 일정의 자금규모로 지역의 '최후의 대여자'로 기능한다면 국제투기자본의 폐해를 줄일 수 있을 뿐만 아니라 투자신뢰도 회복을 통해 당면하고 있는 경제위기로부터 회생하는 데 도움이 될 것이라는 것이다.

경제적 이익 못지 않게 작동하고 있는 것은 서구 국제투기자본에 대한 적대감과 IMF 주도의 구조조정에 대한 저항감이다. 1997년 외환위기 발생 이후 일본은 일부 ASEAN 국가들의 지지 속에 그 해 9월 IMF, World Bank 연차총회에서 AMF 설립을 주장했다.[6] 그러자 태국의 타농 비다야 재무장관과 필리핀의 로베르토 드 오캄포 재무장관이 즉각 AMF 구상을 지지한다는 발언을 했다.

지역적 차원의 구제 금융지원을 주기능으로 하는 AMF가 창설되면 다음과 같은 긍정적 효과가 기대된다. 우선 AMF와 같은 보완적 금융지원기구가 있으면 외화 유동성위기에 처해진 개별국가나 개별금융기관에 초점을 맞춘 구제금융을 실시할 인센티브가 더 많기 때문에 지역적 위기해소에 유리하다.

이러한 여러 가지 경제적 논리의 타당성에도 불구하고 AMF의 설립구상은 국제정치적 역학관계에서 볼 때 일본의 팽창을 경계하는 미국과 중국

---

6) 당시 일본 미쓰즈카 대장상은 AMF에 한국·중국·홍콩 등도 참여하게 될 것이라는 취지의 발언을 하였다.

등의 반대에 직면하여 구체적으로 실현되지 못하였다. AMF가 ASEAN에 지지를 얻는 구상이었음에도 불구하고 현실화되지 못한 것은 IMF의 역할 감소를 우려하는 미국의 적극적인 반대와 일본의 동아시아 헤게모니 증대에 대한 중국의 반발이 컸기 때문이다.

AMF의 교훈은 경제협력 구상이 상호성을 추구하는 것이 필요하며 특정 국가의 독주보다는 수평적인 협력의 틀이 필요하다는 것이다. 또한 미국의 반발 역시 현실적으로 무시할 수 없음을 보여준 것이다.

보다 급진적인 내용으로는 동아시아지역이 역내 통화·환율정책의 협력에 그치지 않고 미시적·거시적 정책협조를 바탕으로 아시아 단일통화를 만들어가자는 주장으로서 궁극적으로는 아시아통화연합(AMU: Asian Monetary Union) 구상도 있다. AMU구상은 유럽통화연합(EMU: Europe Monetary Union)을 모델로 한 것으로 유럽통화연합이 출범이전에 채택했던 것과 유사한 아시아 환율조정체제(ARM: Asia Regulatory Mechanism)를 구축하여 우선 아시아 통화가치를 준(準)고정환율제로 재조정한 후 가칭 아시아중앙은행(Asia Central Bank)을 설립하여 공동통화정책 결정 체제를 만들고 기반을 다져 단일통화체제로 전환하자는 것이다.

또한 1998년 10월 필리핀 마닐라에서 개최된 제 30회 아세안경제장관회의(AEM: ASEAN Economic Ministers)에서 ASEAN 국가들은 역내간 무역대금을 역내통화로 결제하자는 방안을 제안하였다. 이를 위해 현재 말레이시아가 필리핀, 인도네시아, 태국 등과 쌍무접촉을 벌이고 있으며 인도네시아와 태국도 유사한 협의를 진행하고 있다.

역내통화결제제도는 ASEAN 전체 대외무역의 절반을 차지하는 역내 무역대금을 역내통화로 결제하고 미국 달러화에 대한 의존도를 줄임으로써 자국화폐 가치를 지키자는 것이다. 이를 통해서 ASEAN 국가들은 역내통화결제 방식을 활용하여 외환위기 극복과 적정 외환보유고 유지, 환투기 완화 등의 효과를 거둘 수 있을 것으로 기대하고 있다. 특히 ASEAN의 민간 기업들은 현재의 동아시아 경제위기가 역내 기업 활동과 무역거래에 심각한 영향을 미치고 있으며, 급격한 환율변동과 신용경색 현상으로 인해 무역거래, 원자재구매 및 사업 활동에 있어 어려움을 가중시키고 있다. 그러므로 신용회복 및 금융경색현상 완화를 위하여 이러한 제안에 대하여 적극적인 지지의사를 표명하고 ASEAN 정부와 함께 공동보조를 취하는 데 동의하고 있다(박번순 1998, 40).

환율안정의 핵심은 엔화의 변동을 어떻게 각국의 환율수준에 반영하는가에 있다. 동아시아경제는 실물부문에서 절대적으로 일본의 영향을 받고 있으나 금융 및 외환시장에서는 달러화의 영향 하에 있다. 일본은 직접투자, 중간재 및 소재 수출 등을 통해 동아시아의 산업체계를 지배해왔다. 그러나 아시아 통화 환율은 달러 중심의 외환시장에서 결정되며 특히 엔/달러환율 변동을 반영하지 못하였다. 개별 국가의 환율이 엔화 변동을 반영하기 위해서 아시아 통화를 엔화에 페그시키는 방법을 고려할 수 있다.[7] 현 단계에서 엔화환율의 신속한 반영과 역내 국가 간 환율 안정, 공급 과잉상태를 낳는 산업구조 조정을 위해서는 아시아형 통화페그제(엔화 페그)도입이 바람직하다. 엔화를 기축통화로 하여 동아시아 지역의 통화를 엔화에 페그시켜 일정 부분에서 변동(일정 폭의 관리변동제)하도록 각국이 협조하는 것이다. 환율 변동 폭은 달러화의 아시아경제에 대한 영향력을 고려하여 결정하는 것이다.

아시아형 통화페그제는 아시아 역내국가 간 환율 폭은 설정하지 않았다. 이 같은 페그제는 가맹국 간의 대일 환율을 안정시켜 아시아 각국이 비교우위에 입각한 산업발전을 추진함으로써 산업의 분업화를 촉진하였다. 아시아

---

7) 통화페그제(peg system)에는 단일통화페그제와 복수통화페그제가 있다. 단일통화페그제(peg to one currency)란 미 달러화 등 단일 특정통화에 자국통화를 연동시키는 제도이며 복수통화페그제 (peg to SDR or currency composite)는 SDR 또는 교역량을 고려한 통화바스켓에 자국통화를 연동시키는 제도를 말한다.

의 산업구조가 일본의 직접투자나 경영시스템의 이전을 통해 고착되었기 때문에, 아시아 각국 통화가 엔화환율에 페그되면서 자연적으로 비교우위산업이 드러나게 되고 비교열위산업은 퇴출될 것이다.

동아시아 지역에 있어서 경제수준이 비교적 앞선 NIEs 지역(한국, 대만, 홍콩, 싱가포르)부터 페그제를 시작할 필요가 있다. 경제수준이 ASEAN국가에 비해 발전된 NIEs 지역이 먼저 엔화 페그를 시작하여 환율변동폭을 설정하고 ASEAN은 현재의 자유변동환율제를 엔화 중심 바스켓제 혹은 엔화 페그제로 점진적으로 전환하고, 일정시점 이후에는 엔화 페그제를 완성시키는 것이다. 이때 환율변동폭 설정과 운용제도 등은 동아시아금융회의에서 경제상황에 맞춰 결정한다. 이에 따라 역외통화와의 급속한 교환비율 변동으로 인한 피해에 대한 구제방안을 마련하는 것이다. 예컨대 대미달러 환율과 통화페그제에 의한 환율, 시장의 수급상황에 의해 결정될 수 있는 환율 사이의 괴리 문제를 해결하는 것이다.

아시아 최적 통화페그제 도입을 위해서는 전술한 바와 같은 엔화의 국제화가 필요하고 이를 위해서는 일본의 제도개혁과 리더십이 선결과제일 것이다. 아시아 내 최대 수입시장과 자금의 최후 공여자로서 일본의 역할이 기본이다. 아시아권으로부터의 수입을 확대하고 수입대금은 엔화로 결제하며, 엔화자산을 신뢰하고 보유할 수 있는 분위기와 제도를 정비하는 것이 선행되어야 할 것이다.

동아시아 협조 융자기구 설치는 역내 투기자본의 공격을 감시하고 긴급 협조융자를 위한 협의체를 말한다. 1997년 11월 APEC 정상회담에서 IMF 임무를 보강하기 위한 협조금융장치(cooperative financing arrangement)를 합의한 바 있다.

아시아긴급금융기구(ASF: Asian Standby Facility)를 구체화하여 설치하는 것도 구상할 수 있다. 동아시아 5대 달러 채무국인 태국, 인도네시아, 말레이시아, 필리핀, 한국에서 발생한 금융 붕괴의 도미노 현상은 추가 확산

가능성이 있었다. 위기를 발생시키고 진정시키는 데 일조한 것은 중국과 일본이 수행한 환율정책이었다.

중국은 1994년 위안화 40% 평가절하를 단행함으로써 ASEAN 수출의 가격경쟁력을 크게 약화시켰다. 일본 역시 1990년대 후반 진행된 엔화의 평가절하로 인해 주변 동아시아 국가를 압박하였다. 위기 이후 중국의 위안화 평가절하에 촉각을 곤두세웠지만, 환율을 고정함으로서 동아시아 국가들은 경제회복의 기회를 가질 수 있게 되었다. 이처럼 동아시아의 환율은 상호간 수출과 경제성장에 커다란 영향을 주고 있다. 따라서 일본과 중국을 포함한 동아시아 지역에서 평가절하의 연쇄로 근린궁핍화 정책을 펴기보다는 점진적으로 모든 통화가치를 동시적으로 조정하는 지역협력을 필요로 하게 된다.

(2) 지역감시체제

동아시아 경제위기의 경우 거시경제 변수의 감독만으로는 위기의 징후를 발견하기가 어려웠다는 한계를 인정하고, 자본거래를 포함한 금융부문, 대외취약성(external vulnerability)에 대한 적절한 감독을 통하여 잠재적인 단기외채의 급증, 자본자유화의 부작용 등의 위험에 대비해야 한다는 논의가 이루어져 왔다. 따라서 종전과 같이 거시경제변수 등 기본적 부문에 대한 감독뿐 아니라 금융시스템의 건전성, 특히 은행의 건전성 규제 및 감독제도의 효율성도 중요시되고 있다. 또한 위기에 대한 조기경보체제(Early Warning System)가 개발되고 있다(왕윤종·이형근 1999, 3).

지역 감시체제는 역내 경제전문가의 활용이 가능하고, 글로벌 감시체제에 비해 역내 국가간 압력이 작용할 수 있다는 점에서 중요하다. 이러한 지역차원의 감시체제 강화는 마닐라 프레임워크(Manila Framework), ASEAN Surveillance Process(ASP) 등을 통해 논의되어 왔다. 1997년 11월 마닐라에서 개최된 아·태지역 재무차관 및 중앙은행대표 회의에서 동 지역 14개국과 국제금융기구가 참가하여 지역협력을 통한 금융안정 증진을 도모하기 위한 새로운 지역감시체제인 마닐라 프레임워크를 창설하기로 합의하였다.[8]

마닐라 프레임워크는 APEC 회원국을 포함한 것으로서 IMF 프로그램을 보완하고 국내금융체계와 규제능력을 강화시키려고 하는 목적으로 시작되었다. 아·태지역의 경제 및 금융문제에 대한 감시 및 협력을 위한 지역 포럼을 설치하여 연 2회 개최하기로 합의하였다. 한·중·일 3국 간 단기자본 흐름에 관한 모니터링 체제의 구축도 논의되고 있다. 이 프로그램을 통해 각국의 경제자료가 투명하게 공개되는 것을 유도하는 것 자체가 의미가 있는 것으로 보고 있다(Rajan 2001, 134). 마닐라 프레임워크는 ASEAN이 주도하여 IMF를 보완하는 금융협력을 도모하고, 국내금융체제와 규제강화를 도모하고자 출범하였다. 제1차 마닐라 프레임워크 회의에서는 동아시아 역내에 지역감시 메커니즘을 도입하여 IMF의 범세계적 감시기능을 보완하자는 데에 의견이 모아졌다. 또한 역내 각국의 국내 금융제도 및 감독능력의 강화를 위한 경제기술협력(Eco-tech)증진에 노력하기로 합의하였다. IMF의 보완준비금제도(Supplemental Reserve Facility)와 2선 지원자금 개념이 이 회의의 주요 의제였다. 1999년 8월 말에는 싱가포르에서 제 5차 회의가 개최되어 아·태지역의 경제동향을 점검하고, 국제금융체제 개편 등에 대해 논의하였다.

ASP는 ASEAN 역내국가 간 경제정책의 모니터링과 협조 증진을 위하여 1998년 10월 4일 ASEAN 재무장관 회의 때 합의된 ASEAN국가 간 역내 감시체제이다. ASP는 우선 ASEAN의 잠재된 위기를 사전에 발견하고 신속히 대응함으로서 회원국의 경제적 혼란과 위기를 방지하고 정책의 협조를

---

8) 여기에는 한국, 미국, 중국, 일본 호주, 브루나이, 캐나다, 홍콩, 인도네시아, 말레이시아, 뉴질랜드, 필리핀, 싱가포르, 태국(이상 14개국), IMF, 세계은행(World Bank), ADB 등이 참여하고 있다.

원활히 하고자 하는 것이다. 또한 ASEAN의 금융혼란과 위기의 취약성을 엄밀히 평가하고 회원국의 경제정책이 건전하게 실행되도록 하게 한다. 역내국가 간 암묵적 압력(peer pressure)과 의견교환을 통한 거시경제지표와 단기자본 흐름 감시 등 위기재발 방지를 위한 조기경보체제의 구축을 목표로 하고 있다(Rajan 2001, 132).

ASP는 전통적인 거시경제지표 뿐만 아니라 금융부분의 규제와 대외부채 수준도 감독한다. 앞으로 공개하는 정보의 투명성과 전통적 불개입 원칙의 고수 여부에 따라 ASP의 효율성이 좌우될 것이다.

동아시아·태평양 지역의 중앙은행 간 협력증진 및 정보교환을 위하여 일본의 주도로 1991년 2월에 EMEAP(Executives' Meeting of East Asia and Pacific Central Banks)가 창설되었다. EMEAP의 조직은 각국의 중앙은행 총재가 회원으로 연 1회 개최되는 최고 의사결정기구인 총재회의와 중앙은행 부총재가 구성원으로 연 2회 개최되는 임원회의가 있다. 이외에도 중앙은행의 부부장급 실무책임자로 회원국 간 협력방안과 특정주제에 대한 연구조사를 목적으로 하는 작업반 또는 연구반(working group/study group)이 있으며, 가상사무국(virtual secretariat)에서는 인터넷을 이용하여 각 회원국을 연결하고 네트워크를 구축하여 정보교환 및 활동지원을 하고 있다. EMEAP는 장기적으로 아시아국제결제은행(Asian BIS)의 설립을 목표로 1996년에 작업반을 구성하여 회원국 간에 금융시장발전, 중앙은행활동, 금융감독 등에 관한 지식과 전문성을 교환하기 위한 방안을 마련하고자 하였다. 더 나아가 아시아 국가들은 최후의 대부자 역할을 할 수 있는 아시아지역은행(Asian Regional Bank for International Settlements)의 창설과 단일바스켓환율(Common Basket Peg)제도의 도입도 논의하였다.

이러한 지역감시체제의 강화 및 금융협력에 대한 논의는 IMF의 국제적 감시기능의 한계를 보완하고 역내에서의 새로운 경제위기를 예방한다는 차원에서 진행되었다. 역내에서의 감시체제 강화뿐 아니라 IMF 등 국제금융기구에서 진행되고 있는 감시체제의 구축방안에 적극적으로 참여함으로써 국제금융체제의 내부 취약성을 보완하는 차원에서 동아시아 국가 간의 협력이 제기되었던 것이다.

국제금융체제의 불안정성을 해소함에 있어서 거시경제 및 금융부문의 감시체제가 중요한 의미를 지니는 이유는 세계금융시장에서 불확실성이 증폭되고 정보의 중요성이 점증하고 있기 때문이다. 즉, 국제금융체제는 환율의 결정방식에 있어서 뿐만 아니라 국제자본의 이동이 자유로워지면서 시장의 힘에 의해 예측 불가능한 상황이 수없이 전개될 수밖에 없는 새로운 환경을 조성하기에 이르렀다. 따라서 이러한 불확실성을 줄이기 위한 노력은 무엇보다도 개별 국가 및 국제금융체제의 안정성을 위협하는 제반 요인을 추출해내고 분석하기 위한 정보의 수집에서 시작되어야 한다. 의사결정 과정에 필요한 정보의 부재, 정보의 비대칭성의 문제는 시장참여자의 합리적 행동이 도덕적 해이 문제로 인하여 최적의 결과를 가져오는 것을 어렵게 하고 있다. 대다수의 외환·금융위기는 바로 불충분한 정보로 인하여 시장위험이 증폭되면서 야기된 경우라 할 수 있다.

정보의 부재와 불충분성은 시장참여자들로 하여금 시장위험에 대해 과민한 반응을 보이게 만든다. 경우에 따라서는 매우 합리적으로 행동하는 국제투자자들로 하여금 집단적인 행태를 보이게 만든다. 일시적 유동성 부족에 의해 야기되는 외환위기를 금융부문 전체를 마비시키고 경제를 극심한 침체 국면으로 몰고 가는 비이성적 힘은 바로 정보의 부족에 따른 신뢰도의 저하에 기인한다. 국제금융체제의 내재적 취약성은 바로 이러한 국제투자자의 집단행태(herd behavior)가 가공할만한 파괴력을 지닌다는 점에 있다. 따라서 보다 원활한 정보제공과 조정기능의 강화를 통해 국제금융체제의 취약성을 줄여나가는 노력이 필요하다. 아울러 이러한 정보의 부재와 불충분성에 대응하기 위한 제도적 장치의 마련이 요구된다. IMF를 통한 국제 감시체제의 강화, BIS를 통한 국제상업은행의 위험관리체제 구축, 그리고 새로운

지역금융체제(New Financial Architecture)의 구축을 위한 여러 가지 제도
적 장치가 바로 보다 안전한 국제금융체제의 실현에 기여하는 것이다. 특히
금융위기의 전염효과가 강하게 나타나는 역내 국가 간의 지역감시체제는 정
보의 원활한 교환과 아울러 정보의 분석을 통한 공동의 위기대응체제의 구
축이라는 측면이 있다.

3) 회원국 격차의 해소

ASEAN은 신규회원국인 베트남·캄보디아·미얀마·라오스(이하
CLMV)와의 경제력 격차를 해소함으로서 ASEAN의 통합을 강화하고 있다.
ASEAN 10이 진정한 성공을 거두기 위해서는 후발국들의 경제개발이 순조
롭게 진행되어야 하기 때문에 회원국간 격차해소는 매우 중요한 이슈로 대
두되고 있다.

ASEAN은 2000년 11월 22~25일에 열린 싱가포르 (비공식) 정상회담에
서 개발격차를 줄이기 위한 공동 노력에 합의하고 IAI(Initiative for ASEAN
Integration)를 출범하였다. IAI를 진행하기 위해 2001년 7월 개발격차 축소
를 위한 하노이 선언(Ha Noi Declaration on Narrowing the Development
Gap for Closer ASEAN Integration)을 채택하였다. 2002년 7월에는 ASEAN
외무장관들이 IAI 실행계획(Work Plan)과 제안서를 제출하였다.

IAI 실행계획에는 CLMV국가의 경제발전과 빈곤해소를 위해 사회간접시
설의 확충, 인적자원의 개발, 정보 및 통신기술 및 지역경제 통합 등을 우선
순위로 하여 집중하기로 하였다. 이 계획은 6년간(2002년 7월-2008년 6월)
진행하기로 하였으며, 매년 프로그램의 목표와 결과를 점검하고 수정하기로
하였다.

2004년 1월 현재 총 74개의 프로젝트 중 10개가 완결되었고, 10개의
프로젝트가 진행되고 있다. 23개의 프로젝트는 자금지원을 약속 받았고, 11

개는 부분적으로 자금 지원 약속을 받았다. 5개는 검토 중이며, 15개는 미
실행 중이다(〈표 7〉 참조).

<표 7> IAI 실행계획 진행 사항

분야	세부분야	실행계획 안건						합계
		완성	진행중	자금 확보	부분 자금 확보	검토중	미실행	
사회간접자본	운송	2		2	2	1	1	8
	에너지		5	1	1		2	9
인적자원개발	공공교육	6	1	2		1	3	13
	노동·고용		1	10	3	1	1	16
	고급교육					1		1
정보 및 통신 기술			1	4	3		2	10
지역경제통합	무역 및 서비스	1		1	1			3
	관세			2		1	5	8
	표준화	1	2	1	1			5
	투자						1	1
합 계		10	10	23	11	5	15	74

자료: ASEAN(2004).

CLMV국가를 지원하기 위하여 ASEAN 기존 6개국은 적극적인 협력을
하기로 합의하였고, 기술인력의 파견과 장비의 공급을 약속하였다. 또한 자
금 지원을 위해 한국, 호주, 노르웨이, 일본, EU 등을 5개국(지역)을 주요
기부국가로 하였다. ASEAN 사무국은 주요 기부 국가와의 대화와 협상을
통해 IAI가 효과적으로 수행되는 것을 돕기로 하였다.

ASEAN은 IAI를 통해 CLMV국가들의 생산력을 향상시키는 것 뿐만 아니
라 세계시장에서 보다 경쟁력 있는 경제가 될 수 있도록 하는 데 목표를
두고 있다. ASEAN은 또한 ASEAN 통합을 위한 특혜관세(AISP: ASEAN

Integration System of Preference)를 운영하여 CLMV국가의 기존회원국에 대한 관세를 인하하기로 합의하였다.

브루나이는 CLMV국가에 대해 총 102개 품목에 대한 무관세를 2002년 1월 1일부터 시행하기로 하였고, 인도네시아는 캄보디아에 25개 품목, 미얀마에 228개 품목, 베트남에 50개 품목 등에 대해 0~5%의 특혜관세를 적용키로 하였다. 말레이시아는 캄보디아에 89개 품목, 라오스에 12개 품목, 미얀마 282개 품목, 베트남 50개 품목 등에 대해 2002년 1월 1일부터 무관세를 적용키로 하였다. 필리핀은 미얀마에 67개 품목, 베트남에 10개 품목 등에 무관세를 적용키로 하였다. 태국은 캄보디아에 309개 품목에, 라오스에 187개 품목에, 미얀마에 460개 품목에 베트남에 34개 품목에 2004년 1월부터 특혜관세를 주기로 하였다.

또한 아세안-메콩개발협력(AMBDC: ASEAN-Mekong Development Cooperation)과 메콩강 유역개발을 통해 CLMV국가의 통합을 돕기로 하였다. 금융위기로 위축되었던 GMS개발 사업이 순조롭게 진행된다면 ASEAN의 인도차이나 국가와의 상호유대 협력은 더욱 확대할 것이 분명하며 '하나의 동남아'는 명실상부하게 정치적 의미뿐만 아니라 실질적 경제협력의 계기가 될 것으로 기대하는 것이다. ASEAN이 이처럼 CLMV국가의 경쟁력을 높이고 있는 것은 경제통합의 실질적 효과를 개선하기 위해서는 이들의 소득이 증가함으로서 시장을 확대할 수 있다는 것이다. 또한 CLMV는 저임금으로서 제 2의 ASEAN 투자 붐을 일으킬 수 있다는 점도 중요한 요인이다. 기존회원국과 신규회원국의 개발격차를 해소하고 상호 자유무역을 실현하면, ASEAN 전체시장을 기대하는 해외투자자들의 회귀를 기대할 수 있는 것이다.

4. 결론

경제위기는 ASEAN에 막대한 피해를 입혔다. 경제의 위기는 결국 ASEAN의 정치의 위기로 또한 협력의 위기로까지 확산되었다. 기존 ASEAN Way로 대변되는 느슨한 형태의 경제협력은 무용지물이라는 것을 ASEAN은 경제위기를 통해 깊이 인식하게 되었다.

ASEAN의 협력은 재구성되어야 했고 더 세밀한 형태로 전환될 필요가 있었다. 위기 이후 ASEAN은 역내협력을 확대시키고 심화시키는 것은 물론 ASEAN의 결속을 기초로 한·중·일 3국과의 확대된 지역협력을 주도하고 있다. 더 나아가 세계무역기구(WTO: World Trade Organization)와도 보조를 같이하는 활발한 경제협력을 추진하고 있다. ASEAN 경제협력은 매우 정치적인 성격을 띠어 왔다. ASEAN 경제협력 그 자체의 성과와 이익은 매우 적으며, 가장 오래된 무역협력 역시 예외품목 등으로 인해 그 효과가 제한되어 있다. 그럼에도 불구하고 ASEAN경제협력이 지속되는 것은 ASEAN의 집단화를 통한 대외협상력을 증가시키는 데 상당한 효과가 있기 때문이다.

ASEAN 경제협력이 위기 이전까지는 ASEAN자체의 협력에 초점을 맞추는 단선적인 특성을 띠었다면 위기 이후에는 중범위(ASEAN＋3)협력과 대범위(WTO)협력 등 다양하면서도 복합적인 특성을 갖는다. 이러한 협력의 전환은 내실을 강화하고 향후 재발할 수 있는 위기에 대한 대안을 확대한다는 의미를 갖는다. ASEAN은 위기를 기회로 전환하였고 또한 동아시아 경제협력에 대한 주도권을 확보하는 외교적 기민함을 보여주었다. ASEAN 경제협력의 전환은 과감한 것이며 같은 위기를 겪었던 우리에게도 시사하는 바가 크다.

그러나 ASEAN 경제협력이 실질적인 성과를 거두기 위해서는 절차의 개혁과 더불어 정치적 결속을 강화시켜나갈 필요가 있다. 현재 추진되고 있는 ASEAN 경제협력의 동인(動因)이 기본적으로 위기였다는 것은 위기감이 퇴조함으로서 협력의 기반이 약해지게 된다는 것이다. 시작은 '위기'였고 아마도 '위기'가 가장 큰 역할을 할 수 있는 변수였을 것이다. 따라서 위기의 감소는 협력 동인의 위축을 가져올 수 있기 때문에 향후 협력을 발전시키고 성숙시키는 것은 '제도'와 '정치적 의지'가 되어야 한다.

ASEAN은 많은 경제협력 프로그램을 쏟아내고 있다. 양적인 증가가 질적인 심화를 반드시 가져오는 것은 아니다. 경제협력 프로그램이 기대한 성과를 이루기 위해서는 정책에 대한 면밀한 검토는 물론 자국경제의 투명한 공개와 경제적 이기주의를 희생해야 한다. 그러나 ASEAN 대부분의 국가가 협력의 준비가 되어있다는 어떠한 증거도 찾기 어렵다. ASEAN이 전통적으로 내세우고 있는 내정불간섭과 상호불개입의 원칙은 재고될 필요가 있다. 지금처럼 만장일치의 형태로 의사결정이 되는 것은 ASEAN 경제협력을 지체시키고 실질적인 결과를 이끌어내기 어렵다.

ASEAN이 선도하고 있는 ASEAN+3에 있어서도 수동적이고 방어적인 태도 역시 개선되어야 할 부분이다. 협력이란 기본적으로 상호이익에 기초한 것이기 때문에 지금처럼 ASEAN이 동북아에게 일방적인 지원 촉구의 형태로 흘러간다면 동아시아 지역협력에 대한 동북아국가의 관심과 기대는 그만큼 약해질 수밖에 없다.

ASEAN 경제협력에 있어 보다 다양한 프로그램의 확립 또한 시급하다. ASEAN 협력이 심화되기 위해서는 환경과 인터넷 분야 등에 대한 논의가 필요하다. 물론 e-ASEAN 등의 논의가 시작되고는 있지만, 본격화되기 위해서는 회원국의 보다 많은 관심과 노력을 요구한다. 협력의 신(新)분야 개척은 단순히 협력의 다양성을 추구하는 것이 아니라 시대의 흐름에 걸맞은 협력이 필요하다는 것이다. 무역과 투자 분야가 여전히 중요한 부분이지만, ASEAN의 정치경제적 상황을 볼 때 쉽지 않은 요소들이 많이 있음을 살펴보았다. 따라서 새로운 협력분야는 ASEAN의 실질적 협력성과를 끌어냄은 물론 협력의 수준을 한 단계 높이는 계기가 될 것이다.

위기의 원인이 어디에 있든 위기를 통해 ASEAN 경제협력의 새로운 전환을 요구하고 있다. 동아시아로 확대된 ASEAN＋3 경제협력에 대한 외부의 - 특히 미국의 - 반발은 현저히 줄어들었다. 또한 협력의 필요와 참여국가의 열정은 그 어느 때보다 높기에 협력의 심화를 막을 변수는 잘 보이지 않는다. 그러나 협력이 실제적 성과를 거두기 위해서는 협력프로그램을 양적으로 남발하는 것은 지양되어야 하며, 각 회원국의 자발적 참여와 끊임없는 의지의 노력이 수반되어야 할 것이다.

참고문헌

권 율. 2004. "동아시아 지역주의: ASEAN의 시각과 전략."『동남아시아연구』14(1).

이대균. 1998. "세계경제질서 변화와 동아시아적 대응이론."『IMF극복의 정책과제』. 삼성경제연구소.

박번순. 1998. "IMF 사태로 본 아시아의 새로운 협력체제." 삼성경제연구소.

왕윤종·이형근. 1999. "지역감시체제의 논의 동향과 향후 전망."『KIEP 세계경제』3.

Abidin, Mahani Zaninal. 2001. "ASEAN and Its Inter-Regional Economic Links." in Mya Than ed. *ASEAN Beyond the Regional Crisis: Challenges and Initiative*. Singapore: ISEAS.

Acharya, Amitav. 2000. *The Quest for identity: International Relations of Southeast Asia*. Oxford Univ Press.

ADB. 1999. *Asian Economic Outlook 1999*.

ASEAN. 2004. *Initiative for ASEAN Integration(IAI) Work Plan for the CLMV Countries*.

Beeson, Mark. 2002. "ASEAN: The Challenges of Organizational Reinvention." in *Reconfiguring East Asia*. New York: RoutledgeCurzon.

Cai, Kevin G. 2003. "The ASEAN-China Free Trade Agreement and East Asian Regional Grouping." *Contemporary Southeast Asia* 25(3).

Freeman, Nick J. 2001. "ASEAN Investment Area: Progress and Challenges." in Mya Than ed. *ASEAN Beyond the Regional Crisis: Challenges and Initiative*. Singapore: ISEAS.

Garnaut, Ross. 1996. *Open Regionalism and Trade Liberalization*. Singapore: ISEAS.

______. 1999. "Exchange Rates in the East Asian Crisis." in H. W. Arndt and Hall Hill eds. *Southeast Asia's Economic Crisis: Origin, Lessons and the Way Forward*. St. Martin Press.

Kartadjoemena, H. S. 2001. "ASEAN and the International Trading System." in Mya Than ed. *ASEAN Beyond the Regional Crisis: Challenges and Initiative*. Singapore: ISEAS.

Kong Yam Tan. 2000. "Regional Trading Arrangements in Asia-Pacific Region." in Peter Petri ed. *Regional Cooperation & Asian Recovery*. Singapore: ISEAS.

Kwan C. H eds. 1998. *Coping With Capital Flows in East Asia*. Tokyo: Nomura Research Institute.

Lasserre, Philippe eds. 1999. *Strategies for Asia Pacific.* New York: Palgrave.

Liu, Fu-Kuo eds. 2002. *Realism in East Asia: Paradigm Shifting?* New York: RoutledgeCurzon.

Menon, Jayant. 1998. "The Expansion of AFTA: Widening and Deepening?" *Asia-Pacific Economic Literature* 12(2). Canberra: Economic Division. Research School of Pacific and Asian Studies.

Montes, Manuel F. & Popov, Vladimir V. 1999. "The Future of Globalized Capital Market." *The Asian Crisis Turns Global.* Singapore: ISEAS.

Rajan, Ramkishen S. 2001. "Financial and Macroeconomic Cooperation in ASEAN." in Mya Than ed. *ASEAN Beyond the Regional Crisis: Challenges and Initiative.* Singapore: ISEAS.

Rao, Bhanoji. 2001. *East Asian Economies: The Miracle, a Crisis and the Future.* McGraw Hill.

Rüland, Jürgen. 2000. "ASEAN and the Asian Crisis: Theoretical Implication and Practical Consequences for Southeast Asian Regionalism." *Pacific Review* 13(3).

Sekiguchi Sueo eds. 1999. *Road to ASEAN-10: Japanese Perspectives on Economic Integration.* Tokyo: Japan Center for International Exchange.

Soesastro, Hadi. 1999. "ASEAN During the Crisis." in H. W. Arndt & Hal Hill eds. *Southeast Asia's Economic Crisis: Origins, Lessons and the Way Forward.* St. Martin's Press.

Thongpakde, Nattapong. 2001. "Impact and Implications of ASEAN Enlargement on Trade." in Mya Than and Carolyn L. Gates eds. *ASEAN Enlargement: Impacts and Implications.* Singapore: ISEAS.

Yang, Jian. 2003. "Sino-Japanese Relations: Implications for Southeast Asia." *Contemporary Southeast Asia.* 25(2).

Wong, John. 1989. "The ASEAN Model of Regional Cooperation." in S. Naya, M. Urrutia, S. Mark and A. Fuentes eds. *Lessons in Development: A Comparative Study of Asia and Latin America.* San Francisco: International Center for Economic Growth.

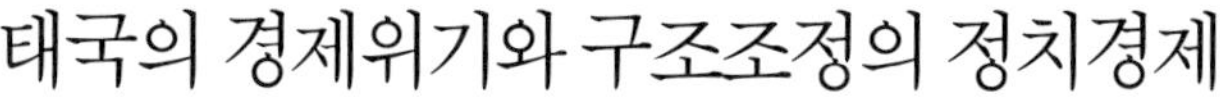

태국의 경제위기와 구조조정의 정치경제 제3장

태국의 경제위기와 구조조정의 정치경제

■ 윤진표

1. 머리말

1997년 7월 외환위기로 촉발된 태국의 경제위기는 태국 전체에 심대한 충격을 주었다. 경제를 정상으로 회복하는 것조차 단순한 문제가 아니었다. 위기극복을 위해 금융과 기업 부문 모두 대폭적인 구조조정을 겪지 않으면 안 되었다. 태국 정부는 국제통화기금(IMF)으로부터 구제금융을 받는 조건으로 금융과 기업부문 개혁을 위해 대대적인 구조조정을 단행하였다. 금융과 기업부문의 구조조정과 함께 심각한 불황에 빠진 경제를 회복시키기 위한 조치도 취해야 했다.

금융은 실물경제가 생산적인 방향으로 흐르게 하는 핵심적인 통로 역할을 한다. 따라서 금융부문에 위기가 발생하면 경제활동은 위축될 수밖에 없고 국부의 손실, 자산 가치의 하락, 자본 유출과 환율의 급등 등 전체적인 경제공황으로 치닫고 만다. 한편 기업은 실물경제를 움직이는 핵심이자 국민경제를 떠받치는 주춧돌이다. 기업부문에 위기가 발생하면 경제활동의 엔진에 이상이 생기는 것이고, 투자의 위축, 실업의 증가, 국민생활수준의 하락 등으로 이어지면서 경제의 에너지가 고갈되는 총체적 위기로 발전하고 만다. 본 연구는 1997년 7월 시작된 태국의 바트화 폭락과 함께 전체적인 경제위기로 확대된 사태의 경과와 태국 정부와 IMF가 취했던 정책들, 그리고 현재까지 경제위기의 충격과 그것이 남긴 정치경제적 변화 등 태국의 경제위기 발생과 과정, 결과에 대해 설명하고자 한다.

태국의 경제위기는 왜 발생했을까? 태국 바트화에 대한 외환시장의 신뢰 상실이 태국 전체의 경제위기로 번지게 된 이유는 무엇일까? 태국의 경제위기의 직접적인 요인은 심각한 외환부족과 투자자들의 신뢰 상실이었지만 이렇게 된 실제적 요인은 제도적 결함(institutional deficiencies)과 정책적 실패(policy mistakes) 때문이었으며, 이는 다시 말해 시장에 대한 국가의 실패(state failure)라고 생각한다. 경제성장으로 인한 확대된 시장의 기능과 경제정책에 대한 기업의 영향력 증가에 비해 태국 중앙은행과 재무부간의 오랜 정책 갈등, 경제정책 결정에 대한 정치적 입김, 금융제도 개선 지연과 방만한 해외투자자금 관리, 제도권의 도덕적 해이 등 국가의 경제운영은 심각한 문제를 안고 있었고 이것을 국가의 실패였다고 개념화하고자 한다.

1997년 태국의 외환위기 발생은 1993년 자본시장을 자유화하면서 대규모로 밀려들어온 단기 국제자본의 유입과 관리부실이 주요 원인이었다는 데 학계는 대체로 동의하고 있다. 민간부채는 1992년 305억 달러에서 1996년 920억 달러로 늘었지만 태국 금융당국은 부동산분야에 과도한 투자가 집중되면서 거품경제를 발생시킨 문제에 대해 적절하게 대응하지 못했다. 타이 중앙은행은 통화 공급을 축소하는 정책을 사용하여 경기과열을 막고자 했지만 이는 오히려 불량채권을 증가시키고 금융시장의 자생력에 대한 불안을 증폭시키면서 단기 자본이 해외로 빠져나가고 투기자금이 유입되어 바트화를 공격하는 빌미를 제공하였다. 타이중앙은행은 선물 스왑 거래를 이용하여 미국 달러를 사들여 바트화를 지탱하고자 했으나 오히려 100억 달러를 외환시장에서 잃는 결과가 되고 말았다. 더욱이 부실금융회사에 자금지원을 계속함으로써 부채는 커졌고 결국 더욱 많은 돈을 잃고 말았다. 부패하고 결단력이 부족한 국가가 상황을 더욱 악화시켰던 것이다.

태국이 1997년 7월 바트화를 변동환율제로 전환시키자 통화가치는 폭락하였고 주식시장은 수직 하락하였다. 국제통화기금은 태국의 지원 요청을 받고 172억 달러의 당시까지 두 번째로 큰 구제금융 제공에 동의했다. 이에 대한 대가로 IMF는 금융과 재정정책 긴축 프로그램을 도입하면서 금융 분야부터 시작하여 타이중앙은행의 감시능력제고와 기업 부문 통제, 자유화 조치 등 개혁과 구조조정을 요구하였다.

그렇지만 IMF식 처방은 오히려 사태를 더욱 악화시키는 결과를 낳았다. IMF가 요구한 금융기관의 빠른 부도처리와 해체, 그리고 긴축 금융재정정책은 태국을 급격한 불황으로 몰아넣었다. 1998년 1월 바트화는 달러 당 54바트까지 폭락했는데 이는 위기 이전보다 55% 평가절하된 것이고, 주식시장은 1997년 초에 비해 60%까지 폭락하였다. 금융과 재정정책을 어느 정도 완화하면서 경제는 조금씩 안정을 되찾아 가기 시작했는데, 1998년 -10.5%라는 최악의 경제성장률을 기록하고 나서 1999년에는 다시 성장세로 반전하였다. 태국은 IMF에 남아있던 37억 달러를 요구하지 않았고 2000년 6월 구제금융 계획으로부터 벗어났으며 2003년 7월 구제금융을 조기상환하고 공식적으로 IMF 관리체제를 벗어났다. 그러나 여전히 많은 문제들이 해결되지 않고 남아 있고 금융과 기업부문 구조조정은 5년 내지 10년이 더 걸릴 것으로 예상된다. 그렇지만 오늘날의 불안정한 국제경제 환경에서 위기 발생 이래 시행한 대대적인 개혁으로 지속가능한 성장이 자리잡아 가고 있다는 어느 정도의 희망은 보여주고 있다.

경제위기가 발생하고 IMF로부터 구제금융을 받음으로써 외부로부터 구조조정을 강요받게 된 태국이 겪었던 과정을 본 연구는 금융부문과 기업부문으로 구분하여 살펴보고자 한다. 구제도의 개선과 새로운 제도의 도입, 그리고 IMF가 요구한 경제정책의 내용과 태국 정부의 대응에 대해 설명할 것이다. 또한 태국 경제가 1997년 이후 현재까지 구조조정 과정을 거치면서 보인 경제적 변화를 정리하면서 결과에 대한 평가도 하고자 한다.

구조조정의 정치경제(political economy of restructuring)라는 제목에

맞게 본 연구는 경제위기로 비롯된 개혁 과정이 경제에 미친 결과뿐 아니라 정치 영역에 남긴 결과도 설명하고자 한다. 정권의 변동, 신헌법 공포, 총선 실시, 탁신 정권 등장 등 경제변동이 정치제도와 정치행위자들에게 미친 영향과 연관성에 대해 설명함으로써 경제위기와 구조조정이 태국 정치의 책임성, 효율성, 투명성 제고에 어느 정도의 효과를 미쳤는지도 평가하고자 한다.

2. 경제위기의 과정

1997년 태국 경제위기의 발생 원인은 두 가지로 요약될 수 있다. 허약한 경제체질과 일관성 없는 정책이 원인이었다고 하는 주장이 있고, 예상 경제상황과 거시경제정책간의 불협화음이 금융공황상태를 야기했다고 하는 주장이 있다. 크루그만(Krugman, 1979)과 플라드와 가버(Flood and Garber 1986)는 외환위기는 일관성 없는 국내경제 정책의 탓이라고 설명하고 있다. 과대평가된 실질 환율, 대규모 무역적자, 높은 통화 증가율, 높은 물가상승률, 국내금리의 상승 등 경제상황의 악화를 알려주는 적신호가 커졌음에도 불구하고 적절한 정책이 미리 취해지지 못하여 외환위기가 발생한다고 주장한다.

이와는 대조적으로 옵스펠드(Obstfeld, 1996)와 카민스키와 라인하트(Kaminsky and Reinhart, 1999)는 합리적 기대(rational expectation)모델을 이용하여 시장에 대한 기대가 거시정책결정에 직접적인 영향을 미친다고 설명한다. 투자자들이 경제 환경에 대한 신뢰가 무너져 공황상태에 이르고, 즉각적인 회수를 요구하게 되면 관련국 금융당국은 유동성 문제에 봉착하게 되고 결국 외환위기에 빠지게 된다고 말한다. 다시 말해 투자자들의 자기예언적 비관이 위기의 원인이라는 것이다.

그런데 이 두 가지 요인은 별도로 발생하는 것이 아니라 상호 작용하면서 외환위기를 악순환의 과정으로 빠져들게 한다고 보는 것이 옳다. 은행들은 외국으로부터 유입된 자금을 자국 통화로 대출을 하는데 자국 통화가치가 하락할 경우, 다시 말해 달러화 표시 환율이 급등할 경우 수지상의 심각한 타격을 입게 된다. 은행의 수지 악화는 정부에도 큰 부담이 되는데 투자자들은 이 경우 정부가 은행의 수지 개선을 위해 통화 공급을 늘릴 것이라고 예상하게 된다. 그러나 통화 팽창과 고정 환율제는 병행할 수 없기 때문에 투자자들은 결국 정부가 통화가치를 하락시킬 수밖에 없을 것이라고 생각하게 되고, 이러한 예상 하에 투자자들은 국내 통화를 처분하고 달러화 등 외환 매입을 요구하게 되고 국제 투기세력들은 이런 상황을 이용하여 대대적인 환 투기를 시작하게 되는 것이다. 은행은 이러한 요구에 대응하면서 유동성 문제에 봉착하게 되어 지불불능상태에 빠지게 되고 환율 방어를 한다는 미명하에 금융당국의 외환 보유고도 바닥을 보이게 된다. 결국 국제 금융세력들이 예상한 대로 고정환율제를 유지할 수 없다고 판단한 정부는 변동환율제로 전환하면서 외환위기로 급속하게 빠져들게 된다. 따라서 문제의 시발은 정부의 국내경제의 부적절한 관리와 일관성 없는 금융정책으로부터 비롯되면서 이러한 결과를 예상한 국제 금융세력의 대응으로 인해 외환위기는 폭발한다고 설명하는 것이 적절하다.

1990년대 경제 자유화 조치와 더불어 급속하게 진행된 태국의 대외 경제 정책은 특히 자본시장의 완전 개방화라는 특징을 갖는다. 1990년대 초 자산 투자와 단기 민간여신은 크게 증가했다. 자산 투자는 1992년 235억 바트에서 1993년 1,380억 바트로 무려 여섯 배가 늘어났다. 개방된 경제에 비해 여전히 고정환율제를 유지하면서 통화정책은 압박을 받게 되었고 단기 자금 유입으로 인한 불안정한 상황을 벗어나기 어려웠다. 1996년에 들어 태국 경제가 동력을 상실하고 있다는 붉은 신호등이 확실하게 켜졌다. 경제는 하락하여 10년만에 가장 낮은 성장률을 기록하였다. 태국 경제를 견인했던 수출이 마이너스 성장을 기록하고 늘어나는 수입으로 무역수지 적자는 더욱 큰 폭으로 증가하였다. 경제 활력의 감소는 증권시장의 침체로 나타나 1996년 상반기에 상장주식 주가총액의 약 5분의 1이 감소되었다. 외국투자도 급격히 감소하였다. 크루그만이 위에서 지적했듯이 실물경제의 위축은 결국 통화위기를 가져오고 말았던 것이다.

경제위기 발생은 정치적 상황과도 밀접한 연관성이 있다. 1995년부터 1996년까지 반한(Banharn) 정권과 1996년부터 1997년까지 차왈릿(Chawalit) 정권의 불안정과 무능력은 국내외 투자자들의 신뢰를 무너뜨렸다. 노동집약 산업에 치중하던 경제성장이 한계에 봉착하면서 태국은 체질을 개선하는 개혁 조치를 단행해야 했다. 낮은 수준의 기술력과 저 기능 인력, 부족한 사회간접자본 등 국가가 나서서 정책적 조치를 취했어야 했던 부문들이 그대로 방치되고 있었다. 한편 재무부와 타이중앙은행이 달러에 거의 고정되어 있는 환율제도의 투기성 유인에 의해 급증하는 해외 단기자금의 위험성을 인식했음에도 불구하고 정치적 이해 때문에 적절한 대책을 실행할 수 없었다. 정치권과 결탁된 다수의 대기업들은 장기 대외 부채를 상당히 지고 있었기 때문에 환율이 변동하게 되면 바트화의 하락으로 큰 타격을 입게 될 것을 두려워하여 정치인들을 이용하여 고정 환율제를 고수하도록 영향력을 행사하고 있었다. 타이중앙은행은 바트화의 평가절하 압력이 높아갔음에도 불구하고 오히려 긴축통화정책을 사용하였지만 높은 국내 이자율과 역외시장에서 자유롭게 들어오는 자금으로 인해 아무 효과도 보지 못했다.

태국의 해외 단기자금에 대한 과도한 의존은 국제사회로부터 멕시코와 같은 금융위기에 봉착할 것이라는 우려를 키워갔다. 경상수지 적자폭을 감소시키고 금융정책의 자율성과 단기투기자금 유입을 차단하기 위해 환율이 유연성을 가져야 한다는 국제금융기관의 지적에 태국 정부는 시의 적절하게 대응하지 못하고 있었다(*Far Eastern Economic Review* 1996/05/16). 1994

년부터 1996년까지 경상수지 적자는 6개월마다 40%씩 눈덩이처럼 불어났다. 1995년과 1996년 수지적자는 GDP의 8%를 초과하면서 1994년 멕시코가 8%를 초과하면서 금융위기를 맞았던 어두운 상황이 예견되기 시작했다(*Asiaweek* 1996/10/04). 1996년 11월과 12월 바트화에 대한 환투기가 시작된 것은 이러한 상황의 당연한 결과에 불과했다. 멕시코의 사례를 경험한 투기세력은 이러한 추세를 예의주시한 반면 외환위험을 회피할 수단을 갖지 않은 태국 기업들은 고정환율제의 유지를 적극 바랬고, 타이중앙은행은 대규모 수지적자가 발생하고 있음에도 불구하고 고정환율제를 고수하고 고이자율만을 고집하고 있었다.

경제위기가 덮칠 것이라는 징조가 짙어가면서도 반한 정권은 적극적인 조치를 취하기는커녕 경제관리의 허점만 키워갔다. 타이중앙은행장, 증권외환위원장 그리고 재무부 장관 등 주요 경제관료들이 정치적 이유로 해임되었다. 한편 방콕상업은행의 780억 바트 부당대출문제가 야당인 민주당에 의해 제기되면서 정권의 신뢰성이 크게 흔들렸다(*Bangkok Post* 1996/07/23). 반한의 찻 타이당내 주요 파벌과 방콕상업은행 간부들이 결탁하여 관련 회사에 부당대출을 했다는 의혹은 타이중앙은행이 적절한 대처를 하지 못했다는 비난으로 확대되었다. 타이중앙은행의 독립성과 신뢰성이 떨어졌고 이어서 금융 분야의 난맥상이 드러나기 시작했다.[1] 정치적 부패 스캔들이 겹치면서 태국 경제는 중심을 잃고 흔들릴 수밖에 없었던 것이다.

1997년에 들어서면서 바트화에 대한 투기세력의 공격이 이어졌다. 투기세력은 바트화가 과대평가되었고 결국 바트화 가치가 하락할 수밖에 없을

---

[1] 태국경제위기 발생의 출발점을 방콕상업은행(BBC)스캔들로부터 보는 시각이 있다. 과대평가된 부동산을 담보로 수십억 달러의 대출이 이루어지고 이를 눈감아 주었던 은행고위직과 정치인들이 연루된 혐의를 받은 사건으로 태국 정부의 부실한 관리와 규제되지 않은 금융체제의 약점을 보여주는 것이었다(*Asia 1997 Yearbook*).

것이라고 믿었다. 비슷한 이유로 국내투자자들도 바트화를 팔고 달러를 보유하고, 수출로 번 달러를 그대로 보유하여 환 위험을 줄이고자 하였다. 결과적으로 외환시장에는 바트화가 넘쳐나게 되었다. 한편 고이자율은 금융부문에 또 다른 충격을 주고 있었다. 타이중앙은행은 민간금융기관 어디도 유동성 문제가 없다고 밝혔지만 고이자율 하에서 부동산에 과도한 투자를 하고 있으면서 이자부담을 견디기 힘든 부실금융기관들이 속출하고 있었다. 타이중앙은행의 전략은 91개 금융회사와 18개 은행간 합병을 유도하는 것이었다. 또한 부동산대출관리기구(PLMO)를 설립하고 1천억 바트의 기금을 마련하여 부동산회사에 5년간 대출해 주도록 하는 한편 내각은 1996~97년 예산에서 1천 60억 바트를 삭감하였다. 그러나 이러한 조치도 시행하는 것이 쉽지 않았다. 합병 회사를 선정하고 조건을 정하는 것조차 정치적 입김이 작용하여 성사되지 못했다. 부동산대출관리기구의 출범도 기금 형성에 대해 금융기관들이 신통치 않은 반응을 보이면서 결국 실패하고 말았다.

1997년 5월 들어 금융부문의 심각성이 더욱 커져갔고 경제회복의 전망은 어두워져 갔다. 바트화에 대한 공격이 다시 치열해 지자 타이중앙은행은 적극적인 방어에 나섰다. 외환투기세력은 100억 달러를 바트화의 평가절하에 걸면서 타이중앙은행은 외환시장에서 40억 달러를 환율 방어에 썼고, 선물시장에서는 230억 달러를 사용하였다. 태국 정부는 투기를 막는다는 목적으로 바트화의 역외 거래를 제한하는 조치를 내리고 500억 바트를 주식가격 하락을 막는다는 목적으로 은행과 함께 투입하였다. 암누아이(Amnuay) 재무장관은 관리형 변동환율제와 금융부문 개혁 그리고 세금 인상 등 경제회생 조치를 시행해야 한다는 의견을 내각에 제시했지만 보수적인 정치세력의 저항으로 거절되었고, 결국 6월 19일 사임하고 말았다.

국가가 아무런 적절한 조치도 취하지 못하고 몇 달간 우왕좌왕하는 사이 타이중앙은행의 금고는 급속히 비어가고 있었다. 80억 달러가 금융기관발전기금(FIDF)을 통해 부채에 찌든 금융회사에 대출되었고 외환보유고는 심각한 지경까지 고갈되었다. 6월 27일 16개 금융회사가 30일간 영업 정지되고 합병이나 폐쇄 계획을 제출하도록 명령받았다. 7월 1일 차왈릿 총리는 "우리 모두가 가난해지고 마는 바트화의 평가절하는 결코 용납할 수 없다"고 말했지만 다음날 재무장관은 변동환율제 도입을 선언하였고 바트화는 2주 만에 달러 당 26바트에서 32바트로 곤두박질쳤다.

1997년 7월 한 달간의 상황은 더욱 악화되는 것뿐이었다. 정부가 영업 정지시킨 16개 금융회사의 선정 과정과 더 나쁜 재무상태를 갖고 있던 회사가 정치적 배경으로 제외되었다는 의혹이 커졌다. 게다가 정부는 영업정지 시한도 지키지 않으면서 기간도 연장해 주었다. 중앙은행은 영업 정지된 금융회사의 처리 방법에 대해 오락가락하는 태도를 보였다. 시장 상황은 계속 악화되었지만 정부 개입은 부적절했고 오히려 악화시켰다는 사실이 속속 드러났다. 7월 말이 되자 태국 경제는 회복하기 어려운 상태로 전락하였고 급기야 8월 초 중앙은행의 외환보유고는 바닥을 보여 지불불능상태에 빠질 지경이 되었고, 급증한 외채 부담으로 기업은 연쇄도산 사태에 빠졌다. 외부로부터 긴급 지원을 피할 수 없었고 결국 IMF로부터 구제금융을 받게 되는 처지가 되었다(World Bank 1998).

3. 구조조정의 내용과 결과

1997년 8월 태국은 IMF로부터 역사상 두 번째로 많은 172억 달러의 구제금융을 받았다. 구제금융은 국제수지 방어를 위해 3년에 걸쳐 분기마다 지급되는 것이었고 태국은 IMF가 요구하는 구조조정 계획을 실행해야 했다. 172억 달러에는 세계은행과 아시아개발은행(ADB)으로부터 들어온 27억 달러가 포함되었는데, 이는 산업경쟁력 향상과 자본시장 개선 그리고 IMF 실행계획으로 파생되는 사회문제를 경감시키기 위해 사용될 예정이었다. 전체 구제금융액에서 미국은 직접적인 개입을 하지 않았고, IMF와 일본이 40억 달러씩 내고, 중국이 10억 달러를, 그리고 아시아 국가들이 나머지를 분담하였다. 일본은 태국이 안고 있던 민간부채 375억 달러의 절반 이상을 차지했기 때문에 부담금으로 보면 적은 편이었다(*Bangkok Post* 1997/08/12).

IMF는 태국에 구제금융을 제공하는 대가로 강력한 긴축정책과 구조조정 계획을 요구하였다. 긴축정책의 내용은 부가가치세를 7%에서 10%로 인상하고, 보건과 교육 분야를 제외한 전 분야의 예산을 삭감하여 1%의 흑자예산을 편성하여 만들어지는 1천억 바트를 금융구조조정 비용으로 사용하고, 공기업에 대한 보조금 중단, 인플레이션을 1997년 9.5%에서 1998년 5%로 낮추기 위한 긴축통화정책, 경상수지적자를 1997년 GDP의 5%, 1998년 3%로 축소, 관리 변동환율제 유지, 3개월 평균 수입을 충당할 수 있는 외환보유고 유지(1997년 230억 달러, 1998년 250억 달러), 금융 산업 개혁과 구조조정 등이었다(*Far Eastern Economic Review* 1997/08/14; *EIU Country Report: Thailand 1997*, 31-34).

타이중앙은행은 IMF의 요구를 받아 6월 영업 정지된 16개 금융회사와 함께 42개의 회사를 추가로 영업 정지시켰다. 1997년 10월 15일 IMF와의 협상 결과 발표된 금융구조조정 계획은 다음과 같다. ① 금융구조조정국 (Financial Restructuring Agency: FRA)과 자산관리회사(Asset Management Corporation: AMC) 신설: 금융구조조정국은 영업 정지된 58개 금융회사의 감독과 처리를 맡고, 자산관리회사는 금융구조조정국의 지휘아래 부실채권의 매입과 관리를 맡는다. ② 대출기준 상향: 부실채권 기준을 현행 12개월에서 6개월로, 자본 대비 위험자산 비율을 12~15%로 유지하여 2000년까지 국제기준에 맞추도록 한다. ③ 외국인 투자 확대 인정: 10년간 외국인의 금융기관 주식보유 비중이 절반 이상이 되는 것을 허용하고, 그 후에는 타이인들 보유 비중보다 낮추도록 한다. ④ 정부의 전면 보증: 영업 중인

15개 은행과 33개 금융회사의 채무, 채권에 대해 정부가 완전히 보증한다. ⑤ 채권인의 동등한 권리 인정: 금융회사 담보에 대한 채권 확보 순위를 포기하게 하고 모든 채권자가 동등한 권리를 갖도록 한다. ⑥ 타이중앙은행 관련법 신설: 타이중앙은행이 부실금융회사를 관리하고 경영을 통제하도록 법률을 신설하고, 파산법을 개선하여 담보를 신속히 회수할 수 있도록 한다 (*EIU Country Report : Thailand 1997*, 15-17, 31-34). 이와 함께 정부는 IMF와의 약속에 따라 1997~98년 예산의 1% 흑자 달성을 위해 공공지출 삭감과 세금 신설을 공표하였다.

구제금융을 받는 대가로 IMF와 합의한 금융구조조정안의 실행은 부실금융회사와 연계된 정치권의 압력과 차왈릿 정부의 무능 때문에 제대로 진전되지 못했다. 10월 31일 드디어 달러 당 40바트를 넘어가자 차왈릿 정권에 대한 국민의 실망은 폭발했고 11월 3일 차왈릿은 사임을 발표하였다. 11월 15일 민주당의 추언 총리가 이끄는 6개 정당 연립 정부가 들어섰다. 추언은 민주당의 수파차이(Supachai)를 부총리 겸 상무장관에, 타린(Tarrin)을 재무장관에 임명하고 IMF와 합의한 개혁에 박차를 가했다. 신정부는 의향서 (Letter of Intent)를 IMF에 제출하여 IMF가 요구한 조건을 수용하고 경제신뢰 회복을 위한 세부조치의 수립을 약속하였다. 의향서에 따르면 간접세 인상, 공기업 투자 계획 축소, 전기수도료 인상, 공공부문 실질임금 삭감 등을 통해 예산 1% 흑자를 달성하고, 민영화 방안을 적극 추진하며 금융부문에 대한 감독기능을 강화한다는 것이었다. 이로써 10월의 가이드라인과 더불어 해외투자자들에게 더욱 개방된 금융시장을 만드는 기본설계가 세워졌다.

1997년 12월 8일 영업 정지되었던 58개 금융회사 중 2개 회사만이 재활계획을 승인받았고 나머지 56개 회사는 폐쇄가 결정되었다. 폐쇄되는 금융회사의 채권회수를 위해 금융구조조정국과 자산관리회사가 개입하였다. 채권자들은 금융기관발전기금(FIDF)을 통해 동등한 권리를 행사하도록 했다. 1998년 2월 청산 계획이 발표되어 경매를 통해 자산가격이 결정되도록 하였다. 폐쇄된 금융회사의 자산 장부가격은 8660억 바트였고 이 중 30~60%가 경매를 통해 회수될 수 있었다. 한편 재무부를 중심으로 외환위기를 초래하게 된 원인을 조사하기 위한 위원회가 구성되었다. 조사위원회는 타이중앙은행이 방콕상업은행 스캔들과 연루된 배경과 부실금융회사에 4300억 바트를 대여해 주게 된 내용을 조사하기 시작했다. 추언 정부는 방콕메트로폴리탄은행(Bangkok Metropolitan Bank), 제일은행(First City Bank), 시암은행(Siam City Bank), 방콕상업은행(Bangkok Bank of Commerce) 등 4개 중규모 은행을 외국금융기관에 매각하기 위해 국영화를 단행하였다. 방콕메트로폴리탄은행의 경우 1997년 11월 말 부실채권 규모가 총 대출의 43%를 넘었고 대출의 절반 이상이 FIDF가 제공한 단기유동성에 의존하고 있었다. 1998년 1월 중앙은행이 인수하면서 부실채권 110억 바트를 상계시켰다. 나머지 3개 은행도 같은 방식으로 처리되었다.

태국 정부의 과감하고 획기적인 개혁조치에도 불구하고 경제안정은 쉽게 이루어지지 못했다. 자본 유출이 계속되고 환율도 계속 상승하였다. 1998년 1월 초 달러 당 50바트를 넘어서자 정부는 IMF와 협상을 재개하여 IMF가 긴축정책의 효과를 너무 낙관하고 있으며 고이자율 유지와 경제성장률 예측에 문제가 있음을 지적하였다. IMF는 구조조정 계획의 조건을 완화시키는 것이 필요하다는 데 인식을 같이하고 1998년 9월에 끝나는 회계연도의 예산을 GDP 대비 1~2% 적자로 편성하는 데 동의했다. 적자 예산 편성 조치를 승인함으로써 긴축정책에서 한 발자국 물러난 IMF는 경제가 안정될 때까지 고이자율은 유지한다고 결정하였다. 이러한 긴축정책의 완화로 환율은 41~47바트에서 안정적으로 변동하기 시작했다(*Far Eastern Economic Review* 1998/01/22; *Bangkok Post* 1998/02/14).

금융위기 이후 태국 금융 산업은 큰 지각 변동을 맞았다. 태국 상업은행 15개 중 반국영 2개 은행과 1개 재향군인은행을 제외한 12개 은행이 화인계 은행이었으나 이들 모두 큰 곤경에 처했다. 15개 은행 중 1개 은행이 폐쇄되었고, 금융회사 91개 중 56개가 폐쇄되었다. 금융기관의 체질 강화와 대형화를 위해 인수합병이 활발하게 진행되어 은행 3개가 합병되고 금융회사 12개가 합병되었다. 중소규모은행 4개는 외국 자본에 매각되었다. 태국의 GDP 대비 1년 만기 단기 외채는 1996년 44%, 1997년 35%를 차지하여 외환위기의 주요 원인이었는데 IMF의 구제금융과 강력한 구조조정의 결과 1998년 27%, 1999년 20%, 2001년 19%로 감소하였다. 총외채도 GDP 대비 1996년 60%, 1998년 93%까지 치솟았다가 2001년 59%로 낮아졌다.

금융부분의 수익은 2001년 이후 흑자로 돌아서기 시작했으며 부실채권이 총대출에서 차지하는 비율도 1999년 47%에서 10%대로 낮아졌다. 여신심사를 강화하고 부실자산을 자산관리회사(AMC)로 이관하고, 부채를 탕감받으면서 예금에 대한 대출 비율은 1997년 110%에서 2002년 1분기에는 79%로 하락하였다. 은행들은 소매금융을 강화하고 수수료 수입을 늘리고 전자금융 등 고객서비스를 확대하여 수익을 확보하고 자산구성을 재구성함으로써 수익개선사업에 특히 주력하였다. 또한 과도한 인원을 감축하고 지점을 축소하고 전문인력을 아웃소싱(outsourcing)하는 등 경비절감에 주력하였다. 대기업들은 채권시장을 통해 자금조달을 늘리고 신용불안으로 기업대출이 위축됨에 따라 은행은 대출활동을 소비자 금융으로 전환하는 모색을 하였다. 주택금리 인하, 신용카드 발급 규제 완화, 인터넷 뱅킹과 모바일 뱅킹 확대 등 은행 고객에 대한 서비스를 강화하여 소비자 금융에 주력하는 변화가 나타났다.

기업구조조정의 핵심은 기업채무조정과 지배구조의 개선이었다. 지배구조 개선은 관련법의 제·개정과 관행 개선을 통해 달성되는 중장기적인 문제인 반면 기업채무조정은 경제위기에 처한 나라일수록 사활이 걸린 단기적인 문제이다. 기업채무조정은 부실채권 처리와 관련하여 사법과 행정 개혁 등을 포함하는 복잡한 문제이다. 태국 기업채무의 중요한 특징은 중소기업에 제공된 소규모 대출이 주종을 이룬다는 점이었다. 국내 총 대출의 절반 이상이 중소규모의 대출이 차지했다. 또한 태국의 기업형태는 대부분 가족 소유이거나 가족 운영방식이기 때문에 경영권과 주식소유를 구분하여 처리하기 힘들었다. 따라서 태국의 기업구조조정은 훨씬 많은 노력과 시간이 드는 복잡한 문제라는 점을 이해해야 한다.

1998년 6월 정부는 기업의 자발적인 구조조정을 원활히 하고 기업구조조정 계획안을 마련하기 위해 기업채무조정자문위원회(the Corporate Debt Restructuring Advisory Committee: CDRAC)를 설립하였다. 타이중앙은행 총재가 위원장을 맡고 채권과 채무 관련기관들, 즉 타이은행가협회, 외국은행협회, 금융회사협회, 타이경제인연합회와 타이무역위원회 회장들이 위원이 되었다. 이러한 방식은 정부 지원의 비사법적 과정 아래 대규모 기업구조조정을 단행하였던 "런던 접근법" 모델을 따라 "방콕 접근법"(Bangkok Approach)이라고 불렸다. CDRAC의 채무조정 방식은 채무자와 채권자간에 자발적인 협상을 통해 부채문제를 조정하자는 것이었다. 채권자와 채무자간의 협상에 CDRAC가 개입하여 조정을 원활하게 하면서 법적인 처리가 아닌 협약에 의한 기업회생 방안을 강구하였다. 기업 채무조정 과정에서 타이중앙은행은 채무의 성공적인 재조정을 위해 채권자와 채무자의 세금감면과 부동산거래비용 인하 관련 법률안의 제·개정을 추진하였다. CDRAC가 기관채권자가 아닌 채권자들을 포함시키지 못했다는 약점에도 불구하고 결과는 상당히 성공적이었다는 평가를 받았다. 2000년 말까지 12,000개 중 6,239건이 해결이 되어 1조 1천억 바트의 채무가 조정되었다. 2002년 4월까지는 1조 1,279억 바트에 달하는 10,109건을 해결하였다. 그리고 나머지 조정되지 못한 1조 바트에 달하는 건들은 법원 판결을 받도록 하였다.

그러나 국가의 개입에도 불구하고 전체적으로 볼 때 기업 채무조정은 지지부진한 상태를 벗어나지 못하고 있다. 사업구조조정이나 다운사이징(downsizing) 등도 일부 기업에서만 추진되었다. 금융위기 이후 기업지배구조 개선 논의가 활발하게 전개되었으나 구체적인 성과가 나타나지 않고 있다. 1999년 들어 기업지배구조 개선을 위한 정책을 추진하기 시작했고 독립된 감사위원회를 설치하도록 하였다. 한편 소액주주의 권리를 신장시키기 위한 제도적 기반이 구비되어 있지 않고 대주주의 지분이 압도적으로 높아 소액주주들의 권리의식도 여전히 낮은 상태이다. 따라서 기업공개법을 개정하자는 움직임도 있었다. 한편 외환위기 이후 두 차례에 걸쳐 파산법을 개정하여 기업의 퇴출을 촉진하고 재생 가능한 기업의 갱생제도를 도입하였다.

한편 태국 정부는 기업지원을 위해 1999년 산업구조조정 5개년 계획을 입안하고, 세금감면과 국제금융기관 차관 도입 등 지원방안을 도입하였으나 실적은 부진했다. 산업부가 주관한 산업구조조정계획은 예산목표의 17%(196백만 바트)만 지원되었으며 계획이 재검토되는 등 순조롭게 진행되지 못하고 있다. 13개 산업분야에 대한 세계은행 구조조정차관 1억 2,300만 달러가 도입되어 중소기업금융공사(SIFC)를 통해 제공되었고, 중소 벤처캐피탈 펀드(10억 바트), 아시아개발은행이 공동출자한 타이복구기금(Thai Recovery Fund, 1억 달러), 국제금융공사가 출자한 타이자산기금(Thai Equity Fund, 5억 달러) 등 3개 특별펀드가 설치되었으나 기업의 신용부족 등으로 대출실적은 극히 부진하였다.

태국의 중소기업문제는 과거 오랫동안 정책의 우선순위에서 밀려나 있었으나 외환위기와 함께 국가 주요 과제로 부상하였다. 태국의 중소기업은 1억 바트 이하의 자산을 보유하고 있는 200명 이하 고용업체를 지칭하는데, 국내총생산의 50%와 전체고용의 70%를 차지하는 중요한 부문이다. 그렇지만 중소기업들은 높은 부채와 낮은 기술수준 그리고 낙후된 경영기법 등으로 정책지원 우선순위에서 밀려나 있었는데 외환위기 이후 구조조정의 어려움을 겪고 있는 대기업을 대신하여 성장 원동력으로 중소기업 육성방안이 주목을 받기 시작했다. 태국 정부는 중소기업 창업과 경영지원을 위해 투자펀드를 설립하는 등 지원 방안을 마련하였다. 국영금융기관으로 중소기업금융공사(SIFC), 소기업금융보증공사(SICGC), 정부저축은행(GSB), 주택은행

(GHB), 농협은행(BAAC) 등이 지원에 나섰다. 그러나 대다수 중소기업이 사업계획과 회계가 부실하고, 대출기관의 관료주의 때문에 자금공여는 실적과 신용이 있는 기업에만 혜택을 주는 데 그쳤다는 평가를 받고 있다. 중소기업의 또 다른 과제는 경제의 대외개방추세에 맞추어 기업경쟁력을 향상시키는 문제이다. 태국의 보석가공, 소매, 수공예, 가죽, 서비스업은 이미 외국업체와의 경쟁이 심화되고 있고, 건축, 의류, 도자기 산업은 시장을 잠식당하고 있는 상태이다. 태국 산업부와 중소기업개발원은 중소기업의 경영, 자본, 기술 지원방안을 다각도로 강구 중에 있지만 세제구조 개편, 인프라 제공, 경영 투명성 확보 등 장기적인 경쟁력 제고방안의 마련이 시급한 실정이다.

태국 정부는 구 외국인투자법을 1999년 외국인사업법(Foreign Business Act)으로 개정하여 외국인 투자 금지 및 제한 업종을 대폭 축소하고 일부 부문의 소유제한도 한시적으로 제거하였다. 태국 정부는 외환위기 이후 은행 등 간접금융시장이 구조조정에 따른 대출기피로 위축되고 있는 점을 감안하여 외국인투자 유치 등 주식시장 활성화를 통한 기업 자금 조달시책을 추진하였다. 신규상장기업에는 5년간 법인세 30%를 25%로 인하하고 중소기업을 위한 대체투자 상장시장(MAI)을 신설하였고, 공기업 민영화법을 제정하여 주요 공기업의 주식시장 공개를 추진하였다. 태국 주식시장은 외환위기 이후 종합주가지수가 1998년 7월 207까지 폭락하였으나 경기회복에 따른 외국인 투자자금의 유입 증가로 2002년 중반 410선까지 30%가 상승하였다. 그러나 외국인 직접투자 동향을 보면 태국 투자청에 투자허가 신청을 낸 금액은 1997년 3,801억 바트(808건)에서 2001년에는 1,907억 바트(891건)로 감소하는 추세를 보였다. 이렇게 된 주요 원인은 태국 경제가 여전히 과잉생산시설을 안고 있고 노동집약적 투자의 경우 중국과 베트남과의 경합으로 태국 투자가 부진한 데 있다. 태국 투자청은 외국인 투자 유치를 위해 투자환경의 개선, 외국 투자파트너의 알선, 미국, 일본과 EU 등에 대한 투자 유치 강화, 중소기업 및 지역연계사업에 대한 투자인센티브의 확대 등을 추진하고 있다.

1997년 경제위기는 보험시장과 유통시장의 문호개방을 가져왔다. Aetna, Allianz, AXA, New York Life 등 많은 외국보험사들이 외국인 상한인 25%의 지분 합작으로 태국에 진출하였다. 경제위기 이후 교육과 노후보장에 관심이 증가하고 은행금리가 하락한 덕분에 보험가입이 증대하였으며, 특히 생명보험시장이 급성장하고 외국인 투자지분도 49%로 확대될 것이라는 기대로 많은 외국보험회사들이 진출하였다. 현재 26개 생명보험사 중 15개, 78개 비생명보험사 중 27개가 외국계 합작회사들이다. 태국의 유통시장도 1997년 이후 소비부진으로 침체된 상태에서 자금 여력이 풍부한 Tesco Lotus, Carrefour, Big C, Marko 등 외국계 유통업체가 할인매장 증설로 시장점유율을 크게 확대하였다. 2001년 태국 내 26만개 소매점 중 면적기준으로 30~35%가 이들 외국계 체인이 점유하고 있고 이 추세는 더욱 늘어날 전망이다. 보험시장과 유통시장에 대한 외국자본 진출의 증가는 가격 경쟁을 통한 소비자 보호와 유통 현대화 등에 기여할 것이지만 일부에서는 투자수익의 해외 송출 증가와 이들 산업의 해외 종속을 우려하는 목소리도 커지고 있다.

경제위기 이후 가장 큰 타격을 받은 부문 중의 하나는 부동산 시장이었다. 금융부실채권의 40%가 부동산 시장의 급속한 침체로 인해 발생하였다. 경제위기 이후 주택과 부동산 수요 급감으로 부동산 가격은 50%가 폭락했고, 방콕시내 350개 빌딩 및 건설프로젝트가 중단되었다. 상업용 빌딩의 공실률은 1999년 40%, 2001년 25%로 높은 수준이고 부동산 대출 중단으로 2,500여 개였던 개인부동산 업자가 200~300개로 줄어들었다. 태국 정부의 주택경기 부양조치와 낮은 부동산 대출금리로 주택경기는 다시 회복세를 보이고 있지만 상업용 빌딩과 산업단지, 토지개발 등의 분야는 여전히 침체를 벗어나지 못하고 있다. 외환위기는 부동산시장의 거품이 제거되면서 장기침체를 초래했으나 금융기관의 부동산 대출에 대한 심사 강화, 실수요자에 대한 낮은 금리 제공 및 대출기간 연장 등 부동산 시장의 경제적 효율을 높이는 데 일정한 기여를 한 것으로 평가된다.

태국의 국가채무는 외환위기 이후 크게 확대되어 중요한 경제문제로 등장하였다. 경제위기 이후 태국 정부는 공적자금 투입, 경기 부양을 위한 재정지출 확대 등으로 재정적자가 급속히 증가하여 2000년에 GDP 대비 재정적자 비율이 7%까지 상승하였고, 1997년 국가채무는 GDP 대비 27%였으나 2000년에는 66%로 증가하였다.

2001년 1월 집권한 탁신 정부는 2003년 7월 31일 1997년 외환위기시 IMF로부터 받았던 구제금융 패키지 172억 달러 중 실제인출분 145억 달러를 당초 상환기한보다 2년 앞당겨 조기 상환 완료하였다. 탁신은 이를 정권의 치적으로 대대적으로 홍보하였지만 경제적 측면에서 외환 위기 재발 방지를 위해 불필요한 소비지출을 억제하여 자본을 축적하고, 수출경쟁력 강화, 외환보유액 확대와 투자의 효율성 제고를 통해 국가경쟁력을 강화해 나가야할 필요성은 더욱 커지고 있다(*Bangkok Post* 2003/08/10). 경제적 측면과 함께 사회적 측면에 대한 고려도 필요한데, 우선 태국 금융기관이 경제적 합리성보다는 정실주의에 입각한 대출을 시행하는 도덕적 해이가 만연함으로써 엄청난 규모의 부실채권이 발생하였고 이것이 외환위기를 촉발한 주요원인임은 명확해졌다. 따라서 각 경제주체들의 도덕적 해이를 방지하고 정책당국자들이 정책수립과 집행시 오만과 과신을 피하는 것이 중요하다. 태국 정부는 외환위기 이후 구조개혁을 통해 각 경제주체들의 도덕적 해이 방지를 위해 정부를 포함한 경제 각 분야의 투명성과 지배구조 개선을 위해 다각적인 노력을 했다. 그러나 정책당국자들의 과신과 부주의를 없애는 것은 투명성 제고와 지배구조 개선과 같은 제도적인 노력과 더불어 지속적인 관심을 갖고 의식을 변화시켜야 하는 과제라고 생각한다.

4. 정치경제적 변화

1) 경제적 변화

1997년 경제위기 이후 구조조정과 함께 경제력을 회생시키기 위한 많은 노력이 있었고 상당한 진전이 있었다고 평가한다. 실질국내총생산 성장률은 1997년 -1.5%, 1998년 -10.5%로 추락하다가 외환위기 이후 3년만인 1999년부터 플러스 성장으로 전환되었다. 1998년 2/4분기에 최저점을 기록한 이후 1999년 1/4분기부터 성장률이 0.2%인 플러스로 전환하면서 1999년에는 4.4%, 2000년에는 4.6%를 기록하였다. 외환위기 이전인 1996년 수준에 미치지는 못했지만 태국이 경제위기를 벗어나 회복 수준에 접어들었다는 신호였다. 그러나 2001년 미국의 9·11사태로 비롯한 세계경기의 급냉으로 경제성장이 1.8%로 축소되었다가 2002년 5.2%, 2003년 5.8%로 완연한 회복세를 보이면서 2003년에는 구제금융을 조기상환하면서 공식적으로 IMF의 관리를 벗어나게 되었다.

〈표 1〉 태국 주요 거시경제지표

연도	GDP증가율(%)	물가상승률(%)	실업률	경상수지(억$)	외환보유(억$)	환율
1996	5.9	5.9	1.5	-144	377	25.3
1997	-1.5	5.6	1.5	-31	270	31.4
1998	-10.5	8.1	4.4	143	295	41.4
1999	4.4	0.3	4.2	125	348	37.8
2000	4.6	1.6	3.6	93	327	40.2
2001	1.8	1.6	3.7	62	330	44.5
2002	5.2	1.6	3.7	89	389	43.2
2003	5.8	1.8	2.0	73	421	39.6

자료: IMF. *International Financial Statistics*, 각년도.

외환위기를 맞은 다음해였던 1998년은 태국 경제 최악의 한 해였다. 환율은 예전 고정환율제였던 25바트에서 50바트까지 폭락하였고, 물가는 8.1%, 실업률은 4.4%까지 치솟았다. IMF의 강력한 긴축정책 요구를 받아들여 적자재정을 시행하지 못하고, 금융기관과 기업에 대한 대대적인 구조조정으로 파산이 속출하고, 투자는 사라졌으며 기업의 생산수준은 최악에 달했다. 1998년을 지나면서 개혁과 구조조정의 결과가 서서히 가시화되기 시작했다. 경제는 어느 정도 안정을 되찾으면서 새로운 위기 상황에 적응해 나가는 모습을 보여주었다. 1999년 경제성장이 플러스 성장으로 돌아서고 경상수지 흑자가 125억 달러를 기록하고 외환보유고도 348억 달러가 되면서 외환위기의 재발 가능성에서 조금씩 벗어나는 안도감을 보여주었다. 소비자물가도 1%대로 안정되고 실업률도 3%대로 낮아졌다.

2002년에 들면서 태국의 거시경제지표는 경제위기 이전 수준으로 회복되고 수출과 경상수지, 그리고 외환보유고 등에서 이전과 상당히 다른 건실한 지표를 보여주었다. 환율은 달러당 40바트 수준을 벗어나지 못하고 있지만 경상수지는 70~80억 달러 흑자 기조를 유지하였고 외환보유고는 400억 달러를 넘어섰다. 물가는 1%대로, 실업률도 2%대로 낮아지는 등 금융과 실물경제 모두 안정화되었음을 분명하게 보여주었다.

태국 경제 회복은 수출 수요 증가에 의한 제조업의 성장이 주된 동력이었다. 자동차 등 내구소비재의 수요가 급증하고 전자제품을 중심으로 수출이 증가하여 제조업 생산을 자극하였다. 국내수요에 의존하는 제조업의 설비가동률은 높아지지 않았지만 수출은 2000년 1/4분기에 28.4% 대폭 증가하면서 경제 회복의 견인차 역할을 했다. 태국 정부는 내수 위주의 경제회복은 한계가 있고 궁극적으로 생산성 향상을 통한 경쟁력 제고로 수출을 확대하는 것이 경제위기를 극복하는 지름길이라는 점을 인식하였다. 수출구조를 1차 산품과 전자제품 위주에서 고부가 상품으로 전환하고 70% 이상 수출을 점유하는 미국과 일본, EU에 대한 의존도를 낮추는 한편 국산 원자재를 이용한 수출 확대 전략을 추진하였다.

특기할만한 사항은 외환위기로 비롯된 바트화 가치의 폭락으로 전통적인 외화벌이 산업인 관광산업이 반사이익을 얻는 특수를 누렸다는 점이다. 절반 가까이 가치가 하락한 바트화로 태국은 외국관광객에게 매우 매력적인 곳이 되었고, 외환위기 이후 400억 달러에 달한 관광수입은 경제회복과 함께 IMF 구제금융을 조기에 상환하는 데 결정적인 기여를 하였다. 태국의 관광산업은 국내총생산의 6%를 차지하고 있으며 외화수입과 고용에서 중요한 위치를 점하고 있다. 태국 관광청은 1998년부터 1999년까지 "Amazing Thailand"라는 구호 아래 적극적인 관광 진흥 캠페인을 벌인 결과 경제위기 속에서도 외국 관광객의 입국은 꾸준히 증가하였다. 1998년 784만 명의 외국인 관광객이 2000년 958만 명, 2001년 1,000만 명을 돌파하였고, 관광수입도 1998년 2,422억 바트에서 2001년 2,990억 바트로 증가하였다. 2001년 집권한 탁신 정부도 "Be My Guest" 캠페인하에 관광진흥계획을 입안하여 인도차이나와 메콩지역을 연계하는 프로그램을 개발하고 국제행사와 이벤트를 적극 장려하는 관광 진흥책을 추진하고 있다.

<표 2> 태국의 제조업 생산 추이

연도	제조업 생산지수	산업설비 가동률 (%)
1996	109.8	73.3
1997	101.2	54.1
1998	97.0	49.9
1999	113.6	58.2
2000	113.9	59.6
2001	115.7	55.7
2002	129.8	62.9
2003	150.8	73.3

자료: *EIU Country Report: Thailand*, 각년도.

태국의 외환위기는 자동차, 철강, 건설, 석유화학, 전자 등 중화학 제조업 분야에 가장 큰 타격을 주었다. 그에 비해 식품, 보석가공 등 국내원료를 가공 수출하는 산업의 피해는 상대적으로 적었던 편이다. 제조업 생산지수는 경제위기 이전인 1996년 109.8에서 1998년 97.0으로, 산업설비가동률은 1996년 73.3%에서 1998년 49.9%로 하락하였다. 경제위기의 충격이 태국 제조업의 심각한 침체로 나타났다. 그렇지만 1998년 최악의 경제위기 후유증을 겪고 나서 서서히 제조업 분야가 되살아나기 시작했다. 경제개혁 조치와 더불어 다양한 경제회복대책이 작용하면서 1999년 생산지수가 113.6으로 회복되고, 가동률이 58.2%로 증가하였다. 2000년 이후 자동차, 시멘트, 석유화학, 가전분야의 수출 경기가 되살아나면서 경제성장의 동력원인 제조업 생산수준은 본격적으로 회복되었다. 제조업 생산지수는 2001년 115.7, 2002년 129.8, 2003년 150.8을 기록하였고, 산업설비가동률도 2001년 55.7%, 2002년 62.9%, 2003년 73.3%로 크게 증가함으로써 외환위기 이전 수준을 회복하였다.

2001년 1월 집권한 탁신 정부는 선거공약에 따라 내수 확대에 의한 경제 회복 전략을 내걸고 다양한 경기촉진책의 추진, 생산성 향상과 빈곤층 지원 대책 등에 주력하는 모습을 보여주었다. 경제기반 강화를 위한 대책으로 국민은행(People Bank)을 통한 저소득층에 대한 유동성 공급 확대, 마을기금(Village Fund)의 지원확대와 관리의 효율화, 1개 마을(Tambon) 1개 생산 프로젝트 사업의 시행을 내걸었다. 경기촉진과 실업대책으로 경기촉진 예산의 조기 집행, 현행 부가가치세율 7% 유지, 특별사업세 감축, 부동산 등록 및 이전 수수료 인하, 개인소득세 면세점 8만 바트에서 5만 바트로 인하, 공무원에 대한 주택신용 확대, 자산관리회사(AMC)의 부실자산 인수 촉진, 관광진흥 및 관광시장개발 예산 지원을 결정하여 시행하였다. 생산성 향상과 경쟁력 강화를 위해 국영기업의 주식시장 상장, 민영화와 국영기업 관리를 위한 국가지주회사(National Holding Company)설립, 생산성 향상을 위한 국가차원의 시범 프로젝트 도입, 제2 방콕국제공항, 방콕 순환철도망 건설 등 인프라 사업 추진, 식품과 세라믹산업 등 경쟁력 있는 산업분야에 대한 집중 지원 대책을 제시하였다. 또한 빈곤감소를 위해 비정부기구 등의 빈곤감소를 위한 사업에 예산 지원을 하고, 농작물 가격 안정화 대책을 추진하였다.

2003년도는 태국 경제가 본격적으로 회복되고 있음을 보여준 해였다. GDP 성장률은 1997년 외환위기 이후 최고치인 5.8%를 기록하였다. 2002년 5.2%의 성장을 기록하고 2003년에도 성장세를 지속한 태국경제는 IMF 관리를 공식적으로 벗어나면서 거시경제상 외환위기의 그늘을 벗어난 것으로 평가된다. 2002년과 2003년 본격적인 경제성장의 원인은 정부의 소비 진작 정책에 힘입은 민간 소비의 증대와 민간 투자 및 수출의 호조와 같은 전반적인 수요 확대에 기인한 것이었다. 2003년 상반기 민간소비는 6.2% 증가하였고, 민간 투자는 12.4%, 수출은 11.2% 증가하면서 경제성장을 이끌었다. 한편 1일 30바트(0.7달러)이하의 소득층에 해당하는 빈곤인구비율(poverty incidence)이 경제위기 이전보다 개선된 것으로 나타나고 있다. 1996년 11.4%의 빈곤인구 비율이 2002년 14.2%까지 늘어나다가 2003년 9.8%로 하락했는데, 주요 배경은 태국 빈곤층의 3분의 2가 거주하는 동북부 지역의 빈곤인구비율이 농업생산 증가와 농산물 가격 상승 등으로 크게 감소한 것이 원인으로 분석된다.

태국은 2003년 높은 성장세 회복과 빈곤층 감소에 힘입어 70억 달러의 경상수지 흑자를 달성하고 390억 달러 수준의 외환보유고를 유지하였다. 이러한 경제지표의 향상으로 2001년 675억 달러의 대외부채가 2003년 520억 달러로 대폭 감소되었다. 태국의 외환보유고 수준이 단기 대외부채의 3배 내지 6개월분의 수입액에 해당되기 때문에 외환부족으로 인한 대외위험도는 많이 감소된 것으로 보인다.

태국 국가경제사회개발원(NESDB)의 보고에 따르면 2004년 1/4분기 경제성장률이 전년도 대비 6.5%로 2003년에 이어 견고한 성장세를 지속하고 있는 것으로 보았다. 당초 예상치인 7%수준에는 미치지 못하고 있지만 안정적인 민간소비와 투자 증가세를 바탕으로 내수 기반이 견실해 지고 더불어 세계경제 회복세에 따라 수출이 호조를 보임으로써 태국이 2004년에도 역내 국가들에 비해 상대적으로 건실한 경제성장을 기록할 것으로 예상했다.[2] 2004년 중에 1%대의 저금리가 지속되고 쌀과 고무 등 주요 수출 농산물의 가격 상승과 고용 증가, 기업의 수익 증대, 금융기관들의 부실채권 감소 및 기업대출 확대 등 대내적인 경기호조 요인들이 작동하고 있으며, 미국, 일본, 중국 및 역내 국가들의 경제호조세가 가사화되어 대외경제여건이 개선됨으로써 태국경제의 확장세가 지속될 것으로 전망된다. 그러나 세계 유가상승 추세와 태국 남부지방의 소요 지속, 세계 각지의 테러 불안감 확대 및 중국의 경기안정화 정책 등은 태국 경제의 회복세에 제약요인으로 작용할 것으로 보인다.

그렇지만 본격적인 경제성장은 여전히 남아있는 구조적인 약점으로 인해 제한 받고 있다는 것을 지적하지 않을 수 없다. 첫째, 시장에는 유동성 초과가 여전한 현상이다. 수급 균형을 이루지 못하고 유동성 함정에 빠져 있는 이유는 금융시장이 아직도 제대로 작동하지 못하기 때문이다. 경제위기 이후 금융구조조정을 단행하였다고 하지만 여전히 금융기관의 건전성과 경쟁성이 확립되지 못하고 있다는 평가를 받고 있다. 유동성 공급과잉이 계속되고 있지만 대출 확대가 아주 느리게 진행되면서 중간금융기관들이 실물경제가 확장되기 위해 투자를 적재적소로 확대하는 데 제 역할을 다하지 못하고 있다. 둘째, 위와 같은 이유로 통화정책이 제 역할을 하지 못하고 있다. 따라서 정부가 경기회복을 위해 재정 팽창 정책을 시행하는 데도 불구

---

2) 태국주재 한국대사관 보고, http://www.mofat.go.kr/ko/trade(검색일: 2004년 7월 19일).

하고 공공부채 비율은 전체 경제를 위협할 만큼 여전히 높은 수준이다. 셋째, 경제위기 이후 외환 유동성이 대폭 증가하여 외채 구조가 개선되었지만 태국 경제의 가장 중요한 문제는 성장을 지속시킬 수 있는 주도 부문이 부실하다는 점이다. 새로운 성장산업이 부재한 가운데 철강, 화학, 자동차 등에서 과잉설비를 보유한 채 구조조정이 지체되고 금융부실도 여전한 상태에서 외국인의 투자확대가 이루어지지 않고 있는 점이 문제이다.

2) 정치사회적 변화

경제위기를 겪은 태국 사회는 큰 충격과 함께 값비싼 비용을 지불하면서 예전과는 상당히 다른 변화를 가져왔다. 1997년 이전 태국국민은 급속한 경제성장과 부동산 거품경제의 결과로 부의 증대와 고용 안정 등 상당한 혜택을 누렸던 것이 사실이다. 그와 더불어 전통문화의 쇠락과 금전 만능주의, 중산층 확대 등의 사회적 현상이 크게 늘었다. 태국 사회는 농촌인구가 도시로 집중하고 교통 악화와 환경 오염 그리고 범죄 증가 등 사회문제도 크게 증가하였다. 개인의 가치기준도 배금주의의 팽배로 집과 자동차 보유, 사치 외제품의 유무가 신분구분의 상징 역할을 하였다. 이러한 사회적 병폐의 확대는 결국 도덕적 해이와 같은 경제위기 발생의 원인을 제공하였다고 생각한다.

경제위기의 발생은 소득감소에 따른 도시와 농촌간, 계층간 마찰과 물질 만능에 대한 반성 등 다양한 변화를 가져왔다. 어려운 경제상황을 맞아 태국 사회내부에서 애국심과 전통문화의 가치를 재강조하는 현상이 대두되었으며, 금전 만능주의를 배척하고 명상과 종교 등 정신세계에 몰두하는 경향도 나타났다. 댐과 발전소 건설에 따른 농경지와 환경 파괴에 대한 농촌 빈곤층의 의식이 확산되어 시위와 정부 대책의 투명성을 요구하는 적극적인 정치참여 운동도 확대되었다. 교육면에서 보면 공개되고 자유로운 교육시스템의 확립과 과학기술의 강화 등 교육개혁 요구가 지속적으로 제기되었지만 정치권의 관심을 끄는 데 실패했던 것이 사실이다. 외환위기 이후 1998년 국가교육법 제정, 중앙교육당국의 권한 축소와 지방의 교육시책 참여 등 자율적인 시범사업을 추진하고 있지만 성과는 아직 미약한 편이다. 가정교육 강화와 아동중심 교육프로젝트 등도 보수적 사회분위기와 예산 부족으로 구호에 그치고 있는 실정이다. 한편 국가에 대응하는 시민사회가 다양한 활동을 하는 비정부기구들의 확대로 새로운 세력으로 빠르게 부상하고 있다. 시민사회의 발전 추세는 국가정책에 대한 목소리를 내면서 참여와 운동의 형태로 확산되고 있다. 진보적 성향의 시민사회운동은 다양한 분야에서 국민여론을 만들어 가고, 과거에는 없었던 활발한 활동을 보여 주면서 태국 사회의 민주화에 기여하고 있다는 평가를 받고 있다(윤진표 2002).

정치는 경제위기의 충격을 직접적으로 받은 분야라고 하겠다. 경제위기 과정에서 군인 등 전통적인 엘리트 집단들이 쇠퇴하고 기업인 출신이 전면에 부상하는 권력집단의 교체를 보여주었다. 1992년 방콕 민주화 시위 이후 정치는 안정되지 못하고 있었다. 추언이 지휘하는 민주당이 총선에서 승리하여 정권을 잡았지만 토지 부정사건에 휘말리며 2년 반만에 물러나야 했다. 선거는 1995년과 1996년 재차 실시되었고, 반한이 이끈 부패 스캔들로 얼룩진 정당연합과 군 사령관 출신 차왈릿이 이끈 정당연합이 각각 정권을 잡았다. 이런 과정에서 시민단체들은 정치를 깨끗이 청소하고 보다 민주적으로 만들어 시민의 지배를 강화하기 위한 본격적인 시민사회 운동을 시작하였다. 99명의 의원으로 구성된 헌법초안회의(Constitution Drafting Assembly)가 이러한 목적으로 소집되었고 1997년 1월 업무를 개시하였다. 1997년 7월 강타한 경제위기는 9월 신 헌법을 의회가 빨리 통과시키도록 하는 데 영향을 미쳤고 미지근한 반응을 보이던 정치권도 따르지 않을 수 없었다.

1997년 헌법은 태국을 보다 개방되고 민주적인 사회로 만드는 데 결정적인 기여를 하였다고 평가된다. 신헌법은 1997년 9월 의회에서 승인되고 10

월 국왕에 의해 선포된 것으로 1965년 태국 헌정사에서 16번째 헌법이다. 신헌법은 국왕의 역할, 국민의 권리와 의무, 입법·사법·행정부·지방정부 간의 권력 분립을 포함하여 역사상 가장 상세한 12장과 336조로 구성되어 있다. 신헌법은 과거 1974년과 1991년 헌법과 유사점을 가지고 있지만 많은 면에서 발전된 특징을 가지고 있다. 99명의 독립된 헌법초안회의 의원들이 전국을 돌며 국민들의 의견을 반영하여 작성한 헌법은 태국 헌법 중에서 가장 민주적인 헌법임에 틀림없다.

신헌법은 민주주의 공고화를 위한 시민사회의 성장에 유례없는 지원을 제공했다. 전국 수준에서 5만 명의 지지와 지방수준에서는 더 적은 숫자로 국민은 법안을 제안할 수도 있고 공직자를 탄핵할 수도 있다. 헌법에는 국가인권위원회, 소비자 보호를 위한 법과 규정 제정 및 의견 제시를 위한 소비자 대표로 구성된 독립기구, 내각을 자문하는 국가경제사회문제자문위원회, 라디오와 텔레비전 주파수 배정을 심의하는 독립기구 설치에 관한 조항이 있다.

헌법에 의해 선거관리위원회, 국가반부패위원회, 헌법재판소, 의회옴부즈맨과 공공금융위원회와 같은 독립된 감사기구 등 시민사회의 반부패 운동을 강화해 주는 기구가 설립되었다. 선거관리위원회는 선거부정을 한 돈 있고 권력 있는 정치인들의 당선을 무효화함으로써 금권정치를 근절하겠다는 의지를 확고하게 보여주었다. 국가반부패위원회도 2000년 3월 10억 달러에 달하는 자금을 숨기고 있던 태국의 두 번째 권력자였던 부총리이자 내무장관 사난(Sanan)을 사임하도록 한 기념비적 결정을 함으로써 금권정치를 종식시키려는 강력한 의지를 보여주었다. 헌법재판소는 향후 5년간 사난을 정치적 임명을 받지 못하도록 결정하였다. 헌법은 65조에서 "헌법에 명시되지 않은 수단으로 행정력을 사용하고자 할 경우 평화적으로 반대할 수 있는 권리"를 인정함으로써 심리적으로 시민사회단체 지원을 명문화하고 있다.

1997년 신헌법은 입법부에 입법권, 재정 통제 및 대 정부 질의 등 강력한 권한을 부여하였다. 양원제 국회는 500석의 하원과 200석의 상원으로 구성되어 있다. 양원 모두 별도의 업무에 대한 상당한 자율권을 가지고 있고 의원의 면책특권을 인정하고 있다. 주요 권력은 하원에 있다. 하원은 총리를 선출하고 승인한다. 하원의장은 전체 의회의 의장이다. 5만 명의 유권자 지지가 필요한 국민발의가 가능한 제한적 분야를 제외하고 국회는 모든 입법 제의와 법안 통과에 대해 독점적인 권한을 가지고 있다. 국회는 또한 대 정부 질문을 할 수 있는 상당한 권한을 갖는다.

하원은 내각의 책임성을 확인하는 중요한 역할을 한다. 내각은 하원에 정책 계획안과 연례 정책성과 보고서를 제출하여야 한다. 하원의원 5분의 1 이상이면 장관에 대한 불신임안을 상정할 수 있고, 5분의 2 이상이면 총리 불신임안을 올릴 수 있다. 불신임안의 통과는 과반수 이상을 요구하는데 가결될 경우 장관은 해직되고 총리의 경우 정부가 물러나게 된다. 일단 총리 불신임안이 상정되면 정부는 의회에서 결정이 되기 전에 총선을 요구할 수 없다. 총리 불신임안 제출은 1년에 단 한번만 허용되는데, 이는 불신임안 상정이 경솔하게 연례행사처럼 되는 것을 억제하기 위한 것이다.

상하 양원은 장관에게 질의할 수 있으며 장관은 국가안보나 국익의 관점에서만 답변을 거부할 수 있다. 상원의 5분의 3 이상이면 내각에 최소한 일년에 한번 양원 합동토론에서 정부의 정책성과에 대한 설명을 요구할 수 있다. 상원은 국가반부패위원회가 증거를 발견한 경우나 상원의 5분의 3 이상이 찬성한 경우 장관이 출석하여 해명하도록 요구할 수 있다. 상원은 헌법에 의해 신설된 몇몇 독립기관들과 법원, 예를 들어 국가반부패위원회, 선거관리위원회, 국가인권위원회, 헌법재판소와의 관계에서 중요한 역할을 한다. 상원은 이 기관들의 위원을 선정하는 데 주도적인 역할을 하고 위원 선발 동의권을 갖고 있다. 상원의원은 정당에 소속되면 안 되기 때문에 비정치적이고 하원에 비해 덜 중요한 반면 상원 단독으로 또는 하원과의 합동 회의에서 상원은 입법과 내각 질의에 상당한 영향력을 가지고 있다. 새로운 상원은 2000년 8월 개원하였다.

1932년 이래 의회는 쿠데타로 빈번하게 폐쇄되거나 정부가 임명한 사람들의 지배 하에 놓이는 등 소용돌이치는 역사를 가지고 있다. 1980년대 헌법 개정으로 보다 대의적이고 독립적인 입법부로 이끌었고 의회 절차에 따라 정부가 교체되었으며 의회에서의 격렬한 토론이 일상화되었다. 이러한 발전은 1991년 쿠데타에 의해 중단되었지만 1992년 민주화 시위에 의해 군사정권이 물러나자 의회의 중요성은 다시 커졌다. 1996년부터 2000년까지 의회는 몇 가지 기록을 수립했는데, 4년 임기에서 7일이 부족한 최장기 의회 지속기간과 최다 법률안 통과(287개)가 그것이다. 의회의 중요성이 증가하고 있는 반면 하락 국면도 나타났다. 의회는 민주적으로 선출된 정부의 부패, 돌아가며 감투나 쓰는 행위, 원색적인 비난, 정치 지도자의 추문과 과시 등으로 인해 자주 위신이 추락하였다. 1997년 헌법은 정당을 강화하고 대규모 부패를 척결하기 위한 일련의 개혁을 통해 이러한 문제들을 해결하고자 하였다.

신헌법에 따르면 선거는 5인 위원으로 구성된 신설된 선거관리위원회에 의해 조직되고 시행된다. 선거관리위원회 위원은 상원이 임명한 10명의 선정패널(2인의 판사, 4인의 교수, 4인의 정당 대표로 구성)과 상원의 최종 승인을 포함하여 복잡한 선정과정을 거친다. 선정 기준은 태국 출생, 학사 학위나 이에 준하는 학력, 정당 소속 불가 그리고 최소 40세 이상이다. 선거위원회 위원은 7년 임기로 국왕에 의해 임명되고 재임명은 안 된다. 선거관리위원회는 선거의 순조로운 진행을 조직하고 확보하기 위해 광범위한 권한을 가지고 있다. 이를 뒷받침하기 위한 3개 관련 법안이 1998년 초 국회를 통과했고 2000년 개정되어 더욱 보강되었다.

하원 선거는 소선거구에서 선출되는 400명의 의원과 전국구 비례대표제에 의해 선출되는 100명의 의원으로 분류된다. 행정구역을 가로지르지 않도록 조정하고 모든 76개 도가 최소한 한 개의 선거구를 갖도록 하면서 전국을 400개의 동일 선거구로 나눈다. 지역구 선거는 단순다수대표제에 의해 결정된다. 헌법 작성자들은 단일 선거구제도가 과거 중선거구제와 확실히 구별되는 것은 정당과 유권자의 연대를 결속시켜 정당기반을 강화시키고 매표의 영향력을 줄이는 데 기여할 것이라고 기대했다. 정당명부에 의한 전국구 선거는 정당별 총득표율에 의해 결정되고, 의석을 배정받으려면 총투표의 최소 5% 이상을 획득해야 한다. 최소 5% 득표율 기준은 전국에 기반을 둔 정당을 육성하여 정치안정을 달성하기 위해서이다. 전국구 의원이 내각에 참여하여 사임하여 공석이 발생하면 전국구 의원명단에 따른 후순위자가 의원직을 승계하게 되어 있다.

하원의원 후보자는 태국 태생이고 35세 이상의 학사 학위 이상의 학력을 가지고 있어야 한다. 의원은 4년 임기로 선출되는데 총리는 임기 만료 이전에 총선을 요구할 수도 있다. 국회가 해산되면 총선은 60일 이내에 실시되어야 한다. 어떤 이유건 임기 중 사임하거나 정당에서 축출되더라도 정당을 옮겨 갈 수 있었던 관행을 금지함으로써 정치안정을 기하고자 하였다.

상원은 지역별로 선출된 200명의 의원으로 구성된다. 의석 배분은 각 도별 하원의원 선거구의 비율에 따라 광역으로 배정되지만 각 도는 최소 1명의 상원의원을 갖도록 했다. 방콕은 18명의 최대 의석을 가지고 있고 22개 도는 1석씩 가진다. 유권자는 지역에 배정된 상원의원 수에 관계없이 1명의 후보에게만 투표한다. 후보자는 출생부터 태국인이어야 하고 학사학위 이상의 학력과 40세 이상이어야 하며 정당에 소속되어서는 안 된다. 상원의원의 임기는 6년이고 한번 재선될 수 있다.

2000년 3월 4일 실시된 상원 선거는 새 선거체제를 시험하는 첫무대였다. 선거는 큰 성공으로 평가되는데, 우선 72%의 투표율과 평화롭고 잘 조직된 투명한 투표과정이 돋보였으며 전통적인 사회배경을 갖는 후보가 절반 이하로 상원의 출신 배경이 예상보다 훨씬 다양해졌다. 78명의 당선자가 한 달 뒤 선거부정으로 당선무효가 되었어도 선거의 흥분은 거의 줄어들지 않았다. 그 후 78석의 재선거에서 다시 12석의 선거무효가 결정되고 결국 5번의 재선거를 치르면서 5개월이 지났고 마침내 8월 상원이 개원하게 되었다. 그럼에도 불구하고 부자와 관료 같은 손대기 힘들었던 구세력에 대한 선거관리위원회의 단호한 자세는 가장 긍정적인 성과였다. 그 후 이뤄진 선거 관련 입법은 선거위원회의 힘을 더욱 강화시켜 주었고, 특히 한달 안에 구성하도록 헌법에 명시되었던 하원 선거를 성공적으로 치르는 데 큰 힘이 되었다(Funston 2000, 89-108).

하원 선거는 상원과 유사한 형태로 진행되었다. 후보자들은 선거 부정 금지조항에 익숙해지고자 했지만 선거관리위원회는 2001년 1월 6일 총선 이전에 4명의 후보자를, 선거 후에 62명을 무효화했다. 62명 중 8명은 다시 출마할 수 없도록 금지하는 '레드 카드'(red card)를 주었고, 부정이 그다지 크지 않은 나머지는 '옐로우 카드'(yellow card)를 주고 재선거를 하도록 했다. 하원은 예정대로 개원했으나 선거관리위원회는 선거부정 혐의에 대해 지속적인 조사를 벌여 발견되면 당선 무효 시켰다.

선거부정이 아직도 여전했지만 선거개혁을 위한 최초의 목표는 많이 성취되었다. 70%의 투표율은 역대 총선 중 최고였다. 선거위원회의 작업은 이전 내무부가 할 때보다 훨씬 효과적이었다. 선거는 자유롭고 공명했다. 투표지가 아닌 지역구별 중앙 개표방식은 투표의 비밀을 보장해 주었으며 여타 조치들은 투표 부정을 방지했다. 결과적으로 태국의 악명 높은 지방선 거 일족들이 많이 패배하였고 30대의 젊은 후보자들이 다수 당선되었다. 무엇보다도 선거는 큰 정당에 힘을 실어주는 데 성공함으로써 다당 연합과 연관된 정치적 불안정 요소를 해소하는 데 기여했다. 타이 락 타이당은 과반 수에 조금 못 미치는 248석을 차지하였고, 14석의 세리탐당을 흡수하여 과 반수 의석을 확보한 정당으로 부상하였다. 민주당은 128석을 얻었다. 과거 중규모급 정당들은 크게 줄어들었고 여타 소규모 정당들은 완전히 사라졌다.

<표 3> 2001년 1월 하원의원 선거 결과

| | 2001년 1월 | | 1996년 11월 |
	지역구	비례대표	
타이락타이	200	48	-
세리탐	14	0	4
새희망당	28	8	125
찻 타이	35	6	39
찻 파타나	22	7	52
민주당	97	31	123
사회행동당	1	0	20
타이조국당	1	0	-
기 타	0	0	30
전 체	400	100	393

자료: *The Nation.*

선거는 과거 태국 정치의 골칫거리였다. 선거는 폭력이 발생하고 정치적 이슈에 대한 광범위한 토론을 허용했고 투표율도 낮았으며 내무부와 지방 마피아들에 의한 매표와 조작이 성행했다. 과거 선거체제는 다수의 소규모 정당이 나타나는데 유리하여 정치적 안정과 예측가능성과는 거리가 멀었다. 1997년 헌법은 이러한 문제점들을 해결하고자 하였다. 강제 투표라든가 모든 후보자의 학사 학위 조건과 같이 몇 가지 문제점이 없는 것은 아니지만 신헌법 하에 처음 시행된 상하 양원선거 결과는 어느 정도의 진전을 이룩한 것으로 평가되었다.

1997년 헌법은 정당을 강화하여 정당정치를 중심으로 하는 민주주의를 활성화하기 위해 많은 개혁조치를 도입하였다. 태국은 전통적으로 매우 유동적인 다수 정당체제를 가지고 있었다. 2001년 총선에 30개 이상의 정당이 참가하는 등 정당의 숫자는 여전히 많고, 힘 있는 개인이나 정치적 가문을 둘러싸고 조직되어 있었다. 타이 정치학자들은 잘 조직되고 대중에 기반을 두고 이념적으로 운영되는 정당을 갈망했지만 그런 정당을 찾는 데 실패했다(McCargo 1997). 태국에서 가장 성공적인 정당인 민주당은 약간 예외적이다. 1946년 설립된 민주당은 정치적 개방화의 시기에 태국인들이 지속적으로 지지를 보냈던 정당이었다. 이념적으로 중도에 속하고 기업가, 전문가, 이상주의자와 실용주의자들을 포괄하고 있다. 민주당의 기반은 남부지역으로 거의 모든 의석을 휩쓸고 있지만 방콕에서도 성공적인 결과를 얻기도 하여 전국적으로 일정한 지지를 받았다.

타이 락 타이당 (Thai Rak Thai: 타이를 사랑하는 타이 당)은 1998년 7월 정보통신계의 거부인 탁신 시나왓에 의해 창당된 개혁성향의 정당으로 처음에는 친기업적이고 신 국제경제 환경에서 태국의 국익을 더 잘 지킬 수 있을 것이라고 선전하였다. 그러나 큰 진전을 보이지 않자 타이 락 타이당은 2000년 초 전략을 수정하여 기존 정당으로부터 100명이 넘는 의원들을 흡수하였다. 그리고 타이 락 타이당은 총선에서 농촌마을마다 100만 바트 지원, 농가 부채의 3년간 동결, 1인당 30바트 의료비 지원과 은행의 부실채권 매입으로 도시 경제 조기 회복 등 대중주의적 전략을 전면에 내걸었다.

경제위기 발생의 책임을 지고 1997년 11월 차왈릿 총리가 사임하고 추언 민주당 총재가 이끄는 연립정부가 구성되었다. 조기 의회 해산을 할 것이라는 잦은 추측에도 불구하고 추언의 위기관리 정부는 의회 임기를 일주일만 남기고 2000년 말까지 모든 임기를 채우는 기록을 세웠다. 그럼에도 불구하고 경제 개혁을 위해 처방된 쓴 약과 높은 유가 등 비우호적인 요인들로 인해 2001년 1월 6일 실시된 총선은 높은 투표율을 기록하면서 신생정당인 타이 락 타이당이 하원 의석을 휩쓰는 태국 선거사상 특이한 결과가 만들어졌다.

선거 결과는 탁신이 이끄는 타이 락 타이당의 확고한 1당 부상과 민주당의 위축 그리고 나머지 군소정당들의 몰락으로 요약되었다. 경제위기의 충격과 개혁의 피로감으로 인한 국민들의 선택은 민주당의 패배와 타이 락 타이당의 부상으로 나타났던 것이다. 실업과 물가고 그리고 생활수준의 하락, 개혁에도 불구하고 여전한 듯이 보이는 정치권에 실망한 국민들은 탁신의 갑부 이미지와 민족주의적 호소에 마음의 위로를 받았다고 생각한다. 반면 민주당이 재집권에 실패한 것은 경제위기로 인한 불가피한 개혁과 구조조정이었음에도 불구하고 국민들은 개혁의 고통을 추언과 민주당에게 책임을 전가하고 싶었던 것이다.

탁신은 민족주의적 대중주의 성향의 정책을 추진하였다. 금융과 기업구조조정을 계속 추진해 가면서도 태국 경제의 침체를 막기 위해 통화공급을 확대하였다. 탁신은 농업과 중소기업에 대한 국가의 적극적인 역할을 강조하면서 대중주의적 전략을 사용하였다. 탁신은 총선에서 의료보험제도의 전국 확대, 농업은행과 농협 차입금에 대한 3년간 원리금 상환 유예, 7만 7천 개 마을당 1개 상품개발을 위한 1백만 바트의 무상자금 제공 및 중앙집중식 자산관리회사의 신설 등을 공약하였다. 마을에 대한 무상 자금 지원은 마을을 중심으로 상품개발을 함으로써 중소기업이 발전되도록 하겠다는 정책이다. 타이자산관리공사(TAMC)는 이전 자산관리회사가 중소기업의 부실채권을 적절하게 처리해 주지 못했다는 비판에 따라 1조 3천억 바트의 기금으로 은행으로부터 중소기업의 부실채권을 주로 매입하기 위해 신설되었다 (*Nation* 2001/06/22).

탁신 정부는 18개 공기업을 민영화하고 이 중 3개 공기업은 2001년 주식시장에 상장하여 정부지분을 회수하고, 크룽 타이 은행의 정부 지분을 축소하고, 추가로 7개 공기업은 2002년에 상장시키거나 정부지분을 회수하였다. 신규 상장기업에는 법인소득세를 인하하고 향후 4년간 상장을 원하는 기업의 법인세를 30%에서 5년간은 25%로 인하하고, 중소기업이 제2시장에 상장하면 법인세를 5년간 20%만 내도록 하는 한편 부동산 취득세를 인하하였다.

탁신 정부는 외환위기 이후 IMF의 재정지출 억제 요구에 따라 중단되었던 대형 인프라 건설사업의 재개를 추진하고 있다. 경기회복 촉진과 고용확대를 위해 1천억 바트 규모의 10개 대형 사업을 선정하여 공사를 추진하고 있는데, 신공항과 방콕을 연결하는 철도사업, 수바나부미 신공항 건설사업, 방콕 지하철 사업, 고가 철도(Sky Train) 연장 사업 및 방콕-톤부리간 고속도로 건설 사업 등이 대표적이다. 기타 댐, 교량, 발전소, 항만 등 대규모 인프라 투자는 예산 부족으로 연기되고 있지만 외국자본과 민자를 유치하는 형태로 일부를 추진한다는 계획을 갖고 있다.

탁신 정부는 이전 추언 정부와 크게 대비된다. 추언은 경제위기를 극복해야 하는 시기에 IMF의 요구를 따라 신자유주의적 전략, 즉 시장 및 수출 지향, 외국자본 우대 및 근대 산업부문에 주력하는 경제관리 전략을 택한 반면 탁신은 경제위기 이후에 정권을 잡으면서 태국 사회의 안정을 위한 내부 지향적, 국내수요 지향적 경제관리 전략을 추진하고 있다. 이러한 탁신의 전략은 '탁신노믹스'(Thaksinomics)로 알려져 자유시장경제규범과는 달리 케인즈주의(Keynesianism)적인 공공 지출과 소비 증대를 위한 신용 확대 및 국가 통제 등을 강조하고 있다. 이러한 탁신의 전략은 2003년 증권 시장성장률 87%, 경제성장률 5.8%라는 높은 실적으로 나타났다.

탁신은 "전국의 태국인들에게 최고의 해를 만들어 주겠다. 모든 어린이 들에게 공부할 수 있는 기회를 줄 것이며 모든 일할 수 있는 연령에게 직업 을 주겠다"고 약속했다(*Newsweek* 2004/01/12). 과연 그의 말이 인기영합 적인 미사여구에 불과할지, 경제위기로 인한 태국인들의 아픔을 실제로 치 료해 줄 수 있을지는 조금 더 지켜보아야 하겠다.

5. 맺음말

1997년 태국의 경제위기 발생은 국제경제 환경 변화와 국내경제 동향에 적절하게 대처하지 못했던 국가의 실패로 규정할 수 있다. 모든 나라들이 자본주의 세계경제의 국경 없는 자본이동의 물결 속에 놓여있는 상황에서 외환유동성 위기와 같은 경제위기가 생길 가능성은 항상 있다. 국제투기 자금이 거침없이 먹이를 찾아 움직이는 경쟁적인 국제금융시장에서 제3세계의 한 나라가 희생되는 것은 아무 일도 아닌 것처럼 여겨지고 있다. 국제경제 환경과 투기 자금의 탓으로 경제위기의 원인을 설명하는 것도 분명 일리가 있다. 그러나 특정 국가의 경제위기를 모두 대외적 원인으로 설명해 버린다면 같은 환경에서 그렇지 않은 나라들의 경우는 설명하지 못하는 한계가 있다. 대외적 요인도 대내적 요인이 발생시킨 틈새를 파고 든 결과로 보아야 한다. 따라서 태국의 경제위기 발생은 내부적 요인이 만들어 놓은 좋지 않은 상황을 국제투기 자금이 이용한 것일 수 있고, 해외 투자자들이 실망하여 자금을 회수하려고 한꺼번에 달려든 결과일 수도 있는 것이다.

그렇다면 내부적 요인은 어디서 찾아야 하는가? 1990년대 중반까지 태국의 눈부신 경제성장은 풍부하고 비교적 잘 훈련된 값싼 인력과 일본을 중심으로 한 해외투자의 집중, 국가의 수출드라이브 전략 등이 어울려 이룩한 결과였다는 데 학계의 의견은 모아진다. 그러나 모든 경제가 그러하듯이 항상 좋은 성과만 있는 것이 아니고, 자원 활용의 한계와 무리한 운영이 드러나면서 자기 혁신을 취해야 하는 상황에 이르게 된다. 그러나 태국은 성장의 빛에 취해서 성장이 드리운 그림자에는 큰 관심을 두지 못했다. 특히 1990년대 초 역외 자본시장을 개방하는 자유화 조치를 취한 후 민간부문은 기업생산보다 부동산과 주식 등에 투자를 끌어들여 머니게임(money game)을 하는 도덕적 해이상태에 빠지기 시작했다.

태국의 부패한 정치구조는 이러한 사태를 더욱 악화시켰다. 내각책임제 하의 태국 정치는 다당제 연립정권에서 권력 있는 정치인을 중심으로 이권 추구(rent seeking)행위가 광범위하게 뿌리내리고 있었다. 적절한 경제정책을 추진하려해도 정경 유착 구조의 저항에 밀려 좌초된 경우가 너무 많다. 경제정책 결정권자의 인사도 정치적 입김이 작용하면서 국가의 정책 수행에 일관성과 책임성이 결여되었다. 1996년부터 경제위기의 적신호는 계속 커지고 있었음에도 총리실과 타이중앙은행, 재무부 등 책임 있는 부서의 협력은 이루어지지 못했고 부적절한 정책을 견제하지도 못했다. 과열된 시장과 왜곡된 자원배분을 인식하면서도 국가는 제대로 된 정책결정을 적시에 하지 못했던 것이다. 이렇게 된 원인의 핵심은 태국의 고질적인 부패정치구조의 탓으로 보아야 할 것이다. 결국 경제성장의 흥분에 취한 '시장의 실패'를 국가가 적절히 관리하지 못한 '국가의 실패'까지 겹치면서 태국의 1997년 경제위기는 발생했던 것이다.

외환위기로 시작된 태국의 경제위기는 IMF로부터 긴급구제금융을 받아 위기를 넘기면서 그 대가로 대폭적인 긴축정책과 대대적인 구조조정을 단행해야만 했다. 금융과 기업구조조정으로 구성된 개혁조치들은 IMF의 요구를 거의 그대로 수용한 것으로 결과적으로 너무 많은 경제사회적 희생을 치렀다는 비판을 받기도 한다. 외환위기 주범으로서의 대규모 금융회사 폐쇄조치와 은행의 통폐합, 부실채권 정리의 회오리가 휩쓸면서 태국의 모든 계층이 충격을 받았다. 특히 실업과 소득 감소, 생활수준의 하락은 성장하던 태국 중산층에 결정적인 타격을 주었고 회복되는 데 상당한 시간이 필요하다는 전망이다.

태국 경제는 1998년 최악의 상황을 벗어나 점차 안정을 찾았다. 1999년 경제는 다시 플러스 성장으로 돌아섰다. 외환 보유고, 외채 구조 등도 상당히 개선되었다. 개혁과정에서 필요한 많은 제도 변화와 법률 정비도 이루어졌다. 2003년 7월 IMF 관리를 공식적으로 벗어나면서 경제주권도 회복하였다. 경제위기 후 외부의 힘에 의해 개혁과 구조조정이라는 비싼 기회비용을 치르면서 태국 거시경제 상황은 위기 이전 수준을 회복한 것으로 보인다. 그러나 아직 개혁의 마무리까지 제대로 되었다고 볼 수는 없다. 많은 구조조정안이 아직 완료되지 못한 채 지지부진하게 남아 있고, 시급한 불만 끈 상태에서 경제위기가 남긴 충격을 흡수하는 사회안전망의 구축도 여전히 미진한 상태이다. 태국사람들의 마음은 위기를 극복했다는 안도감과 함께 국부가 축나고 생활수준이 떨어지고 일자리가 줄어들어 버린 현실에 대한 답답한 마음이 이중적으로 겹쳐 있다고 하겠다.

이런 태국인들이 경제위기로 인해 갖게 된 복합적인 감정상태가 반영된 두 가지 정치적 결과가 신헌법의 제정과 탁신의 등장이었다. 1992년 민주화시위 이후 계속되어 왔던 민주적 신헌법 제정은 정치권의 무관심과 거부로 진전이 지지부진했다. 그러나 1997년 경제위기의 발생의 책임이 정치권에 상당히 있다는 여론이 거세지면서 정치권은 신헌법 제정을 더 이상 미룰 명분이 없어지게 되었다. 1997년 10월 공포된 신헌법은 태국 역사상 가장 민주적인 헌법으로 국민들의 지지와 의견을 거쳐 만들어진 국민헌법이다. 권력의 견제와 부패 방지를 위해 새롭게 도입된 제도들은 태국 정치의 신기원을 이룰만한 혁신적인 것이었다. 헌법재판소, 선거관리위원회, 반부패위원회 등 다양한 권력견제기관들이 등장하였으며 2000년 상원선거, 2001년 하원선거를 통해 주어진 임무를 비교적 잘 수행하고 있는 것으로 평가받고 있다. 내각책임제하에서 가장 중요하면서 지금까지 정치발전을 가로막는 주범으로 인식되던 의회와 정당을 책임 있고 깨끗하게 만들기 위한 신헌법의 의도는 두 차례의 선거를 치르면서 좋은 출발을 하였다는 평가를 받는다. 신헌법은 경제위기가 태국인들에게 준 위로이자 전화위복의 계기가 되리라고 생각한다.

탁신의 등장은 경제위기의 또 하나의 중요한 변화였다. 태국 선거 역사상 보기 드문 과반수 의석을 차지하면서 강력한 여당 체제를 구축한 탁신 총리의 부상은 경제위기 이후 카리스마 있는 지도자를 염원한 국민들의 마음을 반영하고 있다. 민족주의적 대중주의 전략을 바탕으로 하고 있는 탁신에 대한 평가는 아직은 유보적이다. 경제위기로 인해 흐트러진 태국인들의 마음을 사로잡는 그의 전략은 위험한 도박일 수도 있고, 성공적 전환일 수도 있다. 확실한 것은 태국 사람들이 과거 태국 정치의 부패한 폐쇄성을 끝내고 경제위기 이후 새로운 리더십을 갈망하여 내린 선택의 결과라는 점이다.

1997년 경제위기는 태국에게 심각한 충격 못지 않게 많은 긍정적인 변화도 가지고 왔다. 위기를 기회로 반전시키는 것은 국가의 리더십과 국민의 지지가 어우러진 통합의 정치가 있을 때 가능하다. 아직도 태국은 위기를 완전히 극복한 정상상태라고 보기 어렵다. 다만 이제는 위기를 관리하고 갈 정도의 체력은 회복된 상태라고 하는 것이 옳을 것이다. 앞으로의 과제는 위기 재발을 막는 것뿐 아니라 과거를 거울삼아 태국의 실정에 어울리는 몇 단계 더 성숙한 정치경제체제를 확립하고 이를 견실하게 키워 가는 일이다.

참고문헌

윤진표. 2002. "태국의 시민사회운동과 민주주의 발전." 『한국동북아논총』 제22집.

Asia Yearbook. Far Eastern Economic Review, 각년도.

Bank of Thailand Statistical Data (http://www.bot.or.th)

Charoenseang, June and Manakit Pornkamol. 2002. "Financial Crisis and Restructuring in Thailad." *Journal of Asian Economics* 13.

Dasri, T. 2001. "Policies and Practices of Corporate Restructuring in East Asia." *Quarterly Bulletin: Bank of Thailand* 39(4).

EIU Country Report: Thailand. Economic Intelligent Unit, 각년도.

Flood, R. and P. Garber. 1986. "Collapsing Exchange-rate Regimes: Some Linear Example." *Journal of International Economics* 17.

Funston, John. 2000. "Political Reform in Thailand: Real or Imagined?" *Asian Journal of Political Science* 8(2), December.

Kaminsky, G. and C. Reinhart. 1999. "The Twin Crises: the Causes of Banking and Balance-of-Payment Problems." *American Economic Review* 89.

Krugman, P. 1979. "A Model of Balance-of-Payment Crises." *Journal of Money, Credit, and Banking* 11(3).

Lauridsen, Laurids S. 1998. "The Financial Crisis in Thailand: Causes, Conduct and Consequences?" *World Development* 26(8).

McCargo, Duncan. 1997. "Thailand's Political Parties: Real, Authentic and Actual," Kevin Hewison eds. *Political Change in Thailand: Democracy and Participation.* London: Routledge.

Obstfeld, M. 1996. "Model of Currency Crises with Self-fulfilling Features." *European Economic Review* 40.

Phongpaichit, Pasuk and Chris Baker. 1995. *Thailand: Economy and Politics.* New York: Oxford University Press.

World Bank. 1998. *East Asia: the Road to Recovery.* Washington, D.C.: World Bank.

인도네시아의 경제위기와 산업관계의 변화: 노동법 개정의 내용과 과정 분석

제4장

제4장

인도네시아의 경제위기와 산업관계의 변화 :

노동법 개정의 내용과 과정 분석*

▌전제성

1. 머리말

극심한 위기는 잔존하는 모든 제도와 관행을 뒤흔들어 놓기 때문에 국가를 심대한 곤경에 빠뜨리는 동시에 개혁이 추진될 수 있는 희소한 기회를 제공한다는 점에서 국가를 자유롭게 한다. 아시아 최악의 위기였다고 평가되는 인도네시아의 경제위기도 위기의 심각성만큼이나 총체적 변화를 위한 가능성을 증폭시켰으며 수하르또(Suharto)의 32년 권력독점이 종식되는 극적인 정치변동이 뒤따르면서 그 가능성이 더욱 심대해 보였다. 그러나 가능성은 가능성일 뿐이다. 경제위기나 정치변동이 사회적 이행을 자동적으로 산출하지는 않는다. 노동, 자본, 국가 3자가 주역인 산업관계(hubungan industrial)의 영역은 개혁이 순탄치 않은 대표적인 예라 할 수 있다. 국내외 자본의 요구를 받아들여 국가가 노동시장의 유연화를 추진하면 노동 측의 반발에 직면할 것이고 반대로 노동을 포섭하기 위해 노동권의 개선을 추진하면 자본 측의 반발에 직면할 것이기 때문이다.

---

* 이 논문은, "인도네시아의 경제위기와 노동법 개정: 통제와 보호로부터의 '이중적 자유화'," 『동아연구』 제47집(2004. 8), pp.46-74에 게재된 내용을 수정·보완한 것임.

그런데 이런 어려운 작업이 인도네시아에서 1998년 5월부터 2004년 1월까지 근 6년간 추진되었고 그 결실이 새로운 노동관계법, 즉 "노동조합법", "근로기준법", "산업관계분쟁해결법"의 제정으로 맺어질 수 있었다. 이는 곧 주요 노동관계법 개정의 내용과 과정을 본격적으로 분석함으로써 경제위기 이후 인도네시아 노동정책의 변화를 경험적으로 연구하기에 아주 적절하고 더 이상 회피할 수 없는 시점에 도달하였음을 뜻한다. 더구나 법 개정이 노동과 자본의 합의도출을 통해 달성되었기 때문에 제3세계의 노동개혁(labor reform)에 관한 연구를 풍요롭게 만드는 중요한 사례로서 검토될 필요가 있다.

본 연구는 우선 1997년 말부터 시작된 경제위기가 사회적으로 어떤 충격을 주었는지를 주로 실업과 실질임금의 지표를 통해 살펴보면서 산업관계 영역에 있어서 어떤 개혁 과제가 도출되었는지를 제시할 것이고, 두 번째로는 그러한 필요가 법률적으로 어떻게 반영되었는지를 2000년부터 2004년 초까지 개정된 노동관계법의 '내용 분석'을 중심으로 규명할 것이며, 세 번째로는 제도 개혁의 과정에서 동원되었던 유용한 수단이 무엇이었는지를 노동법 개정의 '과정 분석'을 통해 드러내고자 한다.

2. 경제위기의 사회적 충격과 산업관계적 함의

수하르또 체제하 인도네시아의 산업관계는 유기적 계급타협을 추구하는 "빤짜실라 산업관계"(Hubungan Industrial Pancasila)로 표현되어왔는데,[1]

---

[1] 빤짜실라(Pancasila)는 유일신에 대한 믿음, 인간주의, 민족적 단합, 협의식 대의민주주의, 사회정의 등 인도네시아의 다섯 가지(panca) 국가이념(기둥: sila)을 말하며, 경쟁이나 대결보다는 합의

당시의 계급타협의 방식이란 국가가 공식경제부문의 자본과 노동에게 일정한 보호를 제공하고 양측으로 하여금 국가의 통제를 수용하게 하는 국가중심의 온정주의(paternalism) 시스템이었으며 기본적으로 경제성장이 제공하는 물적 자원이 그 시스템을 지탱해 주었다.[2] 이러한 산업관계는 수출지향산업화의 본격적 추진의 여파로 1990년대에 위기의 전조를 드러내다가(전제성 2003), 1997년 말부터 시작된 경제위기를 계기로 대대적인 시술을 피할 수 없게 되었다.

인도네시아의 경제위기는 아시아 최악이었다. 1998년에 국내총생산(GDP)이 -13%로 추락했고(Fane 2000, 6) 소비자물가는 80% 가까이 인상되었다(LIPS 2000). 경제위기는 빈곤인구를 배가시켰다. 〈표 1〉을 보면 1999년의 빈곤인구가 경제위기 이전인 1996년에 비해 두 배 이상 증가했으며 거의 5천만 명에 달하였다는 것을 알 수 있다.

빈곤문제에 대한 정부의 대응은 우선 공공지출을 증대하는 것이었다. 사회안전망(social safety net) 사업, 빈곤퇴치 사업, 특정계층에 대한 유류보조금의 명목으로 1999년과 2000년에 18조 6천억 루삐아가 살포된 것으로 추정된다(Fane 2000, 23). 다른 한편으로 정부는 지역별 최저임금을 인상 고시함으로써 명목임금의 상승을 유도하였다. 그럼에도 불구하고 최저임금은 최저생활비를 크게 밑도는 수준이었다. 최저임금은 1998년에 인력부 산정 일인당최저생활비(KHM: Kebutuhan Hidup Minimum)의 78%, 1999년에는 55%에 머물렀다(Ministry of Manpower 2000, 101-102). 〈표 2〉에서 보이

를 추구하는 협의(musyawarah), 가족적 화합(kekeluargaan), 상호부조(gotong-royong)를 국가적 가치로 내세운다. 이에 대해서는 신윤환(2001, 123-26) 참조.

2) "온정주의"(전제성 1998), "국가적 온정주의"(state paternalism: Manning 1998b), "보호적 억압주의"(protective repression: Caraway 2004)라는 개념은 수하르또 체제의 노동정책을 통제와 보호의 결합으로 분석하는 시각을 형성한다. 반면에 현지인 학자(Hadiz 1993)와 노동운동가들은 수하르또 체제의 노동정책을 억압, 폭력, 기만의 결합으로 분석하며 보호의 측면은 인정하지 않는다.

듯이 1997-98년 사이에 노동생산성의 하락보다 더 극심하게 실질임금이 추락했으며 이후 3년간 명목임금의 가파른 상승에도 불구하고 실질임금의 상승은 완만했다. 주된 원인은 1997년에서 2000년 사이에 (주로 1998년에) 소비자물가가 거의 100%나 인상되는 하이퍼인플레이션(hyper-inflation) 때문이었다(Booth 1999, 23; LIPS 2000).

경제위기 초반에는 실질임금의 하락에 비해 실업률의 증가가 미미했다. 실업률이 20%로 급상승할 것이라던 예상(Manning 1998a, 19)을 뒤엎고, 〈표 3〉에서 알 수 있듯이, 1998년의 실업률은 전년도에 비해 약 0.8%만 증가한 5.46%였다. 물론 도시의 공식부문에서 (부문별로는 건설과 금융부문에서 가장 심각하게) 대량실업이 발생하였다. 중앙노동분쟁조정위원회(P4P)의 집계에 따르면 1998년에 단체해고(10인 이상 해고)로 인한 실업자의 수가 전년도보다 3배나 증가했다(Ministry of Manpower 2000, 117). 그럼에도 불구하고 1997~98년에 실업률의 증가가 미미했던 이유는 공식부문의 실업자들이 상대적으로 위기의 타격을 적게 받은 비공식부문으로 일감을 찾아 갔기 때문이다(Booth 1999, 22). 인도네시아의 실업자들은 "실업 당할 수 없다. 실업마저도 사치이기 때문이다"(Mayling 인터뷰 2001/01).[3]

---

3) 농업부문은 언제나 그랬던 것처럼 위기의 범퍼가 되어 주었다. 경제위기의 충격이 지역별로 상이했던 점, 특히 환금작물재배지역과 수산업지역은 거의 피해를 입지 않았다는 점도 일자리를 찾는 실업자들에게 긍정적인 현상이었다(Maxwell 1999). 도시에 남은 이들도 나름대로 직업창출의 독창성을 발휘하여 노점과 가내수공업을 창업하곤 했다(Jellinek 인터뷰 2000/05; Jellinek et al. 1999). 노동자들의 활로는 국내에 한정되지 않아서 1998년에만 합법적으로 90만 명이 해외로 일거리를 찾아나갔으며(Sukamdi et al. 2000, 223) 온갖 위험을 무릅쓰고 바다를 건너 말레이시아로 불법잠입을 감행하곤 하였다(Ford 2002).

<표 1> 빈곤인구 변화 (1996~2003)

연도	빈곤인구비율(%)			빈곤인구수(백만명)		
	도시	농촌	계	도시	농촌	계
1996	9.7	12.3	11.3	7.2	15.3	22.5
1999	19.4	26.0	23.4	15.6	32.3	47.9
2002	14.5	21.1	18.2	13.3	25.1	38.4
2003	13.5	20.3	17.4	12.2	25.1	37.3

자료: 인도네시아통계청(BPS: Badan Pusat Statistik); *Business News* 2004/01/27에서 재인용.

<표 2> 노동생산성과 임금의 변화 (1995~2000, 단위: %)

	1995~96	1996~97	1997~98	1998~99	1999~2000	1997~2000
노동생산성	5.5	3.1	-13.7	-0.4	3.6	-11.1
명목임금	15.7	16.2	17.2	22.9	24	78.7
실질임금	6.5	3.3	-33.1	6.7	11.7	-20.2

자료: 인도네시아통계청(BPS) 데이터에 근거한 Perdana and Gaduh(2003, 211)의 계산.

<표 3> 실업자와 실업률 변화 (1997~2002, 단위: 백만 명)

연도	노동력	취업자	공개적 실업자	
			수	%
1997	89.23	85.05	4.18	4.69
1998	92.34	87.29	5.05	5.46
1999	94.85	88.82	6.03	6.36
2000	95.65	89.84	5.81	6.08
2001	98.81	90.81	8.01	8.10
2002	100.78	91.65	9.13	9.00

주: 취업자 수에 불완전취업자(underemployment: 주당 노동시간이 1시간 이상 35시간 미만인 자)가 포함되어 있음. 1997~2002년 사이 연평균 불완전취업자는 취업자의 33.40%.
자료: 인도네시아통계청(BPS); *Business News*(2004/01/27)에서 재인용.

이렇게 실질임금의 폭락과 실업률의 완만한 증가라는 경제위기 초반의 상황은 노동계급의 전투성을 고양시켰다. 실업이 주는 '공포'가 그다지 심각하지 않은 상황에서 실질임금 하락에 따른 '분노'가 내연되었기 때문이다. 특히 통화가치절하의 이득을 보던 수출지향 제조업체에서 일하는 노동자들이 그러하였다. 동부 자바 지역을 예로 보면 파업이 1996년 127건, 1997년 142건, 1998년 193건, 1999년 205건 발생하여 증가추세를 보였다(LBHS 1996~1999 각호). 그러므로 노동계급의 전투성 고양에 대하여 국가적 대처가 우선적으로 요청되었다.

두 번째로는 자본의 투자 철회에 대한 대책이 필요하게 되었다. 경제위기에 따른 통화가치 하락은 외국인투자를 유인하는 이점으로 작용하지만 인도네시아에서는 심각한 사회 폭력과 정치 불안 때문에 투자가 오히려 줄어들게 된다. 1998년 5월 폭동 과정에서 화인들에게 가해진 사회폭력으로 인해 화인자본가들과 경영자들이 해외로 대거 이주하는 사태가 발생하였고 (*Far Eastern Economic Review* 1998/02/19), 투자진흥청(BKPM)의 집계에 따르면 1997년에 340억 불이었던 외국인 신규투자 승인액이 1999년에는 110억 불로 크게 줄어들었다(Jeon and Kim 2001).

투자를 유인할 수 있는 최고의 대책은 정치안정이었지만 기업가들은 산업관계의 차원에서도 대책이 시급히 마련되어야 한다고 요구하였다. 기업가들은 해고금으로 대표되는 노동자 '과잉보호'를 비판하면서 노동시장유연화를 적극적으로 요구하기 시작했다(Anton Supit 인터뷰 2001/05). 일본인과 한국인 등 외국인기업가들도 동조하고 나섰다(Caraway 2004, 39, 41). 경제위기 초반에 미미한 증가를 보였던 실업률이 앞의 〈표 3〉에서 보여주듯이 위기 발생 후 5년째인 2002년에는 9%로 위기 전의 두 배에 달하고 있었기 때문에 기업가들은 노동시장 유연화를 실업대책으로 포장할 수 있었다. 국제기구들도 노동시장정책의 개혁을 권고하였다. 일찍이 1996년에 세계은행(World Bank)은 수하르또 체제의 노동 관련법을 평가하면서 정부가 노사분규에 개입하지 말아야 한다고 비판하는 한편으로 "노동자들이 과잉 보호받고 있다"고 지적한 바 있다. 국제노동기구(ILO)도 "자유시장경제"라는 달라진 시대적 요구에 부응하도록 노동법을 현대화해야 한다는 관점을 피력하였다(*Jakarta Post* 2003/03/26).[4]

따라서 산업관계의 개혁은 불가피했고 새로운 정권들은 노동관계법 개정을 통한 제도적 해법을 추진하게 되었다. 수하르또 말기인 1997년에 제정되어 1998년 10월에 발효되기로 했던 "1997년 25호 노동법"은 제정 당시부터 노동운동 진영의 집중적인 비판을 받은 바 있어서 민주화시기에 사회통합적인 법안으로 인정받을 수 없었다(Amirudin and Teten 1997; YLBHI 1998, 77-81). "1997년 노동법"의 발효를 막으면서 추진된 대안적인 노동법 개정 작업은 거의 6년간 하비비(B. J. Habibie), 와히드(Abdurrahman Wahid), 메가와띠(Megawati Soekarnoputri) 정권을 거치면서 비교적 일관되게 추진되었으며 "2000년 21호 노동조합법", "2003년 13호 근로기준법", "2004년 2호 산업관계분쟁해결법"의 순으로 제정됨으로써 주요 노동법의 개정이 완료되었다.[5]

---

[4] 노동운동가들의 의심에도 불구하고 IMF가 노동시장 유연화를 명시적으로 요구했다는 증거는 없다. 다만 IMF가 요구한 민영화와 부실은행정리가 국영기업과 금융업종의 고용안정을 저해했다는 주장은 타당하다.

[5] 노동관계법의 현지어 명칭을 차례대로 열거하면 다음과 같다. "Undang-Uudnag Nomor 21 Tahun 2000 tentang Serikat Pekerja/Serikat Buruh", "Undang-Undang Nomor 13 Tahun 2003 tentang Ketenagakerjaan", "Undang-Undang Nomor 2 Tahun 2004 tentang Penyelesaian Perselisihan Hubungan Industrial."

3. 개정 노동관계법의 내용 분석: 산업관계의 '이중적 자유화'

1) 국가의 노동통제(자본보호) 약화

인도네시아 노동정책의 변화를 파악하기 위해서 먼저 3대 노동관련법의 내용을 분석해보자. 우선 새로운 "노동조합법"과 "근로기준법"의 내용은 노동에 대한 국가의 통제가 완화되고 있음을 보여준다. 2000년 8월 4일에 제정된 "노동조합법"은 27년만에 다원주의적 이익대표를 허용함으로써 국가조합주의(state-corporatism)를 폐기한 역사적인 법안이다. 과거에는 모든 단위노조가 어용노조인 인도네시아전국근로자조합연맹(FSPSI: Federasi Serikat Pekerja Seluruh Indonesia)에 가입하거나 상급노조를 두지 않는 기업별노조(SPTP: Serikat Perkeja Tingkat Perusahaan)에 머물러야 했지만, 새 "노동조합법"은 5개 이상의 단위노조가 모이면 노조연맹(Federasi)의 결성이 가능하도록 하였다(6조 2항). 이 조항은 복수노조의 길을 열고 신규노조연맹의 설립을 손쉽게 만들어 국가조합주의를 실질적으로 붕괴시킨 조항이었다. 또한 공무원도 노조를 결성할 수 있도록 하여(44조 1항) 독립적인 교원노조, 체신노조, 통신노조 등이 설립되었다. "기업에 속하지 않는 노동자들"도 노조를 설립할 수 있으며(1조 1항) 공식적인 산업 및 직종 범주외 노조가 설립될 수 있다고 하여(10조), 비공식(informal) 부문 노조의 설립이 추진되기도 하였다.

복수노조 허용은 전국, 산업, 지역 노조 수준에 그치지 않고 단위사업장까지 해당되었으며 단위노조의 설립기준도 크게 완화되었다. 10인 이상의 노동자가 노동조합을 결성할 수 있고(5조 2항) 관할 인력부사무소에 설립 신고만 하면 절차가 완결되도록 하였다(18조 1항). 예전에는 신고에 더하여 노사정 3자협의회 주관으로 노조결성 찬반투표를 실시하여 종업원 과반수의 찬성 서명을 받고 사업주의 동의를 구해야 노조 설립이 가능했던 것에 비하면 설립요건이 파격적으로 완화되었다고 할 수 있다. 또한 노동자들이 노조를 결성하지 못하도록 영향력을 행사한 사업주에게 "1년 이상 5년 미만의 징역 및 또는 1억 이상 5억 루삐아 미만의 벌금형"을 부과하는 조항도 추가되었다(28조와 43조 1항).6)

두 번째로 파업권이 2003년 8월에 발효된 "근로기준법"에서 노동자 및 노조의 권리로서 명시되었고(137조) 합법적인 파업의 요건이 크게 완화되었다. 노조 혹은 노동자 대표가 파업 7일 이전에 해당 관청과 사업주에 서면으로 고지하면 합법적인 파업으로 간주되었고(140조 1항, 3항과 142조), 이러한 합법적 파업을 방해하는 자는 형사처벌 받도록 했다(185조). "1997년 노동법"은 파업의 요건에 있어서 훨씬 엄격했다. 7일 전 서면 고지 의무에 더하여(78조 3항) 노동분쟁조정위원회를 통해서 분쟁이 해결되지 않을 때만 파업이 가능하며(75조), 파업이 회사 내에서만 이루어져야 한다는 조건(76조)이 포함되어 있어서 "합법적 파업은 불가능했다"는 평가를 받았었다(Surya 인터뷰 2000/05). 파업기간의 임금지급문제에 있어서도 "근로기준법"은 "표준적 권리"(hak normatif: 노동법, 단체협약서, 사규, 근로계약서에서 명시된 권리)의 준수를 요구하는 파업의 경우에는 파업기간의 임금을 지급해야 한다는 조항(145조; "1997년 노동법" 77조)을 존속시켜, "무노동 무임금" 원칙을 전면적으로 적용해야 한다는 기업가 측의 요구가 수용되지 않았다.

사실상 군경의 노사분규 개입도 확연하게 줄어들었다. 이를테면 인도네시아번영노조(SBSI)가 산하 노조들을 상대로 조사한 노동조합권 침해 사례

---

6) 물론 인도네시아에서는 늘 그렇듯이 '활자로 된 법'과 현실에서 통용되는 '살아있는 법' 사이의 격차는 또 다른 문제인 것이다(Linsey and Masduki 2002). 어떤 인도네시아 변호사의 말처럼 "법은 종이위에서나 아름답다"는 것이다(Haris 2001/02). 그렇지만 노동권을 인정하는 법조항의 존재는 현실의 권리투쟁을 촉발시키고 권리의식을 고양하는 방향으로 영향을 준다는 점에서 소홀히 간주해서는 안 된다.

집을 보면 1999년의 침해사례 53건 중에서 10건이 군경에 의한 것이었지만, 2000년의 45건 중에서는 1건만이 군경에 의한 침해사건이었다. 노동조합권 침해 사례의 대부분은 경영자와 해결사(preman)에 의한 것이었다(SBSI 2001).

2) 국가의 노동보호(자본통제) 약화

"근로기준법"과 "산업관계분쟁해결법"은 노동시장의 영역에서도 중앙정부의 개입이 약화될 것임을 알려준다. 이는 임금, 고용, 해고에 관한 조항들을 통해 살펴볼 수 있다. "근로기준법"은 지역별 최저임금의 결정권이 중앙정부로부터 주 단위 지방정부로 이양되었음을 명시하였다(89조 3항). 이에 대해서는 노동 측과 자본 측 공히 반대하지 않았다.

논쟁의 대상은 외주노동의 허용 문제였다. "근로기준법"은 임시직 고용(59조)과 하청 및 외부인력 사용을 인정함으로써(64-66조) 고용의 유연성을 강화시켰다. 고용의 유연화에 따라 계약노동과 외주노동의 사용이 급속하게 확산되어 외주를 뜻하는 외래어 "아웃소싱"(outsourcing)은 최근 인도네시아 노동문제를 압축하는 용어로 떠오르게 되었으며(*Business News* 2003/09/25), 노동운동권은 "현대판 노예제"의 법제화라며 크게 반발하였다(*Jakarta Post* 2003/02/06; Solidaritas Rakyat Pekerja 2003).

자까르따의 노동인권변호사 수리야 짠드라(Surya Tjandra)는 "근로기준법"이 "유연노동시장을 통해 비용을 절감함으로써 경제적 효율성을 진작시키려는" 목적을 가지고 있어 "기본적으로 신자유주의적인" 법안이라고 비판했다(*Jakarta Post* 2003/03/26). 다른 노동운동가들도 가장 심각한 당면 문제를 임시직 고용과 외주노동의 확산 문제라고 입을 모았다(Fauzi 인터뷰, 2003/07/29; Danu 및 Amin 인터뷰, 2003/09). 이런 연유로 자까르따의 2003년 국제노동절 시위대는 "제국주의의 종복이자 반노동자적인 메가와띠 대통령과 야꼽누아웨아(Jacob Nua Wea) 인력이주부 장관의 퇴진"을 요구하는 강도 높은 슬로건을 정권출범 이후 처음으로 내걸었다(*Jakarta Post* 2003/05/01).

현지 노동운동가들의 주장과 달리 노동법개정에 관한 두 편의 연구(Manning 2004; Caraway 2004)는 노동시장유연화가 자본 측의 기대보다 훨씬 미달하는 수준에서 이루어졌기 때문에 "근로기준법"은 노동보호의 측면이 강한 법으로 해석하였다. 그렇지만 법 개정 이후 노동자들이 실감하는 아웃소싱의 충격은 대단한 것이었다. 이를테면 100대 현지기업에 속하는 마스피온(Maspion) 그룹의 경우 2004년에 30% 이상의 노동력을 아웃소싱으로 대체하였다고 한다(노조간부들 인터뷰 2005/01).

해고에 있어서도 유연성이 강화되었는데, 이는 주로 "산업관계분쟁해결법"에서 찾아볼 수 있다. "산업관계분쟁해결법"은 권리, 이권, 고용관계종료(해고)에 관한 분쟁과 단위사업장 노동조합 간 분쟁을 대상으로 하지만(2조), 가장 빈번하게 발생하는 해고관련 분쟁을 주 대상으로 하는 법이다. 2004년 1월에 메가와띠 대통령이 인준한 이 법의 핵심은 산업관계의 분쟁해결을 기존의 노사정 3자조정 방식에서 분쟁 당사자 간의 양자조정 방식으로 전환하는 것이었다. 이로써 해고 문제에 대한 47년간의 정부 개입이 중단되었으며 기존의 분쟁조정기구였던 중앙노동조정위원회(P4P) 및 지방노동조정위원회(P4D)를 해체하고 산업분쟁 해결을 전문적으로 처리하는 재판소를 설치하기로 하였다.[7]

노사 양자협상이 실패하여 법정까지 가더라도 120일 내로 결말을 짓도록 명시함으로써 과거에 길게는 5년씩 소요되던 분쟁의 신속한 타결이 가능하

---

7) 중앙 및 지방노동조정위원회의 해체와 노동전문법정의 설립 및 가동은 법안 통과 후 1년 내에 시행할 예정이었지만 1년이 지난 2005년 1월까지 노동법정이 준비되지 않아서 시행을 연기하는 정부령이 발령되었다.

게 되었다는 점은 긍정적인 변화이다. 그런데 분쟁조정 이전에 해고부터 가능케 한 점은 노동보호의 측면이 약화된 것이라고 평가할 수 있다. 기존 법에 따르면 노동자를 해고시키려는 사업주는 노동분쟁조정위원회에 이 사실을 통보하여 승인절차를 밟게 되어 있고 분쟁이 발생한다 하더라도 분쟁조정위원회에서 판결이 날 때까지는 '법적인' 고용관계를 유지하도록 되어 있었다. 이에 반해 새로운 "산업관계분쟁해결법"은 우선 해고가 가능하고 노동자 측에서 이에 불응할 때 제소하도록 함으로써 사실상 해고허가제를 폐기하였다. 그간에 각별히 보호받던 정규직의 영역에도 유연성을 도입한 것이다.

〈표 4〉 산업관계의 '이중적 자유화': 국가의 통제와 보호로부터의 자유

후기 수하르또 체제	탈수하르또 체제	변화 방향
〈배제적 국가조합주의〉 - 일원적 노동조합 - 엄격한 노조결성 요건 - 파업권 제한과 군부개입	〈다원주의와 노동권 인정〉 - 복수 노조 허용 - 노조결성 요건 대폭 완화 - 파업권 인정과 요건 완화	노동통제와 자본보호의 약화
〈개입적 노동시장정책〉 - 최저임금의 중앙결정 - 해고허가제 - 노동분쟁조정위원회(P4): 　노사정 3자간 느린 분쟁조정	〈노동시장 유연성 강화〉 - 최저임금 결정권의 지방이양 - 우선해고와 외주노동 허용 - P4 해체와 노동법정 신설: 　노사 양자간 빠른 분쟁조정	노동보호와 자본통제의 약화

지금까지 살펴본 "노동조합법", "근로기준법", "산업관계분쟁해결법"의 내용은 〈표 4〉에 요약되어 있듯이 노동 및 자본에 대한 국가의 통제와 보호를 공히 약화시키는 경향을 분명히 하고 있다. 수하르또 시대의 노동정책이 국가가 노동문제에 대하여 안보문제를 다루듯이 깊이 개입하는 "안보 차원의 접근법"(security approach)이었다면, 탈수하르또 시대의 노동정책은 국가가 노동문제에서 "손을 터는 접근법"(hands-off approach: *Van Zorge Report* 2-9, 5), 혹은 "손을 씻는"(cuci tangan) 접근법을 구사하고 있다고 이야기된다(Surya Tjandra 인터뷰 2003/06).

국가가 손을 씻거나 털어 버렸다는 식의 과장된 표현에 동의할 수 없지만, 자유가 확대되는 방향으로 정책이 변화하고 있다고 말할 수 있다. 산업관계의 자유화는 노동 측에서 요구해왔던 노동조합 결성과 단체행동의 자유뿐만 아니라 자본 측이 희망하는 노동시장 유연화와 같은 자유시장경제의 진전도 포괄하는 '이중적 자유화'였다. 과거 수하르또 체제 유산의 전반적 약화, 즉 통제뿐만 아니라 보호 역시 동시에 약화되는 변화가 발생하고 있다는 점에서 산업관계 영역에서 "개혁"(reformasi)은 양면적인 것이었다.8)

4. 노동관계법 개정의 과정 분석: 하향식 개혁에서 사회협약으로

1) ILO의 후원을 받는 '하향식 개혁'

자유라는 이름아래 노동에 대한 국가의 통제와 보호를 공히 약화시키는 정책은 자본과 노동 양측 모두가 불만을 느끼고 반대할 수 있다. 노동권의 강화는 자본의 반대에, 노동시장의 유연화는 노동의 반대에 직면한다. 게다가 수하르또의 퇴진 이후 인도네시아의 민간정권들은 경제위기 극복과 민주주의의 진전이라는 과제를 동시에 짊어지게 되었다. 이러한 어려운 상황에서 인도네시아 정부는 어떻게 노동관계법 개정을 성사시킬 수 있었는가?

일반적으로 제3세계에서는 경제위기나 경제자유화를 겪으면서 발생한

---

8) 산업관계의 '이중적 자유화'는 국제기구들의 권고와도 부합하는 정책이었다. ILO는 인도네시아의 국가 경쟁력 신장과 투자환경 개선을 위해서 법 개혁이 가장 절실하며 노동정책에서 법 개혁의 방향은 유연노동시장과 노동권의 균형을 맞추는 것이라고 시각을 분명히 했다(ILO 2004a, 3). 그래서 ILO의 인도네시아지국장(Alan Boulton)은 개정된 노동법들을 "개혁시대 인도네시아의 가장 중요한 성과물 중 하나"라고 극찬하였던 것이다(ILO 2004c).

'과도적 패배자'(대표적으로 노동자)의 반발을 달래기 위한 전략들이 다양하게 모색된 바 있다. 경제 안정과 민주주의 진전을 동시에 달성하기 위해 라틴아메리카에서는 위임민주주의나 사회협약의 길이 시도되었다(이영조 1998). 한편 1990년대 동구에서는 사회주의 몰락 이후 경제자유화에 따른 경제 불안의 충격이 노동자들에게 가해지는 상황에서, 시민권을 보장하고 잔존하는 권위주의적 제도를 청산하는 정치개혁이 노동자들의 시련과 교환될 수 있었다고 한다(임경훈 1999). 〈표 5〉에 제시된 노동관계법 개정의 연대기를 보면 이 세 가지 길이 모두 실험되었다.

〈표 5〉 노동관계법 개정 연대기

1998/05/21　수하르또로부터 대권을 승계 받은 하비비 대통령, 독립노조 건설을 추진한 묵따르 빡빠한(Muchtar Pakpahan)을 포함한 정치범 석방 단행.

05/27　"노동조합 신규등록에 관한 1998년 5호 정부령" 공포.

06/05　"결사의 자유와 노동자조직권보호에 관한 국제노동기구(ILO) 87호 협약" 인준과 이에 관한 대통령령 공포.

11/10　노동계가 반대한 "1997년 25호 노동법"의 실행을 연기하는 "1998년 11호 법령" 공포.

12/23　파미 이드리스(Fahmi Idris) 인력부장관, "ILO의 인력부에 대한 (법 개정) 기술지원에 관한 합의각서" 인준.

1999/05/07　ILO의 "강제노동금지에 관한 105호 협약", "고용 및 업무상 차별철폐에 관한 111호 협약", "최저노동연령에 관한 138호 협약" 인준.

09/30　"노동조합 관련 201호 인력부장관령" 공포(결사, 집회, 의사표현의 자유 인정).

2000/03/28　와히드 대통령, "가장 위해한 사업장의 아동노동철폐 즉각 실행에 관한 ILO 182호 협약" 인준.

05/08　노동관련 3대 법안 패키지, 즉 "노동조합법", "노동보호및발전법(차후의 근로기준법)", "산업관계분쟁해결법" 국회 상정.

06/20　보머르 빠사리부(Bomer Pasaribu) 인력이주부장관, 친노동자적인 "해고금 관련 2000년 150호 인력이주부장관령" 공포.

08/04　새로운 "노동조합법" 국회통과.

09/25　"1997년 25호 노동법" 실행 재차 연기.

10/　　국회 노동복지위원장, "노동보호및발전법"과 "산업관계분쟁해결법" 초안 검토를 위한 특별위원회 구성.

11/27　국회, 노동법의 공백을 피하기 위해 "1968년 노동법"의 임시 사용을 만장일치로 합의.

2001/05/04　알힐랄 함디(Al-Hilal Hamdi) 신임 인력이주부장관이 자본가들의 로비를 수용하여 "해고금 관련 2000년 150호 인력이주부장관령"을 수정하는 "2001년 78호 장관령" 발령.

05/06　"150호 장관령" 복원을 요구하는 노조들의 시위가 빈발하고 반둥 시위 폭력화.

06/16　안보관련기관 수뇌부들이 배석한 가운데 3자협의가 성사되고 "150호 장관령" 복원.

07/23　탄핵으로 와히드 대통령 퇴진하고 메가와띠 권력승계.

2002/07/05　국회 특별위원회 주관 4일간의 사회홍보(sosialisasi) 회의에서 노조 측 "노동보호및발전법" 거부.

09/23　국회, 노조 측 반대 입장 수용하여 "노동보호및발전법" 통과 연기.

11/12　국회 노동복지위원회 산하 "노동보호및발전법" 개정을 위한 노사대표협상 '소위원회' 발족.

2003/02/03　소위원회 9차 회의에서 "노동보호및발전법"을 "근로기준법"으로 명칭변경.

02/25　"근로기준법" 국회통과. 메가와띠 대통령 3월 25일에 인준.

03/14　"산업관계분쟁해결법" 초안검토를 위한 노사정회의 개최. 이후 3회 회동.

09/26　"산업관계분쟁해결법" 초안검토를 위한 노사대표협상 '소위원회' 발족. 이후 5회 회동.

12/01　국회, "산업관계분쟁해결법"에 관한 이틀간의 사회홍보 회의개최.

12/17　"산업관계분쟁해결법" 국회통과. 메가와띠 2004년 1월 14일에 인준.

자료: ILO(1999)와 TURC(2004)를 참조하여 재정리.

1998~99년 하비비의 집권기에는 노동분야의 개혁이 사회적 대화나 의회의 심의를 거치기보다는 주로 대통령령(Keppres)이나 정부령 및 인력부장관령(Kepmen) 등 행정부의 결정과 국제노동기구(ILO)의 노동권 관련 협약

을 인준하는 방식으로 개혁이 추진되었다는 점에서 위임민주주의 방식과 시민권 지향의 하향식 개혁 방식을 취했다고 할 수 있다. 노동조합 결성의 자유를 인정한 "노동조합법" 제정은 와히드 정권 시기에 성사되었지만 하비비 정권 시기부터 추진된 개혁의 성과였다. 와히드가 탄핵당하고 메가와띠가 집권한 뒤에 주로 2002년 말부터 2003년까지의 과정을 보면 법 개정을 위한 노사정회의 개최와 노사대표협상 "소위원회"(Tim Kecil)의 빈번한 회동에서 알 수 있듯이 사회협약의 전략을 동원하는 경향이 두드러졌다. 위로부터의 개혁에서 사회적 대화를 통한 개혁으로 개혁의 방식이 변해 갔던 것이다.

우선 하비비 집권기에 추진된 하향식 개혁에 대해 살펴보자. 수하르또의 양자였으며 "소인배"(orang kecil)로 조롱받던 하비비의 명백한 업적은 노동조합 결성의 자유를 인정한 것이다. 이러한 개혁은 강력한 카리스마가 부재하고 대중적 지지기반이 취약한 한계를 뛰어넘는 정치리더십의 흥미로운 성과였으며 근 30년간의 노동조합 통제를 일거에 말소한 혁신이었다. 하비비는 마치 기다리기라도 한 것처럼 권력 승계직후에 노동조합에 대한 국가조합주의적 통제의 폐기를 추진하였다.9)

기본적으로 수하르또 시대의 유산을 청산해야 한다는 국제적 사회적 요구가 있었기 때문에 가능했지만 두 가지 점을 지적해 둘 만하다. 우선 국가조합주의의 도구가 되었던 인도네시아전국근로자조합연맹(FSPSI)이 수구파와 개혁파로 분열되면서 단일노조를 유지할 수 없게 되었다는 점이다. 경제위기의 충격이 극심했던 1998년 4월에 정부와 인도네시아경영자연합회

---

9) 권위주의 정권의 붕괴와 노동조합의 자유화 사이에 직접적인 연관은 없다. 이를테면 한국의 경우는 1987년 민주화 이후에도 1995년까지 거의 8년 동안이나 전국단위 복수노조의 존재를 국가가 인정하지 않았고 합법화는 더 훗날의 일이었으며, 사업장 단위의 복수노조 허용은 2006년까지 노사정 협약을 통해 유예된 상태이다. 이런 점에서 보면 인도네시아의 전면적인 복수노조 허용은 상당히 급진적인 것이었다. 안보보다 인권과 민주주의를 강조하는 하비비 대통령의 발언은 함영준(2001, 175-76)을 참조할 것.

(APINDO)의 최저임금 동결 안에 FSPSI 집행부가 동의해 버리자 산하의 업종별노조 위원장들이 크게 반발하면서 1998년 5월에는 탈퇴하여 독립노조를 설립하겠다는 의지를 천명했다. 이렇게 국가조합주의가 내부로부터 붕괴하기 시작했기 때문에 시스템을 유지할 수가 없었다.

두 번째로는 하비비가 예상가능한 자본의 반발을 ILO라는 국제적 후원자를 끌어들임으로써 사전 봉쇄하는 지혜를 발휘했다는 점이다. 대통령 직권으로 ILO 협약 87호에 서명함으로써 사회적 논쟁을 비월할 수 있었던 것이다. 협약 비준에 따라 "기술 지원"이라는 명목으로 ILO의 감독을 받게 되어서 노동조합 결성과 활동에 대한 상당한 정도의 자유가 인정될 수 있었으며, 노동조합법을 2000년까지 개정하겠다고 ILO와 합의한 탓에 입법 과정이 비교적 신속하게 진행될 수 있었다.

하비비는 ILO 87호 협약 인준에 그치지 않고 3개의 협약을 추가로 인준하였고 와히드도 뒤를 이어서 인도네시아는 아시아에서 최초로 ILO의 8개 기본 협약을 모두 인준한 국가가 되었다. 인력부 간부들은 ILO 협약의 연속 인준이 "국가신용의 제고를 위해 필요한 일"이었다고 주장했다(Harry Suryatna 인터뷰 2000/09; Iskandar 인터뷰 2001/05). "자유"나 "인권"에 관한 국제기준(international standards)을 충족시키는 것이 경제위기를 극복하는 데 도움이 된다는 새로운 논리는 IMF 경제관리 시기에 그럴 듯하고 효과적인 논리였다. ILO 자까르따 지국은 인도네시아 성공사례를 홍보하는 책자를 발간할 정도로 대만족하였으며(ILO 1999; 2004a; *Jakarta Post* 2001/01/12), 인도네시아 정부와의 공조를 더욱 강화했다. 지금까지 살펴본 하비비정권의 개혁추진은 제3세계의 정치개혁이 직면할 수 있는 카리스마와 대중적 지지의 부족을 국제적 후원으로 보충할 수 있다는 사실을 알려준다.

2) '사회협약'을 통한 유기적 산업관계의 재활

1999년 선거로 탄생한 와히드 정권과 2001년의 대통령탄핵으로 등장한 메가와띠 정권은 하비비 정권과 달리 나름대로 민주적 절차를 거쳐 성립된 정권이었으므로 정치적 정통성을 보유하였지만 노동개혁을 추진하기는 더 힘든 상황에 처했다. 노동과 자본이 실질적인 행위자로 거듭나고 있었기 때문이다. 우선 노동 측의 동향을 보면, 하비비 정권의 복수노조 허용에 따라 전국노조연맹이 급속히 증가해서, 2003년 7월에 이르면 인력이주부에 등록된 전국연맹노조가 72개에 달하였다(*Jakarta Post* 2003/07/10; ILO 2004b). 국가로부터 독립적인 노조연맹의 대거 등장은 사회적 대화와 타협의 공간을 필요로 하였다. 노사정 3자간의 조정을 위한 공간으로서 뿐만 아니라 복잡다양한 노조연맹들끼리 소통하고 의견을 수렴하기 위해서도 만남의 장이 필요하게 된 것이다.

한편 경영자단체도 달라졌다. 노동법 개정 초기과정에서 자본 측은 다소 방관적인 태도를 보였다.[10] 국가의 보호에 익숙했던 자본가들이 변화된 환경에 나태하게 대응했기 때문이었다. 그러나 해고금과 외주노동 등 노동시장과 관련된 입법추진을 계기로 자본 측은 상황변화의 심각성을 인식하고 본격적으로 목소리를 내기 시작했다. 2000년부터 국가회복위원회(National Recovery Committee)를 이끄는 소피안 와난디(Sofyan Wanandi)를 비롯한 일급 자본가들이 인도네시아경영자연합회(APINDO)의 요직으로 진입하고 2003년 5월에는 와난디가 회장으로 선출됨으로써 APINDO는 자본 측의 내실 있는 대표부로 거듭나게 되었다(Caraway 2004, 40).

자유주의적인 와히드 대통령의 해법은 대화였다. 와히드 대통령은 집권

---

10) 일례로 인도네시아경영자연합회는 2000년에 ILO가 준비한 "사회적 대화"에 관한 회의에 고위직이 아니라 인도네시아 국립대의 법대강사를 내보내서 자본 측의 입장을 발표하게 하였다(Aloysius Uwiyono 2000).

초기에 인력이주부장관직을 전국노조 FSPSI 위원장 보머르 빠사리부(Bomer Pasaribu)에게 맡기고 등록된 모든 노조들을 노사정 삼자협력위원회(Lembaga Kerja Sama Tripartit)로 끌어들였다. 메가와띠 대통령도 와히드의 해법을 이어받았다. 보머르의 뒤를 이어 FSPSI 위원장이 된 야꼽 누아웨아(Jacob Nua Wea)를 인력이주부장관으로 임명하고 3자 협력 포럼을 통한 대화를 계속 진행시켰다. 이러한 추세에 따라 노조위원장들과 기업가 대표들이 입법과정에 의견을 투입한다는 뜻으로 "로비"(lobby)라는 외래어를 일상적으로 사용하게 되었다(Muchtar Pakpahan, H. Muhammad Rodja, Anton J. Supit 인터뷰 2001/05).

그러나 3자협의가 바로 효력을 발휘한 것은 아니다. 자본 측의 로비와 노동 측의 실력행사가 3자협상장 밖에서 격돌하는 과정을 거쳐야만 했다. 자본 측은 보머르 장관의 친노동자적인 "해고금 관련 2000년 150호 인력이주부장관령"에 대해 반발하였고 안톤 수삣(Anton J. Supit)이 APINDO를 대표하여 의회 로비와 언론을 통한 담론 전투의 선봉에 나섰다. 안톤 수삣은 당시 인터뷰를 청한 필자에게 자신의 주장이 담긴 성명과 이메일 등을 복사해 주면서 자진퇴사자와 범죄를 저질러 해고되는 자들에게까지 해고금을 지불하도록 규정한 150호 장관령이야말로 국가경제를 망치는 법령이라며 더이상 좌시할 수 없고 총력을 다해 로비하여 폐기시키고야 말겠다고 흥분했다. 그리고 인력이주부장관이 국민수권당(PAN) 출신의 친자본가적인 알-힐랄 함디(Al-Hilal Hamdi)로 교체되는 기회를 이용하여 2001년 5월에 삼자교섭을 거치지 않고 함디의 장관령으로 보머르의 장관령을 정지시키는 데까지 성공했다.

그러자 이에 대한 노동 측의 저항이 5월과 6월의 도시들을 뜨겁게 달구었다. 가장 보수적인 FSPSI 노조마저 수천 명의 노조원을 시위에 동원하였다. 버스 위에 마련된 연단에 올라 "우리의 힘을 보여줄 때"라며 노조원들을 선동하는 야꼽 누아웨아 위원장을 보면서, 필자는 민주화 이후 처음으로 총

노동과 총자본의 대결이 시작되고 있음을 느낄 수 있었다. 여러 산업도시를 거쳐 급기야 반둥(Bandung)에서 노동자 시위가 폭동으로 돌변하면서 대결이 최고조에 이르렀다. 결국 정치사회안보조정장관이 중재하고, 군사령관, 국가정보원장이 배석한 가운데 노사정 3자협의회가 개최되었으며, 150호 장관령이 원안대로 복원되면서 민주화 이후 총자본과 총노동의 첫 번째 대결은 노동측의 승리로 종결되었다.[11]

노동과 자본의 두 번째 대결은 "근로기준법"과 "산업관계분쟁해결법" 제정을 둘러싼 길지만 조용한 대결이었고 거리가 아니라 삼자 및 양자협의의 테이블에서 전개되었다. 자본 측은 이제 로비에 만족하지 않고 노동 측과의 대화를 신중하게 고려하기 시작했다.[12] "근로기준법" 제정과정에서는 파업권과 파업 중 임금지급 문제, 임시직 노동자, 자진 퇴사 시 보상금, 휴가 문제 등을 둘러싸고 노동과 자본 양 진영이 각기 손해라면서 논쟁이 거듭되었다 (*Jakarta Post* 2003/02/06). 이리하여 3자협력위원회는 더 이상 국가의 의지나 자본의 이익을 관철하는 일방적 포럼이 아니라 서로 의견이 교환되는 소통적 조정기관으로 전환되었다. 그런데 사회적 대화를 지속한다는 것만큼이나 더 중요한 것은 입법과정에서 노동과 자본 간의 타협을 도출하기 위한 교환의 레퍼토리였다. "근로기준법"은 노동시장 유연화를 파업권 및 법적 형평성과

---

11) 150호 장관령의 복원이 노동자 전체를 위한 승리였는가에 대해서는 이견이 있다. 자본 측은 인접국의 3~5배에 달하는 해고금 부담을 피하기 위해서 정규직을 줄이는 전략을 취하기 시작했고 이는 곧 노동시장에 신규 진입하는 이들의 정규직 취업을 어렵게 만든다면서 고율의 해고금은 이미 정규직으로 자리잡고 있는 노동력만을 보호하는 제도라는 비판이 제기되고 있다(Manning 2004).

12) "근로기준법"과 "산업분쟁조정법" 제정을 위한 노사정회의를 취재한 꼼빠스(Kompas)의 노동전문기자 아그네스(Agnes Swetta Pandia)는 자본 측의 토론 준비가 노조 측보다 나았다고 평가했다. 법안에 대해 충분히 이해하고 개선안을 잘 준비해온 쪽은 자본 측이었고 노동조합 측은 준비되지 못한 모습을 보였다고 평가했다. 밖에서 시위대를 이끌 때는 용감하게 큰소리 치던 몇몇 전투적인 노동조합 대표들도 그저 조용히 앉아만 있곤 했으며 대부분의 노조 위원장들은 삼자 협력 프로그램에 참석하는 것 자체로 흡족해 하는 것 같았다고 했다(인터뷰 2003/07/28).

교환한 결과이기도 했다. 노동자의 파업 요건을 간소화하고 해고금을 인상하고 위법 사용자에 대한 벌칙을 강화하는 조항들을 제공하는 대신에 노조들에게 노동시장 유연화를 받아들이도록 종용했다고 볼 수 있다.[13]

"산업분쟁해결법"에 관한 논전은 "근로기준법"에 비해 덜 첨예하였다. 자본의 입장에서는 해고허가제의 폐기를 의미하는 이 법안에 대해 반대할 이유가 적었다. 노동운동진영은 노동분쟁에 대한 국가의 개입에 대하여 찬반이 갈렸다. 일부 노동운동가들은 노동문제전문법정을 일종의 민사소송기관처럼 규정한 것은 국가의 책임 회피라면서 교섭력이 약한 노동자들에게 양자조정보다 삼자 조정이 더 유리하다고 주장했다(Surya 인터뷰 2003/07/27). 반면에 일부 노동운동가들은 국가가 간여하는 산업분쟁조정은 너무 질질 끌어서 해고자들이 중도에 포기하는 경우가 많았다면서 양자조정을 환영하였다(Sudarto 인터뷰 2003/07). 새로운 법안이 분쟁 처리의 효율성을 높이고 소액재판의 소송비용을 무상으로 하는 점 등 노동자 측에게 긍정적인 조항들도 담고 있었기 때문에 노동운동 진영의 의견이 양분되고 제정과정에서 노동과 자본의 첨예한 대결이 발생하지 않았다.

두 법안의 국회 심의 과정에서 사회적 대화의 방식의 간소화가 병행되었다. 노동법 개정을 위한 노사간 양자협상을 주관하도록 전권을 위임받은 민주투쟁당(PDIP) 소속의 렉소(Rekso Ageng Herman) 의원은 노조들을 네 개의 부류로 나눈 뒤에 부류를 대표하는 노조를 선정하여 "소위원회"(Tim Kecil)를 구성하였다. 자의적이라는 비판을 피할 수 없었지만 72개 노조와 다같이 협상할 수는 없었던 것이다. 렉소 의원은 "불쌍한 노동자들을 돕기 위해 돈을 나눠줄 수도 있지만 좋은 법을 만드는 것이야말로 그들을 진짜로

---

13) 인력이주부 장관 야꼽은 "근로기준법"이 법을 위반한 고용자에게 최대 5억 루뻬아의 벌금과 5년의 징역을 부과하는 것은 고용자 측에게 상당히 무거운 조항이라면서 새 법안의 친노동자적 측면을 열심히 선전했다(*Bisnis Indonesia* 2003/05/28; 06/18).

돕는 것"이며 좋은 법은 노사양측의 반복적인 대화를 통해서 가능할 것으로 확신했다고 한다. 회의비용을 사비로 충당하는 경우가 많았으며 과로로 인해 심장마비를 겪기도 했지만 자신의 책무를 "신이 부여한 소명"으로 간주할 정도로 노사간의 양자협의를 통한 법 제정에 큰 가치를 두었다고 주장하였다. 그렇지만 협의의 효율성을 위해 참여 노조의 간소화가 불가피했다는 것이다(Rekso 인터뷰 2004/02/10).

이러한 간소화의 효율성이 법안 통과로 입증되었기 때문에 3자협의회의 구성에도 반영되게 되었다. 이제 3자협의회의 표결권은 정부대표 10인, 인도네시아경영자연합회(APINDO) 대표 10인, 노동조합 대표 10인으로 배분된다. 노동조합 측의 대표권은 회원노조수에 비례하여 인도네시아전국근로자조합총연맹(KSPSI) 5명, 인도네시아근로자조합회의(KSPI) 2명, 인도네시아전국노동조합(SBSI) 1명, 인도네시아무슬림노조(SARBUMUSI) 1명, 인도네시아금속근로자조합(SPMI) 1명 등 5개 노조 10명으로 구성된다(Sutanto 인터뷰 2005/01).

그런데 5개의 거대노조에 국한된 삼자교섭의 표결권 배분은 노동조합 진영 내에서 거대노조와 군소 노조들 사이에 영향력의 불균형을 유발한다. 수라바야 지역의 노동운동가 다누(Danu 인터뷰 2005/01)는 삼자교섭이 회원노조수 비례에 의한 "대표"(perwakilan) 시스템에 입각하고 있기 때문에 진정한 "참여"(partisipasi) 시스템으로 볼 수 없다고 비판했다. 표결은 규모에 비례한 대표의 원리로 갈 수 밖에 없다 하더라도 의견교환과 토론은 군소 노조들에게도 기회를 주는 참여의 원리를 따라야 한다는 것이다. 그는 시군 단위에서 도시별최저임금(UMK: Upah Minimum Kota)을 결정하기 위해서 기초자료를 조사하고 최저임금의 적정선을 제시하는 지역별임금조사위원회(DPPD: Dewan Penelitian Pengupahan Daerah)가 지역의 모든 노동조합에게 제안권을 주고 있는 것을 참여의 원리에 입각한 바람직한 사례로 제시하였다.

그러나 이러한 문제에도 불구하고 하버마스(1990) 식의 "소통적 합리성"에 입각한 사회적 대화 방식의 동원은 유기적 산업관계에 관한 인도네시아 정부의 열망이 포기되지 않았음을 드러내주고 3자협의의 재활을 통해 국가의 역할을 되찾으려는 기획의 성공으로 평가할만 하다. 6년간의 노동법 개정 과정에서 3자 협상이 자리를 잡게 된 점을 볼 때 1974년 이래 강조되어 온 유기적인 "빤짜실라 산업관계"가 자유화 시대에도 새로운 활로를 찾고 있다는 것을 증명한다. 노동개혁에서 지속적인 후원자 역할을 한 ILO도 삼자협의를 "사회적 대화"(social dialogue)의 일환으로 간주하면서 사회의 민주적 간여와 합의 형성을 통해 더 나은 거버넌스(governance), 산업평화, 경제진전을 도출할 수 있는 방법으로 권장했다(ILO 2004a). 그러나 ILO의 권유 이전에 삼자협의는 인도네시아 노동정책 역사상 이미 익숙한 방식이었다(신윤환 2001, 123-24).

3자협의의 유산이 세계화와 자본의 공격적인 정책을 정당화하여 노동운동의 방어력을 약화시키는 데 일조한다는 유럽식 비판(Whal 2004)과 달리, 인도네시아에서는 노동권도 강화하는 개혁의 자원이 되었다는 게 흥미롭다. 3자조정의 노동포섭적 측면만을 강조하는 경우가 일반적이지만 그것의 자본포섭적인 측면을 간과해서는 안 된다. 동구의 체제이행기 개혁정치 경험이 알려주듯이 개혁기에 국가는 "과도적 패자"(노동)보다 "과도적 승자"(자본)로부터 자유로울 필요가 있는데(Hellman 1998), 인도네시아에서 사회협약의 방식은 자본의 순응을 이끌어내는 효과적인 방식이었던 것으로 평가될 수 있다. 세계은행의 후원을 받은 위기조사및조기대응단(SMERU)의 면접조사에 따르면 인도네시아의 기업가들은 새로운 노동법을 버겁게 여기면서도 큰 저항없이 수용하였는데 그 이유 중의 하나로 입법과정이 3자협의를 거쳤다는 점을 거론하곤 하였다(SMERU 2002).

위임민주주의와 위로부터의 개혁에서 사회협약으로의 이행은 정치리더십의 특성뿐만 아니라 각 정권이 처한 사회적 조건이 변수로 작용했다. 하비

비가 수하르또의 심복으로 대중적 인기와 국제적 지지를 얻지 못하는 상황
에서 대통령출마를 위해서는 쾌속의 개혁적 업적을 쌓아야 했지만 메가와띠
는 민중의 열광적 지지를 기반으로 집권하였기 때문에 상대적으로 느긋했다.
하비비 집권 시기에는 노동조합과 경영자단체가 재형성 중이어서 사회협약
방식을 추진하기 어려웠던 반면에 메가와띠 정권은 하비비와 와히드 집권기
를 거치면서 늘어난 노조연맹들과 점점 더 발언 수위를 높이는 기업가조직
체를 상대해야 했기 때문에 하향식으로는 개혁을 진전시킬 수 없었다.

5. 맺음말

　수하르또 체제의 노동정책은 노동에 대한 통제와 보호를 결합시킨 것이
었다. 수하르또 체제는 4반세기 동안 단일한 전국노조 연맹으로 노동조합들
을 묶어두고 위협적이고 폭력적인 군부 개입을 통해 단체행동을 억제하곤
했지만, 다른 한편으로 수까르노 체제로부터 물려받은 해고허가제와 최저임
금제 등 각종 노동보호 조항들을 유지하거나 때때로 강조함으로써 고용상태
에 있는 노동자들을 보호하는 양상도 보여주었다. 이렇게 노동에 대한 국가
의 통제와 보호가 결합된 국가 온정주의적 산업관계는 1997년 하반기부터
시작된 극심한 경제위기를 계기로 근본적인 변화의 압력에 직면하게 되었다.

　위기에 대한 제도적 해법으로 노동관계법 개정이 추진되었고 2004년 1
월까지 5년간 세 가지 핵심 법률인 "노동조합법", "근로기준법", "산업관계
분쟁조정법"이 순차적으로 개정되었다. 개정된 노동관계법은 노동통제와 노
동보호를 동시에 약화시키는 '이중적 자유화'를 내용으로 담고 있다. 30년
만에 복수노조를 다시 허용하고 파업권을 인정했으며 이를 방해하는 기업가
에 대한 처벌 규정을 강화했다. 다른 한편으로 임시직 노동자의 고용과 하청

및 외부인력 사용을 인정하고 47년 동안 유지되어왔던 해고허가제를 사실상 폐지함으로써 본격적인 노동시장 유연화를 시도하게 되었다.

이러한 개혁은 하비비 정권 시기에는 대통령의 결단과 국제노동기구(ILO)의 후원을 얻는 방식으로 추진되었고 와히드 정권 이후에는 과거에 기만적이었던 노사정 3자협의를 활성화하는 방식으로 추진되었다. 인도네시아의 노동법 개정 과정은 개혁에 장애가 되는 취약한 정부의 능력을 국제적 후원자를 끌어들임으로써 보완하는가 하면, 권위주의 시대에 확립되었던 제도와 관행을 활용하는 흥미로운 양상을 보여주었다. 하비비의 포고령식 하향식 개혁추진은 과거의 강력한 대통령제 관행을 이용한 것이었으며, 와히드와 메가와띠의 사회협약 방식은 수하르또 시대에 유기적 국가관을 강제하는 통로로서 기능했던 노사정 3자조정기구를 활용한 것이었다. '새 술'을 '헌 부대'에 담는 역설을 통해 개혁이 이루어졌던 것이다. 따라서 권위주의 시대의 유산이라 하더라도 민주화 시기에 긍정적으로 활용될 수 있다는 맥락적 연속성의 시각에서 노동개혁을 분석하고 구체제를 재평가할 필요가 있다.

산업관계에 있어서 이중적 자유화는 국가 개입이 줄어들고 노사 자율성을 강화하는 결과를 낳을 것이다. 그렇지만 그러한 개혁을 도출하는 방식에서 국가가 사회적 합의의 장을 제공함으로써 유기적 산업관계를 유도하는 국가의 역할이 재활될 수 있었다. 하향식 개혁에 비해 사회협약을 통한 개혁은 그 속도가 느려서 효율성이 떨어지고 법적 불확실성을 장기화하는 문제가 있지만 경제위기와 민주화가 중첩된 상황에서 약한 국가가 자율성을 확보하는 합리적인 방법이었다 할 수 있다.

노동조합 자유화와 노동시장 유연화라는 이중적 자유화는 노 사 양측의 반대를 받았지만 동시에 같은 이유로 양측의 타협도 가능했다는 점에서 계급 타협을 단지 경제적 이익 배분의 문제로 보아서는 안 된다는 점도 알려준다. 물질적 기반이 빈약한 상황에서도 계급타협은 발생할 수 있으며 이 때 중요한 것은 양측이 적어도 부분적으로 만족할만한 개혁의 레퍼토리를 국가가 제공해야 한다는 것이다. 극심한 경제위기 와중의 인도네시아 사례분석을 통한 이러한 발견은 '정치적 교환의 과정'을 강조하는 최근의 조합주의(corporatism: Molina and Rhodes 2002) 연구를 전전시키는 데 기여할 것이다. 나아가 국제화와 경제위기가 신자유주의적 노동시장정책의 도입으로 이어져 노동에게 피해만 준다는 폐쇄적인 단선 논리의 한계를 지적하고 개방적인 대안 추구에 이바지할 수 있길 기대한다.

참고문헌

강명세. 1999. "사회협약의 이론." 강명세 편. 『경제위기와 사회협약』. 세종연구소.

블록, 프레드. 1985. "지배하지 않는 지배계급." 임영일, 이성형 편역. 『국가란 무엇인가: 자본주의와 그 국가이론』. 까치.

신윤환. 2001. 『인도네시아의 정치경제: 수하르또 시대의 국가, 자본, 노동』. 서울대학교 출판부.

이영조. 1998. "신자유주의적 경제개혁과 신생민주주의의 공고화." 『사상』 10(2). 여름.

임경훈. 1999. "경제개혁과 정치개혁." 『사상』 11(2). 여름.

재인도네시아 한인상공회의소 역. 『근로기준법』. www.mofat.go.kr/mission/emb/men uadd_view.mof (검색일: 2004/04/24).

전제성. 1998. "경제성장과 정당성 사이에서: 1990년대 노사분규의 폭증과 인도네시아 정부." 『동남아시아연구』 6.

_____. 1999. "경제위기, 정치개혁, 그리고 인도네시아 한인기업 노동문제: 자보따벡의 의류·신발 업종을 중심으로." 『동남아시아연구』 8.

_____. 2003. "동아시아 발전모델과 노동억압: 수하르또 체제하의 인도네시아 사례를 중심으로." 『기억과 전망』 3(여름).

주인도네시아대사관. 2004. "노무관련정보: 산업분쟁해결법." www.mofat.go.kr/mission /_emb...(검색일: 2004/04/22).

하버마스, 위르겐. 장일조 역. 1990. 『이성적인 사회를 향하여』. 종로서적.

한국국제노동재단. 2003. 『인도네시아 진출기업 노무관리 안내서』. 한국국제노동재단

함영준. 2001. "하비비와의 대화." 『한국 너 잘났다』. 해냄.

Aloysius Uwiyono. 2000. "Employers' Perspective of the Present Industrial Relation." ILO. *Tripartite Summit on Social Dialog in Indonesia: Proceedings*. 12-14 September, Jakarta.

Amirudin, and Teten Masduki. 1997. *RUU Ketenagakerjaan: Pantas Meresahkan Buruh*. Komisi Pembaharuan Hukum Perburuhan.

Bisnis Indonesia. 2003/05/28, 06/18.

Business News. 2003/09/25, 2004/01/27.

Booth, Anne. 1999. "Survey of Recent Developments." *Bulletin of Indonesian Economic Studies* 35(3).

Caraway, Teri L. 2004. "Protective Repression, International Pressure, and Institutional Design: Explaining Labor Reform in Indonesia." *Studies in*

Comparative International Development 39(3).

EIU(Economic Intelligence Unit). 2000. *EIU Country Report: Indonesia.* May.

Fane, George. 2000. "Survey of Recent Developments." *Bulletin of Indonesian Economic Studies* 36(1), April.

Far Eastern Economic Review 1998/02/19. "Ready, Set."

Ford, Michele, 1999. "Testing the Limits of Corporatism: Reflections on Industrial Relations Institutions and Practices in Suharto's Indonesia." *Journal of Industrial Relations* 41(3).

______. 2002. "Whatever It Takes: Workers, often Women, Takes Risks to Earn an Honesty Living." *Inside Indonesia.* January-March.

Hadiz, Vedi R. 1993. "Workers and Working Class Politics in the 1990s." Chris Manning and Joan Hardjono eds. *Indonesia Assessment 1993 - Labour: Sharing in the Benefits of Growth?* Canberra: Department of Political and Social Change, Research School of Pacific Studies, Australian National University.

______. 2002. "The Indonesian labour Movement: Resurgent or Constrained?" *Southeast Asian Affairs 2002.*

Hellman, Joel S. 1998. "Winners Take All: The Politics of Partial Reform in Postcommunist Transitions." *World Politics* 50(2).

ILO. 1999. *Demystifying the Core Conventions of the ILO through Social Dialogue: The Indonesian Experience.* Jakarta: International Labour Organization.

______. 2004a. *Promoting Good Governance in the Labour Market by Strengthening Tripartism and Social dialogue.* Jakarta: ILO.

______. 2004b. "List of Trade Union in Indonesia." http://www.ilo.org... (검색일: 04/ 20).

______. 2004c. "ILO: Indonesia Shows Positive Developments in Labour Law Reform." Press Release, 24 May.

Jakarta Post. 2001/01/12, 2003/02/06, 03/26, 05/01.

Jeon, Je Seong, and Jee Hun Kim. 2001. "Against All Odds: The 'Second Korean Boom' in the Post-Suharto's Indonesia." Paper Presented at the 5th ASEAN Inter-University Seminar on Social Development. Singapore, 23-25 May.

Jellinek, Lea, Bambang Rustanto and M. Hum. 1999. *Survival Strategies of the Javanese during the Economic Crisis.* Jakarta: SMERU.

Lambert, Rob. 1996. "Authoritarian State Unionism in New Order Indonesia." Rob Lambert ed. *State and Labour in New Order Indonesia.* Perth: Asia Research

Centre, Murdoch University.

LBHS. 1996-1999. *Sketsa Hak Asasi Manusia Jawa Timur.* Surabaya: Lembaga Bantuan Hukum Surabaya.

Lindsey, Tim, and Teten Masduki. 2002. "Labour Law in Indonesia after Soeharto: Reformasi or Replay?" Sean Cooney, Tim Lindsey, Richard Mitchell and Ying Zhu. *Law and Labour Market Regulation in East Asia.* London and New York: Routledge.

LIPS. 2000. "Labor Situation of Indonesia." Quarterly Report. January-March; April-July. Bogor: Lembaga Informasi Perburuhan Semarak.

Manning, Chris. 1998a. "The Employment Crisis." *Inside Indonesia.* July-September.

______. 1998b. *Indonesian Labour in Transition: An East Asian Success Story?* Cambridge, New York and Melbourne: Cambridge University Press.

______. 2004. "Legislating for Labour Protection: Betting on the Weak or the Strong?" Working Paper, RSPAS ANU.

Maxwell, John. 1999. "This Complex Crisis." *Inside Indonesia* 60 (October-December).

Ministry of Manpower. 1999. *Manpower and Employment Situation in Indonesia 1998.* Jakarta: Ministry of Manpower, Republic of Indonesia.

Ministry of Manpower. 2000. *Manpower and Employment Situation in Indonesia 1998-1999.* Jakarta: Ministry of Manpower, Republic of Indonesia.

Molina, Oscar, and Martin Rhodes. 2002. "Corporatism: The Past, Present, and Future of a Concept." *Annual Review of Political Science 2002.*

Perdana, Ari A., and Arya B. Gaduh. 2003. "Social Implications of the Indonesian Economic Crisis." *The Indonesian Quarterly* 31(2).

SBSI. 2001. *Annual Record of Violations of Trade Union Rights.* Jakarta: SBSI.

SMERU. 2002. *Industial Relations in Jabotabek, Bandung, Surabaya during the Freedom to Organize Era.* Jakarta: Serikat Buruh Sejahtera Indonesia.

Solidaritas Rakyat Pekerja. 2003. "Buruh Bersatu: Membangun Solidaritas Rakyat Pekerja Melawan Perbudakan." 수라바야-동부자바 지역 국제노동절 성명서.

Sukamdi, Abdul Haris, and Patrick Brownlee. 2000. *Labour Migration in Indonesia: Policies and Practice.* Yogyakarta: Gadjah Mada University.

Törnquist, Olle. 2004. "Labour and Democracy? Reflections on the Indonesian Impasse." *Journal of Contemporary Asia* 34(3).

TURC. 2004. "Dinamika Perumusan UU Ketenagakerjaan dan RUU PPHI: Apa, Siapa dan Bagaimana." Jakarta: Trade Union Rights Center.

Undang-Undang Republik Indonesia Nomor 21 Tahun 2000 tentang Serikat Pekerja/

Serikat Buruh.

Undang-Undang Republik Indonesia Nomor 13 Tahun 2003 tentang Ketenagakerjaan.

Undang-Undang Republik Indonesia Nomor 25 Tahun 1997 tentang Ketenagakerjaan.

Undang-Undang Republik Indonesia Nomor 2 Tahun 2004 tentang Penyelesaian Perselisihan Hubungan Industrial.

Van Zorge Reports 2(9). June 2000. "Labour Relations in Indonesia."

Whal, Asbjorn. 2004. "European Labor: The Ideological Legacy of the Social Pact." *Monthly Review.* January.

YLBHI. 1998. *Pokok-Pokok Pikiran YLBHI tentang Reformasi Politik Perburuhan Nasional.* Jakarta: YLBHI(Yayasan Lembaga Bantuan Hukum Indonesia).

인터뷰 리스트

Agnes Swetta Pandia. (여) 전국일간지 꼼빠스(*Kompas*) 노동문제 전담기자. 2003/07/28.

Agus Condro Prayitno. (남) 민주투쟁당(PDIP) 소속 국회의원, 노동 및 사회복지위원회 (Komisi VII) 위원. 2001/05.

Amin Muftiyanah. (여) 여성노동운동단체 야산띠(YASANTI) 총무이사. 2003/09.

Anton J. Supit. (남) 인도네시아상공회의소(KADIN: Kamar Dagang dan Industri Indonesia) 국가경제회복위원회(Komite Pemulihan Ekonomi Nasion) 공동의장 겸 인도네시아기업가연합회(APINDO) 부회장. 2001/05, 2005/01/28.

B. Lucky Rossintha. (여) 노동조합권센터(TURC: Trade Union Rights Centre) 기획부 장. 노동변호사. 2005/01/25.

Danu Rudiono. (남) 노동운동단체 후마니까(Humanika) 대표. 2003/09, 2005/01/29, 30.

Elbaek, Uffe. (남) 국제노동기구(ILO) 아세안지역 비공식부문노동자 지원국 수석기술 고문. 2000/08.

Endang Rhokani. (여) 도시사회봉사단(PMK) 노동변호사. 2000/08/22.

Fauzi Abdulah. (남) 노동운동가. 보고르 노동문제연구소(LIPS) 소장. 2003/07/29.

H. Muhammad Rodja. (남) 인도네시아전국개혁근로자조합연맹(FSPSI-Reformasi) 위원 장. 2001/05.

Haris Retno. (여) 수라바야법률구조재단(LBH Surabaya) 노동분과 활동가, 2001/02.

Harry Suryatna. (남) 인력이주부 공보국 국제조직부장. 2000/09.

Iskandar. (남) 인력이주부 노동자조직 및 기업가조직부(Binawas) 과장. 2001/05.

Jacob Nua Wea. (남) 인력이주부 장관, 인도네시아전국근로자조합연맹(FSPSI) 위원장. 2001/05.

Jellinek, Lea. (여) 호주 인류학자, 인도네시아 도시빈민 및 비공식부문 전문가. 2000/06/22.

Mayling Oey-Gardiner. (여) 인구학 박사, 노동시장 및 여성노동전문가, 인산(INSAN) 연구소 소장. 2001/01.

Muchtar Pakpahan. (남) 인도네시아번영노조(SBSI) 위원장. 2001/05.

Rekso Ageng Herman. (남) 국회의원(민주투쟁당 소속), 근로기준법 및 산업분쟁해결법 개정을 위한 소위원회 위원장. 2004/02/10.

Sudarto. (남) 수라바야법률구조재단(LBH Surabaya) 노동분과장. 변호사. 2001/01-04, 2003/07.

Sutanto (남) 인력이주부 산업관계국 과장. 경제학 박사. 2005/01/28.

Surya Tjandra. (남) 자까르따 법률구조재단(LBH Jakarta) 노동변호사. 2000/05, 2003/07/27.

경제위기와 말레이시아:
분화된 사회의 성장과 분배의 정치경제

경제위기와 말레이시아 :
분화된 사회의 성장과 분배의 정치경제*

■ 김동엽

1. 머리말

경제위기를 겪은 동아시아의 많은 국가들 중에는 위기와 관련된 직·간접적인 이유로 정권의 교체를 낳기도 했고, 실제로 새로운 정부에 의해 경제회복이 주도된 경우가 많았다. 그러나 말레이시아의 경우에는 마하티르(Mahathir Mohamad) 정권이 경제회복을 독단적인 방법으로 극복하고, 당내 후계자인 바다위(Abdullah Ahmad Badawi)에게 성공적으로 정권을 이양함으로써 급격한 정치적 변동을 겪지 않았다. 그럼에도 불구하고 22년 동안 당과 정부 위에 굴림하던 지도자의 퇴장은 많은 국민들에게 불안의 요소로 작용하기에 충분했다. 이를 반영하듯 재계에서는 말레이시아 경제에 대해 낙관적인 전망을 내놓으면서도 바다위가 이끄는 새로운 정부에게 정치적 안정과 지속적인 기업성장정책을 주문하는 등, 국가경제의 운영방향에 대한 염려와 희망을 동시에 내놓았다(thestar.com.my 2003/12/25). 이러한 국민들의 불안심리는 2004년 3월 21일에 있었던 제11대 총선에서 집권연합인

---

* 이 논문은, "말레이시아의 정치경제: 경제위기와 마하티르를 넘어 신자유주의 국가로," 『동아연구』 제48집(2005. 2), pp.100-138에 게재되었음.

국민전선(BN, Barisan National, National Front)[1]이 압도적인 지지를 얻을 수 있었던 배경 중의 하나로 볼 수 있다. 현 말레이시아의 정치경제적 상황과 앞으로의 방향은 1990년대 경제위기를 전후하여 나타난 정치적, 사회적 변화와 분리해서 생각할 수 없다. 그러므로 이에 대한 경험적인 분석은 말레이시아의 정치경제적 흐름을 올바로 이해하는 데 중요한 의미를 갖는다.

1997년 동아시아를 휩쓴 경제위기는 이미 많은 관점에서 분석되어지고 있다. 경제위기 이전의 동아시아 지역은 유례없는 경제성장을 기록하였기 때문에 이러한 성공이 다시 위기의 도래를 설명하는 데 주된 초점이 되기도 했다. 미국을 중심으로 하는 시장주도형 경제나 유럽의 사회주도형 경제와 구분되는 정부주도형 경제발전 전략이 동아시아에서 성장의 원동력이 되었던 것은 동아시아의 역사적 배경과 정치·사회적 여건들이 결합되어 나타난 것으로 보고 있다. 그러나 정치·사회적 환경이 경제성장과 더불어 적절한 변화를 이루어 내지 못함으로써 경제성장과 정치·사회적 발전 간의 불균형을 낳았고, 이는 경제성장 그 자체를 저해하는 정치적 불안정을 초래했다(안청시 2002, 9).

동아시아적 성장 메카니즘과 1997년 경제위기에 대한 설명은 각 학파별로 다양하다. 신자유주의적 주장에 의하면 정부주도의 자원동원식 공업화로 투입물의 양적 팽창에 의한 급속한 공업화는 이룰 수 있었지만, 장기적인 경제발전을 위한 기술진보나 생산성 증대에는 실패했다는 것이다. 발전국가적 견지에서는 정부의 개입이 빠른 공업화를 이룩하였으나 금융부문의 낙후성, 관치금융의 관행이 개선되지 못하여 도덕적 해이 및 정실자본주의

---

1) 국민전선(BN)은 말레이시아의 여러 정당들이 연합한 집권연합이며, 그 주축으로는 말레이 종족을 대표하는 통일말레이국민조직(UMNO, United Malays National Organization), 화인을 대표하는 말라야화인협회(MCA: Malayan Chinese Association), 그리고 인도계를 대표하는 말라야인도인회의(MIC: Malayan Indian Congress) 등이 있고 이 외에도 다수의 정당들이 참여하고 있다. 제11대 총선에서 국민전선은 전체의석 219석 중 198석을 얻었다.

(crony capitalism)를 고착화시킴으로써 위기를 초래했다는 분석이다. 이외에도 발전모델에 따라 외자주도형 발전모델에서 주장하는 국제자본과 국내산업 간의 적절한 연계실패나 대외지향적 모델의 외부영향에 대한 취약성 등 여러 관점에서 경제위기의 도래를 설명하고 있다(김종길 2001, 8). 보다 낮은 수준의 분석에 의하면 부실경영의 원인을 제공하였던 정실자본주의나 국제금융시장의 특이성에 의해 파생된 영양떼론[2] 등으로 동아시아 경제위기를 설명하고 있다. 이외에도 21세기의 세계경제 재편에 따른 동아시아 국가들, 특히 중국의 경제대국화를 견제하기 위한 미국과 이의 사주를 받은 서구 주도의 국제적 금융자본가들에 의한 음모론이 대두되기도 하였다. 또한 1980년대 중반 이후 동아시아 지역의 자본시장 팽창을 주도하였던 일본의 장기적인 경기침체를 이유로 드는 일본책임론도 등장하였다(이상환 2002, 233).

동아시아 지역에 경제위기가 휩쓸고 지나간 지 벌써 수년이 지났다. 정도의 차이는 있지만 대부분의 국가들이 위기상황에서 회복되어 새로운 발전의 방향을 모색해 가고 있는 상태이다. 경제위기를 전후하여 형성된 새로운 정치·사회적 환경은 이전과 동일한 경제발전 정책의 실효성에 많은 의문을 제기하고 있다. 국제적인 환경 변화와 더불어 국내 정치세력들 간의 경제운영에 대한 각자의 견해가 서로 충돌하면서 그 방향을 잡아가는 데 많은 어려움을 겪고 있다. 경제위기 이전의 획일적 발전전략과 이에 대한 맹목적인 추구가 강압적인 정치구조 하에서는 가능했지만, 경제위기를 겪으면서 분화된 사회의 각 그룹들이 자신의 목소리를 내게 됨에 따라 새로운 유형의 경제

---

2) 영양떼를 공격하는 사자는 그 가운데 한 마리를 목표로 삼는다. 하지만 영양떼는 사자를 보면 모두 겁이 나서 달아난다. 한 국가로부터의 자본이탈이 주변국가들로 그 영향이 파급되어 직접적 이유 없이 동반적 자본이탈이 일어나는 현상으로 1997년 동아시아 지역 경제위기의 일면을 설명하는 학설이다.

운영 정책이 절실히 요구된다고 하겠다.

다양한 경제위기의 분석이론들은 지역적 경제위기라고 하는 현상에 대한 개략적인 설명에는 유효할지 모르지만, 각 국가들이 자신의 정치·사회적 특이성에 근거하여 받아들이는 경제위기의 본질에 대한 인식의 차이와 이에 대한 각각의 반응을 설명하는 데는 미흡하다. 실제로 위기의 극복과정에서 나타난 각 국가들 간의 정책적 차이점과 위기극복 양상의 차이점은 개별국가들의 내부적 특이성에 대한 체계적인 고찰이 없이는 이해하기 힘들다. 본 연구는 말레이시아에 도래한 1997년 경제위기와 이후 전개되는 말레이시아 정치경제를 국내 정치행위자들 간의 경제정책을 둘러싼 상호작용과 변화를 중심으로 살펴보았다. 경제위기의 도래배경은 무엇이며, 이러한 경제위기가 정치행위자들 사이의 권력관계에 어떠한 영향을 미쳤고, 또한 변화하는 권력관계는 위기에 대한 처방에 어떻게 작용하였고 그 결과는 어떠하였는가를 고찰하였다.

2. 정치경제 모델에 관한 논의

본 연구에서는 정치경제를 성장과 분배에 관한 국가의 경제정책을 둘러싼 정치행위자들 간의 상호작용이라는 인식에 기초하여 접근한다. 한 국가(영토적 의미)[3]에 있어서 정치적 행위자는 그 인식의 차이에 따라 다양하게 나타난다. 유물론적 사관에 입각한 마르크스주의는 현 자본주의 사회를 생산관계를 중심으로 한 자본가와 노동자 사이의 투쟁에 입각하여 봄으로써

---

3) 본 연구에서 "국가"는 주로 통치적 의미로 사용되며 영토적 의미로 사용될 경우도 있으므로 문맥에 주의하여 이해해야 한다.

상부구조를 형성하는 정치의 영역에서 행위자는 단순히 자본가와 노동자라는 이분법적인 관점을 나타낸다. 그러나 지난 역사를 돌이켜보면, 마르크스가 기대했던 것처럼 자본주의적 모순의 심화, 즉 자본과 노동의 극단적 분열과 대립으로 인한 노동자 혁명이 일어난 경우를 발견할 수 없다. 이는 자본주의 체제의 내재적 모순이 국가라고 하는 또 다른 정치행위자에 의해 그 갈등의 수위를 적절히 조절하여 왔음을 알 수 있다. 또 다른 이분법적 관점은 사회계약론적 시각에서 찾아 볼 수 있다. 이는 한 국가에서 그 구성원들이 사회적 협약을 통해 통치체제, 즉 국가를 만들어 냄으로써 통치자로서의 국가와 피치자로서의 사회로 양분하는 시각이다. 이러한 국가와 사회의 이분법적 도식은 봉건적 정치체제에서 자본주의 체제로 이전되는 시기에 통치엘리트와 이에 대항하여 새롭게 등장하는 시민으로서의 자본가 계급간의 대립양상을 설명하는 데 이용되기도 하였다. 그러나 이는 현대의 자본주의적 혼합경제체제와 민주주의 정치체제 하에서 이루어지는 사회 각 계층간의 이해관계를 둘러싼 상호작용을 설명하는 데 부족하다. 이러한 인식론적 결함을 보완하여 마르크스적 시각에 국가라는 독립적 정치행위자를 첨가하고, 사회계약론에서의 사회를 자본과 시민사회로 양분하였다. 이에 따라 국가의 공공정책 수립에 영향을 미치는 국내 정치행위자를 국가, 자본, 그리고 시민사회로 구분하였다.[4]

이와 같은 국내 정치행위자들 간의 권력관계는 그 국가의 역사나 경제·

---

[4] 흔히 국가를 행정부, 혹은 집권당과 같은 정치권력을 쥐고 있는 단체와 동일시하는 경우가 있다. 본 논문에서 "국가"라고 함은 도너(Donor 1992, 399)의 개념을 인용하여 "공공의 정책을 수립하고 집행하기 위해 선출되었거나 임명된 사람들이 구성하는 제도들"을 의미한다. "자본"은 "이윤 추구를 목적으로 투자와 생산 활동에 종사하는 자본가 집단"을 의미한다. "임금을 위해 노동을 제공하는 노동자와 시장에서 상품의 소비주체가 되는 소비자 집단"을 묶어 "시민사회"로 규정하였다. 시민사회는 절차적 민주주의의 근간인 선거제도를 통해 국가의 통치행위를 감시하고 견제하며, 소비자 운동과 같은 시민운동을 통해 자본의 이윤추구행태에도 영향을 미칠 수 있는 강력한 정치행위자로 등장하였다.

사회 계층구조와 같은 내적 요인과 국제정치경제적 흐름과 같은 외적인 요인에 의해 형성되고 또한 진화한다. 이러한 권력관계에서 공공정책 수립의 주체가 되는 국가의 능력과 역할에 따라 정치경제모델이 결정된다. 정치경제모델은 각 국가들의 역사적 배경만큼이나 다양하게 나타난다. 동아시아의 경제발전을 설명하는 데 중요한 이론적 기초를 제공하였던 "발전국가모델"과 탈근대화 시대의 이상처럼 여겨지는 "신자유주의 모델"이 현대에 있어서 정치경제모델의 중요한 두 축을 이루고 있다.

에반스(Evans 1997a, 65-74)의 발전국가(developmental state)에 대한 정의에 따르면, "국가가 사회에 깊숙이 그리고 유기적으로 연결(embeddedness)되어 있으며, 또한 사회로부터 높은 자율성(autonomy)을 가지고 있다"고 했다. 이는 또한 믹달(Migdal 1987, 397)이나 도너(Doner 1992, 399)의 강성국가(strong state)와도 일맥상통하는 개념이다. 즉 사회적 영향력으로부터 얼마나 자율성을 유지하면서 사회적 자원을 효율적으로 동원하여 국가정책을 펼 수 있도록 잘 조직되어 있는 가에 따라 결정된다. 발전국가 개념에 수반되는 정실주의 및 이권추구 행위는 국가의 자본과 사회에 대한 역할이 확대됨에 따라 파생되는 부산물이다. 즉, 이러한 현상들을 국가경제 발전을 위해 효율적으로 운영할 수 있는가, 혹은 부정과 부패에 연루되어 사적영역에 의해 사로잡히느냐는 국가권력의 의지와 능력에 달려 있다고 할 수 있다. 정치적 후원관계는 권력의 집중을 낳아서 국가의 발전능력을 증가시킬 수 있는 면이 있는가 하면, 국가정책이 정실주의로 흐르거나 권력남용의 현상을 낳을 수도 있는 양면성이 존재한다(Gomez 1997. 5). 이권추구 행태에 관해서도 특정부문에 대한 투자유도, 사업기회의 확산효과, 유아기산업의 보호, 연구개발(R&D)에 대한 투자조장 등 간접적인 생산성 증대를 가져올 수 있으므로 단순히 비생산적인 활동에 소비되는 낭비로만 간주할 수는 없다(Gomez and Jomo 1997, 7-8).

신자유주의국가(neo-liberal state) 모델은 경제행위에 관한 국가의 공공정책 결정범위를 최소화하여 시장의 자율적 기능을 최대한 보장한다. 국가가 시장에서 중립적인 위치를 유지하기 위해서는 일정한 정도의 자율성이 보장되는 강성국가의 면모를 유지해야 한다. 신자유주의적 국가형태는 경제행위를 시장을 중심으로 운영하게 함으로서 국가주도의 경제행위가 약탈적 행태(predatory behavior)나 이권추구 행태로 인한 시장왜곡과 시장실패(market failure)를 회피하기 위함이다. 즉 국가의 역할을 시장행위에 대한 보조적인 영역으로 제한하고, 뚜렷한 시장실패의 경우에도 이의 회복을 위해 간접적인 조치나 순수공공재(pure public goods)를 제공하는 정도로 그 역할을 제한한다(Islam 1994, 92-96). 이러한 국가의 역할 변화는 탈냉전과 세계화 시대에 국제적인 흐름으로 인식되며, 이를 국가의 영향력이 약화되는 것으로 파악하기도 하고(Strange 1996), 단순히 역할변화의 측면으로 보는 견해도 있다 (Evans 1997b). 본 연구에서는 후자의 주장에 근접한 시각에서 국가를 이해하고 있다.

이상과 같은 정치경제모델은 개별 국가의 역사적 배경과 경제·사회 계층구조에 근거하여 형성되고 진화된다. 그러므로 한 국가의 정치경제모델을 파악하기 위해서는 그 사회에 내재하는 역사나 문화에 기인한 여러 가지 요소들, 특히 권력관계에 영향을 미치는 갈등요인들을 분석하여 그것이 어떠한 경로를 통해 국내정치행위자들 간의 권력관계에 영향을 미치는가를 밝히는 것이 중요하다.

3. 말레이시아 정치경제모델의 형성과 발전

말레이시아의 정치경제모델을 설명하는 중요한 개념들로는 여러 가지가 있지만, 동아시아의 많은 국가들이 공유하는 것처럼, 긍정적인 측면에서의

"발전국가"나 부정적인 측면에서의 "정경유착" 등의 말들로 표현될 수 있다. 어떠한 시각에서 국가의 경제정책과 이의 수행과정을 보느냐에 따라서 경제발전에 대한 평가도 다르게 나타날 수 있다. 말레이시아 경제는 동남아 국가들 중에서도 모범적인 성장을 보여 왔다. 〈표 1〉에서 볼 수 있듯이 말레이시아 경제는 농업 및 광업과 같은 1차 산업이 감소하고 제조업과 서비스업이 국내생산의 중심영역을 차지하는 산업 고도화가 빠르게 진척되었으며, 더불어 지난 수세기 동안 높은 경제성장을 이룩하였다.

〈표 1〉 말레이시아의 산업구조의 변화

	GDP 대비 산업별 생산(%)			
	1970	1980	1990	2000
농업 & 산림	29.0	22.9	16.7	13.4
광산업	13.7	10.1	9.7	5.7
제조업	13.9	19.6	27.0	37.2
건설업	3.8	4.6	3.5	3.5
서비스업	36.2	40.1	42.3	45.4

자료: Jomo(1994, 62).

〈표 2〉 말레이시아의 민족별 인구비율 및 회사자산 보유율 변화(1970~2002) (단위: %)

	부미뿌뜨라		화인		인도인		외국인		기타[1]	
	인구%	보유%	인구%	보유%	인구%	보유%	인구%	보유%	인구%	보유%
1970	53.2	2.4	35.4	27.2	10.6	1.1	-	63.4	-	6.0
1980	55.3	12.5	33.8	n.a.	10.2	n.a.	-	42.9	-	n.a.
1990	58.3	19.2	29.4	29.4	9.5	1.0	-	25.4	-	8.8
1995	-	20.6	-	40.9	-	1.5	-	27.7	-	9.3
2000	65.0	18.9	26.1	38.9	7.6	1.5	-	31.3	-	0.9
2002	-	18.7	-	40.9	-	1.5	-	28.9	-	0.8

자료: Gomez(1999, 2); 오명석(2000, 273); Mid-term Review of 8MP(2001~2005).
주: 1) 기타에는 대리인 회사(Nominee Companies)와 지역자치회사(Locally-Controlled Companies)가 포함된다.

말레이시아의 정치경제 모델에 대한 이해는 그 사회의 복잡한 민족적·계층적 분화현상에 대한 인식이 뒷받침되어야 한다. 동남아에서 일반적인 현상처럼 여겨지는 화인들의 국가 경제권 장악이라는 측면에서 보면 말레이시아의 경우는 주변국에 비하여 그 정도가 그리 심각한 상태는 아닌 것으로 나타난다.[5] 그러나 이러한 결과가 자연적으로 이루어졌다고는 볼 수 없다. 〈표 2〉에서 볼 수 있듯이 말레이시아의 토착 말레이 민족을 지칭하는 부미뿌뜨라(Bumiputera, son of soil)가 1970년에 말레이시아 전체인구 대비 53.2%의 인구비율을 차지하면서도 회사자산 보유비율은 2.4%에 머물렀다. 그러나 2000년에 20% 가까이 상승한 사실은 같은 기간동안 이룩한 산업화 과정에서 민족간의 경제적 격차를 줄이는 것에 얼마나 많은 노력을 기울였는가를 짐작할 수 있게 한다. 〈표 3〉은 말레이시아 사회의 지역별, 민족간 빈곤율의 차이 등 분화된 사회의 단면을 보여준다. 1970년대의 부미뿌뜨라 민족의 높은 빈곤율과 화인들의 낮은 빈곤율은 사회적 위화감을 조정하기에 충분했고, 빈곤율의 지역적인 편차는 국가적 통합에 부정적인 영향을 주었음을 짐작케 한다.

말레이시아에서 민족간 갈등의 원인은 역사적으로 이민 집단인 말레이시아 화인들의 고유한 성격에서 찾아 볼 수 있다. 말레이시아에 대규모로 화인이 유입되기 시작한 시기는 19세기 말에서 20세기 초엽으로 중국 내부의 정치적 불안정과 경제적 피폐 그리고 청 정부의 이민정책 완화와 서구 국가들의 화인 이민에 대한 제한 등 복합적인 원인으로 이루어졌다. 이들은

---

5) 1990년대 중반 동남아 각국의 총 인구 대비 화인인구 비율과 그들의 자본소유 비율을 보면, 태국은 10%의 화인인구에 85%의 자본을, 인도네시아는 3%의 화인인구에 70%의 자본을, 필리핀은 2%의 화인인구에 40%를, 그리고 말레이시아는 28%의 화인인구에 41%의 자본을 소유하고 있는 것으로 조사되었다 (Gomez 1999, 8) 각 국가별 산업구조의 차이나 화인들의 현지화, 즉 현지인과의 결혼 등을 통한 동화 정도에 따라 나타나는 차이를 고려할지라도 의미 있는 분석으로 보여진다.

<표 3> 말레이시아의 지역별, 민족별 빈곤율 변화 추이(1970~1990) (단위: %)

	빈곤율(%)				
	1970	1976	1984	1987	1990
반도말레이시아(전체)	49.3	35.1	18.4	17.3	15.0
부미뿌뜨라	64.8	46.4	25.8	23.8	20.8
화인	26.0	17.4	7.8	7.1	5.7
인도인	39.2	27.3	10.1	9.7	8.0
기타	44.8	33.8	22.0	24.3	18.0
보르네오-사바(전체)	n.a	51.2	33.1	35.3	34.3
부미뿌뜨라	n.a	82.9	39.2	41.9	41.2
화인	n.a	5.7	6.2	6.3	4.0
기타	n.a	11.4	12.4	5.0	6.0
보르네오-사라왁(전체)	n.a	51.7	31.9	24.7	21.0
부미뿌뜨라	n.a	85.9	41.6	33.2	28.5
화인	n.a	14	9.3	6.7	4.4
기타	n.a	0.1	4.0	0.0	4.1

자료: Jomo(1994, 8).

고유한 문화적 전통과 정체성을 뚜렷이 유지함으로써 종족적 경계를 유지하였다. 그러면서도 화인사회 내부적으로 다양한 방언집단 간의 분화된 모습으로 계급적 복잡성을 나타내고 있다. 중국 내부의 정치적인 변화, 즉 공산정권의 수립은 말레이시아 화인들의 현지정착화와 정치세력화의 계기가 되었다(오명석 2000). 이와 같은 이민 집단의 정치적 세력화와 이의 급격한 부상은 토착 현지인과의 갈등의 요인이 되기에 충분했다.

　　민족간 분화의 또 다른 원인으로는 식민지 정책을 들 수 있다. 식민정부에 의해 말레이시아 경제가 세계자본주의에 편입되는 과정에서 민족간의 노동분업을 실시함으로써 민족을 중심으로 한 산업간 분화현상이 생겨났다(Hilley 2001, 29; Jomo and Hui 2002, 2). 이러한 민족간 분열에 대한 문제의식은 식민정부의 말레이시아 독립에 대한 견해에서도 나타난다. 말레이 민족의식이 1948년 이전까지 주로 화인과의 마찰을 통해 발전해 왔다는 사실을 인식한 영국 식민정부는 말레이인과 비말레이인 간의 화합을 통한 정치적 통합이 독립의 전재가 되어야 한다고 지적했다. 말레이시아 독립운동을 이끌었던 다투 온(Dato Onn bin Jaafar)은 말레이와 비말레이 간의 민족융합에 기초한, '말라얀 민족의식'의 창출을 시도하였다. 독립 이후 초대 수상이었던 압둘 라만(Tunku Abdul Rahman)도 민족적 상이성을 인정하면서 '신말레이시안'(New Malaysian)이라고 하는 새로운 국민국가를 건설하려고 노력하였다. 그러나 이러한 시도들은 개개 민족집단 속에 깊이 뿌리내린 불신과 갈등요인의 실체를 구체적으로 파악하고 이에 상응하는 적절한 정책을 수행하는 데 실패하였다(소병국 1994). 말레이시아는 1957년 독립과 더불어 민족간의 화합을 통한 자본주의 경제정책을 지향하였다. 수입대체산업화(ISI, Import Substitution Industrialization)를 근간으로 하는 경제정책은 분배보다는 성장에 비중을 두었다. 이러한 성장위주의 경제정책은 민족·계층간 빈부격차를 증가시켰고, 결국 1969년 5월 민족폭동을 계기로 폐기되었다.

1970년대 들어 민족문제를 정치문제와 연결시켜 강력한 권력기반을 이룬 정치엘리트들에 의해 강성국가가 탄생했다. 1969년 민족폭동 사건이 단순히 민족간 부의 불균등한 분배에서 나온 것이 아니라, 민족 내부적으로 존재하는 계층구조, 특히 도시와 농촌의 빈부 격차나 자본가로부터 느끼는 노동자의 상대적 박탈감 등이 민족이라는 분출구를 통해 표출된 것이다 (Jomo and Hui 2002, 6-7; Weiss 2001, 65; Hilley 2001, 32-3). 즉 경제적 계층문제를 정치적으로 이용하기 용이한 민족문제와 연결시킴으로써 정치엘리트들의 권력기반 강화의 밑거름으로 삼을 수 있었다. 이러한 강성국가의 등장은 정치체제의 변화와 더불어 제도화되었다. 즉, 권력의 분화와 공유에서 권력의 집중과 탈정치화를 근간으로 하는 일종의 권위주의 체제가 등장하였다. 이러한 변화의 중심에는 거대한 집권연합인 국민전선(BN)[6]의 탄생이었다. 이후 말레이시아 정치경제 모델의 전개를 이끌어 온 주요 세력은 국민전선(BN)의 중심 정당인 통일말레이국민조직(UMNO, United Malays National Organization)으로서 정치적 기반은 대부분의 말레이민족이고, 일부 화인자본가들과 함께 오랜 기간 동안 말레이시아의 발전연합을 형성하였다. 1970년대에 신경제정책(NEP, New Economic Policy)이 성장보다는 분배에 정책의 중심을 두었음에도 불구하고 말레이시아가 지속적인 경제성장을 유지할 수 있었던 원인은 석유수출의 시작과 천연자원의 높은 국제시장 가격에 힘입어 수출지향적 산업화정책(Export Oriented Industrialization)이 순조롭게 진행되었기 때문이기도 했다(Gomez and Jomo 1997, 77).

신경제정책(NEP)의 부미뿌뜨라 우선정책은 말레이 중산층과 자본가를 산출함으로써 화인들에 대한 적대감을 해소하는 역할을 하였다. 그러나 역으로 이러한 민족간 차별정책은 비부미뿌뜨라의 집권다수당(UMNO)에 대한 반감으로 나타나면서 새로운 민족갈등의 불씨를 낳았다(Jomo and Hui 2002, 7-8). 또한 말레이 중산층 사이에 이슬람 원리주의가 증가함으로써 새로운 민족간 갈등으로 발전하는 현상을 낳기도 했다(Hilley 2001, 50-57). 신경제정책(NEP)을 통해 통일말레이국민조직(UMNO)은 말레이 민족으로부터 정치적 지지를 얻었고, 말레이 민족은 그들의 문제해결에 집권다수당(UMNO)의 힘을 의존하게 되었다. 이러한 관계 속에서 권력을 둘러싼 집권세력 내의 파당정치, 개인적 네트워크, 그리고 연합 등이 자라나게 되었다. 말레이시아의 민족기반 정치는 후원-수혜관계를 증진시키는 결과를 낳았다(Gomez 1994, 290).

---

6) 국민전선(BN)은 지지세력을 가진 어떤 정당에게도 입당의 문을 열어 놓고 있는 "하나의 거대한 권력연합"이다. 소속당들은 그들의 이념과 당론의 차이를 배재한다. 근본적으로 국민전선은 각 소속당의 정치세력에 따라 정치적 이득을 할당받는 "군벌회의체와 같다 …… 이와 같은 조직은 정치활동을 대중으로부터 차단시키고 밀실에서 정사를 논의하기 위해 마련된 것이다"(소병국 1994, 185 재인용).

〈표 4〉 말레이시아의 주(State)별 빈곤율[1] 변화 추이(1970~2002)(단위: %)

주(States)	1970	1976	1984	1987	1990	1995	1997	1999	2002
조호르	45.7	29.0	12.2	11.1	10.1	3.1	1.6	2.5	1.8
말라까	34.1	32.4	15.8	11.7	12.4	5.3	3.6	5.7	2.7
느그리슴빌란	50.5	33.0	13.0	21.5	9.5	4.9	4.5	2.5	2.2
뻬락	52.2	43.0	20.3	19.9	19.4	9.1	4.5	9.5	7.9
뻬낭	52.7	32.4	13.4	12.9	8.0	4.0	1.6	2.7	1.4
슬랑오	42.7	22.9	8.6	8.9	7.8	2.2	1.3	2.0	1.1
끄다	61.1	61.1	36.3	31.3	30.0	12.2	11.5	13.5	10.7
끌란탄	74.1	67.1	39.2	31.6	29.9	22.9	19.5	18.7	12.4
빠항	56.1	38.9	15.7	12.3	10.3	6.8	4.1	5.5	3.8
쁘를리스	63.2	59.8	33.7	29.1	17.2	11.8	10.6	13.3	10.1
사바	-	58.3	33.1	35.3	34.4	22.4	22.1	20.1	16.0
사라왁	-	56.5	31.9	24.7	21.0	10.0	7.5	6.7	5.8
뜨렝가누	65.1	60.3	28.9	36.1	31.2	24.3	17.3	14.9	10.7
말레이시아(전체)	56.7	37.7	20.7	19.3	17.1	8.7	6.8	7.5	5.1

자료: Jomo and Wee(2002, 13); Mid-term Review of 8MP(2001~2005).
주: 1) 2002년도 빈곤율 기준은 반도말레이시아의 경우 RM529, 사바는 RM690, 사라왁 RM600을 기준으로 산정했다.

 민족간 경제적 재분배에 초점을 맞춘 신경제정책(NEP)은 민족구분을 넘어서 새로운 소외계층을 만들어 냈다. 〈표 4〉에서도 볼 수 있듯이 지역간의 빈곤율 차이가 더욱 심화되는 현상을 낳았다. 빈곤추방에 관한 신경제정책(NEP)의 처방은 주로 생산성 증가와 높은 물가를 중심으로 집중되었지 토지개혁과 같은 근본적 분배정책에는 소홀했다. 결국 사회구조의 개편은 부미뿌뜨라 기업가들과 중산층의 생성을 의미했다. 이러한 정책은 민족내의 빈부격차를 증가시켰다. 지역개발정책의 혜택이 그 지역의 토지 소유자에게 집중됨으로써 지방의 빈부 격차가 더욱 심화되었다. 신경제정책(NEP)을 통해 민족간 경제적 격차는 줄었지만 지역간 그리고 민족 내의 빈부격차는 오히려 증가하였다(Jomo and Ishak 1986, 92-95).

 신경제정책(NEP)이 1980년대 말 새로운 길을 모색하게 되는 배경에는 민족중심적인 경제정책이 부작용을 드러내기 시작했기 때문이다. 1970년대

초의 국가주도 하에 실시한 국영기업 주식의 부미뿌뜨라에 대한 분할은 이
들 주주들이 기업의 경영에 관심을 보이기보다는 주식거래를 통한 단기적
이윤추구에 치중함으로써 정책의 의미가 퇴색되는 결과를 낳았다. 이러한
행태는 화인 기업가들이 국가의 차별정책에도 불구하고 경영권을 계속해서
유지할 수 있게 만든 이유이기도 했다(Gomez 1999, 17). 집권초기 당내의
기반확대와 정치적 논리에 따라 기존의 경제정책기조를 유지했던 마하티르
는 1980년대 중반 이후 경제발전전략을 기존의 분배중심에서 다시 성장위주
의 정책으로 방향을 선회했다. 이는 1980년대 중반 이후 세계은행(WB,
World Bank)과 아시아개발은행(ADB, Asia Development Bank)에 의해
신자유주의적 경제철학이 아시아에 전파되기 시작한 시기이기도 했다. 마하
티르의 경제발전 전략은 수출주도의 산업화를 이룩한 일본과 한국을 모델로
한 '민족주의적 자본주의 모델'을 지향하였다(Khoo 2000, 219). 마하티르
의 경제자유화 그리고 민영화 정책은 말레이 민족과 이를 기반으로 하는
정치세력들을 고려하여 신경제정책(NEP)과 보조를 맞추는 형태로 나타냈
다. 즉 신자유주의적 경제정책을 지향하면서 개발국가형 행태를 그대로 유
지하였다. 1980년대 중반 이후의 민영화 정책이 자유주의적 시장경제의 원
칙에 따라 이루어지지 못하고 정치화된 민영화로 변모하면서 시장경쟁의 촉
진을 통한 경제적 효율의 창출과 같은 긍정적인 현상보다는 이권추구 행태
의 심화와 더불어 권력과 자본 간의 후원-수혜 관계의 확대를 낳았다.[7]

　　이처럼 신경제정책(NEP)과 민영화의 국가주도형 민족차별적 정책집행
은 독점, 과점 등 불안정한 시장경쟁 상황을 낳았다. 이는 이권배분에 있어서

---

[7] 이권추구 현상은 특정한 제도적 기반 아래에서 나타나는데, 이는 가치 창출을 위한 개인적인
　　노력이 정부의 시장진입장벽이나 시장규율 때문에 사회적 잉여보다는 손실을 가져오는 환경 하
　　에서 나타난다. 이러한 정부의 간섭은 정치적 힘의 공백 상태에서는 나타나지 않으며 이권의 중
　　요성을 인식한 특정한 집단에 의해 효과적인 정치적 결합을 통해 반응함으로써 나타난다(Gomez
　　1994, 297).

경쟁적인 절차가 무시된 결과였다(Gomez 1994, 297-9). 금권정치에 의존한 통일말레이국민조직(UMNO)의 권력구조는 당원들을 부패의 희생자나 권력 쟁취를 위한 분파간의 투쟁의 희생자로 만들었다. 또한 이러한 당내 분파주의에 의한 권력투쟁은 기업 활동에 부정적인 영향을 미쳤다. 민영화 과정은 정치적인 측면에서도 의미가 크다. 민영화 정책으로 인해 정치적 권력이 행정부에 집중되는 결과를 낳았다(Gomez and Jomo 1997, 99). 또한, 집권다수당(UMNO) 내부의 분파들 간의 경쟁의 정치에서 마하티르를 중심으로 한 권력의 독점과 사유화로 나타났다(Hwang 2003). 자본가 집단의 내부적인 변화로는 마하티르의 정책적인 촉구와 더불어 1980년대의 말레이 중산층과 영향력 있는 자본가들이 더 이상 주식거래와 같은 단기 이익에 만족하지 않고, 기업경영에 관심을 돌리는 긍정적인 변화도 나타났다(Gomez 1999, 18-21).

1980년대 중반 이후 정부의 각종 규제 완화로 인한 외국자본(특히 동아시아)의 대거 유입과 문화적 자유화로 인해 내부경기의 활성화가 진척되었다. 수출 증대와 더불어 정부주도에 의한 대규모 기간산업의 추진은 1988년 이래 연평균 8% 이상의 경제성장률을 이룩하였다. 이러한 고도성장과 더불어 완전고용, 실질임금 상승, 사회적 이동의 증가, 사업 기회의 확충 등으로 중산층의 저변이 확대되었다.[8] 중산층의 증가는 개인주의의 발달을 낳았다. 자유화의 흐름이 개인적인 자유, 개인적인 성취, 자아의 표출에 대한 추구로 나타나면서 그간의 민족이슈를 정치에 있어서 부차적인 것으로 만들었고, 민족의 문제를 "개인적인 문제"로 치부하는 성향이 생겨났다. 즉 말레이시아 정치가 국가의 개념을 민족을 중심으로 한 배재적 의미에서 포용적 의미로 만들어 나가야 한다는 생각들이 생겨났다(Francis Loh 2002, 41-2).

---

8) 말레이시아 중산층은 1980년도에 30%, 1988년에 36%, 그리고 1995년에는 45%인 것으로 조사되었다(Loh 2002, 41-2).

국가와 자본의 관계는 극도로 집중화되는 현상을 낳았다. 1990년대 중반 대부분의 거대기업들은 마하티르, 다임(Diem Zainuddin), 또는 안와르(Anwar Ibrahim) 등의 정치적 핵심인물들과 연계되어 있었다. 기업들의 흥망도 정치적 후원자의 권력유지 여부에 따라 좌우되는 현상이 나타났다. 기업들이 투자자들의 이익보다는 마하티르의 경제적 비전에 보다 관심을 두게 되었으며 행정부로의 권력집중은 부패나 기업활동에 대한 규율기관의 독립성을 약화시켜 부정적인 결과를 초래하였다(Gomez 2003, 14-27). 결국 1990년대 말레이시아의 정치경제는 민족간의 포용적 정책을 표방하며 극단적 말레이 민족주의로부터 점진적으로 포괄적 다민족주의인 말레이시아 민족주의로의 변화를 모색하였다. 산업화의 가속과 경제자유화 그리고 민영화 정책의 추진과정에서의 통일말레이국민조직(UMNO)의 지속적인 관여는 자본의 정치화를 촉진시켰다. 이러한 구조적 취약성은 경제위기를 통해 극명히 드러났다(Cheah Boon Kheng 2002, 191; Hilley 2001, 59).

1970년부터 1990년까지 감소추세를 보였던 소득 불균형 구조가 1990년대 들어 다시 증가하는 현상을 보였다(Yahaya 2001, 7). 이러한 계층간의 분화가 심화되는 것과 더불어 지역간의 불균형도 문제로 대두되었다. 연방정부의 주정부에 대한 개발지원을 정치적 목적과 결부함으로써 연방정부에 대한 반감을 고조시키는 결과를 낳기도 했다. 또한 정부의 개발지원금이 사회개발보다는 경제개발에 집중됨에 따라 빈곤층에게는 제대로 혜택이 돌아가지 않는 현상을 낳았다. 사바, 사라왁 지역의 빈곤층, 특히 비 모슬림 부미뿌뜨라들은 연방정부와 지역엘리트들(모슬림 말레이와 화인)간의 정치적 협약으로 인해 더욱 차별을 받음으로써 연방편입의 의미에 의문을 불러일으키게 만들었다(Jomo and Hui 2002, 43-5).

이러한 불만세력들이 변화하는 야당들을 중심으로 일시적으로나마 결집력을 발휘하는 양상을 나타냈다. 그동안 집권 대체세력으로 거론되지 못했던 야당이 정책적 변화를 통해 새로운 정치세력으로 등장하기 시작했다. 범범말레이시아이슬람당(PAS, Parti Islamic Se-Malaysia)의 정책이 1990년 이전에는 신경제정책(NEP)의 협소한 민족주의를 비판하고 이슬람 형제애의 이상을 구현하는 것이 목표였으나, 1990년대 이후에는 이슬람국가 구현에 대한 입장을 다소 유보하고 야당연합을 모색함으로써 국민전선(BN)의 대안세력으로서 면모를 갖추었다. 화인 중심의 야당인 민주행동당(DAP, Democractic Action Party)도 민족보다는 계층을 앞세운 사회민주주의적 이념을 바탕으로 말레이계 리더들을 적극 영입하는 등 정치적 책임감, 정치적 자유화, 경제적 정의와 함께 민족적 평등을 주장했다(Weiss 2001, 74). 1990년 총선에서 처음으로 범말레이시아이슬람당(PAS)과 민주행동당(DAP)간의 선거연합이 이루어져 집권세력을 위협하기도 하였다. 1999년 총선을 통해 집권엘리트들은 민족이 정치적 도구로서 과거처럼 강력한 힘을 발휘 할 수 없음을 인식하게 되었다. 이는 말레이와 비말레이 간의 공통된 이익부분이 더욱더 증가하기 때문으로 본다(Weiss 2001, 96).

구부택 (Khoo 2000, 214)은 말레이시아의 경제발전전략을 "민족주의적 야망이 포함된 자본주의 전략" 혹은 "자본주의적 충동에 의한 민족주의적 전략"으로 규정하면서 말레이시아 사회의 민족과 계층간의 갈등을 제한하면서 점증하는 세계경제의 압력에 반응하는 형태로 분석했다. 이러한 발전전략은 사회 내부의 갈등요소와 경제적 상황 등을 고려하여 성장과 분배 사이를 오가면서 경제정책을 전개하였다. 또한 이와 같이 변화하는 경제·사회적 욕구에 적절히 반응함으로써 정권의 정당성을 유지할 수 있었다. 이러한 말레이시아의 정치경제모델의 추진주체였던 통일말레이국민조직(UMNO)을 중심으로 한 국민전선(BN)은 민족정치를 통하여 경제발전의 필요조건인 정치적 안정을 효과적으로 제공할 수 있었다. 권력의 비호 아래 말레이 자본가 계층과 보수적 중산층이 성장하였고, 일부 화인 자본가 계층 등 정치적 안정 희구 세력들이 집권연합의 장기집권을 뒷받침하여 왔다. 말레이시아의 시민사회는 오랫동안의 국가 주도형 민족정치에 따라 효과적으

로 정치 세력화하지 못하였다. 그러나 경제성장에 따른 도시화와 중산층의
증가는 새로운 정치세력으로서 시민사회의 등장을 낳았다. 시민사회가 경제
적 하층민과 연합하여 야당 세력의 지지자로 등장함에 따라 집권 세력의
대체 세력으로서 야당 연합이 탄생할 수 있는 기반을 제공하였다고 할 수
있다. 그러나 이들 세력들은 민족적·종교적 지향점에서 근본적인 차이를
두고 있으므로 그 결속력에 한계를 드러냈다.

　　1997년 경제위기 직전의 말레이시아 정치경제적 상황은 신경제정책
(NEP)을 대체한 비전 2020에 따른 제한적 자유화정책이 추진되고 있었다.
이러한 상황에서 닥친 경제위기는 정치행위자들 간에 각각의 정치적, 경제적
이해관계를 고려하여 그 해결방안을 놓고 정치적 대결양상으로 나타났다. 경
제위기 도래 이전의 말레이시아 정치경제 모델은 시대적 상황과 정치적 판단
에 따라 그 무게중심이 성장과 분배 사이를 오고 갔다. 분화된 민족·계층구
조 하에서 분배가 중요한 이슈였음이 분명하지만 이에 대한 지나친 치중은
성장의 정체 현상과 경제적 어려움의 원인이 되었으므로 이에 대한 적절한
조화가 말레이시아 경제정책의 중요한 과제였다. 결국 1990년대 들어 성장을
위한 분배정책의 약화현상으로 계층간의 분열현상이 심화되었으며 이러한
현상은 경제가 위기를 맞게 되면서 정치적 갈등현상으로 나타났다.

4. 경제위기와 말레이시아 정치변동

　　말레이시아의 경제위기는 주변국들과 마찬가지로 자국 통화인 링깃화의
추락에서 시작되었다. 1997년 4월에 1달러 당 2.49링깃이었던 것이 1997년
7월에 2.64링깃, 그리고 1998년 1월에는 4.55링깃으로 추락하였다. 말레이
시아 주식시장(KLSE)의 자본도 썰물처럼 빠져나가는 현상을 보였다. 1996

년 자본 규모가 8,060억 링깃이었던 것이 1997년에는 3,758억 링깃으로 단기간 내에 절반 이상이 빠져나가는 현상을 나타냈다(Khoo 2000, 223). 경제위기 직전의 거시경제 지표는 그리 심각해 보지 않았다. 국내총생산(GDP) 성장률은 1995년에 9.5%이었고 1996년에는 8.2%로 고성장을 이어왔다. 물가상승률도 1995년에 3.4%, 1996년에 3.5%로 비교적 안정세를 유지하고 있었다. 또한 1995년과 1996년은 실업률이 거의 완전고용에 가까울 정도로 건실한 것으로 나타났다. 외환보유고도 말레이시아 중앙은행이 보유하고 있는 외환보유고가 700억 링깃으로 4.4개월 정도의 수입을 감당하기에 충분한 정도였다. 채무 수준에 있어서도 그리 염려할 정도는 아닌 것으로 평가된다. 1995년 총 채무가 680억 링깃으로 국민총생산(GNP) 규모의 40%를 나타냈다. 채무 지불액이 수출 소득의 6.3%로서 세계은행(World Bank)에서는 이것이 20%가 넘어서야 위험수위로 판단하는 점을 고려할 때 비교적 안정된 수준이었음을 알 수 있다(*FEER* 96/4/4, 96/7/25, 97/4/10).

이처럼 양호한 경제상황 하에서 나타난 말레이시아의 경제위기는 다양한 측면에서의 분석이 가능하다. 말레이시아는 1993년 주식시장 붕괴의 경험에 따라 자본유출 규제정책을 일시적으로 취한 적이 있고, 단기 외자도입도 제한하고 있는 상태였지만 1997년 중반 대규모의 자본 유출은 이미 이전에 들어와 있던 포트폴리오 자금인 것으로 알려졌다(Jomo, Malaysiakini.com 2003/10/16). 말레이시아의 경제위기를 외환 유동성의 문제라기보다는 동남아 위기의 전염과 말레이시아 정부의 미숙한 대응에 의한 신용하락으로 포트폴리오 투자가 유출된 것으로 볼 수 있다(박번순 2000, 107). 그런 연유들로 인해 말레이시아의 경제위기 문제는 태국과는 달리 처방이 쉬울 것이라는 전망과 함께 위기극복의 여부가 정부의 손에 달려 있다는 주장 있었다(Don Hanna, *FEER* 97/8/21).

다른 한편으로는 말레이시아의 경제위기 문제를 보다 근본적으로 바라볼 필요가 있다. 이는 마하티르의 경제 자유화와 민영화에 대한 초기 구상이 공공부문의 지출을 줄이며, 비효율적인 공공부문 사업을 줄여 보다 효율적인 민간부문을 늘리기 위한 것이었으나, 민영화가 수익성 높은 사업의 민간 이양으로 변모하면서 새로운 유형의 재벌을 낳았다. 이들의 사업은 정부의 보호와 지원에 의지하고 있으며 자체의 기술혁신이나 연구개발을 통한 경쟁력 향상에는 주의를 기울이지 않았다. 즉 말레이 관료와 정치적으로 연결된 자본가들의 강화는 기업운영과 정부-기업 관계에 투명성을 저하시켰고, 이로 인한 부작용이 1997년 경제 위기로 나타났다(Khoo 2000, 218; Gomez and Jomo 1997, 1).

　　말레이시아의 경제위기에 대한 처방은 다른 동아시아 국가들과는 상반된 것이었다. 경제위기 도래 이전 말레이시아의 경제정책 기조 자체가 경제자유주의를 추구하고 있었기 때문에 경제위기 초기에는 국제통화기금(IMF, International Monetary Fund)식의 위기극복 처방이 말레이시아의 선택이었다. 고금리를 통한 거시경제의 안정과 금융, 기업, 노동부문의 구조조정, 그리고 무역과 자본계정의 자유화는 당시 부수상이자 재무장관이었던 안와르가 주도하는 위기대처 방안의 근간을 이루었다. 경제정책에 대한 마하티르와 안와르의 불화는 경제위기와 더불어 시작된 대기업들의 구제금융지원을 둘러싸고 시작되었다. 경제위기가 확산되자 마하티르는 성장지속과 기업구제에 나섬으로써 환율악화를 가속시켰다. 1997년 7월에 링깃화 방어를 위해 90억 링깃을 소비했고, 8월에는 600억 링깃의 공적자금을 부실기업구제에 이용할 수 있도록 승인하였다. 또한 구제금융의 집행이 정실주의로 흐르는 것이 표면화되었다. 1997년 10월 차기년도 예산에서 안와르는 구제금융부문을 무시하였으나 11월 전 재무장관이자 마하티르의 측근인 다임의 후원기업으로 알려진 레농(Renong)의 구제를 위해 공적자금이 집행됨에 따라 정부에 대한 신인도가 추락하였고 링깃화와 주식시장이 더욱 악화되는 현상을 낳았다. 이처럼 마하티르와 안와르 사이의 위기처방에 대한 초기 불협화음은 말레이시아 경제정책의 불확실성으로 비추어 짐에 따라 상황을 더욱 악화시켰다(Jomo, Malaysiakini.com 2003/10/16).

레농(Renong)의 구제 이후 국제적인 압력에 따라 말레이시아 정부는 1997년 12월 3일 전원 일치로 안와르의 국제통화기금(IMF)식 경제정책에 지지를 표명하였다. 이는 1997년 말의 상황에서 다임을 포함한 모든 경제관료들이 안와르의 위기처방에 공감을 표명하고 있었음을 의미한다. 그러나 안와르의 위기처방이 단기일 내에 효과를 거두지 못하고 경기침체가 계속되자 사회적 동요가 증가하였다. 국내외 언론에서 안와르의 위상이 급부상하고, 마하티르 정권의 부정부패에 대한 대중적인 공감으로 인해 경제위기가 정치적 위기로 전이되는 현상을 낳았다(Hilley 2001, 70-5). 주변국, 특히 인도네시아의 수하르토 정권이 무너지는 사태는 말레이시아의 정치적 지각변동을 예고하는 분위기로 몰고 갔다. 외국의 언론들은 안와르를 마하티르로부터 말레이시아를 구할 인물로 추켜세웠으며, 안와르의 추종자들은 인도네시아의 개혁(reformasi)을 표방하여 부정부패(KKN, corruption, collusion, nepotism) 추방운동을 펼치게 되었다. 이러한 분위기는 마하티르에게 정치적 도전으로 인식됨에 따라 안와르와의 권력투쟁 양상으로 전이되었다.

1998년 6월 통일말레이국민조직(UMNO) 총회를 계기로 마하티르는 경제 통수권을 안와르에게서 박탈하여 다임을 위원장으로 하는 경제특별위원회가 담당하게 하고 안와르의 위치를 그 하위에 둠으로써 안와르의 국제통화기금(IMF)식 처방은 막을 내렸다.9) 1998년 9월 1일 자본통제라는 극단적인 처방이 나왔다. 자본통제 정책은 외환관리 규정의 일부를 개정한 것으로 해외시장에서 외국인이 말레이시아 링깃화를 차입하여 투기적 공격 활동을 못하도록 대외계정의 자금이체를 통제하였고, 말레이시아 비거주자가 소유하고 있는 링깃화 증권의 매각대금은 대외계정에 예치하며 1년 이상 보유한

---

9) 1998년 통일말레이국민조직(UMNO) 총회를 전후하여 마하티르와 안와르의 권력투쟁 양상에 관해서는 Hwang(2003, 297-306)을 참조하시오.

후 유출을 허용하였다. 또한 달러 당 환율을 3.8링깃으로 고정하였다. 이러한 정책의 표면적 목적은 자본통제 및 고정환율제와 더불어 금리를 인하함으로써 대출을 증가시키고 채무상황 부담을 경감시켜 경기를 활성화하고, 또한 경제주체들로부터 신뢰를 회복하는 데 있었다(박번순 2000, 113).

　이러한 자본통제 정책을 순수한 경제적 처방으로 보는 시각은 적다. 자본통제 정책이 발표된 지 이틀 만인 1998년 9월 3일에 안와르가 전격 구속됨으로써 경제정책에 정치적인 의미가 내포되어 있음을 드러냈다. 이는 곧 정적의 추출과 마하티르 정권에 가까운 부미뿌뜨라 기업의 구제 등 비경제적인 요인이 포함되었음을 의미했다(박번순 2000; 진영재 · 조영만 2002). 자본통제가 마하티르에게 안와르 축출을 위한 경제적 장벽(firewalls)을 제공했다고 보는 시각이 있다. 즉 자본통제 없는 안와르의 축출은 주식시장을 더욱 심하게 추락시켰을 것이라는 분석이다(Jomo, Malaysiakini.com 2003/10/16). 마하티르가 자본통제 정책을 선택하게 된 원인은 결국 장기집권과 권위주의적 통제로 인한 국민들의 반감이 고조된 상태에서 경제위기를 내적 요인으로 돌리기에는 정치적 부담이 컸던 것이다. 특히 정치적 도전자인 안와르가 위기의 원인을 부정부패, 연고주의의 만연, 경제운용의 방만성, 정경유착 등 내부적으로 돌리는 것에 대한 국내외적인 공감대가 형성됨에 따라 결국 위기의 원인을 외부적으로 돌려 민족주의를 자극하고 정적을 제거하는 극단적인 결정을 내렸던 것이다(진영재 · 조영만 2002, 212).

　이러한 정책선택은 자유주의적 시장논리를 정치적으로 왜곡시켰던 부미뿌뜨라 정책을 정치적 정당성의 발판으로 삼고 있던 마하티르 정권이 경제의 주도권을 국제통화기금(IMF)에게 넘겨줄 수 없는 말레이시아 고유의 정치사회적 역학 때문으로 볼 수 있다(이선향 1999, 4). 마하티르 주도의 말레이시아식 발전국가 모델은 말레이시아주식회사(Malaysia Inc.)로 표현되는 정부와 민간부문의 유기적 관계에 기반을 두고 있었다. 이러한 형태의 경제구조는 많은 기업엘리트들에게 환영받는 것이었고, 개혁을 부르짖는 안와르

추종자들에게는 비판의 대상이었다(Abidin and Ahamd 1999, 17). 마하티르의 말레이시아 경제에 대한 민족주의적 관점은 이미 여러 차례 표현되었다.[10] 말레이시아의 자본통제 정책을 외환거래의 도덕적, 윤리적 규범의 강조와 제도화를 통하여 미국이나 서구의 자본에 종속되지 않겠다는 의지의 천명으로서 서구의 경제논리에 대한 저항의지의 표명으로 해석할 수도 있다(홍석준 1999). 마하티르의 선택은 민족주의적인 집단과 현실적인 집단들로부터 지지를 받았다. 이는 국제통화기금(IMF)식 처방이 결국 말레이시아 대기업들의 몰락을 낳을 것이고, 이들의 외국자본에 의한 매수로 이어질 것이라는 예상 때문이었다(Khoo 2000, 227).

5. 경제위기와 말레이시아의 정치경제

1) 위기 극복에 대한 평가

위기극복의 수단으로서 마하티르의 자본통제 정책은 경제자유화를 기조로 하는 세계화의 물결에도 역행할 뿐더러 1990년대 말레이시아의 경제정책 방향에서 벗어나는 일탈적인 조치였다. 이러한 극단적 처방은 국내외적으로 관심의 초점을 모으게 되었고, 이의 성공여부와 마하티르의 정치적 운명이

---

10) "(우리의 오늘은) 기적이 아니다. 이는 단지 근면하게 일했고, 올바른 정책을 선택한 것에서 기인한다. 기적은 하늘이 내리는 것이다. 우리가 한 것은 올바른 정책, 올바른 동기부여, 올바른 방향의 발전을 통해 경제를 일으킨 것이다. 그런데 왜 갑자기 이것이 사라지는 것처럼 보이는가? 이러한 성취는 없어지는 것이 아니라, 아직도 건재하다. 슬픈 현실은 어떤 세력이 지금 것 발전을 이룩해 왔던 우리의 노력들을 멈추려고 한다는 것이다"(마하티르, *Asia Week* 1998/03/27; Khoo 2000, 212에서 재인용).

연결될 수 있는 중대한 결정이었다. 많은 염려와 예측과는 달리 자본통제가 말레이시아 경제에 비극적인 결과를 초래하지 않았다. 이는 그동안의 세계 금융시장의 주도세력이자 금융위기의 구원자를 자처했던 국제통화기금 (IMF)과 세계은행(WB)의 위기관리 방법에 대한 논란을 불러일으켰다. 세계 은행의 스티글리츠(Joseph Stiglitz)는 "말레이시아의 경험은 단기적 자본이 동과 자본통제라는 정부개입 방법에 대한 생각에 근본적인 변화를 가져왔 다"고 밝혔다. 또한 국제통화기금의 간부들도 "단기적 자본통제가 사람들이 생각했던 것보다 많은 긍정적인 결과를 낳았다"고 인정했다(Beng 2001, 111-3 재인용).

말레이시아의 위기극복에 대한 평가는 여러 관점에서 볼 수 있다. 링깃 환율을 달러화에 대해 저평가된 상태로 고정시킴으로써 투기를 막고 수출경 쟁력을 향상시켰으며, 링깃화의 역외 거래금지 조치는 자본유출을 효과적으 로 차단했고, 저금리정책으로 국내산업의 확장을 조장하였다. 또한 자본통 제 정책과 함께 효과적으로 금융개혁이 이루어졌고 1999년 이후 수출이 호 전됨에 따라 급속한 경제회복을 이룰 수 있었다(Case 2003, 8). 말레이시아 의 자본통제 정책은 단순히 갑작스러운 자본유출을 막기 위한 일시적 조치 로서 1999년 초에 수정되었으며 1년을 넘지 않고 대부분의 조치들이 철회 되었다. 동아시아 지역 경제위기는 1998년 말을 고비로 하여 회복되는 추세 를 보였다. 이러한 경제회복 추세를 이끈 이유 중의 하나로 1998년 후반부터 국제자본이 다시 동아시아로 유입되는 현상을 들 수 있다. 이는 이전에 투자 금지 분야였던 금융부문이나, 환율저하로 인한 기업들의 저가매입이 외국인 투자의 주요한 대상이 되었기 때문이었다(Abidin and Ahamd 1999, 6-7).

비록 마하티르가 자유주의적 경제흐름에 반하는 경제정책을 펼치면서 세계화에 대한 비판적인 입장을 표명했지만 이는 일시적인 조치였던 것으로 보여진다. 2003년도에 말레이시아 대외교역 규모가 국내총생산(GDP)의 200% 이상인 것으로 나타났다. 이는 경제위기 이전의 190%보다 증가한 것이고, 마하티르가 집권할 당시에는 110%에 불과했던 것을 감안하면 마하티르가 폐쇄적 경제를 추구하기보다는 대외 개방적인 경제정책을 지속적으로 추구하고 있음을 보여준다. 말레이시아는 동아시아 지역에서 싱가포르 다음으로 자본축적(capital formation)에서 외국인 직접투자(FDI)의 비율이 높은 것으로 나타난다. 이러한 점들을 고려할 때 말레이시아가 경제위기 이후 마하티르에 의해 독단적이고 폐쇄적인 경제발전을 추구하고 있다는 인상은 잘못된 것이다(Jomo, Malaysiakini.com 2003/10/16).

　상반된 위기극복 정책에도 불구하고 한국과 말레이시아가 주변의 다른 국가들보다 빠른 회복세를 보인 것은 일면으로는 두 국가가 경제의 많은 부분을 의존하고 있는 전자, 석유, 천연가스 등 세기말(Y2K) 특수 덕분으로 볼 수 있다(Jomo, Malaysiakini 2003/10/16). 그러나 보다 근본적으로는 두 국가 모두 금융권에 대한 정리와, 기업에 대한 구조조정을 신속히 이룬 이유 때문으로 파악된다. 위기극복 이후 전개된 말레이시아의 경제개혁 과정에서 가장 큰 타격을 입은 계층은 말레이 기업가들이었다. 이들은 대체로 정부의 민영화 정책과 더불어 은행융자를 통해 1990년대 이후 기업을 팽창하고 다각화를 꾀해 왔다. 경제위기 이후 나타난 기업구조의 변화를 보면 자본집중 현상 보다는 100대 기업 내에 자본분산이 이루어진 것으로 나타난다. 2001년 상위 20대 자본가들 중 정치적 후원관계에 있는 자본가는 없는 것으로 조사되었다. 이는 집권엘리트들 간의 권력투쟁으로 인해 안와르와 다임의 후원기업들이 정부기구나 다른 자본가들에게로 자본분산이 이루어진 것으로 분석 된다(Gomez 2003, 26). 경제위기로 어려움을 겪은 많은 말레이 기업들을 화인자본에 의해 흡수된 것도 주목할 만하다. 정부는 어려움에 처한 말레이 기업들은 화인 자본가들로 하여금 인수할 수 있도록 허락하였다. 이러한 관행은 경제적 위기에 처했던 1994년에도 있었던 것으로 단순히 화인들에 의한 말레이 기업의 흡수로 이해하기에는 문제가 있다. 다임의 말에 따르면 "비록 화인자본가들이 (말레이 기업을) 인도하게 하지만, 회사가 정

상화되면 그때 다시 소유권에 대한 논의를 하겠다"고 말함으로써 화인자본
을 말레이 기업을 구출하는 데 이용하겠다는 인상과 함께 화인자본의 말레
이 헤게모니에 대한 인상을 대외적으로 나타내기도 했다(*FEER* 98/2/19,
Gomez 1999, 196-7 재인용).

<표 5> 말레이시아의 빈곤율 변화 추이(1990~2002) (단위: %)

	외국인거주자 포함 (전체)						말레이시아인 (국민)					
	평균		도시		농촌		평균		도시		농촌	
	빈곤	극빈[1]	빈곤	극빈	빈곤	극빈	빈곤	극빈	빈곤	극빈	빈곤	극빈
1990	17.1	4.0	7.5	1.4	21.8	5.2	16.5	3.9	7.1	1.3	21.1	5.2
1995	9.3	2.1	4.1	0.9	15.6	3.5	8.7	2.1	3.6	0.9	14.9	3.6
1997	6.8	1.4	2.4	0.5	11.8	2.4	6.1	1.4	2.1	0.4	10.9	2.5
1999	8.1	1.4	3.8	0.6	13.2	2.4	7.5	1.4	3.4	0.5	12.4	2.4
2000	6.0	0.5	2.4	0.1	11.1	1.0	5.5	0.5	2.2	0.1	10.3	1.0
2002	5.1	1.0	2.0	0.4	11.4	2.3	-	-	-	-	-	-

주: 1) 극빈층은 빈곤층 소득의 절반 이하의 소득층을 말한다.
자료: Ragayah(2002, 12); Mid-term Review of 8MP(2001-2005).

경제위기로 가장 심각한 피해를 입은 산업은 제조업 분야로서 1998년도
전체 실직자 중 53.8%가 이 분야에서 배출되었다. 중·소규모의 유통 및
숙식업이 12.4%를 차지했고, 그 다음으로 건설업이 11.1%의 실직자를 낳았
다(Ragayah 2002, 16). 이들 산업 종사자들은 대부분 도시의 빈민층으로서
그 중 많은 수는 외국인 단순 노동자들이다.[11] 경제위기와 더불어 많은 외국
인 단순 노동자들을 본국으로 송환하고 그 자리를 자국민들로 채우는 정책

---

11) 1990년 말레이시아에 거주하는 외국인 비율은 전체 인구의 7.0%로 추정되며, 1995년에 12.6%,
   그리고 1997년에는 17.7%에 달하는 것으로 조사되었다(Ragayah 2002, 137).

때문에 빈곤율의 급격한 변화를 피할 수 있었다. 〈표 5〉에서 볼 수 있듯이 경제위기 직후 일시적으로 빈곤율이 상승했지만 2000년 들어 다시 안정되는 현상을 나타낸다. 그러나 2002년도에 역으로 극빈층이 증가하는 현상은 일부 빈곤층이 극빈층으로 전락하는 현상으로 설명될 수 있다. 신경제정책(NEP) 기간동안 말레이시아는 빈곤층 감소에 상당한 성공을 거둔 것으로 평가된다. 이는 정부예산의 많은 부분이 빈곤 추방에 투자되었기 때문으로 분석되며, 경제위기를 맞아 경제발전을 위한 정부지출이 줄어들었음에도 불구하고 빈곤대책 프로그램에 대한 정부지출은 줄지 않은 것으로 나타났다(Ragayah 2002, 43). 그러나 이러한 정부의 지원에서도 소외된 외국인 노동자와 같은 극빈층의 증가가 사회적 문제를 유발할 여지를 남기고 있다. 한 예로 2001년 3월에 수도 쿠알라룸프르 인근의 빈민가(Old Islang Road)에서 발생한 말레이와 인도계 민족간의 폭동은 지난 30년 동안에 있었던 사건 중에 가장 심각한 것으로 평가되며, 그 원인이 경제에 대한 비관과 정치적 실망에서 기인한 것으로 보고 있다. 즉 이 폭동이 민족간의 갈등보다는 1990년대 경제적 성장 동안에 불균형한 발전과 저소득층의 생활여건 악화로 인한 불만의 폭발로 파악된다(*FEER* 2001/3/22). 극빈층의 증가는 주로 경제위기로 인한 구조조정과 노동수요의 감소로 인해 피해를 본 도시빈민, 중·하층민, 그리고 이주 노동자들이었다. 이와 같은 성장과 위기, 그리고 새로운 성장의 순환과 같은 경제적 변화는 새로운 유형의 빈곤층, 즉 불완전한 가정, 이주 노동자, 비숙련 노동자, 그리고 일부 지역 토착민 (특히 말레이시아 동부지역) 등을 양산하여 새로운 사회적 분화를 심화시키는 결과를 낳았다(Yahaya 2001, 15).

2) 경제위기 이후 정치경제적 변화

경제위기의 국면을 어느 정도 벗어났다고 평가한 마하티르는 1999년 총선을 실시하여 정국의 안정과 권력의 공고화를 추구하였다. 마하티르는 경제위기를 서구의 경제 제국주의의 비도덕적 공격 때문으로 간주하고, 대처방안으로 민족주의적 감정에 호소하였다. 이는 정치적 도전자 안와르의 추방과정에서 불거진 마하티르에 대한 부정적 인식을 외부적 공격으로부터 위협받고 있는 국가경제 쪽으로 관심을 돌리기 위함이었다. 반마하티르 진영에서는 마하티르 정권의 무책임성, 부패와 불투명성, 그리고 정의롭지 못한 사법권의 남용을 이슈로 부각시켰다(Beng 2001, 105-106). 선거결과는 마하티르에게 실망과 도전으로 받아들여졌다. 마하티르의 소속당인 통일말레이국민조직(UMNO)이 집권연합(BN)에서 획득한 전체 의석수의 과반수에도 못 미쳤고(148석 중 71석), 정부각료들의 득표율 감소와 선거패배가 두드러짐에 따라 마하티르 총리의 위상에 큰 타격을 주었다. 또한 대안전선(BA, Barisan Alternative)이 그동안 부재하였던 집권대체세력으로 부상함에 따라 정치적으로 의미 있는 대립구도를 형성하게 만들었다. 즉 경제위기를 통해 권위주의적 통제정치에 대한 시민사회의 심각한 도전이 일어났으며, 정권에 대한 비판과 개혁에 대한 요구가 사회 저변에 형성되었음을 드러냈다.

1999년 총선은 그동안 최대 지지층이었던 말레이 민족의 많은 부분이 마하티르 정권의 정치행태에 실망하고 야당으로 돌아선 것이 입증하였다. 이는 외환위기의 극복과정에서 나타난 대자본가 위주의 기업구제 정책이 일반 국민들의 박탈감을 부추겼고, 안와르의 축출과정에서 보여준 마하티르 정권의 부도덕성에 대한 실망에 기인한 것이었다. 위기 이전에는 통일말레이국민조직(UMNO) 정치가들과 말레이 자본가들의 연합에 의한 정치적 안정과 이들이 낳은 경제적 성과에 대해 말레이 대중들이 만족함으로써 정권의 안정을 유지할 수 있었다. 그러나 경제위기가 닥치자 정부 고위층과 대자본가들 그리고 말레이 대중들 사이에 경제정책을 둘러싼 이해관계로 분열이 일어나기 시작하였다. 즉 신자유주의적 개혁의 추진은 그동안 특권을 누려 왔던 자본가들의 이해를 침해하는 결과를 낳고, 개혁의 지체는 시민사회의 불만을 가중시킬 수 있게 됨에 따라 국가의 경제정책에 대한 선택의 폭이 줄어드는 결과를 낳았다(Case 2003, 16).

　외국계 포트폴리오 투자자들과 국내 시민사회의 정치적 압력은 마하티르로 하여금 자본통제 정책의 많은 부분을 조속히 철회하게 만들었고 신자유주의적 경제정책으로 선회하게끔 하였다. 특히 2000년 후반 들어 다시 수출과 외국인 투자가 감소하자 정부는 구제혜택을 입은 기업들을 정리하고, 규제제도를 재정비하는 신자유주의적 개혁과 굿 거버넌스(good governance) 안건에 관심을 돌리기 시작했다(Case 2003, 9). 마하티르는 2002년 6월 자신의 최측근이자 그동안 말레이시아 정치경제 모델의 설계자 역할을 해 왔던 다임(Daim Zainuddin)을 재무장관직에서 사임케 함으로써 과거의 정치경제적 틀에서 벗어나 새로운 개혁의 의지를 표명하였다. 다임의 퇴장은 신경제정책(NEP)에 이은 비전 2020에도 일정부분 존재하며 경제위기 극복에 대한 처방에서도 나타난 민족간 차별정책이 경제·사회적 부작용을 낳았다는 판단에서 나온 것으로 보인다. 경제정책 측면에서의 변화는 아지즈(Rafidah Aziz) 상공부 장관의 말에서도 분명히 드러난다. 말레이시아 주식시장(KLSE)의 상장조건인 30%의 부미뿌뜨라 자산비율에 대한 질문에 대해 "30%는 상장 시에만 적용되고 상장 이후에는 무관하다"고 말함으로써 이에 대한 변경을 시사했다. 이는 외국인 투자를 유인하기 위해 30년간 지켜온 부미뿌뜨라 우선정책에 대한 근본적인 수정을 의미한다(*FEER* 2003/08/21).

　이와 같은 경제적 자유화와 1999년 선거에서 보인 화인들의 투표성향은 같은 맥락에서 볼 수 있다. 화인들은 전통적인 안정희구 세력으로서 소수민족이면서도 자신들의 영향력이 선거에서 중요한 역할을 한다는 것을 인식하고, 이를 효과적으로 이용해 온 것으로 알려져 있다. 엔더슨(Benedit Anderson)은 이러한 화인 세력이 말레이시아의 현 정치구조를 유지하는 데 필수적인 요소가 된다고 보았다(Weiss 2001, 67-8 재인용). 1999년 총선의 결과에서 화인들만의 특정 정당 지지도를 정확히 알 수는 없지만, 화인이

다수인 선거구에서 집권연합(BN)의 지지도가 1986년 이후 지속적으로 증가한 것으로 나타난다. 화인다수 선거구에서 1986년에 33.6%였던 집권연합(BN) 지지도가 1999년에는 46.5%로 증가한 반면, 화인계 야당인 민주행동당(DAP)은 1986년 64.1%였던 지지도가 1999년에 51.3%로 감소했다. 이러한 현상은 80년대 중반 이후 마하티르 정권의 자유화 정책이 화인들에게 우호적인 것으로 인식되었기 때문이다(Ng Tien Eng 2003, 92). 즉 집권세력이 정치적 기반으로 더 이상 말레이 민족에게 모든 것을 기대할 수 없고 다민족의 지지가 더욱더 중요시되는 시기가 도래하였음을 알 수 있다.

〈표 6〉 말레이시아의 계층별 소득분포 및 불평등 지수 (1979~1999)

	소득 분포 (%) 및 불평등 지수							
	1979	1984	1987	1990	1993	1995	1997	1999
전체								
상위 20%	55.8	53.2	51.2	50.4	n.a.	51.3	52.4	50.5
중간 40%	32.4	34.0	35.0	35.3	n.a.	35.0	34.4	35.5
하위 40%	11.9	12.8	13.8	14.3	n.a.	13.7	13.2	14.0
불평등 지수[1]	0.505	0.483	0.458	0.446	0.464	0.459	0.470	0.443
농촌								
상위 20%	53.2	49.5	48.3	47.1	n.a.	47.4	48.2	47.9
중간 40%	34.4	36.4	36.7	37.1	n.a.	37.1	36.6	36.5
하위 40%	12.4	14.1	15.0	15.8	n.a.	15.5	15.2	15.6
불평등 지수	0.482	0.444	0.427	0.409	n.a.	0.414	0.424	0.418
도시								
상위 20%	55.6	52.1	50.8	50.6	n.a.	49.8	50.2	48.7
중간 40%	32.1	34.5	35.0	35.1	n.a.	35.7	35.6	36.5
하위 40%	12.3	13.4	14.2	14.3	n.a.	14.5	14.2	14.8
불평등지수	0.501	0.466	0.449	0.445	n.a.	0.431	0.427	0.416
도시/농촌 격차	1.77	n.a.	n.a.	1.70	1.75	1.95	2.04	1.81

주: 1) Gini Coefficient로서 1이면 완전 불평등을 나타내며 0에 가까울수록 평등한 소득분포를 나타낸다. 2000, 2001, 2002년의 전체 불평등 지수는 각각 0.452, 0.450, 0.461이다(Mid-term Review of 8MP, 437).
자료: Ragayah(2002, 20).

<표 6>에서 볼 수 있듯이 1990년대까지 감소추세를 보이던 불평등 지수가 1990년대 이후 불안정한 모습을 보이며 증가하는 추세를 나타내고 있다. 또한 <표 7>은 민족별 소득수준과 소득증가율의 점증하는 격차는 또 다른 갈등의 요소를 내포하고 있다. 이처럼 계층간, 민족간, 그리고 지역간 불균등이 1990년대 이후 심화되는 현상은 기존의 발전국가형 정치경제모델이 자유주의 경제모델로 변환되어 가는 과정에서 나타나는 부조화 때문인 것으로 보인다. 세계화되어 가는 국제적 경제현실 속에서 자유주의적 개혁과 개방화는 어찌할 수 없는 흐름으로 받아들여지고 있다. 이러한 흐름 속에서 마하티르는 자신의 역할이 더 이상 가치를 발휘하기 힘들 것이라는 판단에 따라 정권이양을 결심한 것으로 볼 수 있다.

<표 7> 말레이시아의 민족간, 계층별 소득수준(RM) 및 소득증가율 (단위: %)

	1995			1999			증가율 (1995-99)	증가율 (2000-02)
	상위 20%	중위 40%	하위 40%	상위 20%	중위 40%	하위 40%		
부미뿌뜨라	3,986	1,461	572	4,855	1,810	742	5.5	6.2
화인	7,270	2,560	1,062	8,470	3,168	1,271	4.6	7.4
인도인	5,100	1,954	868	6,456	2,460	1,092	6.0	4.1
기타	3,106	1,131	539	3,242	1,204	616	1.7	16.5
말레이시아(전체)	5,202	1,777	693	6,268	2,204	865	5.2	6.8

자료: Yahayal(2001, 9&10); Mid-term Review of 8MP(2001~2005).

그동안의 말레이 민족주의를 정치적 기반으로 삼아 경제정책을 펼쳐 왔던 말레이시아 주식회사가 변화하는 국제적 환경과 국내의 민족문제 이외의 많은 문제들을 효율적으로 관리하면서 지속적으로 경제 발전을 이어갈 수 있느냐가 문제로 제기되었다. 정치 평론가 라쉬드(Rehman Rashid)에 따르면 "마하티르에서 바다위로의 정권이양은 상명하달식체계(Top-Down Management)에서 집단의사결정체계(Collective Decision-Making)로, 혹은 군림하는 정부(Magisterial Government)에서 관리적 정부(Managerial Government)로의 변화"라고 표현하였다(*FEER* 2003/7/3). 바다위는 당내에서 특별한 반대세력이 없으며, "미스터 클린 (Mr. Clean)"으로 정평이 나 있는 인물이다. 1998년 말 바다위가 안와르의 부총리 자리를 승계했을 당시 그의 측근은, "바다위가 정치적으로 생존하면, 부패를 용납지 않을 것이며, 언론의 자유를 보다 보장할 것이고, 개인우상화 같은 것은 하지 않을 것이다"라고 말한 바 있다(*FEER* 1999/1/21). 마하티르에게는 이런 바다위가 자신의 업적을 발전적으로 계승하고 당의 화합을 가져옴은 물론 2004년 총선에 대비하여 가장 적절한 인물로 여겨졌을 것이다. 바다위 집권 이후 말레이시아 경제정책의 기조는 마하티르의 대규모 기간산업 투자와는 달리 중·소규모 기업과 농업 부문에 대한 강조로 마하티르의 정치적 이미지에서 벗어나려는 노력을 보이고 있다. 더불어 바다위 정권하에서 정경유착의 고리가 완전히 끊어질 것으로 보지는 않지만 상당부분 줄어들 것으로 예견하고 있다. 이러한 정치경제 기조는 이전의 발전국가형 모델에서 신 자유주의적 경제모델로의 전환을 의미하는 것으로 볼 수 있다.

6. 맺음말

한 국가의 경제정책은 국내외적인 상황과 필요에 따라 성장과 분배라는 두 가지의 가치를 동시에 추구한다. 말레이시아의 경우 뚜렷한 민족적 분화가 독립국가의 설립초기부터 사회적 갈등의 불씨로 간주되었기 때문에 이에 대한 적절한 통제와 규율에 국가가 많은 노력을 기울였다. 분화된 말레이시아의 사회구조는 국가의 힘이 다른 정치행위자들에 비해 상대적으로 강하게 나타나는 데 기여했다. 즉 인구의 과반수가 넘으면서도 경제적으로 약자였던 말레이 민족이 정치권력의 지지기반이 됨에 따라 국가가 주도하는 부의 재분배 정책이 정치적으로 정권에 대한 안정적 기반을 제공하였다. 이는 1970년대 이후 말레이시아에서 발전국가가 태동하는 정치적 기반과 물질적 토대가 되었다.

발전국가적 경제정책에 의존하여 성장한 말레이 자본가 계층과 일부 화인 자본가들은 정치엘리트와의 후원-수혜 관계를 통하여 오랜 기간 동안 발전연합을 이루었다. 국가와 자본의 유기적 관계가 자본 우위의 권력구조를 이루면 가산제 국가(patrimonial state)라는 형태가 나타나 자본 편향의 경제정책이 일방적으로 추진될 가능성이 있다(Hutchcropt 1998, 45-64). 그러나 말레이시아에서는 국가 우위의 발전국가(Developmental State) 형태로 나타남에 따라 성장과 분배의 정책을 비교적 효과적으로 펼칠 수 있었다. 이러한 형태의 발전은 동아시아적 발전모델에서 흔히 볼 수 있는 것으로서 국가가 주도하여 자본과 시민사회를 적절한 통제하고 또한 육성하는 방식이다. 그러나 산업화의 진전과 함께 서구적 자유주의 사상의 확산은 그동안의 집단적 가치로서의 민족적 결속력이 감소되고, 오히려 경제적 차이에 의한 계층간의 구분이 보다 중요시 되는 현상이 나타났다. 이는 그동안 민족을 기반으로 한 국가주도의 성장과 분배정책이 새로운 경제적 소외계층을 생성시키면서 사회적 갈등과 정치적 위협으로 부각되었던 것이다.

최근 한 잡지와 가진 인터뷰에서 마하티르는 자신의 총리시절 가정 큰 업적으로 "다민족국가인 말레이시아에서 민족간의 조화를 이룬 것"을 꼽았다(『한겨레 21』, 2004/04/07). 지난 22년 동안 독재적 권력을 누리고 퇴임한 마하티르에 대해 "어떠한 자신만의 신념에 의해 과거에 집작하는 지도자가 아니라, 문제를 과감히 직면하여 해결하는 지극히 실용주의자"로 평가했다(*FEER* 03/10/09). 이는 그가 경제정책에 있어서 일관성이 없이 상황에 따라 유연하게 대처해 왔다는 데서 그 이유를 찾고 있다. 마하티르의 이러한 경제정책의 변동에는 정치적인 도전과 응전이라는 문제와 복합적으로 나타나기도 했다. 또한 말레이시아 사회의 변화 추세, 즉 민족간 적대감의 감소 그리고 계층간 분화의 심화 등에 맞추어 정치적 기반을 효과적으로 유지하는 방향으로 경제정책을 펼쳐 왔다. 마하티르는 오랜 기간 동안 강성국가를 유지하면서 자본과 시민사회를 효율적으로 지배해 온 것이다. 그러나 이러한 발전국가형 정치경제모델은 1990년대 들어 국내외적 환경변화에 맞추어 신자유주의적 모델로 전환을 모색하고 있었다. 이러한 전환의 과정에서 닥친 1997년 경제위기는 말레이시아 정치경제모델의 전환을 일시적으로 후퇴시키는 모습을 보였지만 신자유주의적 경제질서를 향한 큰 흐름을 완전히 돌려놓을 수는 없었다. 경제위기는 오히려 그동안 파행적이며 진행되어 오던 새로운 정치경제모델의 도입에 대한 분명한 계기를 제공하였다. 이러한 변화하는 환경 속에서 마하티르의 퇴진과 바다위라는 새로운 국가 지도자의 부상은 과거와 미래에 대한 분명한 경계선을 그은 것으로 해석할 수 있다.

바다위 정권의 선택은 분화된 사회라고 하는 말레이시아의 현실을 인정하고 그 속에서 조화와 협력을 이끌어 내는 지도력을 발휘할 수밖에 없는 것이다. 신자유주의 경제질서를 근간으로 하는 세계화의 물결 속에서 대외지향적인 경제구조를 가지고 있는 말레이시아가 이러한 흐름을 거부할 수는 없을 것이다. 단지 말레이시아와 같이 분화된 사회에서는 시장원칙에 입각한 단순 자유주의 경제정책으로는 사회구성원들 간의 경제적 균형과 정치적 안정을 효과적으로 가져올 수 없다. 결국 경제정책에 있어서 시대적 흐름인 자유주의적 시장질서를 추구함과 동시에 경제적 소외계층에 대한 국가의 책임을 더욱 강화하는 방향으로 정치경제모델을 모색해야 할 것이다.

참고문헌

김종길. 2001. "경제위기 이후의 아세안과 동아시아 성장메카니즘."『동남아시아연구』11.

박번순. 2000. "말레이시아의 자본통제: 내실없는 일탈."『동남아시아연구』10.

소병국. 1994. "말레이시아 국가건설과 정치적 리더십." 동남아지역연구회.『동남아의 정치변동』. 재단법인 21세기한국연구재단.

안청시. 2002. "동아시아의 경제위기와 발전전략: 민주주의와 지역협력에 대한 함의."『동남아시아연구』12(2).

오명석. 2000. "말레이시아 화인사회: 다종족국가 내에서의 공존과 갈등." 조흥국 편,『동남아의 화인사회』. 전통과 현대.

이상환. 2002. "동아시아 경제위기와 그 해법: 한국 말레이시아 사례에 관한 비교연구."『한국정치학회보』36(2).

이선향. 1999. "한국과 말레이시아의 경제위기 대응방안에 대한 비교연구." 한국정치학회 추계 학술회의 발표논문.

진영재, 조진만. 2002. "경제적 위기와 정치적 결과: 한국과 말레이시아."『동남아시아연구』12(1).

황인원. 2003. "UMNO 파벌주의와 마하티르 정치리더쉽의 권위주의화 경향에 관한 연구."『한국정치학회보』37(3).

홍석준. 1999. "경제위기에 대한 문화적 대응: 말레이시아의 사례."『한국문화인류학』32(2).

Abidin, Mahani Zaninal, and Ahmad, Zakaria Haji. 1999. *The Finalcial Crisis in Malaysia: The Economic and Political Consequences*, Singapore: Institute of Southeast Asian Studies. http://www.iseas.edu.sg/pub.html.

Beng, Ooi Kee. 2001. "New Crisis and Old Problems in Malaysia." In Leong, Ho Khai and Chin, James eds. *Mahathir's Administration, Performance and Crisis in Governance*. Singapore, Kuala Lumpur: Times Books International.

Case, William. 2003. "Malaysia: New Reforms, Old Continuities, Tense Ambiguities." *Working Paper Series No. 51*, Southeast Asia Research Center, City University of Hong Kong.

Cheah Boon Kheng. 2002. *Malaysia, The Making of a Nation*. Singapore: Institute of Southeast Asian Studies.

Doner, Richard F. 1992. "Limits of State Strength: Toward an Institutionalist View of Economic Development." *World Politics* 44(3).

Evans, Peter. 1997a. "State Structures, Government-Business Relations, and

Economic Transformation." Maxfield, Sylvia, and Scheider, Ben Ross eds. *Business and the State in Developing Countries*. Ithaca and London: Cornell University Press.

Evans, Peter. 1997b. "The Eclipse of the State? Reflections on Stateness in an Era of Globalization." *World Politics* 50.

Francis Loh Kok Wah. 2002. "Developmentalism and the Limits of Democratic Discourse." Francis Loh Kok Wah and Khoo, Boo Teik eds. *Democracy in Malaysia: Discourses and Practices*. Richmond: Curzon Press.

Khoo, Boo Teik. 2000. "Economic Nationalism and Its Discontents Malaysian Political Economy After July 1997." Robison, Richard, Beeson, Mark, and Kim, Hyuk-Rae eds. *Politics And Markets In The Wake of The Asian Crisis*. London and New York: Routledge.

Gomez, Edmund Terence. 1994. *Political Business Corporate Involvement of Malaysian Political Parties*. Centre for South-East Asian Studies, James Cook University of North Queensland, Townsville, QLD 4811, Australia.

______. 1999. *Chinese Business in Malaysia Accumulation, Ascendance, Accommodation*. Singapore: Curzon Press.

______. 2003. "The State, Governance and Corruption in Malaysia." Presented at "아시아의 기업집단 국제심포지엄." Seoul: Korea University.

Gomez, Edmund Terence and Jomo, K. S. 1997. *Malaysia's Political Economy Politics, Patronage and Profits*. Cambridge: Cambridge University Press.

Hilley, John. 2001. *Malaysia: Mahathirism, Hegemony and the New Opposition*. London, New York: Zed Books.

Hutchcroft, Paul D. 1998. *Booty Capitalism: The Politics of Banking in the Philippines*. Ithaca, New York: Cornell University Press.

Hwang, In-Won. 2003. *Personalized Politics, The Malaysian State under Mahathir*. Singapore: Institute of Southeast Asian Studies.

Jomo K. S. 1994. *U-Turn? Malaysian Economic Development Policy After 1990*. Center for East and Southeast Asian Studies, James Cook University of North Queensland, Townsville, Queensland, Australia.

Jomo K. S. and Ishak Shari. 1986. *Development Policies and Income Inequality in Peninsular Malaysia*. Kuala Lumpur: Institute of Advanced Studies.

Jomo K. S. and Wee Chong Hui. 2002. *The Political Economy of Malaysian Federalism: Economic Development, Public Policy and Conflict Containment*. United Nations University, World Institute for Development Economics

Research, Helsinki.

Migdal, Joel S. 1987. "Strong States, Weak States: Power and Accommodation." Weiner, Myron, and Huntington, Samuel P. eds. *Understanding Political Developments*. Boston: Little Brown.

Ng Tien Eng. 2003. "The Contest for Chinese Votes: Politics of Negotiation or Politics of Pressure?" Francis Loh Kok Wah and Johan Saravanamuttu eds. *New Politics in Malaysia*. Singapore: Institute of Southeast Asian Studies.

Ragayah, Mat Zin. 2002. "The Asian Financial Crisis and Its Impact on Poverty and Inequality in Malaysia." Institute of Malaysian and International Studies. Working Paper 23, University Kebangcaan Malaysia.

Strange, Susan. 1996. *The Retreat of the State: The Diffusion of Power in the World Economy*. Cambridge University Press.

Weiss, Meredith L. 2001. "Overcoming Race-based Politics in Malaysia: Establishing Norms for Deeper Multiethnic Co-operation." In Leong, Ho Khai and Chin, James eds. *Mahathir's Administration, Performance and Crisis in Governance*. Singapore, Kuala Lumpur: Times Books International.

Yahaya, Siti Rohani. 2001. "Status of Poverty and Income Distribution In Malaysia." In http://sunsite.nus.edu.sg/eggs/pdf/Malay1.PDF.

〈말레이시아 정부 간행물〉

Mid-term Review of the Eighth Malaysia Plan 2001-2005

『한겨레 21』
마하티르와의 인터뷰
"큰 놈이 다 먹는 게 '서양적 가치'." 2004/4/7.

〈*FEER*(*Far Eastern Economic Review*)〉

S. Jayasankaran. "Economic Monitor." 1996/4/4.
S. Jayasankaran. "Economic Monitor."1996/7/25.
S. Jayansakaran. "Economic Monitor." 1997/4/10.
Murray Hiebert. "Policies: Warning Shot: Malaysia's Economy Needs a Does of Discipline." 1997/8/21.
Murray Hiebert. "The Fourth Victim?" 1999/1/21.

S. Jayasandaran. "Pressure Point." 2001/3/22.
S. Jayasankaran. "Bahasa Blues." 2002/6/27.
Leslie Lopez. "Behind Daim's Fall." 2002/6/27.
Michael Vatikiotis. "The Last Hurrah." 2003/7/3.
S. Jayasankaran. "Rule Roll-Back." 2003/8/21.
"Farewell, Dr. M - Pride and Despair: Nine Views of Dr. M." 2003/10/9
S. Jayasankaran. "The New Way: Think Small." 2003/11/6.

〈Malaysiakini.com〉

Interview with KS Jomo.
"Q&A: Jomo on Mathathir, Anwar and the IMF." 2003/9/26.
"Q&A: Mahathir's Initial Measures Intensifies 1997 Financial Crisis." 2003/10/16.

〈thestar.com.my〉

The Star Online: "A Mood of Optimism Prevails." 2003/12/25.

필리핀의 구조조정과 개혁의 정치경제

필리핀의 구조조정과 개혁의 정치경제*

■박승우

1. 머리말

일반적으로 최근 10여 년간의 필리핀 상황을 분석하는 사람들은 피델 라모스 (Fidel V. Ramos) 대통령의 집권기간(1992년 6월~1998년 6월)동안에 필리핀이 강력한 경제의 구조조정과 개혁의 노력을 통해 전례 없는 경제적 성공과 사회적 발전을 이루었다고 평가하는 편이다. 뿐만 아니라 대부분의 동남아시아와 동아시아의 국가들이 1997~98년에 심각한 경제 위기를 겪고 사회 전체가 파국의 상황으로 내몰린 것과는 대조적으로 라모스 시대의 필리핀은 경제위기를 보다 순조롭게 견뎌 낸 것으로 여겨진다(de Dios and Hutchcroft 2003; Hutchcroft 1999a, 482-84, 490-91; Steinberg 2000, 198-201).

그러나 심지어 필리핀이 다른 주변 국가들보다 당시의 경제위기를 비교적 순조롭게 잘 견뎌냈다고 믿는 사람들조차도 필리핀의 이러한 경제적 성공에 전혀 문제가 없지는 않았다고 본다. 예컨대, 데디오스와 허치크로프트(de Dios and Hutchcroft 2003, 57; Hutchcroft 1999a, 484)는 "필리핀이 그리 높이 올라가지 못했기 때문에 크게 떨어질 것도 없었다"면서 필리핀이 태국

---

* 이 논문은, "필리핀 라모스 집권기 이후의 개혁 및 정치경제체제 운용의 성격과 그 한계." 『국제지역연구』 제8권 1호(2004), pp.204-233에 게재된 내용을 수정·보완한 것임.

이나 인도네시아 등 다른 나라에 비해 경제위기로부터 크게 타격을 받지 않았던 데는 단지 그 이전에 오랜 기간 크게 성장한 시기가 없었기 때문이며, 그래서 부동산시장이나 주식시장에도 비교적 거품이 덜 생겼고 해외 자본의 유입도 적었으며 그 결과 경제위기의 영향으로부터도 상대적으로 덜 타격을 받았다는 것이다(Hutchcroft 1999b도 볼 것). 여기서 한 걸음 더 나아가 벨료(Bello 2000, 238)같은 이는 필리핀이 경제위기를 잘 넘긴 것처럼 보이는 것은 순전히 착각일 뿐이며 기실 필리핀은 경제위기로부터 크게 타격을 받았다면서 라모스 시대의 필리핀의 경제적 성과를 크게 폄하해 버린다.

비록 벨료의 주장에 지나친 면이 없지는 않으나, 라모스 시대의 필리핀 경제의 구조조정과 개혁의 노력에, 그리고 이러한 노력을 통해 거둔 여러 가지 성과에, 문제가 없지 않았다는 지적에는 외면할 수 없는 진실이 담겨 있다. 필리핀이 라모스 대통령의 집권기 동안 경제의 구조조정과 개혁에 상당한 성공을 거두었지만 그렇다고 필리핀의 고질적인 사회경제적, 정치적 문제점이 제대로 치유된 것은 아니었으며, 결국 라모스 시대의 성공은 반쪽의 성공에 지나지 않았다고 봐야 할 것이다. 더 나아가서 라모스 집권 말기에 직면한 경제위기보다도 더욱 심각한 문제는 라모스의 뒤를 이은 조셉 에스트라다(Joseph Ejercito Estrada) 대통령 집권기간(1998년 6월~2001년 1월)의 전례 없이 파행적인 국정운용이 불러온 온갖 사회경제적, 정치적 문제점들이다. 우리는 에스트라다 집권기에 드러난, 그리고 궁극적으로는 에스트라다의 실각으로 이어지는 필리핀 정치경제체제의 본질적 문제점과 사회적 모순, 그리고 정치적 혼란 등을 고려해 볼 때, 라모스 시대의 성공은 오히려 일시적인 예외적 현상이란 느낌마저 가지게 된다. 어쩌면 연구의 초점을 오히려 왜 필리핀이 마르코스 집권기의 혼란과 피플파워 혁명을 겪고 나서도 그로부터 큰 교훈을 얻지 못하고 다시 꼭 같은 잘못을 되풀이하는지, 그리고 이처럼 필리핀이 이러한 고질적인 문제를 반복하게 되는 본질적 원인은 무엇인지, 이런 의문에 답하는 데 맞추어야하는 게 아닌가 여겨진다.

이런 이유로 해서 본 연구는 에스트라다 시대의 파행과 난맥으로 귀결된, 1990년대 필리핀 정치경제체제의 본질적 문제점이 무엇인가를 찾는 데 그 궁극적인 의도가 있다. 또한 이를 통해 우리는 이러한 문제점이 1990년대에만 국한되지 않는 전후(戰後) 필리핀 정치경제체제의 영속적인 문제점의 일단(一端)임도 밝히게 될 것이다. 본 연구가 대상으로 삼는 시기는 1992년부터 2001년까지의 10년간으로 라모스와 에스트라다의 집권기를 포함한다. 그리고 본 연구의 구성과 각 단원별 주제는 다음과 같다. 먼저 제2절에서는 라모스 대통령 집권시기의 경제의 구조조정과 개혁의 노력 및 그 성과에 대해 설명한다. 또한 라모스 시대의 사회적 갈등과 대립은 어떤 형태로 전개되었는지도 간단히 기술한다. 제3절에서는 첫째로 라모스 시대의 개혁의 한계와 문제점에 대해 논의하고, 둘째로 에스트라다 집권기의 파행적 국정운용과 그 사회적 파장에 대해 다룬다. 마지막으로 제4절에서는 라모스-에스트라다 집권기를 통틀어 1990년대의 필리핀 정치경제체제에 나타나는 구조적 속성과 고질적 문제점이 무엇인지, 이러한 문제점이 어떤 식으로 라모스와 에스트라다 시대의 체제 운용으로 드러났는지를 살펴보고자 한다. 이를 통하여 이러한 문제점이 전후 필리핀 정치경제체제의 지속적인 특성과 어떻게 맞닿아 있는지도 논의하게 될 것이다.

2. 라모스 집권기의 경제의 구조조정과 개혁 및 그 성과

1986년 피플파워 혁명을 통해 국민들의 기대를 듬뿍 안고 출범하였던 코라손 아키노(Corazon Aquino, 재임: 1986년 2월~1992년 6월) 정권은 그러나 집권 6년 동안 필리핀 경제에 큰 상처를 남기고 물러나고 만다. 적어도 경제 지표 상으로 본 아키노 집권시기의 성적표는 그리 긍정적이지 못하다.

<표 1> 필리핀의 실질 GDP, 1인당 GDP 및 경제성장률(1982~2001)

(1985년도 불변가격)

연도	GDP (백만 페소)	GDP 성장률 (%)	1인당 GDP (페소)	1인당 GDP 성장률 (%)
1982	653,467	3.6	12,869	1.1
1983	665,717	1.9	12,787	-0.6
1984	616,962	-7.3	11,564	-9.6
1985	571,883	-7.3	10,461	-9.5
1986	591,423	3.4	10,561	1.0
1987	616,923	4.3	10,818	2.4
1988	658,581	6.8	11,216	3.7
1989	699,448	6.2	11,638	3.8
1990	720,690	3.0	11,615	-0.2
1991	716,522	-0.6	11,250	-3.1
1992	718,941	0.3	11,003	-2.2
1993	734,156	2.1	10,961	0.4
1994	766,368	4.4	11,168	1.9
1995	802,224	4.7	11,416	2.2
1996	849,121	5.8	11,810	3.5
1997	893,151	5.2	12,147	2.9
1998	888,000	-0.6	11,815	-2.7
1999	918,160	3.4	11,958	1.2
2000	958,411	4.4	12,222	2.2
2001	989,258	3.2	12,353	1.1

자료: NSCB. *Philippine Statistical Yearbook, 1994.* Table 3.2, 3.7; *Philippine Statistical Yearbook, 2002.* Table 3.2, 3.5[1]

<표 1>에서 보듯이 필리핀 경제는 1987년부터 1989년까지 약간의 성장을 기록하였다가 집권 후반인 1990년부터 침체에 빠져 1990년에 3%, 1991년에는 마이너스 성장을 기록한다. 인구성장률을 고려해 보면 필리핀 경제

---

1) 실질 GDP성장률의 통계치가 자료에 따라 조금씩 다르게 나온다. 예컨대 같은 필리핀 통계조정위원회(NSCB, National Statistical Coordination Board)에서 나온 자료를 인용하였음에도 불구하고 Gochoco-Bautista and Canlas(2003, 84, Table 3.3)를 보면 1986~92년 기간 중 1986년과 1992년을 제외한 다른 연도의 실질 GDP성장률은 0.1 내지 0.6포인트씩 차이가 난다. 그러나 그 차이가 그리 크지 않아 이를 무시하고, 본 연구에서는 NSCB의 통계연감(*Philippine Statistical Yearbook*)에 의존하였다.

는 1990년부터 3년 연속 마이너스 성장을 기록한 셈인데, 1인당 GDP성장률이 보여주듯이 필리핀 경제는 1990년대 들어 오히려 크게 뒷걸음을 치고 말았던 것이다. 이것이 얼마나 실망스런 결과인지는 같은 시기 말레이시아, 인도네시아, 태국 등 이웃의 동남아 주요 국가들의 경제성장률(7~11%)과 비교해 보면 알 수 있다(〈표 2〉 참조). 뿐만 아니라 물가 또한 1990년에 13.2%, 1991년에는 18.5%로 크게 치솟아 국민들의 경제적 고통을 가중시켰다(NSCB 2002, 2.28, 3.8). 아키노로부터 이처럼 어려워진 필리핀 경제를 물려받은 라모스는 1996년 6월 취임 초부터 경제회생에 최대의 역점을 두고, 구조조정 및 개혁 정책을 펼쳐 나갔다.

〈표 2〉 실질 GDP 및 경제성장률: 동남아시아 주요 국가 비교

(괄호 안은 경제성장률, 단위: %)

연도 \ 국가	말레이시아*	인도네시아**	태국***
1990	79,329 (9.7)	263,262 (9.0)	1,945,372 (11.2)
1991	86,149 (8.6)	286,765 (8.9)	2,111,862 (8.6)
1992	92,866 (7.8)	307,474 (7.2)	2,282,572 (8.1)

주 : * 단위: 백만 링깃, 1978년도 불변가격, ** 단위: 10억 루피아, 1993년도 불변가격, *** 단위: 백만 바트, 1988년도 불변가격.
자료: ADB, *Key Indicators of Developing Asian and Pacific Countries, 1999.*

1) 라모스 집권기의 자유시장주의적 경제개혁과 구조조정

라모스는 집권 초부터 '필리핀 2000'(Philippines 2000)이라는 기치 아래 거의 '메시아적 열정'(Bello 2000, 243)으로 경제의 자유화와 탈규제, 민영화 프로그램 등을 수행해 나갔다. 라모스 정권하의 자유시장주의적 경제개혁에는 무역의 자유화, 금융부문의 개혁, 각종 공기업의 민영화, 각 산업

부문에서의 독점체제의 타파와 경쟁체제의 도입 등이 포함된다. 라모스 정부는 먼저 무역의 자유화와 시장 개방을 최우선의 정책목표로 삼고 이를 추진했다. 수입에 대한 제한조치가 해제되고 관세가 완화되는 등 무역이 자유화되었고, 아세안자유무역지대(AFTA, ASEAN Free Trade Area), 아시아태평양경제협력체(APEC, Asia-Pacific Economic Cooperation) 등에도 적극적으로 참여하기 시작하였다(Bello 2000, 244; de Dios and Hutchcroft 2003, 55).[2] 외환과 자본 시장에 대한 자유화와 규제철폐도 이어졌다. 라모스 정권은 1992년 집권하자마자 외환시장에 대한 대부분의 규제를 철폐하였으며, 달러화와 페소화의 교환도 완전히 자유화시켰다. 외국인의 국내 투자 또한 완전히 자유로워져 몇몇 부문을 제외하고는 외국인들의 주식 소유 한도가 100% 제한 없이 허용되었다(Bello 2000, 244, 246). 이로 인해 대규모의 외국 자본이 필리핀 국내로 유입되기 시작하였다. 라모스 시대 이전의 경제성장이 외국의 원조와 차관에 의존한 성장이었다면, 라모스 시대의 경제성장은 국내외 투자, 그 중에서도 특히 외국 자본의 투자에 의존한 성장이라고 할 수 있다. 한편 내국인의 외환 보유에 대한 제한이 해제되어 국내의 수출업자들은 수출 대금으로 받은 외환을 전액 그대로 보유할 수 있게 허용되었다(de Dios and Hutchcroft 2003, 56).

금융 부문에 대한 개혁 또한 적극적으로 추진되었다. 그동안 필리핀의 은행은 소수의 금융 과두가문들(key families)에 의해 지배되어 왔다. 개혁 이전에 필리핀에서는 필리핀인이 소유하는 시중은행이 26개인 반면에 외국계 은행이 4개가 있었다. 이들 필리핀인 소유의 은행은 모두 소수의 국내

---

2) 라모스의 필리핀 정부는 무역자유화를 추진함에 있어서 칠레를 모델로 삼았다. 이들은 칠레가 관세를 전면적으로 11%로 인하한 데 자극을 받아, 자신들은 2004년까지 모든 교역국을 대상으로 (쌀 등 몇 가지 주요 농산물을 제외한) 전 수입 품목에 걸쳐 관세를 일률적으로 5%로 인하한다는 대통령령을 발표했다(Bello 2000, 244).

금융 카르텔에 의해 강력하게 통제되고 있었다.[3] 이러한 상황을 변화시키기 위해 라모스 정권하에서 은행 부문의 구조조정과 개혁을 통해 이들 가문의 손에서 필리핀 금융 산업의 통제권을 박탈하려는 시도가 추진되었고, 금융 시장의 투명성을 제고하려는 새로운 법과 제도적 정비가 이어졌다. 법률 7721호에 의해 필리핀의 금융 부문은 외국계 자본에 완전히 개방되었으며, 그 결과 1996년 9월까지 12개의 외국계 은행이 새로이 문을 열게 되었다 (Bello 2000, 246). 비록 전통적인 금융 카르텔이 완전히 와해되지는 못하였으나(de Dios and Hutchcroft, 2003, 55; Hutchcroft 1998, 240, 248), 금융 부문의 투명성과 경쟁력이 제고되는 등 라모스 집권기의 금융개혁은 상당한 성과를 거두었다고 평가된다. 또한 1993년에는 새로운 중앙은행이 탄생하였다. 엄청난 부채에 시달리던 과거의 중앙은행(Central Bank of the Philippines)을 폐지하는 대신 그 부채(미화 120억 달러)는 국가가 대신 떠맡고, 이를 대체할 새로운 중앙은행인 BSP(Bangko Sentral ng Pilipinas)를 출범시켰다(Hutchcroft 1998, 206-12). 그리고 50년간 폐쇄되어 있었던 보험업 또한 완전 개방되어 1994년부터 100% 외국계 자본의 보험회사가 영업을 할 수 있게 되었다(Bello 2000, 246).

한편 주요 국영회사들이 속속 민영화되었으며 각 산업 부문에서의 과두 지배세력에 의한 독점체제도 허물어졌다. 예컨대, 한 가문에 의해 거의 독점적으로 지배되어, 그동안 비효율적이고 방만한 경영으로 악명 높았던 필리핀의 통신산업이 구조조정을 통해 경쟁체제로 전환되었다(Abrenica and

---

3) 이들의 영향력에 의해 예대금리차가 6%에 달했으며, 이들 은행은 엄청난 수익을 거두었고 반면에 이들 은행에게서 자금을 빌리는 기업들은 높은 대출 금리로 인한 금융비용 때문에 제대로 운용이 힘든 상황이었다. 한국, 대만, 싱가포르, 태국 등 다른 동아시아 국가의 경우 예대금리차가 대개 2%에 지나지 않았음을 감안해 보면, 필리핀 금융부문의 방만한 운용 실태를 짐작할 수 있다. 또한 이처럼 낮은 예금금리로 인해 돈을 가진 많은 필리핀인들이 해외로 자산을 이전하는 등 국부의 해외유출이 이어졌다(Steinberg 2000, 198).

Llanto 2003; Kim 2003). 또한 몇 개의 가문에 의해 과점적으로 지배되던 해운산업과 항공산업 또한 구조조정의 대상이 되었으며(Hutchcroft 1998, 247; Steinberg 2000, 198), 국영기업의 선두주자이었던 정유회사 페트론(Petron)도 민영화되었다(Bello 2000, 244).

라모스 정권은 또한 사회간접자본의 확충을 위해서도 적극적인 노력을 기울였다. 아키노 정권하에서 심각한 사회문제가 되었던 전력난이 라모스 집권기에 들어와 해결되었다. 그전까지만 해도 전력 부족으로 심지어 하루 10시간 제한 송전을 하기도 했었으며, 이로 인해 많은 생산시설이 제대로 가동되지 못하고 외국인들도 투자하길 꺼려했으나, 라모스가 들어선 뒤 이 문제가 해결되었다. 라모스는 필리핀 전력공사(National Power Corporation)의 구조조정을 단행하고 전력 요금을 인상하였으며 새로운 발전소 건설을 서둘렀다. 한편 메트로마닐라(수도권) 지역의 그 악명 높았던 상하수도 시설과 그 운용에도 메스가 가해졌다. 원래 미국 식민지 시대에 미 육군 공병대에 의해 건설되었던 메트로마닐라 지역의 상하수도 시설은 독립 이후 한번도 제대로 손을 대지 않아 낡을 대로 낡아 있었다. 하수도는 전부 개방된 채로 있어 도시의 미관을 해치고 시민들의 위생에도 악영향을 주었으며, 상수도의 수질은 형편없었고 그마저도 수시로 공급이 끊겼다. 라모스 정권은 마닐라 지역의 상하수도 시설을 완전히 재구축하기 위해 국제 공개입찰을 통해 외국의 건설회사를 불러들여 대대적인 정비에 나섰으며, 그 시설 운용 상태를 개선하기 위해 수도권지역 상하수도공사(Metropolitan Water Works and Sewage System)를 민영화시켰다(Steinberg 2000, 199).

2) 라모스 집권기 개혁과 구조조정의 성과

이러한 경제적 개혁과 구조조정의 성공에 힘입어 필리핀 경제는 라모스 집권 하에서 그동안의 무기력과 침체에서 벗어나 활력을 되찾았고, 1994년부터 1997년까지의 기간 동안 연 평균 5%대의 빠른 성장을 보여주었다(〈표 1〉 참조). 또한 필리핀경제는 경제성장률뿐만 아니라 수출 규모와 수출품목의 다변화란 측면에서도 좋은 성과를 보여주었으니, 아래의 〈표 3〉에서 보듯이 필리핀의 총수출액은 1992년의 98억 달러에서 라모스 집권 마지막 해인 1998년에는 295억 달러로 3배가 늘었다. 특히 그 중에서도 제조업 제품의 수출이 크게 늘어 제조업 제품의 수출이 전체 수출에서 차지하는 비중은 1992년 76.6%에서 1998년에는 87.7%로 확대되었다. 특히 전자산업부문의 성장과 이 부문의 수출 기여도는 비약적으로 확대되었던 바, 전기전자통신 제품의 수출은 1992~98년 기간 동안 6배 이상 급성장하였고, 전체 수출에서 차지하는 비중 또한 1992년 겨우 28%에 지나지 않던 것이 1998년에는 58%를 넘었던 것이다. 허치크로프트는 이처럼 라모스 정권의 경제개혁 노력이 아주 '인상적인 성공'(impressive success)을 거두었다면서 "1990년대 중

〈표 3〉 총수출입 및 제조업 제품 수출 규모의 변화(1991~2001)

(단위: 백만 US달러, F.O.B. 기준)

연도	총 수출액	제조업 제품	전기전자통신 제품	총 수입액	무역수지
1991	8,840	6,633 (75.0)	2,293 (25.9)	12,051	-3,212
1992	9,824	7,525 (76.6)	2,753 (28.0)	14,519	-4,695
1993	11,375	9,031 (79.4)	3,551 (31.2)	17,597	-6,223
1994	13,483			21,333	-7,850
1995	17,447			26,538	-9,090
1996	20,543			32,427	-11,884
1997	25,228			35,934	-10,706
1998	29,496	25,861 (87.7)	17,138 (58.1)	29,660	-164
1999	35,037	31,309 (89.4)	21,166 (60.4)	30,742	4,294
2000	38,078	33,988 (89.3)	22,179 (58.2)	31,387	6,691
2001	32,150	28,343 (88.2)	16,707 (52.0)	29,551	2,599

주: 괄호 안은 총 수출액에서 차지하는 비중, 단위: %
자료: NSCB. *Philippine Statistical Yearbook, 1994.* Table 7.3; *Philippine Statistical Yearbook, 2002.* Table 7.1, 7.3.

반에 이르러 라모스의 개혁가들은 자신들의 노력이 가져온 성과 덕분에 국제적으로 찬사를 받았다"고 지적한다(Hutchcroft 1999a, 491). 또한 개혁을 주도했던 라모스 정권 내의 정책당국자들 스스로도 "오랫동안 개혁에 저항해온 정치경제체제를 성공적으로 개혁해 낸 데 대해서 놀라워했다"고 전하고 있다(Hutchcroft 1999a, 483).

한편, 라모스 집권 기간 동안 절대적 빈곤에 처해 있는 계층의 규모는 상당히 축소되어 빈곤 문제의 완화라는 측면에서도 상당한 진전이 있었다. 필리핀에서 최저생계비 수준 이하의 소득밖에 확보하지 못하는 빈곤층 가구가 전체 가구에서 차지하는 비중은 1991년 39.9%에서 1994년에는 35.5%로, 그리고 1997년에는 31.8%로 상당히 줄어들었으며, 절대 빈곤상태에 놓여 있는 인구가 전체 인구에서 차지하는 비중 또한 1991년 45.3%, 1994년 40.6%, 1997년 36.8%로 줄어들었다(NSCB 2002, 2.24-2.25).[4]

그러나 필리핀의 전체 산업구조는 전반적으로 큰 변화를 보여주지 못했으며, 이는 경제의 양적 성장과는 대조적으로 조금은 실망스런 결과이다. 아래의 〈표 4〉에서 보듯이 라모스 집권기 동안 필리핀 산업구조는 2차산업의 비중이 34.4%에서 35.4%로, 서비스산업의 비중이 42.8%에서 45.2%로 약간씩 늘었을 뿐, 눈에 띄는 변화를 보여주지는 못했다. 특히 제조업 부문의 비중은 25%로 거의 변화가 없었던 것이다.[5]

라모스 집권 전반의 이러한 경제적 성과에도 불구하고, 필리핀 경제는 라모스 집권 마지막 해에 불어닥친 아시아 경제위기의 태풍으로부터 자신을

---

[4] 그러나 이러한 진전에도 불구하고 빈곤계층의 비중은 여전히 필리핀 전체 인구의 3분의 1을 넘고 있으며, 이러한 광범위한 빈곤층의 존재는 아직도 필리핀 사회가 안고 있는 여러 사회문제 중 가장 심각한 문제가 되고 있다.

[5] 그러나 건설 부문의 경우는 의미 있는 성장이 있었는데, 건설업이 국내총생산에서 차지하는 비중은 1992년 5%에서 1997년 6.4%로 확대되었으며, 건설부문의 총생산 규모 또한 1992년 362억 페소에서 1997년 573억 페소로 58%의 급성장을 보여 주었다. 이는 아래에서 논의하겠지만 라모스 정권하의 투자 자본이 건설 부문에 집중되었던 것과 깊은 관련이 있다.

온전히 지켜낼 수는 없었다. 1998년 한 해 동안 필리핀 경제는 그 전까지 꾸준히 축적해 나왔던 성장의 잠재력에 큰 손상을 입고 말았으니, 1997년 5.2%를 기록하였던 경제성장률은 1998년에는 마이너스 0.6%로 떨어졌고 실업률은 13.3%를 기록했는데, 이는 경제위기의 타격이 심했던 태국, 말레이시아, 한국보다 더 심각한 것이었다(Bello 2000, 238). 한편 필리핀 페소화는 경제위기 이전의 달러 대비 26페소에서 1998년 9월에는 44페소로 절하되어 태국 바트화보다도 훨씬 더 빠른 절하 속도를 보였다(NSCB 2002, 16.30).

〈표 4〉 필리핀 산업구조의 변화: 산업별 총생산(GDP) 및 그 구성비(1991~2001)

(단위: 백만 페소(1985년 불변가격), 괄호 안은 %)

연도	농수산업	2차산업			서비스업
		2차산업 합계	제조업	건설업	
1991	162,937	248,718	183,111	35,285	304,867
	(22.7)	(34.7)	(25.6)	(4.9)	(42.6)
1992	163,571	247,384	179,947	36,261	307,986
	(22.8)	(34.4)	(25.0)	(5.0)	(42.8)
1993	167,053	251,459	181,289	38,344	315,644
	(22.8)	(34.3)	(24.7)	(5.2)	(43.0)
1994	171,390	265,972	190,374	41,774	329,006
	(22.4)	(34.7)	(24.8)	(5.5)	(42.9)
1995	172,848	283,858	203,271	44,492	345,518
	(21.6)	(35.4)	(25.3)	(5.5)	(43.1)
1996	179,451	302,126	214,613	49,339	367,544
	(21.1)	(35.6)	(25.3)	(5.8)	(43.3)
1997	185,004	320,689	223,672	57,322	387,458
	(20.7)	(35.9)	(25.0)	(6.4)	(43.4)
1998	173,201	313,881	221,151	51,791	400,918
	(19.5)	(35.4)	(24.9)	(5.8)	(45.2)
1999	184,464	316,650	224,667	50,988	417,046
	(20.1)	(34.5)	(24.5)	(5.6)	(45.4)
2000	190,691	332,258	237,271	51,719	435,462
	(19.9)	(34.7)	(24.8)	(5.4)	(45.4)
2001	197,737	336,697	244,082	49,836	454,824
	(19.9)	(34.0)	(24.7)	(5.0)	(46.0)

자료: NSCB. *Philippine Statistical Yearbook, 2002.* Table 3.4.

그러나 이러한 경제지표상의 실망스런 실적보다 더 심각한 문제는 라모스 시대의 경제개혁이 표피적인 경제의 구조조정에만 그치고, 경제의 보다 근본적인 체질 변화나 더 나아가 더욱 근원적이고 포괄적인 정치사회적 개혁을 동반하지 못했다는 점이다. 이는 라모스 시대 경제개혁과 구조조정의 한계이며, 이러한 한계와 문제점에 대해서는 아래에서 상세히 논의하도록 한다.

3) 라모스 시대의 정치사회적 대립의 지평

아키노 정권하의 필리핀 국가를 둘러싸고 서로 대립하고 있었던 여러 사회적 세력 중에 가장 영향력 있는 대표적인 세력을 꼽으라면 다음의 네 집단을 들 수 있다. 즉, ① 급진적인 사회변혁을 추구하던 '필리핀 공산당'(CPP, Communist Party of the Philippines)과 '신인민군'(NPA, New People's Army) 세력, ② 농지개혁 등 사회개혁과 부의 재분배를 주장하는 비정부기구(NGO)와 민중조직(PO, People's Organization)을 중심으로 한 진보적 시민운동 세력, 그리고 이에 맞서는 ③ 정치지향적인 소장파 간부를 중심으로 결성된 '군개혁운동'(RAM, Reform the Armed Forces Movement) 집단을 핵심으로 하는 보수 군부 세력, ④ 아키노의 집권으로 다시 제도권 정치의 장을 장악한 과두지배집단(oligarchy) 세력 등이 그것이다(박승우 2003, 94-96). 이러한 세력 구도는 라모스 정권에서도 그대로 이어졌다. 즉, 라모스 시대의 필리핀의 정치사회적 지평은 국가를 둘러싸고 네 개의 주요 세력이—왼쪽에서 두 개의 진보적 세력이, 오른쪽에서 두 개의 보수적 세력이—국가기구에 대한 영향력을 확보하기 위해 서로 대립하고 있었다고 볼 수 있다.

라모스는 집권 초 이들 네 세력 중 자신의 국정 운용에 특히 장애가 된다고 여겨지던 보다 극단적인 두 개의 세력, 즉 CPP-NPA세력과 소장파 군부 세력을 무력화하는 데 많은 힘을 집중하였다. 라모스는 집권하자마자 제일 먼저 사회주의 세력에 대한 조치에 나서 NPA의 최고지도부를 체포하였다. 그는 한편으로는 공산당과 NPA의 지도부를 무력화시켜 나갔으며, 다른 한 편으로는 이들 세력에 대한 회유와 포섭 정책을 펴 나갔다. 그 결과로 이들 세력은 크게 약화되었다.

한편 아키노 집권기에 수많은 쿠데타 기도로 악명이 높았던 소장파 군부 개혁세력(Timberman 1991, 245-87) 또한 라모스 집권기 동안에 그 세력이 크게 약화되었다. 라모스 자신이 직업군인 출신이었을 뿐만 아니라 라모스 는 대통령이 되기 전 이들 세력의 대부나 다름없었다. 그는 1986년 피플파워 혁명에서 바로 이들 군 개혁세력을 이끌고 마르코스 정권의 전복을 이끌었 던 것이다. 그리고 라모스는 아키노 정권하에서 이들 개혁세력들이 수차례 쿠데타를 일으켰을 때, 아키노 정권과 이들 세력 사이에서 완충역할을 했다. 그는 한편으로는 이들의 쿠데타가 정부의 전복에까지는 이르지 않도록 아키 노 정권을 끝까지 지지하였고, 다른 한편으로는 이들의 쿠데타가 실패로 끝 나자 이들이 반역죄로 처벌받지 않도록 보호하는 역할을 자임하였다. 이들 군 개혁세력에 있어서 라모스의 집권은 이미 절반의 성공이나 다름없었으며, 권위주의적 군부 정권을 꿈꾸고 있었던 소수의 극단적 보수 세력에게 있어 서조차 라모스 정권을 전복하려는 시도는 실현 가능한 대안이 될 수 없었던 것이다. 결국 라모스가 집권한 뒤 반년도 채 되지 않아 소장파 군개혁 세력의 지도자였던 그레고리오 호나산(Gregorio Honasan)이 정부와의 정전 협정 에 서명하면서 '군개혁운동'은 끝을 맺었다(Steinberg 2000, 201-202).[6]

---

6) 한편 호나산은 1995년 5월 총선에서 상원의원으로 당선된다. 여러 차례 쿠데타를 주동하거나 뒤에서 조종한 사람이 처벌받지 않고 정부와 당당히 협상하고, 더 나아가 상원에까지 진출하는 것이 가능한 것이 필리핀의 정치 문화이다. 같은 총선에서 이멜다 마르코스와 마르코스의 아들은 하원에 진출했다. 스타인버그(Steinberg 2000, 196)가 말했듯이 이것이 쉽게 용서해주고 쉽게 잊어 버리는 필리핀 유권자들의 전형적인 '정치적 건망증'일 수도 있겠고, 그게 아니면 필리핀의 정치 경제적 지배집단이 가지는 강력한 구심력일 수도 있겠다. 강력한 흡인력을 가지는 토네이도처럼, 필리핀의 과두적 지배집단은 이념적·정치적 지향이나 배경에 관계없이 누구나―경제적 힘이나

이렇게 필리핀의 정치적 지평에서 두 개의 강력한 세력이 무력화되면서 그와 대조적으로 과두지배집단의 영향력은 더욱 돋보일 수밖에 없었다. 아키노 정권하에서 과거의 영향력을 완전히 회복했던 이들 과두지배엘리트들은 이제 라모스 시대를 거치면서 중앙정치의 영역을 착실하게 장악해 나갔다. 이들은 두 차례에 걸친 총선에서 지속적으로 과두지배 가문의 성원들을 의회에 진출시키면서 꾸준히 과거의 지배력을 복원해 나갔는데, 1995년 총선에서는 글로리아 마카파갈-아로요(Gloria Macapagal-Arroyo),[7] 막사이사이 주니어, 오스메냐 3세, 페르디난드 마르코스 주니어 등 전직 대통령의 자손들을 포함한 과두지배엘리트들이 의회에 진출하였다. 대선과 함께 치러진 1998년의 총선에서는 아키노가(家),[8] 코후앙코가,[9] 마르코스가, 로무알데스가,[10] 레빌리아가 등 과두지배 가문의 구성원들이 줄지어 상하원에 입성하거나 주지사, 시장 등에 당선되어 지방정치를 장악하게 되었다. 이렇게 하여 과두지배집단의 중앙의회와 지방정치에 대한 장악은 꾸준히 지속되었던 것이다(Steinberg 2000, 196, 212-13). 이처럼 의회와 정당정치를 장악한 구 과두지배엘리트들은 라모스가 시도하였던 여러 가지 정치적, 사회적 개혁 프로그램을 좌절시킨다. 라모스는 취임 초에 행한 "필리핀 2000: 우리의 발전전략"이라는 연설에서 "필리핀이 다른 동아시아 국가들보다 크게 뒤지

지역적 기반, 전국적 명성을 가져서 선거에 당선될 만한 사람이면 어느 누구나—필요하면 빨아들여 동질화시키고 순치시켜 하나의 단일의 지배집단을 만들어내는 힘을 가진 것인지도 모르겠다.

7) 1960년대 초반 필리핀 대통령을 지낸 디오스다도 마카파갈(Diosdado P. Macapagal, 재임: 1961년 12월~1965년 12월)의 딸이자 현 필리핀 대통령(재임: 2001년 1월~현재).

8) 베니그노 아키노 주니어(Benigno Aquino Jr.) 전 상원의원(마르코스의 정적으로 1983년 8월 마르코스에 의해 암살됨)과 그의 아내인 코라손 아키노(Corazon Aquino) 전 대통령의 집안

9) 코라손 아키노 전 대통령의 본가(本家)이자 에두아르도 코후앙코 주니어(Eduardo Cojuangco, Jr.)의 집안. 코후앙코는 마르코스와 에스트라다의 크로니(crony)로 유명하며, 필리핀 최대의 맥주회사인 산미겔(San Miguel)의 소유주이다.

10) 마르코스(Ferdinand E. Marcos, 재임: 1965년 12월~1986년 2월) 전 대통령의 부인인 이멜다 마르코스의 본가

게 된 가장 큰 이유는 바로 국가를 마음대로 쥐고 흔드는 과두지배집단의 정치적 영향력 때문"이라면서 "이들이 경제를 왜곡시키고 정부를 비효과적으로 만든다"고 주장하였다. 그러면서 그는 이들이 주도하는 낡은 경제체제를 무너뜨리는 야심 찬 개혁 프로그램을 수행할 필요성을 역설하였다.[11] 그러나 라모스의 집권기간 동안 그의 이러한 의도와 노력은 큰 성과를 거두지 못했던 것 같다. 라모스가 이 연설을 행한 지 3년 뒤, 라모스의 최측근이자 그의 안보보좌관으로 개혁 프로그램을 진두지휘해 왔던 알몬테(Jose Almonte)는 필리핀의 국가기구는 여전히 매우 취약하며 과두지배세력의 영향력 하에 놓여 있다고 실토하지 않을 수 없었던 것이다.[12]

3. 라모스 집권기의 개혁의 한계와 에스트라다 집권기의 난맥상

1) 라모스 집권기의 개혁의 한계와 필리핀 정치경제체제의 문제점

라모스 정권이 그 최우선 과제로 추진하였던 경제개혁은 완전히 만족스런 결과만 가져온 것은 아니었다. 라모스 정권은 무엇보다도 외환과 자본시장 정책에서 큰 정책적 오류를 범하였는데, 그 결과 외국의 투기자본이 대규모로 유입되었고 1997년 외환위기 이후 이들 투기자본이 빠져나가면서 그로

---

11) Fidel V. Ramos, "Philippines 2000: Our Development Strategy," A Speech to the First Multisectoral Forum on Science and Technology, Metro Manila, January 21, 1993 (Hutchcroft 1998, 2-3에서 재인용).

12) Jose T. Almonte, "Building State Capacity for Reform," A Speech to the Philippine Economic Society, Manila, February 9, 1996(Hutchcroft 1998, 3, 254; Hutchcroft 1999a, 485; de Dios and Hutchcroft 2003, 57 등에 인용되어 있음).

인해 큰 사회경제적 파장을 겪게 되었다. 이는 필리핀 경제의 고질적인 특성인 '이권추구 자본주의'(rent-seeking capitalism)의 문제점을 다시 한번 드러내 주는 결과였다.

취임 초 경제의 개방과 자율을 가장 중요한 지침으로 내걸었던 라모스 정권은 이러한 개방과 자유화의 원칙을 자본과 외환시장에 대한 그들의 정책에도 가감 없이 적용했다. 1992년부터 필리핀의 자본시장은 외국자본에 아무런 보호장치 없이 노출되게 된다. 라모스의 취임 초부터 필리핀 정부는 외국자본 유치와 수출 활성화를 위해 외환 시장에 대한 규제를 풀기로 결정하였다. 외국계 투자 자본에 대해서 페소화와 달러화의 교환을 완전 자유화함으로써 국내에 들어온 외국자본이 일정한 수익을 얻으면 언제든지 떠날 수 있도록 허용하였다.[13] 한편 외국자본의 투자 유치를 활성화하기 위해서 1995년부터 환율은 달러화에 고정되었고(1달러=26~27페소 안팎),[14] 외국인들은 페소화의 절하를 전혀 걱정하지 않고 필리핀에 투자할 수 있게 되었다. 이러한 조건들이 성숙되자, 이전까지 필리핀 시장을 외면해 왔던 외국자본이 필리핀 시장으로 몰려들기 시작했다. 특히 1985년 플라자 합의 이후 1980년대 후반에 주로 태국과 인도네시아 등으로 몰려들었던 일본계 자본이[15] 라모스 집권 이후 필리핀이 자본시장에서 자유화 정책을 펴나가자 이제 필리핀 시장으로 몰려들었다. 필리핀은 또한 1993년부터 국제 금융시장

---

13) "이윤, 배당금, 자본 등의 완전하고 즉각적인 송금(full and immediate repatriation of profits, dividends, and capital)"이 가능하게 되었다(Bello 2000, 246).
14) 1991년부터 1997년 중순까지 필리핀 페소화의 US달러 대비 환율은 25~28달러 사이에서 크게 벗어나지 않았다. 그러나 1997년 8월 말에 30페소대를 넘어선 환율은 1998년 1월에는 40페소대를 넘어섰다. 각 연도별 평균 환율은 다음과 같다. 1995(25.7), 1996(26.2), 1997(29.5), 1998(40.9), 1999(39.1), 2000(44.2), 2001(51.0) (NSCB 2002, 16.30)
15) 1985년부터 1990년까지 일본의 동남아시아에 대한 직접투자(FDI, foreign direct investment)의 규모는 총 150억 달러에 달했으며(Bello 2001, 136), 이 중에 태국과 인도네시아에 대한 투자자본의 규모는 각각 37억 달러와 31억 달러였다. 반면 같은 기간 동안 필리핀에 대한 일본의 투자 규모는 7억 5천만 달러 수준에 지나지 않았다(Bello 2000, 242).

에서 채권을 발행하기 시작하였으며, 새로이 구조조정을 마친 필리핀의 주식시장으로 많은 외국 자본이 흘러 들어왔다.[16] 은행들은 앞 다투어 무분별한 외화 차입에 나섰으며, 라모스 집권 다음 해부터 급증하기 시작한 외국계 투자자본의 유입은 1996년 절정에 달해 외국인 단기 투기성 간접투자(portfolio investment) 자본의 순유입 규모만 해도 한해 50억 달러가 넘는 상황이 연출되었다(Bautista and Tecson 2003). 한편, 1993~97년 기간을 통틀어 필리핀으로 몰려든 외국인 간접투자 자본의 총규모는 194억 달러에 달했다(Bello 2000, 241-47; Esguerra 1997).[17]

그러나 문제는 이들이 1980년대 초반과 달리 실물자본 형태의 직접투자(FDI)나 장기 투자 자본이 아니라 주로 민간의 투기적 성격의 단기 투자 자본이었다는 데 있었다. 이들은 언제든지 일정한 수익을 올리면 이를 달러로 바꾸어 빠져나갈 준비가 되어 있는 그런 성격의 자본이었고, 또한 필리핀의 자본시장과 외환시장의 자유화정책은 이를 현실적으로 가능케 해 주었다. 이로 인한 첫 번째 문제는 1997년 아시아 경제위기가 외환위기로부터 시작되었을 때, 필리핀에 들어온 투기 자본들도 썰물처럼 빠져나갔으며 그로 인해 필리핀경제가 큰 어려움을 겪었다는 점이다(de Dios and Hutchcroft 2003, 56-57). 다음의 인용문은 이러한 상황을 잘 요약하고 있다.

"환율이 고정됨으로써 [국내 은행의] 해외로부터의 차입에 있어서나, 위험도가 높은 채권·주식시장에 대한 외국자본의 투자에 있어서 우려되는 외환 부담이 거의 사라지게 되었다. 그 결과 외채는 크게 증가하였다. 그러나 마르

---

16) 1994년에 두 개의 증권거래소가 하나로 통합되는 등 필리핀 주식시장 또한 큰 규모의 구조조정을 겪었다(de Dios and Hutchcroft 2003, 55).
17) 반면 장기적인 직접투자(FDI)의 규모는 매우 미미하여, 이 기간 중에 이루어진 전체 외국인 투자자본에서 간접투자가 차지하는 비중이 75% 내지 90%에 달했다 한다(Bondy 1997; Bello 2000, 247에서 재인용).

코스 시대와는 달리 차입의 주체는 공공부문이 아니라 민간부문이었다. 결국 모든 조건이 다 갖추어진 셈이다. 1997년 타이 바트화가 무너지자 페소화도 이에 동조하여 무너져 버렸던 것이다. 그리하여 그동안 공격적으로 해외 차입에 나섰던 많은 은행과 기업들이 엄청난 도산에 직면하게 되었다"(de Dios and Hutchcroft 2003, 57).

그런데, 이보다 더 큰 문제는 1993~97년 기간 동안 필리핀에 이렇게 엄청난 규모로 유입된 자본들이 별로 생산적으로 사용되지 못하고, 주로 비생산적인 부문에 투자되었다는 점이다. 이들 외국계 투기자본은 자본회전율이 낮고 수익성이 떨어지는 제조업이나 농업 분야보다는 단기에 고수익을 보장해주는 주식시장, 소비자 금융, 건설업, 부동산 개발 및 레저 산업 등에 투자되었으며(Bello 2001, 138-139), 그 결과로 인해 이미 1995년부터 필리핀 주식시장과 부동산시장에는 거품이 끼기 시작했다는 것이다. 이 점과 관련하여 벨료(Bello 2000, 248)의 다음과 같은 설명은 새겨들을 만하다.

"필리핀 은행들은 너도 나도 외화 차입에 뛰어들었다. 그러나 이렇게 빌린 돈들이 제대로만 쓰였더라도 크게 염려스런 상황은 발생하지 않았을 것이다. 불행하게도 이들 은행들은 이 자금을 정말로 생산적인 경제부문에 투자하는 대신에 소비자금이나 부동산 개발 등에 대출하는 투기적 행태를 보였던 것이다. 은행 대출이 엉뚱한 곳에 집중되었다는 것은 다음과 같은 사실로도 뚜렷이 증명된다. 건설 부문이 계속해서 호황을 누린 반면에, 공업 생산은 1996년 연 17%성장에서 1997년에는 마이너스 2.3%로 급격히 무너졌던 것이다……. 사실상 부동산 부문 등의 수익성이 [제조업이나 농업 부문보다] 월등히 높다 보니까, 많은 제조업 기업들이 달러화를 빌려서는 재투자를 하거나 연구 개발하는 데 투자하지 않고 주식시장이나 부동산 시장에서 이를 굴렸는데, 이런 사실은 그리 놀랄 일도 아니었다."

이처럼 중장기적으로 투자해야 하고 수익의 환원에 오랜 시간이 걸리는 제조업부문보다는 부동산이나 주식시장으로 돈이 몰려들어, 고층 아파트나

콘도미니엄이 과잉 공급되고 리조트나 골프 코스 등이 무분별하게 개발되었으며 주식시장이 이상 활황을 보이는 등 경제의 불균형적이고 기형적인 성장이 나타났던 것이다. 우리는 이러한 라모스 집권기의 외국 자본의 유입과 그 투자 행태가 가지는 '이권추구 자본주의'적 문제점에 대해서 아래에서 다시 한번 검토해 보겠다.

한편, 라모스 시대 필리핀 경제의 큰 성과로 꼽히는 것이 제조업의 성장, 그 중에서 특히 전자산업의 발달과 전자제품의 수출 증대이다(〈표 3〉 참조). 그러나 이러한 필리핀 전자산업의 성과 또한 문제점이 없지 않았다. 총수출의 증가 속도보다 총수입의 증가 속도가 훨씬 빨랐고, 그러다 보니 무역수지는 큰 폭의 적자를 기록하게 되었다. 〈표 3〉에서 보는 바와 같이 라모스 집권 기간 동안 무역수지 적자폭은 크게 확대되어 집권 초에 50억 달러에 못 미치던 무역수지 적자가 1995년에는 91억 달러, 1996년에는 119억 달러, 1997년에는 107억 달러를 기록하였던 것이다. 이러한 무역수지의 악화는 경제의 '펀더멘틀'(기본 여건)이 튼튼하지 않은 바탕 위에서 이루어진 수출 증대가 오히려 그보다 더 빠른 수입 증대를 가져왔기 때문이다. 필리핀의 주력 수출상품인 전자제품의 경우 부품의 수입의존도가 70~80%로 매우 높아 수출이 늘어나면 그만큼 수입이 늘어날 수밖에 없었다. 그리고 수입의존도가 낮은 전통적인 필리핀의 기간산업, 예컨대 섬유의복 등이 전체 수출에서 차지하는 비중은 크게 떨어졌다. 이러한 사정이 결합되어 무역수지는 라모스 집권기간 동안 크게 악화되었던 것이다(Bello 2000, 250).

라모스 시대의 개혁프로그램을 분석하는 사람들은 당시 필리핀에 필요했던 개혁이 경제의 구조조정과 자유화뿐만 아니라 다른 정치사회적 측면에서의 개혁도 포함되었어야 하는 것으로 본다. 이들은 필리핀에 필요했던 개혁 프로그램을 대략 다음과 같은 네 가지로 구분한다(de Dios and Hutchcroft 2003, 57-58; Hutchcroft 1999a, 485-87; Lipton 1995, 1-3). 즉, ① 경제의 자유화 또는 시장개혁(market reform), ② 재분배를 위한 개혁 또는 사회적 개혁(social reform), ③ 정치개혁(political reform), ④ 제도적 개혁(institutional reform) 등이 그것이다. 이 중 첫 번째, 경제의 자유화 또는 시장개혁은 이미 앞에서 상세히 고찰한 바 있는데, 라모스 정권하에서 가장 집중적으로 시도되었고 상당한 성과도 거두었다. 그러나 나머지 세 부문에서의 개혁은 아예 제대로 시도되지도 않았거나 혹은 기본적으로 실패했다고 평가되어진다.

우선 위에서 말하는 두 번째의 '재분배를 위한 개혁' 또는 '사회적 개혁'은 보다 많은 "보상과 접근권, 여타의 권리, 신용공여, 그리고 식량과 소득 등을 보다 가난한 계층에로 이전하고, 이들 빈곤층의 부담과 의무, 장애를 줄이는 일"(Lipton 1995, 1-3)을 포함한다. 즉, 빈곤을 완화시키고 계층 간의 격차를 줄이고, 부를 재분배하는 일을 말한다. 여기에는 도시 빈민을 위한 프로그램도 포함되나, 특히 농지개혁이 그 핵심적인 프로그램이 된다. 농지개혁을 통해 농촌의 소작농민과 토지 없는 농민들에게 토지를 배분해 주는 일이 무엇보다 중요한 것이다. 그러나 라모스 정권하에서 농지개혁은 정책우선순위에서 밀려나 있었으며, 라모스 정권의 빈부격차 해소와 재분배를 위한 '사회개혁 아젠다'는 매우 비효과적이었다(Hutchcroft 1999a, 491). 라모스 정부가 빈곤을 완화하겠다는 주장은 많이 했으나, 이는 구두선으로만 그쳤을 뿐 실제로 구체적인 정책이 마련되어 집행되지는 못하였다. 이처럼 불평등과 빈곤 문제를 완화시키는 개혁 또는 재분배를 위한 개혁에 관한 한 라모스 정권은 낙제점을 면치 못한다.

이는 경제적 수치상으로도 잘 드러난다. 앞에서 언급한 것처럼 라모스 집권기간 동안 전체 빈곤계층의 규모는 약간 축소되었으나 불평등이 완화된 것은 아니었다. 계층 간의 빈부 격차는 오히려 더 늘어났으니, 필리핀의 지니계수(Gini Coefficient)는 1994년 0.4507이던 것이 1997년에는 0.4872로 오히려 증가하였다(NSCB 2002, 2.23). 이는 동아시아의 다른 나라들과 비교해 보면 더욱 두드러진다. 〈표 5〉를 보면 알 수 있듯이 1997년 필리핀 빈곤층

인구의 비중은 36.8%로 필리핀은 동아시아에서 라오스와 베트남을 제외하
면 가장 빈곤층이 두터운 나라이다. 이를 말레이시아의 8%, 인도네시아의
18.2%, 태국의 12.9%와 비교하면 그 심각성의 정도를 짐작할 수 있다. 더구
나 필리핀 농촌의 빈곤층 인구 비율이 50%를 넘는다는 사실은 매우 심각한
문제가 아닐 수 없다. 한편 지니계수(0.49)도 말레이시아와 더불어 동아시아
에서 가장 높다. 또한 '영양섭취가 절대적으로 부족한 인구의 비율'(24%)은
라오스와 캄보디아 등 과거에 사회주의 국가였던 두 나라를 제외하고는 동
남아시아에서 가장 높게 나타나고 있다. 이처럼 부의 재분배가 제대로 이루

〈표 5〉 동아시아 각국의 빈곤 수준 비교

국가별	빈곤층 인구 비중*				소득격차			영양부족 인구***	
	전체	도시	농촌	(측정 연도)	소득 5분위 배율**	지니 계수	(측정 연도)	'90-92	'96-98
라오스	46.1	24.0	53.0	(1993)	4.2	0.30	(1994)	29	28
말레이시아	8.0	…	…	(1998)	12.0	0.49	(1995)	3	…
미얀마	…	…	…		…	…		10	7
베트남	37.0	9.0	45.0	(1998)	5.5	0.35	(1998)	27	19
싱가포르	…	…	…		8.5	0.39	(1993)	…	…
인도네시아	18.2	15.1	20.2	(1999)	5.6	0.36	(1996)	9	6
캄보디아	36.1	29.9	40.1	(1997)	5.4	0.38	(1997)	43	37
태국	12.9	1.5	17.2	(1998)	9.7	0.44	(1999)	28	21
필리핀	36.8	21.5	50.7	(1997)	9.0	0.49	(1997)	26	24
몽고	35.6	34.1	32.6	(1998)	…	0.35	(1998)	34	42
중국	6.7	…	6.7	(1996)	7.9	0.40	(1998)	16	9
한국	4.5	4.6	4.4	(1984)	4.5	0.28	(1997)	…	…

주: * 빈곤층에 속하는 인구가 전체 인구에서 차지하는 비중(단위: %)
   ** '소득 5분위 배율'은 소득수준 최상위 20% 계층의 평균 소득을 최하위 20% 계층의 평균
   소득으로 나눈 수치임.
   *** 최소한의 영양 섭취를 하지 못하는 인구가 전체 인구에서 차지하는 비중(%)
   … 자료가 없거나, 수치가 아주 낮아 무시해도 좋은 경우
자료: ADB. *Key Indicators of Developing Asian and Pacific Countries.* 2000년, 2003년 자료.

어지지 못하고 빈곤문제에 제대로 대처하지 못해서 먼저 국내 산업 기반과 내수시장이 제대로 발전하지 못했고, 빈곤층과 중산층의 골은 더욱 깊이 파였으며, 결국 이러한 계급격차(class divide)가 아래에서 다시 언급하겠지만, 에스트라다 시기의 혼란을 더욱 확대시킨 원인(遠因)의 하나를 제공하였던 것이다.

세 번째의 '정치개혁'이란 상당히 복합적이고 다면적인 것이지만 그 핵심은 정치체제의 민주화 또는 민주성 제고일 것이다. 이런 의미에서 정치개혁을 좁게 해석하면 주기적인 선거와 정치지도자의 원활한 교체, 다원적 정당제도의 존재 등 형식적인 민주화를 말하는 것이겠으나, 이 점에 관한 한 마르코스의 권위주의체제를 청산한 피플파워 이후의 필리핀 정치체제는 크게 나무랄데가 없다. 그러나 민주적 정치체제란 것을 좀더 넓게 해석하면, 국가와 제도 정치권(의회, 정당, 정치엘리트 등 정치사회 전반)이 '국민'들의 진정한 의사와 기대에 얼마나 적극적으로 반응하고 그들의 이해관계를 얼마나 잘 반영하는가에 달려 있다고 하겠다. 이때 '국민'들의 의사와 이해관계란 단순히 특정 계층이나 집단, 또는 특정 지역 주민들의 특수이익(particular interests)이 아니라 사회 전반의 보편이익(universal interests), 즉 공익을 말하는 것으로 봐야 한다. 물론 무엇이 보편이익이고, 무엇이 특수이익인가를 구분해내는 것은 말처럼 그리 간단한 일은 아니다. 그러나 적어도 필리핀이라는 사회의 사회적 상황을 고려해 볼 때, 과두지배집단의 특수이익만을 반영하는 체제는 민주적 정치체제와는 크게 거리가 멀어 보인다. 오히려 사회 하층계급이나 빈민층의 이해관계가 더 적극적으로 반영되어야 민주적 정치체제라 할 수 있을 것이다. 이런 점에서 허치크로프트(Hutchcroft 1999a, 486)가 필리핀에서의 정치개혁을 "그동안 [정치과정에서] 소외되어 왔던 사회세력의 더 많은 정치참여를 유도해 내고 이들의 요구에 더욱 민감하게 대응할 수 있도록 선거체제와 정당체제, 의회체제를 재구조화하는 노력"이라고 규정한 것은 수긍이 가는 바이다. 다시 말해서 여기서 말하는 정치개혁은 과두지배집단의 오래된 영향력으로부터 국가기구와 제도권 정치의 영역(의회와 정당, 지방정치)을 보다 자유롭게 하는 것, 그리고 정치과정에 이들의 특수이익보다는 사회 전반의 보편이익이 보다 더 많이 반영되도록 하는 것 등을 의미할 것이다. 이런 점에서 보자면, 라모스 시대에는 제대로 된 정치개혁이 시도되지 못했다고 봐야 할 것이다. 라모스 시대의 필리핀 정치체제의 근본적 한계와 문제점에 대해서는 아래에서 더 자세히 논의하기로 한다.

마지막으로 네 번째의 '제도적 개혁'이란 주로 정부 관료기구의 제도적 변화를 통해 국정운용의 효율성을 기하고 국가역량(state capacity)을 증대하는 데 그 관건이 있다. 이러한 개혁은 '약한 국가'(weak state)로서의 필리핀 국가기구의 한계를 극복하는 일이기도 하다. 여기에는 유능한 인재를 국가 관료로 등용하고 국가재정을 확충하는 등 국가의 인적·물적 자원의 양과 질을 제고하는 일, 정부 관료들의 무능력과 부패를 개선하는 일, 공사(公私)구분이 불철저하고 공복정신이 결여되어 있는 필리핀 관료사회의 가산제적(patrimonial) 문화를 바꾸는 일 등이 포함될 것이며, 보다 구체적으로는 조세 제도라든가 사법 제도의 개혁 등이 포함될 것이다. 라모스는 집권하자마자 건전한 국가재정의 운용을 위해 조세제도의 개혁을 추진하였다(Steinberg 2000, 197). 그러나 조세제도의 개혁이 가져온 성과에 대해서는 의견이 엇갈리며, 조세제도 외에 라모스 시대에 제도적 개혁을 위한 어떤 체계적인 시도가 이루어졌다는 보고는 전혀 없다.

이처럼 라모스 집권기간 동안 경제개혁을 제외한 나머지 세 가지 개혁은 모두 제대로 시도되지 못하였으며 거의 성과를 거두지 못했다. 이 중에서 세 번째와 네 번째의 개혁은 바로 필리핀의 국가역량의 부족과 필리핀의 국가기구 및 정치체제의 문제점과 직결된다. 나중에 다시 논의하겠지만 라모스-에스트라다 시대 필리핀 사회의 가장 큰 문제점 중의 하나가 바로 국가와 정치체제의 취약성이며, 또한 이처럼 취약한 국가·정치체제가 필리핀경제의 '이권추구적' 성격을 더욱 부추기고 경제에 커다란 부담이 되고 있다는 점이다.

2) 에스트라다 시대의 부패와 난맥상 및 필리핀 정치경제체제의 문제점

1998년 5월 대통령 선거에서 라모스 대통령 밑에서 부통령으로 있던 조셉 에스트라다(Joseph Ejercito Estrada)가 대통령으로 당선된다. 잘 알려져 있다시피 그는 전직 영화배우로서 주로 B급 영화에서 부유한 하시엔다(hacienda) 농장주나 중국인 상인에 맞서 가난한 사람들을 위해 싸우는 영웅으로 묘사되곤 했다. 뿐만 아니라 그 자신 또한 평범한 중하층계급에서 태어났으며, 그러기에 그에게는 가난한 사람들의 벗이요, 그 자신 평범한 서민이라는 이미지가 늘 따라다녔다.[18] 그는 또한 술과 도박을 매우 즐겼으며 화려한 여성 편력으로도 유명하다. 이런 점에서 그의 대중적 이미지가 돈후안(Don Juan)과 로빈후드(Robin Hood)의 절묘한 배합이라는 스타인버그(Steinberg 2000, 210)의 묘사는 매우 적절한 것이라 하겠다.

그러면 에스트라다가 1998년 대선에서 승리한 데는 어떤 요인들이 작용했으며, 그의 승리는 필리핀 정치에서 어떤 의의를 갖고 있을까. 우리는 다음과 같은 몇 가지를 지적할 수 있다. 우선 첫째로 그는 1998년 대선에서 기득권층과 과두 지배집단에 맞서서 하층민과 서민들을 대변할 수 있는 지도자로 부각되었다. 에스트라다의 가장 큰 정치적 지지 기반이 바로 필리핀의 거대한 빈곤층과 하층 서민들이었으며, 에스트라다는 그동안 엘리트와 중상층이 지배하는 필리핀 정치에서 철저히 소외되어 왔던 이들 계층의 '이루어지지 못했던' 소망을 대신 이루어 줄 것이라는 기대를 업고 대권을 장악하였던 것이다. 둘째로 그의 당선은 1986년 피플파워 혁명 이래로 '전통적인 정치인' 또는 뜨라뽀(trapo)들을 꺼려하는 필리핀 유권자들의 성향이 그대로 반영된 결과이기도 하였다.[19] 새로운 정치를 추구하려는 필리핀 유권자

---

18) 필리핀 대중들은 그를 에랍(Erap)이라는 별명으로 즐겨 부른다. 에랍(Erap)은 타갈로그어로 친구(pare)를 거꾸로 읽은 것이다. 즉, 에스트라다가 '일반 서민들의 친구'라는 것이다.
19) 뜨라뽀는 영어로는 '전통적 정치인'(traditional politicians)의 약자이면서 동시에, 스페인어, 타갈

들의 욕구는 적어도 피플파워 이후의 역대 대통령 선거에 그대로 반영되었는데, 코라손 아키노는 대통령이 되기 전만 해도 구(舊) 정치인의 범주에 넣기는 곤란한 인물이었고, 1992년 대선에서 1위를 차지한 라모스는 전직 군 장성 출신이었으며, 2위를 차지한 미리암 산티아고(Miriam Santiago)는 법조인 출신이었던 것이다(de Dios and Hutchcroft 2003, 59, n.32). 따라서 에스트라다의 당선은 이처럼 필리핀에서 새로운 정치를 열망하는 시대적 흐름의 연장선상에 있었던 것이다. 셋째로 그의 당선은 필리핀의 '인물 중심의 정치'(personalized politics)의 결과물이기도 하다. 정당이나 정치지도자의 정강 정책이나 공약보다는 특정 개인의 명성이나 이력 등 인물 위주로 투표를 하는 필리핀 정치 문화(Timberman 1991, 22)가 그의 당선에 크게 일조했다고 볼 수 있다. 부통령이 되기 전 그는 마르코스 시절에 메트로마닐라 내 산후안(San Juan)의 시장을 오랫동안(17년간) 역임했으며, 그 후 상원의원을 8년간 역임했다(Laquian and Laquian 2002, 8).[20] 그러나 부통령직 6년을 포함한 그의 30여 년간에 걸친 공직생활에도 불구하고, 그는 행정가나 관리자라기보다 본질적으로 정치인이었으며, 대규모 조직의 관리경험이 거의 없다고 해도 과언이 아니다. 결국 그의 대통령 당선은 배우로서, 그리고 '배우 출신 정치인'으로서 그가 가지고 있었던 전국적 지명도와 인기, 그리고 그의 다듬어지지 않은 언행과 흥미로운 사생활이 가져온 대중적 관심 등이 결합되어 만들어진 것이라 하겠다. 마지막으로 지적할 수 있는 것은 그의 대통령 당선은 한편으로는 이처럼 '인물 위주의 정치'라는 필리핀의

로그어로 '더러운 걸레조각'이라는 뜻을 가지고 있어, 필리핀 사람들이 기성 정치인들을 경멸적으로 부를 때 즐겨 사용하는 용어이다.

20) 필리핀의 특별행정구역의 하나인 '수도권지역'(NCR, National Capital Region), 즉 메트로마닐라(Metro Manila) 또는 마닐라 광역시는 13개 시(city)와 4개 읍(municipality) 등 도합 17개의 지방자치구역으로 구성되는데, 이들은 우리나라의 서울특별시를 구성하는 각 구(區)에 해당된다고 볼 수 있다. 13개 시 중에는 마닐라, 케손시티, 마카티, 파사이시티 등이 있고, 산후안은 4개의 읍 중의 하나이다.

전형적인 정치문화의 산물이기도 하지만, 다른 한편으로는 전통적인 필리핀 정치와는 궤를 달리 하는 요소에 의해 가능할 수 있었던 측면도 있다는 점이다. 그의 명성이나 인기는 전통적인 정치인들이 사용해 온 방법으로 획득한 것이 아니었다. 그는 매스 미디어를 잘 활용하여 그의 이미지를 구축해 나갔으며, 대중들에게 직접 어필해 나갔다. 이는 전통적인 정치인들이 자신의 지방 근거지에서 차곡차곡 정치적 기반을 다져 나간 연후에, 중앙 정치의 장에 진출하여 서서히 전국적인 명성을 가진 정치인으로 성장해 가는 전형적인 양식을 거부한 것이었다. 그도 비록 산후안의 시장을 오래 역임하긴 했으나, 이는 전통적인 성격의 '지방 거점'과는 거리가 멀다. 오히려 그는 자신의 전국적인 지명도와 인기, 이미지를 이용하여 바로 중앙 정치의 핵심부를 공략해 들어갔던 것이다. 이 점에서는 전통적인 정치인들의 정치세력 확대 전략과는 상이한 것이라 하겠다.

그러나 서민의 대통령, 보통 사람이라는 이미지로 대통령에 당선되었음에도 불구하고, 그리고 기성 정치엘리트들과의 차별성을 무기로 하여 대권을 장악했음에도 불구하고, 대통령이 된 뒤의 에스트라다와 그의 정권이 취한 일련의 행보는 그의 서민적 이미지와는 거리가 멀어도 한참 멀었으며, 필리핀 정치체제와 정치문화의 고질적 특성을 다시 한번 적나라하게·드러내 준 또 하나의 전형적 사례가 되고 말았다. 에스트라다의 집권 기간 2년 8개월(1998년 6월~2001년 1월)을 한 마디로 표현하라면 2C로 표현할 수 있다. 여기서 말하는 2C란 바로 부패(corruption)와 크로니이즘(cronyism)이다. 대통령 캠페인과 당선 직후의 정책 공약에서 수도 없이 되풀이했던 '빈민을 위한 정부', 그리고 '재분배를 위한 사회개혁'은 단순한 수사(修辭)로 끝나고 말았고, 에스트라다가 궁극적으로 혜택을 준 집단은 자신과 자신을 둘러싼 친인척과 측근, 그리고 정치자금을 대준 크로니(crony) 기업가들뿐이었다. 에스트라다로부터 혜택을 입은 크로니들 중에는 새로이 부상한 자신의 측근 기업가들뿐만 아니라,[21] 심지어 과거 마르코스 시절부터 필리핀의 '이권추구 자본주의'의 메커니즘을 최대한 활용해서 자신의 부와 권력을 추구해 왔던 구(舊) 크로니들도 포함된다.[22] 이들은 모두 1998년 대선에서 에스트라다에게 막대한 선거자금을 제공하였다고 알려져 있다.[23]

에스트라다는 집권 이후 이들 크로니들에게 권력을 이용하여 막대한 혜택을 아주 방만하게 제공하였다. 그는 집권 초부터 이미 에두아르도 코후앙코, 루시오 탄, 단테 탄, 루시오 코 등 자신에게 선거자금을 대준 몇몇 소수의 크로니 기업인들이 만든 인(人)의 장막에 둘러싸여져 있었다.[24] 에스트라다 정부는 예컨대, 코후앙코에게 필리핀의 대표적인 대기업인 산미겔 회사(San Miguel Corporation)의 소유권을 돌려주는 결정을 내렸다. 또한 에스트라다의 가장 큰 정치 자금줄인 루시오 탄을 위해서는 필리핀 항공산업에 새로운 규제를 도입함으로써 탄의 필리핀항공에 막대한 혜택을 주기도 하였다. 뿐만 아니라 사법 당국에 압력을 가해 당시 세금 포탈과 주식시장 조작 혐의로 조사를 받고 있던 자신의 크로니들에 대한 사법처리도 유야무야로 끝내게 했다. 2000년 8월에는 루시오 탄에 대한 소득세 추징 관련 소송을 교묘히 연기시킴으로써 그에게 250억 페소의 세금을 탈루하도록 하였다(Laquian

---

21) 여기에는 통상 치노이(Chinoy)로 불리는 중국계 필리핀인 기업가들이 주로 포함되는데, 단테 탄(Dante Tan), 루시오 코(Lucio Co), 조지 고(George Go), 에두아르도 림(Eduardo Lim) 등이 그들이다(Laquian and Laquian 2002, 12).

22) 이들 구 크로니의 대표적인 인물이 에두아르도 코후앙코이다. 그는 1980년대 마르코스 시절의 악명 높았던 크로니들의 전형적인 인물로서, 마르코스의 계엄정권 하에서 필리핀의 코코넛 산업을 거의 독점하다시피 하였다.

23) 필리핀항공(PAL, Philippine Airlines)의 최대 주주인 루시오 탄(Lucio Tan)의 경우 선거자금으로 15억 페소를 기부하였다 한다(Laquian and Laquian 2002, 11). 이는 1998년 5월 당시의 환율(US$1=39.297페소)을 적용하면 미화 3,817만 달러에 해당하고, 원화(US$1=1,400원 정도)로 계산하면 534억 원이 넘는다.

24) 이들은 에스트라다의 사업 파트너이자 술과 도박의 친구로, 에스트라다 정권하에서 주요 정책은 공식적인 국무회의에서 결정되는 것이 아니라, 에스트라다가 이들 크로니 사업가들과 벌이는 밤의 파티에서 주로 결정되곤 하였다. 그런 점에서 이들은 '밤의 내각'(midnight cabinet)이라 불리었으며, 에스트라다에게는 '밤의 대통령', 또는 '야행성 대통령'(nocturnal president)이란 바람직하지 않은 호칭이 따라다녔다(Tordesillas 2000, 17).

and Laquian 2002, 16).[25] 그 외에 대기업의 흡수 합병에도 관여하여 이를 자신과 가까운 크로니 기업가들에게 유리하게 변경시키는 데 압력을 행사하기도 하는 등, 에스트라다는 국정의 최고책임자요 공공이익의 수호자가 아니라, 소수의 크로니 집단의 특수이익을 보호하는 대변자 노릇을 해 왔던 것이다(de Dios and Hutchcroft 2003, 60).

이러한 정경유착과 정실주의적 전횡과 탈법 외에 특히 에스트라다가 필리핀 국민들의 분노와 원성을 더욱 샀던 것은 자기 자신의 개인적 축재를 위한 부정부패 및 탈법 행위와 그의 방만하고 비도덕적인 사생활 때문이었다. 그는 수많은 기업들을 실질적으로 통제하고 있었으며 엄청난 규모의 부동산을 취득하는 등 막대한 부를 축적했는데, 이를 전부 자신의 정부(情婦)들과 그 가족 등의 이름으로 숨겨 두었다. 에스트라다는 본부인인 루이사 피멘텔(Luisa Pimentel)에게서 3명의 자녀를 둔 외에도 기아 고메스(Guia Gomez), 라르니 엔리케스(Laarni Enriquez) 등 5명의 정부에게서 9명의 자녀를 두고 있는 것으로 알려져 있다. 2000년 7월에 발표한 필리핀진실규명언론센터(PCIJ, Philippine Center for Investigative Journalism)의 조사보고에 따르면 에스트라다의 가족(그의 처첩과 자녀)은 모두 66개 회사에 투자하고 있었는데, 그 중에 31개가 그가 부통령에 재직 중일 때 설립되었고 11개가 대통령에 취임한 뒤에 설립된 법인체들인 것으로 드러났다. 이들 66개 회사의 총자본금은 모두 8억 9,340만 페소에 달하는데, 이 중 대통령과 그 가족이 소유하는 자본금은 1억 2,150만 페소 정도의 규모라고 한다(Coronel 2000c, 42; Laquian and Laquian 2002, 16). 2000년 11월에 나온 PCIJ의 또 다른 보고서에 따르면 에스트라다와 그 가족은 메트로마닐라, 타가이타이(Tagaytay),

---

25) 2000년 연평균 환율은 US$1=44.194페소=1,131원으로 1페소는 원화로 약 25.6원이다. 250억 페소는 미화 약 5억 6,570만 달러에 해당하고, 원화로 6,400억 원에 달한다. (아래에도 이 환율을 그대로 적용한다.)

바기오(Baguio) 등지에 총 17개의 호화저택을 소유하고 있었는데, 이 모두가 1998년 이후에 취득한 것이며 총 시가가 무려 20억 페소(원화 512억 원)에 달한다고 한다(Coronel 2000a, x; Laquian and Laquian 2002, 17). 이런 식으로 치부한 에스트라다의 총 재산은 대략 600억 페소(원화 1조 5,360억 원)에 달하는 것으로 추정되며, 그 중 33억 페소 이상을 비밀 은행계좌에다 넣어 두고 있었던 것으로 알려지고 있다(Laquian and Laquian 2002, 28).

에스트라다의 전횡과 탈법, 그리고 부정부패는 여기에서 그치지 않는다. 에스트라다의 실각에 결정적인 치명타가 된 것은 소위 훼뗑게이트 (Jueteng-gate)란 것인데, 훼뗑(jueteng)이란 숫자를 사용하여 하는 불법도박으로, 이 게임은 불법임에도 불구하고 아래로는 마을의 이장이나 파출소장에서부터 시장, 군수, 경찰서장을 거쳐 위로는 상원의원 등 고위 정치인과 국립경찰청의 고위 간부에 이르기까지 필리핀 전역에서 수많은 권력자들의 비호 하에 광범위하게 이루어지고 있었다(Coronel 2000b). 그런데 이 불법도박 조직으로부터 에스트라다가 수억 페소의 상납금과 정치헌금을 받았다는 사실이 드러났던 것이다. 2000년 10월 9일 그의 오랜 측근이자 남(南)일로코스(Ilocos Sur)주 주지사였던 싱손(Luis Singson)은 대통령이 불법적인 도박 게임을 운용해 온 전국적인 신디케이트 조직의 실질적인 운영자이며, 이 조직으로부터 4억 페소(원화 102억여 원)의 뇌물을 정기적으로 상납 받았다고 폭로하였다. 뿐만 아니라 대통령이 정부의 세금 중 일부(1억 3천만 페소)를 자신의 개인 계좌로 입금해 왔다는 사실도 증언을 통해 드러났다(de Dios and Hutchcroft 2003, 60; Laquian and Laquian 2002, 17-18). 싱손의 증언은 그렇지 않아도 들끓던 여론에 기름을 붓는 효과를 가져왔다.

에스트라다의 무분별하고 전방위적인 탈법과 부정부패, 그리고 비도덕적인 실체가 하나하나 밝혀지자 시민사회의 분노는 커져 갔고, 그의 하야를 요구하는 시민들의 시위가 끊이지 않았다. 사회는 점점 더 불안정해지고 그 때까지만 해도 안정적이었던 경제는 크게 요동을 치게 된다.[26] 환율은 2000

년 하반기에 들어서면서 빠른 속도로 올라 미국 달러 대비 환율이 2000년 6월 42.6페소에서 7월에 44.4페소, 9월에 45.7페소, 11월에 49.8페소, 다음해 1월에는 51페소로 급상승하였다(NSCB 2002, 16.30). 또한 주식시세가 곤두박질치면서 주식시장도 무너졌다. 싱손의 폭로가 있은 지 3일 뒤 하이메 신(Jaime Sin) 추기경과 아키노 전 대통령이 에스트라다의 퇴진을 요구하였고, 부통령이던 아로요(Gloria Macapagal-Arroyo)가 대통령에 대한 항의의 표시로 사임해 버린다. 결국 10월 18일, 의회가 그의 탄핵을 논의하는 과정에 들어가게 되는데, 필리핀 하원은 2000년 11월 탄핵안을 의결하여 상원에 회부하게 된다. 그러나 문제는 상원이 이 탄핵안을 2001년 1월 16일, 11대 10, 1표 차이로 부결시키고 말았다는 것인데, 이 상황이 일반 시민들의 분노를 촉발시켜 사회적 혼란이 걷잡을 수 없을 정도가 되고 말았다. 마침내 에드사(EDSA)에서는 또 다시 제2의 피플파워 혁명이 일어났고,[27] 에스트라다에 대해 정치권 전체가 등을 돌리고 자신이 뽑은 각료들마저 대부분 사임하는 사태가 벌어졌으며, 마침내 군부와 경찰의 지도부마저 대통령에 대한 충성을 철회하고 반대세력에 합류하게 된다. 결국 에스트라다는 1월 20일 말라까냥 궁을 떠나는 결정을 내리게 되고, 후임으로 부통령이었던 아로요가 대통령직을 승계하게 되었던 것이다(Laquian and Laquian 2002, 36-62).

---

26) 에스트라다 집권 기간 동안 경제는 크게 나쁘지 않았다. 경제성장률은 1999년 3.4%, 2000년 4.4%로 완만하게나마 상승세를 보여 주었고(〈표 1〉 참조), 환율은 1998년 하반기에서 2000년 상반기 사이 달러당 38~44페소대를 벗어나지 않았다(NSCB 2002, 16.30), 물가 또한 1999년 6.7%, 2000년 4.3%로 크게 오르지 않았다(NSCB 2002, 2.28). 그러나 이처럼 안정적이었던 경제도 2000년 후반부터는 크게 흔들리는 모습을 보여준다.

27) 에드사(EDSA)는 Epifanio de los Santos Avenue의 약자로 메트로마닐라의 1차 외곽순환도로에 해당하는 간선도로이다. 이 도로를 따라 남쪽에서부터 마카티(Makati), 만달루용(Mandaluyong), 산후안, 케손시티 등의 중심업무지구와 고급주택지구 등이 펼쳐지고, 이 도로상에 필리핀 국군사령부가 있는 캠프 아기날도(Camp Aguinaldo)가 있다. 1996년 2월의 피플파워 혁명이 이 도로를 중심으로 이루어져 피플파워 혁명이란 말 대신에 '에드사 I'이라 부르기도 하는데, 이를 빌어 2001년 2월의 피플파워 혁명을 '에드사 II'라고 부르기도 한다.

우리는 여기에서 에스트라다의 등장 자체가 비록 과거의 필리핀 정치와 여러 가지 면에서 다른 새로운 점을 내포하고 있었음에도 불구하고, 에스트라다 정권의 부정부패와 정실주의, 그리고 국정의 난맥상 등은 결국 전후 필리핀 정치경제체제의 지속적이고 고질적인 문제점이 다시 그대로 노정된 결과라는 점을 지적하지 않을 수 없다. 전후 필리핀의 국가체제와 정치경제체제의 일관된 특성이라 할 수 있는 '국가 역량의 취약성', '필리핀 국가와 정치체제의 가산제적 성격' 그리고 필리핀 경제의 '이권추구 자본주의'적 성격(박승우 2003) 등이 다시 한번 재현되었던 것이다.

한 가지 마지막으로 더 지적하고 싶은 것은 에스트라다의 등장과 퇴장을 둘러싸고 나타난 필리핀 계급지평의 구도에 관한 사항이다. 에스트라다의 등장, 그리고 그의 퇴장 이후 벌어진 일련의 사태를 보면 에스트라다 집권기의 계급 간 대결 구도가 예사롭지 않았다는 사실을 알 수 있다. 먼저 그의 등장의 배경에 필리핀 사회의 하층계급과 빈곤층의 지지가 있었다는 사실은 앞서 지적한 대로이다. 필리핀의 심각한 수준의 빈부격차와 거대한 규모의 빈곤층, 그리고 이들의 점증하는 사회경제적 욕구 등이 에스트라다라는 이질적인 존재를 대통령에 당선시키는 데 결정적인 기여를 하였다고 할 수 있다. 뿐만 아니라 이들 빈곤층은 그가 권좌에서 쫓겨난 뒤에도 끊임없이 그의 복귀를 요구하며 폭력적인 시위를 주도하였다.[28] 특히 2001년 4월과 5월에는 마닐라의 빈민들로 이루어진 수십만 명의 시위대가 며칠에 걸쳐 대규모의 폭동을 일으켰다(de Dios and Hutchcroft 2003, 64). 반면에 에스트라다의 퇴진을 요구하는 사람들의 계급위치는 주로 중상층과 지식인 및 엘리트층에 포진해 있다. 2001년 1월 '피플파워 2' 시위에 참여한 사람들의

---

28) 서민의 벗, 빈민의 희망으로 시작한 에스트라다 집권기에 빈곤은 오히려 늘어났으니, 빈곤 계층이 전체 인구에서 차지하는 비중은 1997년 36.8%에서 2000년 39.4%로 오히려 상당한 정도 증가하였다(NSCB 2002, 2.25).

계급위치를 분석한 한 보고서에 따르면 시위 참가자의 3분의 2가 중산층 또는 상층 엘리트들이었다는 것이다(Bautista 2002). 이처럼 필리핀의 중상층과 하층계급은 에스트라다의 퇴진을 둘러싸고 서로 완전히 대조적인 입장을 보여주는데, 이는 최근 들어 필리핀에서 하층계급과 여타의 계급 간에 정치사회적 입장 차이가 선명하게 나타나기 시작하고 있다는 해석을 가능하게 한다. 사실 마르코스 이후 10여 년간 경제발전과 개혁을 위한 국가적 노력이 있었지만, 빈곤 퇴치와 사회경제적 불평등의 완화 등 보다 심각한 사회경제적 문제점에 관해서는 전혀 근본적인 치유가 이루어지지 않았다. 이처럼 사회경제적 특권과 부의 재분배를 위한 개혁 노력의 부재는 필리핀으로 하여금 1990년대 말에 이르러서도 여전히 심각한 빈부격차, 거대한 빈곤층의 존재, 계급양극화, 계급 간 갈등의 증폭 등의 문제로 고뇌하게 만들었으며, 이는 에스트라다의 등장과 그의 몰락, 그리고 에스트라다 이후 시대에도 계속되는 사회적 불안정의 원인 중 하나를 제공하고 있다고 하겠다.

4. 필리핀 정치경제체제의 근원적 문제점에 대한 논의

아래에서는 이러한 라모스와 에스트라다 집권기의 필리핀 정치경제체제의 여러 가지 문제점을 크게 두 가지로 나누어 좀더 자세히 살펴보기로 한다. 먼저 필리핀의 국가기구와 정치체제가 안고 있는 취약성과 가산제적 성격 등이 지적될 것이고, 필리핀 경제의 이권추구적 성격에 대해서도 논의될 것이다.

1) 국가기구와 정치체제의 취약성과 문제점

우선 아무래도 먼저 필리핀 국가기구가 안고 있는 '약한 국가'(weak

state)로서의 근본적 한계부터 지적하지 않을 수 없다. 전후 필리핀의 국가체제가 약한 국가의 특성을 띠고 있다는 데 대해서는 많은 학자들이 동의한다 (Doronilla 1994; Hutchcroft 1991; Wolters 1984). 라모스와 에스트라다 집권기의 필리핀의 국가 또한 약한 국가의 범주에서 벗어나지 못한다. 그러면 '강한' 국가란 무엇이며, '약한' 국가란 무엇인가. 박승우(2003, 75-77)는 국가의 힘(state power) 또는 역량(state capacity)을 '내적(內的) 역량'과 '외적(外的) 영향력(또는 자율성)'의 둘로 나누고, 전자는 국가의 관료기구와 법제도의 발달 정도, 국가의 재정적 자원의 크기, 국가 관료사회의 조직문화, 국가관리자 집단의 동질성과 결속력, 국정 운용의 효율성과 체계성 등의 요인들에 달려 있고, 후자는 국가기구가 사회 내의 특정 계급이나 이익집단 및 사회 제 세력의 의지나 이해관계로부터 얼마나 자유로울 수 있는가에 달려 있다고 본다. 즉 국가의 내적 역량이 높다는 것은 국가 관료제도가 잘 발달되어 있고 체계적이고 효율적으로 운용된다는 것을 의미하며, 국가의 외적 영향력 또는 자율성이 크다는 것은 국가기구가 사회 내의 특정 세력 또는 특수이익으로부터 자율적이라는 것이다. 여기에서 주의할 것은 강한 국가가 모두 선(善)이고, 약한 국가가 모두 악(惡)은 아니라는 점이다. 강한 국가가 민주성을 결여할 경우 권위주의적 국가의 형태를 취할 수 있으며, 약한 국가가 민주적 정치체제와 잘 결합되어 운용될 수도 있는 것이다. 우리는 이러한 점보다는 필리핀이라는 사회의 특수한 맥락에서 약한 국가가 안고 있는 문제점에 주목하고자 한다. 즉 전후 필리핀의 사회경제적 발전의 궤적을 고려해 볼 때, 허약한 국가역량과 낮은 국가 자율성은 필리핀의 국가기구로 하여금 발전의 견인차가 되기는커녕 오히려 경제에 큰 부담으로 작용하게 만든다는 결론을 내리지 않을 수 없다는 것이다. 라모스 대통령 자신도 여러 차례 지적한 바 있듯이 라모스 시대에도 여전히 필리핀의 국가는 '외적으로' 과두 지배집단의 영향력에 억눌려 있었고, '내적으로는' 관료기구의 역량을 높이는 제도적 개혁을 제대로 추진하지 못한 결과, 무능과 부패, 비효율 등 허약성을 노정시켰던 것이다. 그리고 에스트라다 시대에는 여기서 한걸음 더 나아가 국가가 극소수의 특정 집단, 즉 에스트라다의 크로니들의 사적 이익에 의해 완전히 유린되는 상황을 연출하였던 것이다.

한편, 에스트라다 시대의 부패와 난맥상은 필리핀 국가기구와 정치체제의 가산제적(patrimonial) 성격을 여실히 드러내어 준 하나의 에피소드였다고 하겠다. 필리핀은 공사(公私) 구분이 모호하고 공적(公的) 이해관계와 사적(私的) 이해관계가 쉽게 융합되어 버리는 그런 문화를 가지고 있다 (Hutchcroft 1991; 1998; Steinberg 2000, 1-3; Timberman 1991, 22-25; Wurfel 1988, 5). 이는 국가와 정치체제의 운용에도 그대로 이어져, 공직이 개인적 점유물로 여겨지고 공적 업무가 사적 이해관계를 확대하는 활동의 연장선상에 놓여 있으며, 선거에서의 승리가 가문의 위세와 영향력을 담보하는 계기로 인식되고, 국가의 자원이 사적 점탈(plunder)의 대상으로 여겨지는 그런 정치문화, 조직문화를 가지고 있다. 필리핀의 가산제 국가는 또한 객관적이고 공정한 기준에 의거하지 않고 자의적이고 사적인 기준을 적용하여 특정의 개인에 대해 특혜를 부여하는 정실(情實)주의(favoritism)를 특징으로 한다(Hutchcroft 1998, 15). 필리핀은 라모스 시대에 여러 가지 경제개혁은 시도되었으나, 국가와 정치체제의 가산제적 성격을 고치려는 어떤 체계적인 노력도 이루어지지 않았고, 이는 결국 에스트라다 시대의 극단적인 가산제적 전횡과 부패라는 문제로 이어지고 말았던 것이다. 에스트라다 시대야말로 마르코스 시대와 더불어 필리핀의 가산제적 정치문화와 가산제 국가의 문제가 가장 극단적으로 표출된 사례라 하겠다. 필리핀 국가·정치체제의 이러한 '가산제적' 성격은 아래에서 논의할 필리핀 경제의 '이권추구적' 성격과 어우러져 필리핀 정치경제체제에 치명적인 약점을 형성하고 있다.

또 하나 필리핀 정치체제의 오랜 문제점 중의 하나에 '포크배럴(pork barrel) 정치'의 전통이 있다. '포크배럴'(돼지밥통)이란 정부가 의회 의원들에게 나누어주는 선심성 예산 또는 정부 보조금을 말한다. 이 보조금을 의원들은 도로, 교량 등 사회기반시설의 건설을 포함하여 자신의 지역구의 현안 사업을 시행하는 데 사용한다. 어느 나라든지 이러한 의회 의원들의 지역구 사업을 위한 보조금 예산은 있기 마련이다. 그러나 필리핀에서는 이러한 '포크배럴'이 과두 정치엘리트들의 부패와 후견 정치(patronage politics)의 수단으로 사용된다는 데 문제가 있다. 라모스 집권기에도 이러한 포크배럴 정치의 문제점은 전혀 개선되지 않았으며 오히려 어떤 면에서는 그 규모가 더욱 커졌다. 라모스 집권기에 국가 연간 예산 중에서 의회 의원들의 재량으로 지역구의 선심성 사업 집행을 위해 쓸 수 있도록 특별히 배정된 예산은 해를 거듭할수록 증액되어 1996년에는 거의 260억 페소(10억 달러)에 달했으며(de Dios and Hutchcroft 2003, 58; Hutchcroft 1998, 252), 1998년에는 550억 페소에 달했다(Rocamora 1998, 14). 이들은 국토개발기금(CDF, Countrywide Development Fund)이니, 의회추진배정예산(CIA, Congressional Initiative Allocation)이니 하는 명목으로 의원들에게 나누어졌다. 문제는 이렇게 나누어진 국가의 자원이 정말 필요한 곳에 엄밀하고 적확하게 투입되어 지역 발전을 위해 쓰이지 못하고, 필리핀 정치의 가산제적 전통으로 인해 의원 개개인의 개인적 필요성에 따라 불요불급한 곳에 선심성으로 마구 퍼부어지는 등 비합리적으로 사용되었다는 데 있다. 필리핀의 정치인들은 이들 보조금을 자신의 후원-수혜(patron-client) 네트워크를 더욱 공고히 하고 자신의 영향력을 확대하는 수단으로 사용하였던 것이다. 뿐만 아니라 이들 보조금의 상당 부분이 정치엘리트들의 개인적 치부 또는 정치자금으로 새어나갔다. 1998년 필리핀 정부 예산 당국자는 CDF와 CIA의 45%가 의회 의원들의 개인 호주머니로 들어갔다고 폭로하였다 (Rocamora 1998, 10-14).

2) 이권추구 자본주의와 경제체제의 문제점

라모스 시대의 경제성장은 특히 외국으로부터의 투자 자본에 힘입은 바 크다. 문제는 라모스 집권기에 몰려들어온 외국인 자본의 대부분이 단기적 투기성 자본이었고, 이들이 흘러들어간 곳이 대부분 비생산적인 투기적 산업 부문이었다는 것이다. 이러한 라모스 시대 필리핀 경제의 한계는 '이권추구 자본주의'라는 개념으로 설명할 수 있을 것이다.

'이권추구 자본주의'(rent-seeking capitalism)란 그 사회의 경제활동의 근간이 이권(利權, rent)의 특혜적 배분을 통해 경제적 이득을 취하는 활동을 중심으로 이루어지는 그런 형태의 자본주의 경제체제나 관행을 말한다. 이러한 체제하에서는 경제활동의 초점이 이권의 배분에 맞추어지며, 이권의 배분은 시장경제의 합리적 메커니즘에 의해 이루어지기보다는 정치적으로 이루어지는 경향을 보인다. 그리고 이렇게 배분된 이권은 생산적으로 활용되기보다는 비생산적으로 활용되기 십상이다. 이처럼 이권추구 자본주의 체제 하에서는 경제활동이 '생산적인 활동'보다는 '비생산적인 활동' 또는 '정치적'인 활동에 집중된다. 베버(Weber 1978, 240)가 언급한 것처럼 이권추구 자본주의 하에서는 새로운 부를 창출하는 데 돈을 투자하고 노력을 경주하기보다는, 이미 생산된 부를 어떻게 배분할 것인가에 더 관심을 가지고, 그 몫을 최대화하는 데에다 돈을 투자하고 노력을 집중하는 것이다 (Andreski 1983, 9; Hutchcroft 1998, 19). 다시 말해서, 이권추구 자본주의의 핵심적 특성은 '비생산적 활동'을 통해서 부를 추구하는 것, '정치적' 영향력에 기대어 부를 추구하는 것에 있다.

여기서 말하는 이권추구(rent-seeking) 활동을 보다 넓은 의미로 해석하면 모든 형태의 비생산적 활동, 또는 불로소득을 추구하는 활동이 다 포함되겠지만,[29] 그러나 우리가 보통 '이권추구 자본주의'를 운운할 때 이는 대개 국가의 행위와 직접 또는 간접적으로 연관된다(Evans 1995, 23-24). 즉, 이권추구 자본주의는 국가의 사회경제적 개입과 밀접한 관련이 있으며, 이 글에서 말하는 '이권'(rent)은 국가의 정책, 의사결정 및 활동과 관련되어 주로 발생하는 것이다.30) 예컨대 개별기업 또는 산업부문에 대한 국가의 재정적 또는 행정적 지원, 은행 등을 통해 간접적으로 주어지는 특혜 융자, 정부가 발주하는 각종 사업에 대한 시행의 권리나 수입허가권 등의 배정 등이 대표적인 이권이 되겠고, 그 외에 외환의 배정, 특정 산업에의 진입을 제한하되 국가의 허가를 획득한 경우에만 허용하는 것, 수입에 대한 관세 장벽 또는 제한 조치(Evans 1995, 23) 등도 이권을 창출하는 방법이 되겠다. 이러한 이권의 발생은 종종 시장의 왜곡을 동반한다. 허치크로프트(Hutchcroft 1998, 14)는 "이권은 국가가 시장의 작동을 억제할 때 발생한다"고 했다. 즉, 국가가 시장에 개입했을 때 발생하며, 국가가 시장의 오류와 왜곡을 시정할 때보다는, 오히려 국가가 시장을 왜곡시킬 때 주로 발생한다는 것이다. 이권은 또한 이처럼 국가 내부에서만 발생하는 것은 아니고, 외국의 경제적, 군사적 원조나 차관, 외국인 직접투자 또는 간접 투자 등 국가 외부로부터 발생하기도 한다. 그러나 이들 이권 또한 국가의 정책 및 의사결정과 긴밀한 관련을 가진다. 이러한 이권의 역사적 예로 우리나라의 경우 해방 직후의 적산(敵産)의 불하, 1950~70년대 미국으로부터의 경제·군사적 원조와 1960년대 일본으로부터의 차관 등의 국내 배분, 1970~80년대 은행의 재벌기업에 대한 특혜 융자 등을 들 수 있겠다(김윤환 외 1981; 이대근·정운영

---

29) 이렇게 이권추구 행위를 폭넓게 해석하면 토지나 건물의 임대료 등 문자 그대로 rent(지대)도 여기서 말하는 '이권'에 포함되겠으며, 모든 종류의 불로소득 생활자 또는 지대생활자(rentier)가 모두 이러한 이권추구적인 경제활동에 종사하는 사람에 포함될 것이다. 그리고 경제활동인구의 상당수가 생산적인 활동보다는 이자나 지대, 배당 등 불로소득을 추구하고 주식이나 부동산 투자에 치중할 경우 이를 '이권추구적' 경제체제라 부를 수 있을 것이다.
30) 국가기구가 이권 배분의 중심 기제가 되므로 이권추구적 활동에서 국가기구에 대한 장악, 또는 영향력의 행사가 관건이 된다. 크루거(Krueger 1974, 293)가 "정부기구에로 진입하려는 경쟁[즉, 국가 관료가 되고자 하는 경쟁]은 부분적으로는 이권(rent)을 위한 경쟁이다"라고 한 것은 이런 이유에서이다.

1984; Hart-Landsberg 1993, 138-225).

이러한 이권의 예를 전후 필리핀의 역사적 사례에서 살펴보면, 먼저 미국의 경제·군사 원조와 차관, 헉(Huk) 등 공산주의 게릴라 소탕을 위해 지원된 '반군(叛軍)진압 지원자금'(counterinsurgency support), 클라크, 수빅 등 미군 기지 사용료 등이 중요한 이권에 해당되겠고, 1970~80년대 '외채의존적 성장'(debt-driven growth)을 추구했던 마르코스 권위주의 정권 하에서는 특히 외국의 원조나 차관의 배정이 무엇보다 가장 중요한 이권이 되었다. 그 외에 독립 이후 1970년대 초까지의 가장 대표적인 이권으로는 무엇보다도 미국의 특혜관세체제에 힘입어 미국 시장에 매우 우호적인 조건 하에 진입할 수 있었던 필리핀의 농산물 수출로부터 발생한 대규모의 초이윤(windfall profit)을 들 수 있겠다. 물론 이러한 수출 농업으로부터 발생한 이윤은 정상적인 '생산적' 활동으로부터 발생한 것이라고 볼 수도 있으나, 이것이 국가의 대외 교역정책 또는 대미 관계에서 파생한 시장의 왜곡 또는 '비정상적' 시장 상황으로부터 발생했다는 점에서는 이권으로 간주해도 무방할 것이다.

전후 필리핀의 경제체제는 이러한 이권추구 자본주의의 틀에서 크게 벗어나지 못하였으며, 라모스 정권하의 필리핀 경제 또한 예외가 아니었다.31) 라모스는 그의 취임연설에서 "생산에 기여하는 사람을 희생시켜서 그 대신 생산에 기여하지 않는 사람들에게 보상을 주는 경제체제", "정치적 영향력

---

31) '이권추구 자본주의' 또는 이와 유사한 개념틀을 사용하여 필리핀의 경제를 분석한 시도들로는 허치크로프트(Hutchcroft 1991; 1998), 요시하라(Yoshihara 1988) 등이 있다. 허치크로프트는 '부티 자본주의'(booty capitalism)라는 용어를, 요시하라는 의사(擬似)자본주의(ersatz capitalism)라는 용어를 사용한다. 그런데 허치크로프트의 '부티 자본주의'는 이권추구 자본주의의 두 가지 유형 중 하나로 '가산제적 과두제 국가'(patrimonial oligarchic state) 하에서의 경제체제만을 가리킨다 (Hutchcroft 1998, 18-21; 1999a, 474-77). 본 논문에서 이권추구 자본주의란 용어는 이보다 좀더 포괄적인 의미로 쓰였으며, 비생산적이고 투기적 성격의 자본주의를 의미하는 보다 느슨한 개념으로 보면 되겠다.

을 가진 사람이 하나의 노력도 기울이지 않고서도 경제로부터 부를 추출해 낼 수 있는 그런 경제체제"를 비난하였는데(de Dios and Hutchcroft 2003, 55; Hutchcroft 1999a, 483), 이때 그는 바로 필리핀경제의 '이권추구적' 성격을 비난한 것이었다. 그러나 라모스의 이런 자각에도 불구하고, 그리고 라모스시대의 필리핀 경제가 많은 성과를 기록하였음에도 불구하고, 라모스 정권하에서도 필리핀 경제는 고질적인 이권추구 자본주의의 성격을 탈피하지는 못하였다. 정부의 자본과 외환시장의 자유화 정책은 외국의 투자자본이 들어오는 데 호조건을 만들어 내었고, 라모스 집권기간 동안 막대한 외국인 투자자본이 밀려들어왔다. 마르코스 시대의 이권추구 자본주의에서는 외채가 이권의 주종을 이루었다면, 라모스 시대에는 외국인 투자자본, 특히 간접투자자본이 이권의 주종을 이룬 셈이다. 필리핀의 기업가 등 경제주체들은 이렇게 유입된 이권의 배분에 너나없이 몰려들었으며, 더욱 심각한 문제는 이렇게 배분된 해외의 투기자본이 부동산, 레저 산업 등 주로 비생산적인 부문에 투자되었다는 데 있다.

이권추구 자본주의의 또 다른 하위 유형의 하나는 정실(情實)자본주의(crony capitalism)이다. 정실자본주의는 이권추구 자본주의에서도 특히 극단적 형태로, 이권의 배분이 직접적이고 노골적으로 이루어지며 경제적 기준이 아니라 정치적, 개인적, 자의적(恣意的) 기준에 따라 이루어지는 것으로, 주로 국가 최고지도부의 가족이나 친인척, 측근, 또는 이와 가까운 기업인 등 소위 크로니(crony)들을 중심으로 이권이 배분되는 형태의 경제체제를 말한다. 마르코스 권위주의정권 하에서의 필리핀 경제체제는 이러한 정실자본주의의 전형적인 모습을 보여주었다(박승우 2003, 86-92; Aquino 1999; Canoy 1984; Manapat 1991). 이러한 정실자본주의가 마르코스가 물러난 뒤 10여 년 뒤인 에스트라다 시대에 다시 재현된 것이다. 이런 점에서 에스트라다 시대의 필리핀 경제는 역사의 시계바늘을 거꾸로 되돌려 마르코스 시절로 다시 회귀한 느낌마저 준다.

5. 요약 및 결론

　　라모스 정권하의 여러 가지 개혁 정책은 서로 상반되는 평가가 존재함에도 불구하고 넓은 의미에서는 실패했다고 볼 수 있다. 특히 그의 정치적, 사회적 개혁 프로그램은 완전히 실패했다고 봐야 하는데, 그 이유는 무엇보다도 이러한 개혁을 추진하는 데 필요한 국가 관료제기구의 역량이 크게 부족했다는 점과 과두지배엘리트 세력이 의회 및 제도권 정치의 영역에서 강력한 영향력을 유지하면서 국가의 개혁 노력이 보다 포괄적이고 전향적인 방향으로 확대되는 데 강력히 저항하였다는 점에 있다. 국가의 역량을 강화하기 위해서는 체계적이고 과감한 제도적 개혁이 지속적으로 추진되었어야 하며, 이는 마르코스의 실각 이후 아키노가 집권하면서부터 시작하였어야 할 일이다. 그러나 아키노 집권 6년 내내 필리핀의 국가기구는 수많은 쿠데타의 위협 등 내홍과 외환에 시달렸으며, 제도적 개혁을 위한 프로그램의 추진은 엄두도 내지 못하였다. 라모스 또한 앞서 언급한 대로 국가의 역량을 강화하기 위한 체계적인 프로그램을 갖지 못하였다. 라모스 시대의 경제적 개혁이 비록 부분적 성과를 거두었음에도 불구하고, 이것이 지속적인 효과를 내지 못한 데에는 바로 능률적이고 효과적인 국가 관료 제도를 정비하기 위한 제도적 개혁 노력이 부족한 데 그 큰 이유가 있는 것이다. 한편, 라모스 정권의 경제 개혁과 구조조정의 프로그램은 경제성장률의 제고 등 나름대로 상당한 성과를 거두었다. 그러나 그럼에도 불구하고 자본과 외환시장에 대한 정책에서는 상당한 문제점을 드러내었으니, 지나친 외국인 단기 투기자본의 유입 등은 경제에 큰 거품을 발생시켰고, 이는 필리핀 경제의 전통적인 이권추구적 성격과 맞물려 비생산적인 경제부문의 비대 성장, 불균형적인 성장을 초래하였던 것이다.

　　라모스 시대의 사회개혁에 대한 실망감은 에스트라다에 대한 기대로 전환되었고, 이는 그의 대선 승리를 이끄는 데 큰 변수로 작용하였다. 에스트라다는 하층계급과 빈민들을 위한 정책과 경제적 재분배를 위한 개혁을 추진하고 구 과두지배세력과 기성 정치엘리트들에 대항할 수 있는 새로운 정치지도자로 부각되었다. 그러나 그 또한 이러한 기대에 부응하지 못하고 실패하고 말았는데, 그의 실패 뒤에는 필리핀의 국가 기구의 역량 부족이란 변수가 다시 한번 크게 작용한다. 즉 국가 최고 지도부의 자질 부족과 전횡 등을 상쇄할 만큼 필리핀의 국가 관료기구의 역량이 높지 못했던 것이다. 만약 필리핀의 국가 관료제도가 잘 발달되어 있었더라면 에스트라다와 같은 수준 이하의 국가지도부가 들어섰더라도 부정부패와 크로니이즘의 공격에 그렇게 쉽게 허물어지지는 않았을 것이다. 에스트라다 시대는 또한 필리핀 경제 체제의 고질적 문제점의 하나인 정실자본주의의 폐해가 다시 한번 드러난 시기이기도 하다. 필리핀 경제에 뿌리깊게 남아 있는, 권력을 등에 업고 쉽게 부를 축적하려는 정실자본주의의 문제점이 아키노와 라모스 시대를 거치면서도 본질적인 개선을 이룩하지 못하고 잠복해 있다가 에스트라다의 집권과 더불어 또다시 크게 불거졌던 것이다. 필리핀 정치경제체제의 이러한 취약성과 문제점은 결국 제2의 피플파워 혁명과 에스트라다의 실각으로 이어졌고, 에스트라다가 권좌를 떠나고 새로이 아로요 대통령의 체제가 들어선지 4년이 지난 오늘날에도 크게 변화를 보이지 않고 있으며, 현재까지도 필리핀의 사회경제적 불안의 주 요인으로 작용하고 있는 것이다.

참고문헌

김윤환 외. 1981. 『한국경제의 전개과정』. 돌베개.

박승우. 2003. "필리핀의 발전전략과 국가와 사회간 관계의 재평가." 『동남아시아연구』 13(2).

이대근 · 정운영 편. 1984. 『한국자본주의론』. 까치.

Abrenica, Ma. Joy V. and Gilberto M. Llanto. 2003. "Services." in Arsenio M. Balisacan and Hal Hill eds. *The Philippine Economy: Development, Policies, and Challenges*. Quezon City: Ateneo de Manila University Press.

Andreski, Stanislav ed. 1983. *Max Weber on Capitalism, Bureaucracy and Religion*. Boston: George Allen and Unwin.

Aquino, Belinda A. [1987] 1999. *Politics of Plunder: The Philippines under Marcos*. 2nd ed. Quezon City: National College of Public Administration and Governance, University of the Philippines.

Asian Development Bank(ADB). 각년도. *Key Indicators of Developing Asian and Pacific Countries*. http://www.adb.org/Documents/Books/Key_Indicators.

Balisacan, Arsenio M. and Hal Hill. 2003. "An Introduction to the Key Issues." in Arsenio M. Balisacan and Hal Hill eds. *The Philippine Economy: Development, Policies, and Challenges*. Quezon City: Ateneo de Manila University Press.

Bautista, Maria Cynthia. 2002. "People Power 2: The Revenge of the Elite on the Masses?" in Amando Doronila ed. *Between Fires: Fifteen Perspectives on the Estrada Crisis*. Pasig, Philippines: Anvil Publishing and Philippine Daily Inquirer.

Bautista, Romeo and Gwendolyn Tecson. 2003. "International Dimensions." in Arsenio M. Balisacan and Hal Hill eds. *The Philippine Economy: Development, Policies, and Challenges*. Quezon City: Ateneo de Manila University Press.

Bello, Walden. 2000. "The Philippines: The Making of a Neo-classical Tragedy." in Richard Robison et al. eds. *Politics and Markets in the Wake of the Asian Crisis*. London: Routledge.

________. 2001. "Notes on the Ascendancy and Regulation of Speculative Capital." in Walden Bello, *The Future in the Balance: Essays on Globalization and Resistance*. Quezon City: University of the Philippines Press.

Bondy, Rolando. 1997. "Different Fundamentals." *Business World* April 4-5.

Canoy, Reuben R. 1984. *The Counterfeit Revolution: The Philippines from Martial Law to the Aquino Assassination.* Manila: Philippine Editions.

Coronel, Sheila S. 2000a. "Introduction." in Sheila S. Coronel ed. *Investigating Estrada: Millions, Mansions and Mistresses.* Quezon City: Philippine Center for Investigative Journalism.

________. 2000b. "The Jueteng Republic." in Sheila S. Coronel ed. *Investigating Estrada: Millions, Mansions and Mistresses.* Quezon City: Philippine Center for Investigative Journalism.

________. 2000c. "A Lavish Lifestyle, A Lack of Discretion." in Sheila S. Coronel ed. *Investigating Estrada: Millions, Mansions and Mistresses.* Quezon City: Philippine Center for Investigative Journalism.

De Dios, Emmanuel S. and Paul D. Hutchcroft. 2003. "Political Economy." in Arsenio M. Balisacan and Hal Hill eds. *The Philippine Economy: Development, Policies, and Challenges.* Quezon City: Ateneo de Manila University Press.

Doronila, Amando. 1994. "Reflections on a Weak State and the Dilemma of Decentralization." *Kasarinlan: Philippine Quarterly of Third World Studies* 10(1).

Esguerra, Jude. 1997. "Devaluation—An Accident Waiting to Happen." *IDP Political Brief* 5(4).

Evans, Peter. 1995. *Embedded Autonomy.* Princeton, NJ: Princeton University Press.

Gochoco-Bautista, Maria Socorro and Dante Canlas. 2003. "Monetary and Exchange Rate Policy." in Arsenio M. Balisacan and Hal Hill eds. *The Philippine Economy: Development, Policies, and Challenges.* Quezon City: Ateneo de Manila University Press.

Hart-Landsberg, Martin. 1993. *The Rush to Development: Economic Change and Political Struggle in South Korea.* New York: Monthly Review Press.

Hutchcroft, Paul D. 1991. "Oligarchs and Cronies in the Philippine State: The Politics of Patrimonial Plunder." *World Politics* 43(3).

________. 1998. *Booty Capitalism: The Politics of Banking in the Philippines.* Quezon City: Ateneo de Manila University Press.

________. 1999a. "After the Fall: Prospects for Political and Institutional Reform in Post-Crisis Thailand and the Philippines." *Government and Opposition* 34(4).

________. 1999b. "Neither Dynamo nor Domino: Reforms and Crises in the Philippine Political Economy." in T. J. Pempel ed. *The Politics of the*

Asian Economic Crisis. Ithaca, NY: Cornell University Press.

Kim, Dong-Yeob. 2003. "The Political Economy of Telecommunications Service Market Liberalization: A Comparative Study of South Korea and the Philippines." Ph.D. dissertation, Department of Political Science, University of the Philippines, Diliman, Quezon City, Philippines.

Krueger, Anne O. 1974. "The Political Economy of the Rent-Seeking Society." *American Economic Review* 64.

Laquian, Aprodicio and Eleanor R. Laquian. 2002. *The Erap Tragedy: Tales from the Snake Pit*. Pasig City, Philippines: Anvil Publishing.

Lipton, Michael. 1995. "Market, Redistributive and Proto-Reform: Can Liberalization Help the Poor?" *Asian Development Review* 13(1).

Magno, Alexander R. 1995. "The Market Consensus." *Far Eastern Economic Review*, August 10.

Manapat, Ricardo. 1991. *Some Are Smarter Than Others: The History of Marcos' Crony Capitalism*. New York: Aletheia Publications.

National Statistical Coordination Board(NSCB). 1994. *Philippine Statistical Yearbook, 1994*. Makati City, Philippines: NSCB.

__________. 2002. *Philippine Statistical Yearbook, 2002*. Makati City, Philippines: NSCB.

Rocamora, Joel. 1998. "Corruption in the Philippines: A Beginner's Guide." in Sheila S. Coronel ed. *Pork and Other Perks: Corruption and Governance in the Philippines*. Quezon City: Philippine Center for Investigative Journalism.

Steinberg, David Joel. 2000. *The Philippines: A Singular and a Plural Place*. 4th ed. Boulder, CO: Westview Press.

Timberman, David G. 1991. *A Changeless Land: Continuity and Change in Philippine Politics*. Singapore: Institute of Southeast Asian Studies.

Tordesillas, Ellen. 2000. "The Nocturnal President." in Sheila S. Coronel ed. *Investigating Estrada: Millions, Mansions and Mistresses*. Quezon City: Philippine Center for Investigative Journalism.

Weber, Max. 1978. *Economy and Society*. Berkeley: University of the California Press.

Wolters, Willem. 1984. *Politics, Patronage and Class Conflict in Central Luzon*. Quezon City: New Day Publishers.

Wurfel, David. 1988. *Filipino Politics: Development and Decay*. Ithaca, NY: Cornell University Press.

Yoshihara Kunio. 1988. *The Rise of Ersatz Capitalism in South-East Asia*. Quezon City: Ateneo de Manila University Press.

베트남 국영기업 개혁의 정치경제

베트남 국영기업 개혁의 정치경제

▌이한우

1. 머리말

베트남에서 당면한 가장 중요한 경제문제 가운데 하나는 2004년 말 약 3,000개인 국영기업에 대한 처리문제다. 국유경제부문은 대략 국내총생산 (GDP)의 40%, 수출액의 50%, 국가재정 수입의 40%를 담당하고 있어 여전히 베트남경제의 주요 부문이다. 국유경제부문에서 국영기업의 역할이 핵심적임에도 불구하고 그 경영효율은 낮아 명목상으로는 1/3, 실제로는 2/3 정도의 기업이 적자를 내고 있다. 국영기업 중 이익을 내고 있는 기업은 2003년 말에 77%였으나, 이 가운데 상업은행 여신금리 이상의 수익률을 내고 있는 기업은 40% 정도에 불과하였다. 기업 규모도 작아, 자본 규모가 50억 베트남 동(dong)(US$ 32만) 이하인 기업이 47%이고, 고용인 500명 이하의 기업이 80% 이상을 차지한다. 게다가 국영기업은 고정자산의 절반 이상이 20년 이상 된 낙후한 설비를 가지고 있다(Le Hong Hanh 2004, 106-107). 또한, 국내 은행여신 중 국영기업에 대한 비율이 감소하고는 있으나 전체적으로 국내 은행 총여신의 40%를 흡수하고 있는 반면, 대출금 상환이 불가능한 경우가 많은 상황이다. 국영기업의 부채 총액은 2004년 초 약 208조 베트남 동(US$ 134억)으로 GDP의 34%에 해당되는 금액으로 추산된다(Vu Tin Quan 2004, 34).[1] 고용인구에 있어, 국영기업 전체 고용인원은 170만 명으로 전체 노동력의 4~5%를 점하고, 베트남 전체에서 1년간 새로이 노동시장에 진입하는 1백만 명의 1.7배에 불과한 데도 불구하고 과잉 고용되어 있다(Vu Quoc Tuan & Nguyen Dinh Cung 2003, 8-9; World Bank 2002, 22-23). 이러한 상황에서 국영기업은 '주관기관'(Co quan Chu quan)[2]의 행정적 간섭과 국영기업 경영진의 무책임으로 인하여 여전히 효율적인 경영을 하지 못하고 있다.[3]

개혁사회주의 국가에서 국영기업부문의 개혁은 산업화를 추구하는 데 관건이지만, 다른 한편으로 체제성격의 변화와 관련하여 가장 민감한 영역이다. 베트남에서도 국영기업의 개혁은 경제 전체의 건전한 발전을 위하여 신속히 추진되어야 하지만, 급격한 전환이 가져올 경제적 혼란, 국유경제부문이 경제 전체의 주도적 부분이 되어 사회주의체제를 유지하여야 한다는 보수적 주장들과 결부되어 복잡한 양상을 나타내고 있다.

베트남 정책결정자들은 국유부문이 다부문 경제체제(Multi-sector Economy)[4]하에서 전체 경제의 선도적 역할을 수행해야 한다는 전제하에서, 국영기업 개혁을 통하여 활력을 찾아야 한다고 보고 있다. 국영기업 개혁의 방향은 대형 국영기업을 기반으로 한국의 재벌과 유사한 형태인 '총공사'(Tong cong ty) 또는 '경제집단'(Tap doan Kinh te)을 형성하고, 국가가 전

---

1) 국영기업 전체 부채는, 1997년 GDP의 37%에서 1999년 GDP의 48%로 증가하였으며, 2000년 말 국영기업 부채의 약 20%가 상환불능이었다(Slow Progress in ~), 2004년 초 국영기업 전체 부채가 GDP의 34%에 해당한다는 추산은, 2003년 말 GDP 추산액 606조 동 대비 부채 208조 동으로 계산한 것이다(GSO 2004, 49).
2) 주관기관은 국영기업이 소속된 중앙정부 부처 또는 지방 성/중앙직속시 인민위원회를 지칭한다. 주관기관이 중앙부처일 경우, 주관부(Bo chu quan)라 칭한다.
3) 베트남 국영기업의 비효율성을 예로 들면, 삼성 21인치 TV 판매가격이 1999년에 360만 동에서 2004년에 260만동으로 하락하였는데, 현재 베트남 기업은 같은 종류의 TV를 280만 동의 비용을 들여 생산하여 250만 동에 판매한다(Party Calls for ~).
4) 베트남에서는 이를 공식적으로 '다성분경제'(Kinh te Nhieu thanh phan)로 표현하며, 이에는 국유경제, 집체경제, 국가자본경제, 개인/소(小)소유자경제, 사인(私人)경제, 외국투자경제 등 6개 부문이 포함된다(DCSVN 2001a, 96-99).

부 소유할 필요가 없는 기업은 '주식회사화'(Co phan hoa: Equitization)[5]하거나 매각, 청부(위탁경영), 교부(양도), 임대, 청산 등의 방법으로 처분하여 소유권을 다양화하는 등 구조조정을 하는 것이다. 국영기업 또는 국가가 일부 지분을 가지는 기업의 운영에 있어서도, 소유와 경영을 분리하고 경영관리위원회에 경영자주권을 부여하며, 정부 부처와 기업 간의 권한과 책임을 명료히 한다는 것이다. 이를 통하여 국영기업을 시장에서 경쟁할 수 있으며 생산과 경영에 있어서 완전한 책임을 가지는 효율성과 경쟁력 있는 기업으로 전환시키고자 한다.

이러한 목표에도 불구하고 국영기업의 구조조정은 정부의 의도대로 전개되고 있지 않다. 1992년 이래 지금까지 약 3,000개의 국영기업이 전환하였고, 그 가운데 주식회사화로 전환한 기업은 약 2,000개이나, 급속한 전환을 추구하는 정부의 목표에는 도달하지 못하고 있다.

이 연구에서는 국영기업의 전환을 둘러싼 복합적 상황을 정치경제적 측면에서 분석하고자 한다. 우선, 공산당 및 정부의 국영기업 개혁정책의 추이를 검토하고, 정책 변화에 따른 효과를 파악하고자 한다. 다음으로, 국영기업 개혁과정에서 이해당사자인 정부와 관료, 기업경영인, 노동자 간 이해의 갈등과 타협을 통하여 국영기업의 전환이 촉진되거나 지체되는 원인을 분석하고, 이로 인한 정부-기업 관계의 변화과정을 추적하고자 한다. 이로써 국영기업개혁을 중심으로 경제위기에 대한 베트남의 대응양태와 베트남 사회주의 체제의 변화과정을 이해하고자 한다.

---

5) 베트남에서 '주식회사화'는 기존에 국가가 100% 보유하던 국영기업의 소유권을 국가가 일부 보유하고, 기업의 고용인인 경영자 및 노동자, 그리고 일반인에게 그 지분의 일부를 판매하는 것을 말한다. 이를 일반적으로는 '사유화' 또는 '민영화'라고 할 수 있으나, 국가가 여전히 일부 지분을 보유하며 국유경제의 전면적 사유화에 부정적인 사회주의 국가의 상황을 반영하여 '주식화'라고 하고 있다. 이 용어는 중국의 국유기업 주식회사화인 '股分化'에서 차용하였다고 판단된다. 이 논문에서는 '주식화'보다는 우리 어법에 맞게 '주식회사화'로 쓰기로 한다.

2. 국영기업 개혁정책의 전개

베트남에서 국영기업에 대한 개혁은 기업의 경영효율을 높이는 정책과 국영기업 자체의 소유권을 다양화하는 방향으로 전개되어 왔다. 국영기업 경영효율화는 개혁 초기부터 강조되었고, 현재에도 진행되고 있다. 국영기업 소유권 다양화의 대표적 형태인 주식회사화는 기업효율성 증대, 국가재정 부담 감축, 국내자본 동원 등을 도모할 수 있는 방안으로 가장 중시되고 있다.

1) 관리제도 개선과 경영자주권 확대

베트남은 1981년 국영기업에게 부분적 경영자주권을 허용하는 조치를 시작으로, 1987년 회계 및 계획 자주권을 부여하는 조치를 취하였고, 1989년 생산목표, 가격 책정, 보너스 지급, 기업 내 이윤 유보 결정 등에서 자주권을 부여하는 조치를 취함으로써 국영기업이 점차 자율적 경영을 수행할 수 있도록 하였다.

사회주의 경제체제 하에서 국영기업은 정부의 계획에 따라 생산물을 결정하고, 투입재를 공급받아 산품(products)을 생산한 후 정부기구에 공급하여 왔다. 이러한 과정은 기업이 정부기구의 지배종속관계 하에서 수행되었고, 기업은 주관기관의 감독과 관리 하에 경영을 수행하였다. 이러한 상황에서 기업들은 양적 목표 달성 위주의 생산, 연성예산제약, 과잉 노동력 고용 등 사회주의경제의 비효율성을 나타내고 있었다.

1970년대 말 심각한 경제적 침체 하에서 베트남 지도자들은 이를 극복하기 위하여 '신경제정책'이라는 부분적 경제개혁 프로그램을 시행하기에 이르렀고, 그 일환으로 기업부문에서는, 1981년 1월 정부 결정 제25호를 통하여 국영기업에게 부분적 경영자주권을 허용하는 조치를 취하였다. 이른바

'3계약제'라고 명명된 이 제도는 각 국영기업이 기존의 생산방식, 즉 정부가 제공한 투입재로 생산한 산품을 공정가격으로 정부수매하는 방식(Plan A) 이외에, 기업 스스로 조달한 투입재로 생산한 산품(Plan B)과 기업의 생산다변화에 따라 생산한 비(非)중요 산품(Plan C)에 대하여는 기업이 자율적으로 처분할 수 있는 권한을 갖는 것이었다(Fforde & de Vylder 1996, 138-139). 이러한 조치는 기업에게 생산효율성에 대한 인식을 불어넣어 주었지만, 여전히 사회주의 계획경제체제 하에서 운용해야 했으므로 기업을 독자적으로 경영할 수는 없었다.

1985년의 가격, 임금, 화폐 개혁에 따른 경제적 위기 이후, 1986년 12월 제6차 공산당대회에서 '도이머이'(Doi Moi) 정책을 채택한 이래, 1987년 11월에는 정부 결정 제217호로 국영기업에 회계 및 계획 자주권을 부여하는 조치를 취하여 기업의 상업화를 추구하도록 하였다. 이로써 그간 정부가 국영기업에 내리던 9개의 명령지표가 3개로 축소되었다.[6] 1989년 12월에는 정부 결정 제195호로 국영기업에 국가재정부담금 지표만을 제외하고, 생산목표, 가격 책정, 보너스 지급, 기업 내 이윤 유보 결정 등에서 경영자주권을 부여하는 조치를 취하였다.[7] 또한 이들 결정을 통하여 이전의 노동자들에 대한 국가할당제도(Che do Bien che)가 노동계약제도(Che do Hop dong Lao dong)로 바뀌었다(竹內郁雄 1994, 82). 1990년에는 정부가 국영기업에

---

6) 이전의 아홉 가지 지표가 1979년부터의 부분적 경제개혁과정에서 다섯 가지로 축소되었다가, 1987년에 세 가지로 축소된 것이다(竹內郁雄 1994, 81). 사회주의 경제체제 하에서 정부가 국영기업에 내리던 지표는, 1) 수출을 포함한 총생산물가치, 2) 수출을 포함한 품질규정에 합격한 주요 생산물의 수량, 3) 주요 과학기술지표, 4) 현물로 계산된 노동생산성, 5) 총급여, 6) 이윤과 국가재정부담금, 7) 국가의 기초투자액, 주요 공정 내역, 가동시간과 용량, 8) 국가가 지급한 주요 물자와 설비, 주요 생산물에 대한 감가상각률, 9) 생산비 등이었다. 국영기업의 자율권 확대 조치로 인하여 정부는 국영기업에 세 가지 지표, 즉 1) 국가가 지정한 산품의 수량과 질, 2) 수출을 포함한 총생산물가치, 3) 국가재정부담금에 대한 지표만을 하달하였다(이강우 2003, 112).
7) 통제품목에 대하여는 생산량, 판매량 지표가 여전히 존재하였다(竹內郁雄 1994, 81).

제공하던 직접 보조를 축소하여 기업이 직접 자금 조달을 하도록 하여, 연성 예산제약의 경화(hardening)를 추구하였다. 이로써, 재화 및 서비스 시장과 생산요소시장의 형성이 시작되었고, 기업경영에 수익성 원리가 본격적으로 도입되었다(竹內郁雄 1994, 82).

그러나 국영기업에 대한 행정적 통제 메커니즘으로 작용한 주관기관 제도가 여전히 시행되어 행정기관의 간섭 하에 국영기업 경영이 이루어지고 있어 기업의 자율권은 제한적이었다. 이에 대한 개혁의 주장이 본격적으로 제기된 것은 1994년 1월 개최된 공산당전국대표회의에서였다.[8] 주관기관은, 행정-경제에 관한 국가관리권, 국영기업에 대한 국가소유주대표권, 국영기업 생산경영활동 경영관리권을 행사하는 주체로서 국영기업의 경영에 깊이 개입하고 있었다(Duong Quang Tung 1997, 29).[9]

2) 국영기업 재편

1991년에 베트남에서 국영기업 수는 12,084개였는데, 이 가운데 중앙정부의 각 부처에 소속된 기업은 1,695개, 지방행정기관 소속의 기업은 10,389개였다. 국영부문은 1986~90년간 GDP의 33%를 생산하고 국가재정수입의 60%를 부담하고 있었다. 그러나 1991년에 국영기업의 40%는 손익분기점에 근접한 기업들이었고, 30%는 적자, 30%는 흑자를 내고 있었다(Nguyen Dinh Tai 1996, 42-43). 경제개혁의 추진으로 기업들이 점차 시장경제에 익

---

8) 베트남 정부는 그 이전에도, 1988년 12월 정부의정(議定) 제196호 및 1993년 3월 정부의정(議定) 제15호로, 국영기업의 주관기관제도에 대한 개선을 시도하였다(이강우 2003, 117).
9) 이후, 개혁과정에서 국영기업에 대한 국가소유주대표권을 제외한 나머지 두 가지 권리는 기업관리기구, 즉 경영관리위원회, 총감독(사장)이나 감독(부사장)에게 부여하는 것이 바람직하다는 견해가 지배적이다(Duong Quang Tung 1997, 30). 소유주대표권은 조직, 인사, 경영방향, 생산임무에 대한 결정, 기업자산 관리에 대한 결정, 이윤의 분배와 사용에 관한 결정 등을 포함한다.

숙해져 갔으나, 기존의 국영기업에 대한 정부의 행정적 관리라는 틀 내에서는 획기적인 경영효율화를 기할 수 없었기에, 많은 기업들이 적자상태에 있었다.

1980년대 말 소련 및 동유럽 사회주의권 국가들의 몰락으로 원조가 중단되고 소비시장을 상실하게 됨에 따라 베트남은 경제적 효율성을 강화해야 할 상황에 처하였다. 정부는 계속 적자를 내는 기업을 청산하고 국영기업의 경영을 개선하기 위하여 1991년 11월 정부의정(議定)(Decree No.388/1991/ND-HDBT)[10]으로 모든 국영기업이 재등록하도록 조치하였다. 이로써 1993년 9월까지 5,377개 기업이 재등록하였고, 나머지 약 5,000개 기업 중 3,000개는 다른 기업에 합병되었으며, 2,000개는 해체되었다(Nguyen Dinh Tai 1996, 44; Phan Van Tiem 1995, 12-13). 이들 해산된 기업 중 1/3은 중앙정부 소속이고, 2/3는 지방정부 소속이었다. 이로써 국영기업의 수는 1991년 12,084개에서 1994년 4월 6,264개로 감소하였다. 이에 따라 국영기업의 노동자수는, 1991년 182만 7,000명에서 1994년 174만 2,000명으로 4.65% 감소하였을 따름이다(Pham Quang Huan & Pham Tuan Anh 2002, 34). 1990년대 초 국영기업의 잉여 노동력이 1/3 정도였다고 추산되므로, 이를 줄이는 데는 성공하지 못하였다고 할 수 있다. 이는 해체된 기업의 대부분이 소규모 기업이었기 때문이다. 재편된 국영기업 대부분은 100명 이하의 고용인과 5억 베트남 동(US$ 45,000) 이하의 자본을 가진 기업들이었다. 이 기업들의 자본은 전체 국영기업 자본의 4%에도 미치지 못하는 규모였고, 전체 국영기업 매출액의 5%를 차지하는 정도였다(Van Arkadie & Mallon 2003, 126-127, 143). 이러한 국영기업의 통폐합 조치로 적자를 내는 기업은 1990년 중앙 국영기업 20%, 지방 국영기업 60%에서, 1995년 전체 국영기업의 35%로 되었다(Freeman 1996, 217-218).

---

10) 정부의정(議定)은 시행령과 같은 성격의 법령으로 정부가 발령한다.

3) 총공사화

한편으로 베트남 정부는 국영기업으로 하여금 규모의 대형화를 통하여 경영능력을 증진하고 국제적 경쟁에 대처할 수 있도록 하고자, 1994년 3월, 수상결정 제90, 91호(Decision No.90 & No.91/1994/QD-TTg)로 몇 개의 국영기업을 한 데 묶어 대기업화하는 작업에 착수하였다. 이러한 시도는 한국의 재벌이 경제성장과정에서 주도적 역할을 하였다고 판단하여, 이를 벤치마킹하려는 것이었다고 할 수 있다.[11]

수상결정 제90호는 최소 5개 기업을 포함하고 자본규모 5천억 베트남 동(US$ 3,300만) 이상(또는 특별한 경우 1천억 동 이상)인 '총공사'(Tong cong ty: General Corporation) 설립을 규정하였고,[12] 수상결정 제91호는 최소 7개 기업을 포함하고 자본규모 1조 베트남 동(US$ 6,600만) 이상인 '경영집단'(Tap doan Kinh doanh)의 설립을 규정하였다. 이는 '총공사90', '총공사91'로 통칭된다. 총공사90은 중앙정부 장관 또는 성/중앙직속시 인민위원회 주석(위원장)의 승인에 따라 설립되며, 총공사91은 수상의 승인을 받도록 되어 있다. 따라서, 총공사91의 주관기관은 수상이며, 정부사무처(Van phong Chinh phu)가 수상을 도와 관련 업무를 처리한다(Nam과의 이메일 교신). 총공사90의 주관기관은 소속 중앙부처 또는 지방정부(성 또는 중앙직속시 인민위원회)가 된다.

총공사90과 총공사91은 1995년 말과 1996년 초 사이에 새롭게 설립되어 활동을 시작하였다(Lee Kang Woo 2003, 95). 이들은 당초 각각 72개, 18개

---

11) 서울 주재 베트남 대사관의 한 외교관은 1993년 5월 보반끼엣(Vo Van Kiet) 베트남 수상이 한국을 방문한 이후, 한국의 재벌을 본떠 베트남 대형 국영기업을 '총공사'화하도록 지시하였다고 한다(Nguyen과의 면담).
12) 수상 결정 제90호는 특별한 경우 총공사를 5천억 동 이하로도 설립할 수 있으나 1천억 동 미만이어서는 안 된다고 규정하였다.

였으나, 2001년 2월 말에 77개, 17개가 되었다가,[13] 2002년 말에는 74개, 18개가 되었다(Pham Quang Huan & Pham Tuan Anh 2002, 39; Ho Xuan Hung 2004, 24). 총공사 소속기업은 독립회계기업, 부속기업, 합자기업 및 비영리 사업단위를 포함하고 있다. 2000년 초 전체 소속기업수는 1,392개로 전 국영기업수의 24%, 자본의 66%, 고용의 55%를 점하고 있었으나, 2001년 6월에는 소속기업수 1,534개로 전 국영기업수의 27.5%, 고용의 61%를 점하였다(Lee Kang Woo 2003, 100-101). 2004년 초 총공사91은 약 500개 기업을 산하에 두고 국영기업 전체 자본의 53%를 점하고, 총공사90은 산하에 약 1,000개 기업을 두고 국영기업 전체 자본의 15%를 점하고 있었다(Rohland 2004, 24).

이 가운데, 총공사91은 1999년 말 평균 자본규모가 약 4조 베트남 동(US$ 2억 7천만)이었고, 평균 고용인수는 약 35,000명이었다. 총공사91은 1999년 말 기준으로 560개 회사를 포함하여, 전체 국영기업에서 기업수 9%, 자본 56%, 고용 35%를 점하였으나(Pham Quang Huan & Pham Tuan Anh 2002, 39), 2001년 6월에 616개 기업을 포함하여 자본 64%, 고용 35%를 점하는 것으로 변화했다가(Lee Kang Woo 2003, 101), 2004년 초 약 500개 기업을 소속 기업으로 두고 국영기업 전체 자본의 53%를 점하는 것으로 변화하였다(Rohland 2004, 24). 총공사91의 총자본 규모는 2002년에 187조 동(US$ 120억), 2003년에 202조 동(US$ 130억)으로 증가하였다(Vu Tin Quan 2004, 35). 총공사91 국영기업들의 면모는 〈표 1〉과 같다.

---

13) 이한우는 총공사90과 총공사91이 2001년 2월 말 현재 각각 17개, 77개라고 잘못 적었고(이한우 2004, 295), 조재현·송정남은 이 오류를 반복하였다(조재현·송정남 2004, 169).

〈표 1〉 총공사91의 소속기업수 및 자본금

총공사	소속기업수 (독립회계기업 및 부속기업)	합자기업수	법정자본금 (10억 동)
베트남전력총공사	31	-	19,332
베트남석탄총공사	37	4	824
베트남석유가스총공사	12	4	761
베트남시멘트총공사	13	4	2,235
베트남해운총공사	24	12	2,145
베트남항공총공사	18	6	1,043
베트남우정통신총공사	76	6	4,740
베트남고무총공사	26	2	2,700
베트남철강총공사	15	12	1,336
베트남커피총공사	62	-	276
베트남담배총공사	12	-	550
베트남제지총공사	16	-	1,028
베트남방직총공사	48	2	1,186
북부식량총공사(VINAFOOD1)	29	2	194
남부식량총공사(VINAFOOD2)	32	3	568
베트남화학물질총공사	44	14	-
베트남보석/금총공사	11	-	12
베트남선박공업총공사	22	4	204

주 : 1. 총공사 산하에는 '사업단위'(Don vi Su nghiep)가 있는데, 이익을 내기 위한 기업이 아니어
　　 서 포함시키지 않았음.
　 2. 소속기업수, 합자기업수 및 법정자본금은 총공사 설립 당시의 수치임.
자료: Nguyen Manh Hung 1996, 302-357; Van Arkadie & Mallon 2003, 134.

　　베트남 정부는 주요 국영기업의 총공사화로 생산전문화와 규모의 경제
를 추구하여 기업 경쟁력을 확보하려고 한다. 베트남 국영기업들은 시장경
제 메커니즘의 확산과 세계적 경제통합 추세의 환경 하에서 기업 경쟁력을
높여야 하는 요구에 직면하고 있다. 규모가 작고, 기술수준이 낙후한 단일
기업으로서는 이 경쟁에 대응할 수 없기 때문에, 기업간 연계를 통하여 이를

극복하고자 하는 것이다. 더불어, 베트남이 사회주의 지향의 시장경제체제를 유지하는 한에서 국영기업의 선도적 역할을 강조해오고 있는데, 총공사가 이러한 기반이 되도록 하려는 것이다.

총공사화의 성과에 대하여는 상반된 견해가 존재한다. 먼저, 베트남측 연구자들은 총공사화가 경영에 있어 긍정적 효과를 나타내었다고 평가한다. 한 조사는 1995년 총공사 참여기업의 15%가 적자를 내고 있었으나 1998년에는 10%로 감소하였다고 하였다(Pham Quang Huan & Pham Tuan Anh 2002, 39). 2003년 총공사91의 투자자본에 대한 세전(稅前) 이윤율은 14.21%로, 국영기업 전체보다 3.45% 높았다고 한다(Le Hong Hanh 2004, 118). 반면, 2001년에 17개의 총공사91 가운데 12개가 적자 또는 손익분기점(break-even) 상태였다는 보도가 있었던 것으로 보면, 일반적으로 총공사의 경영상태가 좋은 것은 아니라고 판단할 수 있다(Mekong Economics 2002, 14).

한편으로 총공사화 과정에서 다음과 같은 문제점도 나타났다. 〈표 1〉에서 보는 바와 같이 총공사의 자본규모가 그다지 크지 않다. 총공사91은 법정자본금이 1조 베트남 동 이상이어야 하나, 당초 18개 가운데 절반 정도만이 규정에 부합하였고, 1조 동을 약간 넘는 규모의 자본을 가진 총공사도 여러 개 있었다. 또한 총공사90 중 5천억 동 이상의 자본을 가진 기업은 13%에 불과하였고, 1천억 동 이하인 기업도 35%나 되었으며 이 가운데 몇 개 기업의 자본규모는 500억 동 이하였다(Le Hong Hanh 2004, 118-119).

또한, 총공사 경영은 수상 또는 장관이 임명하는 위원으로 구성되는 경영관리위원회(Hoi dong Quan tri)[14)]에 의해 수행되는데, 정부의 기업에 대

---

14) 경영관리위원회는 총공사90의 경우 5명의 위원, 총공사91의 경우 7~9명의 위원으로 구성된다. 경영관리위원회는 총공사 내 국유자본을 관리하고, 기업의 경영방침과 전략을 결정하며, 경영위원회(Ban dieu hanh)의 조직방침을 결정하고, 주관부에 총공사의 총감독(사장), 부총감독(부사

한 지나친 간섭을 줄이고 합리적으로 기업이 운영될 수 있도록 한다는 당초 목표가 잘 실현되고 있지 못하다. 정부 주관기관은 기업의 주요 정책 결정, 투자계획, 경영관리위원회 인사들에 대한 임면 등에 여전히 간여하고 있다. 총공사 소속 기업은 경영관리위원회의 일상적 간섭에 불만을 나타내고 있으며, 총공사가 단지 관료제의 한 층(단계)을 더 부가한 것에 불과하다고 불평한다. 또한 이익을 내는 기업은 비효율적 기업에게 수평적 지원을 해야 하고, 때로는 정부가 담당해야 하는 사회복지를 제공하도록 압력을 받는다고 불평한다. 따라서 기업의 책임과 투명성이 증진되지 않았다고 한다(Van Arkadie & Mallon 2003, 133). 또한 총공사는 독자적 자본을 가지고 있지 않고 소속기업들이 독자적 자본을 가지고 있어, 자본을 통한 기업통제가 가능하지 않아, 소속기업들에 대한 통제가 기존의 행정적 통제에 의해 수행된다(石田曉惠 2004, 58). 이 문제점을 개선하기 위하여 베트남 정부는 모기업-자기업 관계를 기반으로 모기업이 지주회사의 역할을 수행하도록 하는 '경제집단' (Tap doan Kinh te)으로 개편하고자 시도하고 있다.

이상과 같은 총공사의 문제점과 더불어, 총공사화의 경제적 역할 또한 논쟁적이다. 총공사화에 반대하는 입장은, 총공사화가 국영기업의 독점적 지위를 강화하여 기업의 경쟁력을 약화시키며, 독점적 권력을 지닌 총공사가 경제의 개방과 개혁의 진전에 반대하는 압력단체로 작용할 수 있고, 적자기업에 대한 흑자기업의 지원이 결국 잠재적 비효율을 지속시킬 것이라는 것이다(Van Arkadie & Mallon 2003, 133). 기업규모의 대형화만이 아니라, 경영 메커니즘 자체의 수술이 시급함을 지적하는 논의라고 하겠다.

장), 회계장의 임면을 건의한다. 또한 산하에 총감독과 부총감독으로 구성되는 경영위원회를 두어, 이 경영위원회가 경영관리위원회의 결정을 집행하도록 하고 있다(Lee Kang Woo 2003, 96-97).

4) 주식회사화

주식회사화(Co phan hoa: Equitization)는 국영기업 주식의 일부를 기업고용인 및 민간에 판매하여 국영기업을 부분적으로 사유화하는 것이다.[15] 베트남에서 국영기업의 주식회사화에 대한 논의는 1991년 6월 개최된 제7차 공산당대회에서 본격적으로 제기되었다. 국영기업의 경영이 비효율적이고, 많은 수의 국영기업이 영세하여 시장경쟁에서 살아남을 수 없으므로, 투자재원을 확보하고 경영효율을 높이기 위해 국가전략적 분야를 제외한 분야의 기업들을 주식회사화하는 방안이 제시되었다. 국영기업의 주식회사화 과정은, 1992~96년 간 시험적 시행기와 1996년 이후 확대기로 나누어 볼 수 있다.

초기 국영기업의 주식회사화 방안은 1991년 6월 제7차 공산당대회 의결, 1991년 12월 말 시험적 주식회사화 방안에 대한 국회의 승인 및 1992년 6월 수상의 "국영기업 주식회사화의 시험적 실시에 대한 결정"(Decision No.202/1992/CT)으로 시작되었다. 이 결정은, 현재 이익을 내거나 장래 경영활동이 양호할 것으로 전망되는 중소형 규모의 기업을 중앙정부 부처 및 성/중앙직속시별로 한, 두 개씩 선택하여 시험적으로 주식회사화하자는 것이었다(Quyet dinh so 202).

국영기업 개혁을 추진하기 위하여 정부는 1993년 3월에 수상결정 제83호(Decision No.83/1993/TTg)로 '기업쇄신지도중앙위원회'(Ban Chi dao Doi moi Doanh nghiep Trung uong)를 설치하였고, 자산평가방법 등 기술적 가이드라인을 제공하기 위하여 1996년 8월 재정부 산하에 '국영기업 주

---

15) 한 베트남 학자는 국영기업의 주식회사화가 기업 고용인, 개인 및 국내외 경제기관으로부터 다양한 자금을 동원하며, 자본 투자자들이 기업의 주인이 되도록 하고, 기업경영에 대한 사회의 감독을 강화하는 데 주요한 목표를 두고 있어, 서구나 체제전환국가에 일반적인 사유화와는 다르다고 한다(Vu Quoc Ngu 2003, 328).

식화 지도위원회'(Ban Chi dao Co phan hoa Doanh nghiep Nha nuoc)를 설치하였다가, 1998년에 이들을 '기업관리쇄신중앙위원회'(Ban Doi moi Quan ly Doanh nghiep Trung uong)로 통합하여 국영기업의 전환과정을 총괄하도록 하였다(Tran Tien Cuong 2002, 6). 이후 2002년 4월 정부의정 제49호(Decree No.49/2002/ND-CP)로 이를 '기업쇄신-발전지도위원회' (Ban chi dao Doi moi va Phat trien Doanh nghiep)로 개편하였다.[16) 중앙정부 각부처, 성/중앙직속시 인민위원회 또는 총공사91 산하에는 '기업쇄신-발전위원회'(Ban Doi moi va Phat trien Doanh nghiep)를 두도록 하였다.

베트남 정부는 1992년에 7개의 기업을 선정하여 주식회사화 실험을 하기로 결정하였으나, 이 가운데 한 곳만이 이에 응하였다. 1993년에는 7개의 기업이 주식회사화를 신청하였으나 세 개의 기업이 처음으로 주식회사로 전환하였을 뿐, 1996년 초까지 주식회사화한 국영기업은 5개에 불과하였다(Ho Xuan Hung 2004, 23). 이렇게 실적이 미미하였던 것은 당초 주식회사화가 국영기업의 자발성에 기초하고 있었고 정부가 강제적으로 정책을 집행하지 않았기 때문이었다.

국영기업 주식회사화의 느린 진전에 대응하여 베트남 정부는 1996년 5월에 "몇 개 기업의 주식회사화에 대한 정부의정(議定) 제28호"(Decree No.28/1996/ ND-CP)를 발포하고, 이전에 기업의 자원에 의하여 추진하던 방식을 폐기하고 정부의 계획에 따라 추진하도록 하였다. 이로써 국영기업 주식회사화의 제2기가 시작되었다. 정부의정(議定) 제28호는 국가가 전 자본을 소유할 필요가 없는 중소 규모의 수익성 있는 국영기업을 주식회사화한다고 규정하고, 주식 소유는 개인 5%, 기관 10%로 제한하였다. 기업고용인에게는 근무년한과 직무에 따라 주식을 지급하도록 하였는데, 이를 전매

---

16) 기업쇄신-발전지도위원회는 정부 사무처(Van phong Chinh phu)의 관할 하에 있다(Nam과의 이메일 교신).

하지는 못하도록 하였다. 주식회사로 전환한 기업에 2년간 기업소득세 50% 감면, 기존의 자금 대출, 수출입 규정 등을 그대로 적용하는 등의 혜택을 부여하였다(Le Hong Hanh 2004, 250-253; Tran Tien Cuong 2002, 4-5).

베트남 정부는 1997년 말까지 150개의 국영기업을 주식회사화할 것을 목표로 세웠지만 주식회사화한 국영기업은 28개에 불과했다(Tran Van Chu 2003, 34). 이에 정부는 1998년 중순부터 다시 국영기업의 주식회사화를 강화하는 조치를 취했다. 정부는 수상지시(Instruction No.20/1998/CT-TTg)를 통하여, 국영기업을 그대로 유지하거나, 부분적으로 이전하거나, 정리하는 기업으로 분류하였다.

1998년 6월에는 정부의정(議定) 제44호(Decree No.44/1998/ND-CP)로 1996년의 정부의정(議定) 제28호를 대체하였다. 이 정부의정은 100억 베트남 동(US\$ 67만)을 초과하는 자본 규모의 국영기업에 대한 주식회사화는 수상의 승인을 받아야 하나, 100억 동 이하의 자본을 가진 국영기업의 주식회사화 결정은 장관, 성/중앙직속시 인민위원회 주석(위원장)이 할 수 있도록 규정하여, 주식회사화 집행을 보다 더 분권화하였다(Decree No.44). 이 의정에서는, 정부가 지배주주인 기업에서는 개인이 전체 주식의 5%, 기관이 10%까지 소유할 수 있고, 정부가 지배주주가 아닌 기업에서는 개인이 10%, 기관이 20%까지 소유할 수 있도록 하였으며, 완전 사유화하여 정부가 지분을 갖지 않는 기업에서는 그 한도를 두지 않았다. 국외거주 베트남인 및 국내거주 외국인도 주식을 매입할 수 있도록 하였는데, 그 한도에 대하여는 별도 규정이 없었다. 주식의 판매에 있어 기업 고용인에게는 고용년당 10주까지 30% 할인가격으로 주식을 살 수 있도록 하였고, 주식 매입 한도는 전체 주식의 20%로 두었다.[17] 외부투자자는 국내 및 외국투자자도 포함하였다. 주식

---

17) 주식회사로의 전환과정에서 기업고용인에게는 우대금액으로 주식을 구입할 수 있도록 혜택을 주고 있으나, 특별히 허가를 받지 않는 한 구입한 주식을 3년간 매각할 수 없도록 하였다(World

회사로 전환한 기업에게는 기업등록세 면제, 향후 2년간 기업소득세 면제, 기존의 자금 대출, 수출입 규정 등을 그대로 적용하는 등의 혜택을 부여하였다(Decree No.44). 이 조치는 기업 고용인들에게 자신의 기업에 대한 소유권을 더 확보할 수 있도록 장려하고 기업에 혜택을 부여함으로써 주식회사화가 더 진전될 수 있었다. 그 결과 1999년 말에는 370개 국영기업이 주식회사로 전환하기에 이르렀다(Vu Quoc Ngu 2003, 329). 이와 더불어, 수상은 1999년 8월에 결정 제177호(Decision No.177/1999/QD-TTg)로 '국영기업 전환·주식화지원기금'(Quy Ho tro Sap xep va Co phan hoa Doanh nghiep Nha nuoc)을 설립하여 국영기업 전환과정에서 노동자와 기업을 지원하도록 하였다.

이후, 2000~2001년 전반 기간에는 국영기업의 주식회사화 속도가 약간 지체되었는데, 주식회사화한 국영기업은 2001년 5월 말 529개로 국영기업 전체의 9%를 차지하였다. 국영기업 개혁을 다시 가속화하기 위하여 2001년 9월 공산당은 제9기 중앙집행위원회 제3차 회의를 열고, 2005년까지 국영기업 중 국가가 100% 소유할 필요가 없는 기업의 주식회사화, 경영효율이 나쁜 기업의 통합 또는 해산, 주식회사화할 수 없고 국가가 소유권을 보유할 필요가 없는 소형 기업은 매각, 청부(위탁경영), 임대, 교부(양도) 등의 방법으로 처분할 것을 결정하였다(DCSVN 2001b, 9).

이어, 주식회사화를 강화하기 위한 조치로 2002년 4월 수상 결정 제58호(Decision No.58/2002/QD-TTg)를 채택하여, 국영기업으로 계속 유지될 기업과 전환해야 하는 기업을 보다 더 체계적으로 구분하였다(World Bank 2002, 26).

2002년 6월에 베트남 정부는 다시 정부의정(議定) 제44호를 대체하는 정

Bank 2002, 22).

부의정(議定) 제64호(Decree No.64/2002/ND-CP)를 채택하여, 과거 개인 5~10%, 기관 10~20%로 제한했던 지분보유 한도[18]를 폐지하여, 국내 투자자는 제한 없이 주식매입을 할 수 있도록 하였으며, 단지 외국투자자에게는 그 한도를 30%로 규정하였다. 기업 소속 경영인 또는 노동자들에게는 고용년당 10주까지 30% 할인가격으로 주식을 살 수 있도록 하였고 매입수량 제한을 폐지하였다. 해당 기업이 농림수산 가공기업인 경우, 그 기업에 원료를 공급하는 자는 30% 할인가격으로 전체 주식의 10%까지 우대가격으로 주식을 구입할 수 있도록 하였다. 주식의 매각에 있어, 정부가 보유하고, 기업고용인 및 그 기업에 원료를 제공하는 기업이 매입한 후, 나머지 가운데 30% 이상의 주식을 외부투자자에게 매각하도록 하였다. 주식회사로 전환한 기업에게는 세금 감면, 기업등록세 면제 등 이전과 유사한 혜택을 부여하였다. 또한 정부의정 제64호의 다른 특징으로는, 자산 평가에 대한 더 상세한 규정을 두었고, 자산의 범위에 처음으로 토지사용권을 포함시켰다는 것이다(Nghi dinh so 64).

2004년 3월에는 수상이 대형 국영기업에 대한 주식회사화를 추진하도록 지시(Instruction No.11/2004/CT-TTg)하였고, 베트남 정부는 2004년 3월 현재 존재하는 국영기업 4,296개 가운데 2005년까지 2,791개를 전환하며, 이 가운데 2,053개를 주식회사화하려는 계획을 가지고 있었다. 이대로라면 2005년 말에 국영기업수는 2,000개 미만으로 감소할 예정이다. 특히, 이 지시는 대형 국영기업의 주식회사화에 박차를 가하도록 한 것이어서 국영기업의 전환에 큰 변화를 가져오리라 예상된다(Nghiem Quy Hao 2004, 10-14). 그 이후 새 전환계획에 따르면, 2004년 말 약 3,000개인 국영기업 가운데

---

18) 국영기업으로부터 주식회사화된 기업에서 개인 또는 단체의 지분보유한도는, 정부가 과반수의 지분을 가진 기업에서 개인 5%, 기관 10%였고, 정부가 50% 미만의 지분을 가진 기업에서 개인 10%, 기관 20%였다.

2005~2008년 간 1,460개를 전환하여(Xuan Son 2005, 23), 국영기업 전환이 계획대로 수행된다면 2008년 말 잔존하는 국영기업수는 약 1,500개가 될 것이다.

베트남 정부는 주식회사화에 박차를 가하고자, 2004년 11월 정부의정(議定) 제187호(Decree No.187/2004/ND-CP)로 기존의 정부의정 제64호를 대체함으로써, 국영기업 전환에 새로운 국면을 맞게 되었다. 그 특징은 다음과 같다(Nghi dinh so 187; Nguyen Van Thuong & Nguyen Ke Tuan 2005, 106-107; Phillips Fox 2004, 2-3).

첫째, 주식회사화 대상기업을 보다 더 구체화하였다. 여기에는 기존의 국영기업 이외에 총공사, 상업은행, 국가재정기관 등이 명시되었다. 둘째, 주식회사화 정책 집행상 각 중앙부처, 성/중앙직속시 인민위원회 및 총공사 경영관리위원회의 책임을 강화하였는데, 주식회사화가 잘 수행되지 않는 경우, 해당 기관장이 책임을 지도록 하였다. 셋째, 자산평가방법을 정비하고, 자산평가기관을 확대하였다. 기업의 자산평가방법을, 현재 채택하고 있는 장부가격(book value)에 의한 순자산가치 평가방법 또는 미래 기업 수익을 고려하여 현재가치로 환산한 할인가치 평가방법(discounted currency methods) 이외에 다른 방법도 채용할 수 있도록 하였다(권율과의 전화 면담). 이전의 정부의정(議定) 제64호 하에서 기업의 자산평가는 '주식화기업 가치확정회의'(Hoi dong Xac dinh Gia tri Doanh nghiep Co phan hoa)에서 주로 해 왔으나, 이제는 300억 베트남 동(US$ 190만) 이상의 자산을 가진 기업에서는 회계사, 증권회사, 국내외 투자은행 등 외부자산평가기관이 행할 수 있도록 하였다. 300억 동 미만의 자산을 가진 기업은 기업 자체 또는 외부 자산평가기관에서 평가할 수 있도록 하였다. 넷째, 주식판매방식에서 우선 판매 대상을 기업 고용인, '전략투자자'(Nha dau tu Chien luoc)[19] 등으로 확대하였고, 고용인들의 주식 매입을 더 유리하게 하였다. 회사 고용인이 40% 할인된 우대가격으로 구입할 수 있는 주식 수를 근무년당 100주로 정하여,[20] 이전의 30% 할인 가격보다 더 유리한 규정을 마련하였다. 국내 '전략투자자'에게는 20% 할인된 가격으로 전체 주식의 20% 한도까지 구입할 수 있도록 조정하여, 이전 30% 할인 가격으로 전체의 10% 한도까지 주식을 구입할 수 있던 규정을 수정하였다. 국내 투자자들이 주식 매입을 쉽게 할 수 있도록 하기 위하여, 국내 투자자가 매입할 수 있는 주식 비율의 제한을 철폐하였고, 기업외부 투자자에게 20% 이상의 주식을 판매하도록 규정하였다. 그러나 외국인투자자에 대하여는 특별한 우대규정을 두지 않았다. 더불어, 주식매각과정에서 경매방식을 채용하고자, '주식경매위원회'(Ban Dau gia Co phan) 설치에 대한 규정을 두어, 10억 동(US$ 6만 3천) 미만 주식에 대하여는 기업 자체적으로 경매를 수행하고, 10억 동 이상 주식은 중개재정기관을 통하여, 100억 동 이상 주식은 증권거래소를 통하여 경매하도록 하였다(Nghi dinh so 187). 이상에서와 같이, 정부의정(議定) 제187호의 새로운 규정들은 주식 매입에 있어 기업 내부자에게 보다 더 유리한 조건을 부여하여 국영기업 전환에 대한 기업 내부적 저항을 억제하고, 향후 대형기업을 주식회사화하는 과정에서 기업 외부 투자자들의 자본을 동원하려는 의도도 포함하고 있다고 판단된다. 1996년 이후 베트남 정부의 주식회사화 정책은 〈표 2〉와 같이 정리할 수 있다.

---

19) 정부의정 제187호 규정에 따르면 '전략투자자'는, 1) 해당 기업에 원료를 생산하여 공급하는 자, 2) 해당 기업의 산품을 장기간 소비하는 자, 3) 재정 및 관리능력을 가지고 있으며, 기업 경영의 장기간 전략적 이익과 깊은 연관을 가진 자를 지칭한다(Nghi dinh so 187). 한 베트남 경제학자는, '전략투자자'가 대형 국영기업이나 국영상업은행을 포함한다는 의견을 피력하였는데, 이는 상기 3)에 해당하는 자라고 판단된다(Nam과의 이메일 교신).

20) 정부의정(議定) 제64호에서는 주식의 액면가를 10만 베트남 동으로 규정하였으나, 정부의정(議定) 제187호는 이를 1만 동으로 규정하였다. 따라서 기업 고용인이 우대가격으로 구입할 수 있는 주식수도 근무년당 10주에서 100주로 조정되었다(Phillips Fox 2004, 2).

〈표 2〉 주식회사화 정책 비교

구분	정부의정 제28호 (1996년 5월)	정부의정 제44호 (1998년 6월)	정부의정 제64호 (2002년 6월)	정부의정 제187호 (2004년 11월)
전환대상 기업	국가가 전 자본을 소유할 필요가 없는 중소규모의 수익성 있는 국영기업	국가가 전 자본을 소유할 필요가 없는 국영기업	국가가 전 자본을 소유할 필요가 없는 국영기업 및 소속기업. 50억 동 미만 기업은 양도, 매각, 청부, 임대	국가가 전 자본을 소유할 필요가 없는 다음 기업: 총공사, 국영상업은행, 국가재정기관, 독립 국영회사, 총공사 소속 독립 회계단위(기업), 국영회사 부속 단위(기업)
주식회사화 방법	주식 발행	- 추가 주식 발행 - 기존 기업 자본의 부분적 매각 - 전 기업 자본 매각 - 기업 부분분할 매각	- 추가 주식 발행 - 기존 기업 자본의 부분적 매각 - 전 기업 자본 매각	- 추가 주식 발행 - 기존 기업 자본의 부분적 매각 - 전 기업 자본 매각
주식 구매자	개인, 경제·사회기관	국내투자자(국내 개인 및 경제·사회기관) 외국투자자(국외 개인 및 경제·사회기관)	국내투자자(국내 개인 및 경제·사회기관) 외국투자자(국외 개인 및 경제·사회기관, 국외거주 베트남인, 국내거주 외국인)	국내투자자(국내 개인 및 경제·사회기관), 외국투자자(외국투자 자본보유 기업, 국외거주 베트남인, 국내거주 외국인)
자산가치 평가기관	-	- 자산 100억 동 초과 기업: 재정부장관 - 자산 100억 동 이하 기업: 장관, 성/중앙 직속시 인민위원회 주석, 총공사91 경영관리위원회	주식화기업가치확정회의 또는 외부 평가기관	- 자산 300억 동 이상 기업: 회계사, 증권회사, 자산평가기관, 국내외 투자은행 - 자산 300억 동 미만 기업: 자산평가기관, 자체 평가
자산가치 평가방법	-	장부가격, 기타 실질자산, 경영우월가치 포함	장부가격, 기타 실질자산(토지이용권 포함), 경영우월가치 포함	1) 현재자산가치방법 2) 할인현재가치방법 3) 기타 자산 장부가격, 기타 실질자산(토지이용권 포함), 경영우월가치 포함
주식매각 방법	-	- 정부 지분 소유 - 기업고용인 - 기업외부인에게 매각(국외거주 베트남인 및 국내거주 외국인 구입 가능)	- 정부 지분 소유 - 기업고용인 - 농림수산가공기업 원료 생산 및 공급자, 30% 할인가격으로 전체 주식의 10% 한도 매입 가능 - 기업외부인에게 매각 (나머지에서 30% 이상)	- 정부 지분 소유 - 기업고용인 - '전략투자자', 20% 할인가격으로 전체 주식의 20% 한도 매입 가능 - 기업외부인에게 매각(20% 이상) - 주식경매위원회 조직

주식 구매 한도	기관 10%, 개인 5%	- 정부지배지주기업: 기관 10%, 개인 5% - 정부 절반 미만 소유 기업: 기관 20%, 개인 10% - 정부 지분 없는 기업: 무제한 - 외국인 한도 별도 규정 없음	- 국내 기관·개인 무제한 - 외국인 30%	- 국내투자자 무제한 - 외국투자자 해당 규정 없음
기업 혜택	- 2년간 기업소득세 50% 감면 - 국영기업 자금대출 조건 계속 적용 - 국영기업 수출입 규정 계속 적용	- 2년간 기업소득세 50% 감면, 등록세 면제 - 국영기업 자금대출 조건 계속 적용 - 국영기업 수출입규정 계속 적용	- 세금감면 혜택, 등록세 면제 - 국영기업 자금대출 조건 계속 적용 - 토지사용권 계속 보유	- 증권시장 상장기업 추가 우대 - 등록세 면제 - 국영기업 자금대출 조건 계속 적용 - 토지사용권 계속 보유
고용인 혜택	- 근무년한에 따른 주식 지급 - 우대가격으로 주식 매입 가능 - 빈곤 노동자, 주식매입대금 5년간 납부	- 고용년당 10주(액면가 10만 동) 한도, 30% 할인가격으로 주식 매입 가능 - 매입한도 전체 주식의 20% - 빈곤 노동자, 주식매입 대금을 3년간 납부 연기, 10년까지 무이자 납부	- 고용년당 10주 (액면가 10만 동) 한도, 30% 할인가격으로 주식 매입 가능 - 매입한도 없음 - 빈곤 노동자, 주식매입 대금을 3년간 납부 연기, 7년까지 무이자 납부	- 고용년당 100주 (액면가 1만 동) 한도, 40% 할인가격으로 주식 매입 가능 - 매입한도 없음 - 빈곤 노동자 규정 없음
고용승계 및 노동조건	주식회사화 이후 최소한 6개월 보장	- 주식회사화 이후 12개월 고용 보장 - 12개월 이내 퇴직자 관련 규정에 따라 처우	- 고용보장 없음 - 주식회사로 전환시 퇴직자에게 지원금 지급 - 주식회사화 이후 12개월 이내 실직자에게 잉여노동자 지원기금 지급 - 주식회사화 이후 4년 이내 실직자에게 기업이 보조금의 50% 지급; 50%는 국영기업전환·주식화지원기금에서 지급	- 고용승계 규정 없음 - 주식회사로 전환시 퇴직자에게 지원금 지급 - 주식회사화 이후 12개월 이내 실직자에게 잉여노동자 지원기금 지급 - 주식회사화 이후 4년 이내 퇴직자에게 기업이 보조금의 50% 지급

자료: Le Hong Hanh 2004, 248-254; Tran Tien Cuong 2002, 4-5; Nghi dinh so 44(Decree No.44); Nghi dinh so 64; Nghi dinh so 187에서 필자 작성.

3. 국영기업 개혁정책의 효과

1) 국영기업의 전환

정부의 정책에 따라 1992년부터 주식회사화 또는 기타 방법으로 국영기업으로부터 전환한 기업은 2004년 말까지 약 3,000개이고, 이 가운데 2,200여 개가 주식회사로 되었다. 2005년에는 700여 개의 국영기업을 전환할 목표여서, 이 목표가 달성된다면, 2005년 말에는 순수 국영기업의 수가 2,000개 정도로 감소하게 될 것이다.[21]

국영기업 개혁을 본격화한 1992년부터 시기별 국영기업의 전환 상황을 보면, 주식회사화가 본격화된 것은 1998년부터이고, 2000년에 증가세가 둔화되었다가 이후 다시 증가하고 있다. 이는 주식회사화를 강조하는 정부의 강력한 정책 때문이라고 본다. 1997년까지 국영기업으로부터 전환한 기업은 28개에 불과하였다. 1998년에 주식회사화를 강화하는 수상 지시와 정부의정(議定) 제44호로 주식회사로의 전환이 가속화되어, 1998년 이후 주식회사로 전환한 기업 수는 1998년 102개, 1999년 242개, 2000년 211개, 2001년 205개였다(〈표 3〉 참조). 2002년 6월 정부의정(議定) 제64호를 채택하면서 주식회사화 요건을 더 완화하여, 정부의 계획에 따르면, 2002~2003년에 1,655

---

21) 국영기업으로부터 전환한 기업의 수는 문헌에 따라 차이가 있어 정확한 수를 파악하기 어렵다. 예를 들어, 2004년까지 국영기업으로부터 전환한 기업수를 2,242개라고 하기도 하고(Directive to Speed ~), 주식회사화한 기업수를 2,242개라고 하기도 하고(Target Set for ~), 2,200개 이상의 국영기업이 구조조정되었고 그 가운데 주식회사화한 기업은 1,400개라고 하기도 한다(Media Coverage Needed ~). 최근, 국영기업 전환사업을 총괄하고 있는 기업쇄신-발전지도위원회는 주식회사화한 국영기업수를 2,242개라고 하였다(Xuan Son 2005, 21). 또 다른 예로써, 2003년 주식회사화한 기업수는 425개(Le Hong Hanh 2004, 206), 약 450개(SOE Equitisation Fell ~), 537개(Vu Long 2004b, 37)로 다양하게 제시되었고, 기업쇄신-발전지도위원회는 이를 532개로 제시하였다(Xuan Son 2005, 21). 여기서는 여러 문헌을 비교하여 가급적 신뢰할 수 있는 통계를 취하기로 한다.

개, 2004년에 882개, 2005년에 413개의 국영기업을 전환하여, 2005년 말에는 2,924개의 기업만이 국영기업으로 남도록 할 계획이었다(CIEM 2004, 109-110). 〈표 3〉에서 보는 바와 같이, 국영기업으로부터 전환한 기업수는 2002년 427개, 2003년 873개였고, 그 가운데 주식회사화한 기업 수는 2002년 164개, 2003년 532개, 2004년 753개였다. 이후 국영기업 전환계획은 2005년 목표 700여 개로 변경되었고, 계획대로 기업의 전환이 달성되면 순수 국영기업으로 남는 기업 수는 2005년 말에 2,000개 정도가 될 것이다.[22]

이러한 성과는 정부의 목표에는 미치지 못하는 것이었다. 2003년까지 국영기업으로부터 전환한 비율은 계획 대비 81%였고, 주식회사화한 기업의 비율은 계획 대비 63%였다. 2003년 말까지 주식회사로 전환한 1,557개의 국영기업 가운데 지방정부 소속 기업이 74%, 중앙정부부처와 총공사90 소속기업은 20%, 총공사91 소속 기업은 6%를 점하였다(Ho Xuan Hung 2004, 24-25).

주식회사 이외의 형태로 전환한 기업의 수는 상대적으로 적어, 〈표 3〉에서 보는 바와 같이 2003년까지 기업 고용인에게 교부(양도) 146개, 매각 84개, 청부(위탁경영) 28개, 타 기업과의 합병 289개, 해체 108개, 기타 103개였다.[23]

국영기업으로부터 전환한 기업의 대부분은 소규모로, 2004년까지 국영기업으로부터 주식회사화한 기업 가운데 50억 동(US$ 32만) 미만 자본규모의 기업이 59.2%, 100억 동(US$ 64만) 이상 자본 규모의 기업은 18.5%였다

---

22) 2005년 말 잔존예정인 순수 국영기업 수는 1,847개 또는 1,866개로 제시되었다(Vu Tin Quan 2004, 35; Hang Chau 2004, 11).

23) 그러나, 이 통계도 문헌에 따라 차이가 있어 전적으로 신뢰하기보다는 경향을 파악하는 정도로 이해하여야 한다. 예로써, 2001년까지 주식회사 이외의 형태로 전환한 기업수를 한 베트남 학자는, 교부 64개, 매각 47개, 청부 13개로 제시하였다(Nguyen Van Phuc et.al. 2003, 106-107). 〈표 3〉에서 2000년까지의 관련 통계는 이 수에서, World Bank에서 제시한 2001년 교부, 매각, 청부 기업수를 뺀 숫자이다.

(Nguyen Van Thuong & Nguyen Ke Tuan 2005, 109). 따라서 국영기업으로 남은 기업은 그 수가 점차 줄지만, 전체 자본에서 차지하는 몫은 상대적으로 큰 변화를 보이지 않고 있다. 또한 2003년 말까지 국영기업으로부터 전환한 기업은 전체 국영기업의 1/3에 해당하지만, 전환한 기업에서의 국가소유 자본은 전체 국유경제부문의 3%에 불과하다(Experts Push for ~). 이런 점에서 주식회사화가 아직까지는 국유경제부문의 근본적 전환에까지는 미치고 있지 못하다고 평가할 수 있다.

〈표 3〉 베트남 국영기업의 전환, 1992~2004

연 도		1992~97	1998	1999	2000	2001	2002	2003	2004	누계*
합 계		28	102	242	277**	293	427	873	na	
전환 유형	주식회사화	28	102	242	211	205	164	532	753	2,242
	교부(양도)		(1992~2000년)		23	41	34	48	na	146
	매각		(1992~2000년)		30	17	17	20	na	84
	청부(위탁)		(1992~2000년)		13		8	7	na	28
	합병						127	162	na	289
	해체, 파산					30	29	49	na	108
	기타						48	55	na	103

주 : * 주식회사화한 기업수는, 1992~2000년간 Tran Van Chu(2003)의 통계를, 2001~2004년간은 최근 기업쇄신-발전지도위원회가 발표한 통계를 이용하여(Xuan Son 2005), 그 누계가 각년도의 합과 일치하지 않음. 주식회사화 기업수 누계는 기업쇄신-발전지도위원회의 통계를 채택함. 기타 전환형식의 기업수 누계는 2003년까지의 누계임.
  ** 2000년 전환기업수 합계는, 2000년 주식회사화한 기업수에 1992~2000년간 교부, 매각, 청부 기업수를 합산한 것임.
자료 : 주식회사화 기업수는, 1992~2000년간 Tran Van Chu 2003, 35; 2001~2004년간 Xuan Son 2005, 22 참조. 기타 전환유형 기업수는, 1992~2000년간 Nguyen Van Phuc et.al. 2003, 106-107; 2001년은, World Bank 2002, 24; 2002년은, CIEM 2004, 112; 2003년은, Le Hong Hanh 2004, 206을 참조.

2) 주식회사화의 경제적 효과

(1) 자본 점유 비중

국영기업의 전환 이후 주식 소유 주체별 자본점유비율은, 이를 전체적으로 파악한 자료를 획득할 수 없어, 여러 조사자료를 통하여 그 경향을 파악할 수 있을 뿐이다.

2001년 5월까지 주식회사화한 기업 631개에 대한 기업관리쇄신중앙위원회의 조사자료에 따르면, 정부의 소유지분은 20%, 정부가 지분을 소유한 기업은 전체의 59%, 정부가 절반 이상의 지분을 소유한 기업은 8%였다(Lee Kang Woo 2003, 107-108).

또한, 주식회사로 전환한 336개 국영기업에 대한 베트남 정부의 2002년경 미공개 조사자료에 따르면, 주식회사화한 기업 전체 자본에서 정부가 차지하는 자본점유 비율은 23%, 기업내부자, 즉 경영진 및 노동자 59%, 기업외부인 18%, 외국인투자자 0.15%였다. 주식회사로 전환한 국영기업의 지분 소유 현황을 자세히 보면 다음과 같다(Gainsborough 2003, 57-59). 정부가 지분을 소유한 기업은 239개로 전체의 70%를 차지하며, 이 기업 중 정부의 평균 자본점유 비율은 32%였고, 정부가 절반 이상의 자본을 소유한 기업의 비율은 9%에 불과하였다. 대부분의 기업에서 기업내부자가 자본을 소유하고 있으며, 기업내부자들이 100% 자본을 소유한 기업이 19%, 51~99% 소유한 기업이 38%로, 기업내부자가 과반수의 자본을 소유한 기업의 비율은 57%였다. 기업외부인이 자본을 소유한 기업의 비율은 전체의 60%이며, 이 가운데 외부인 자본점유 비율은 평균적으로 31%였으며, 과반수 자본을 소유한 비율은 10%였다. 외국인투자자가 자본을 소유한 3개 기업 가운데 외국인 소유 평균 자본 비율은 17%였고, 과반수 자본을 보유한 사례는 없었다.

베트남 정부의 다른 조사에서는, 2003년 말까지 주식회사화한 1,557개

국영기업에서 평균 자본점유비율은 정부 38%, 기업내부자, 즉 경영진 및 노동자 54%, 기업외부인 8%로 나타났다(Ho Xuan Hung 2004, 24, 27). 주식회사화한 국영기업 중 정부가 절반 이상의 자본을 소유한 기업은 15%에 불과하다. 기업 외부로부터 동원된 자본 비율은 총자본의 15%였고, 외부 자본을 동원하지 못한 기업도 38.4%나 된다(Nam 2005: Day manh ~). 또한, 주식회사로 전환한 약 1,000개 기업에 대한 최근의 조사에서도, 외부 투자자에게 주식을 판매하지 않은 기업이 38%, 외부 개인투자자의 자본점유 비율은 15.4%로 나타났다(Target Set for ~).

상기 자료들을 평면적으로 비교할 수는 없지만, 이 조사들은 정부의 자본점유비율이 20~30% 정도이고, 기업내부자의 점유비율이 50~60%임을 보여준다. 기업내부자의 자본점유비율이 과반수로 여전히 높지만, 정부의 자본점유비율이 증가한 것은 그간 소형 기업 중심이던 국영기업의 전환이 점차 중형 기업으로 전개되면서 영향력을 유지하려는 정부가 지분을 좀 더 보유하려고 시도한 결과라고 추측해 볼 수 있다. 이상의 조사자료에서 보는 바와 같이, 주식회사화 과정에서 80% 이상의 주식이 주로 정부 및 기업내부자, 즉 경영진과 노동자들에게 점유되어, 주식회사화의 주요 목표 가운데 하나인 외부자본의 유치에 성공하고 있지 못하다. 이렇게 자본이 주로 기업 내부자에게 배분되는 것은 기업외부 소수의 민간인에게 다량의 자본이 점유되어 기업이 '사유화'되는 것에 대해 우려하기 때문이기도 하며, 근본적으로는 국영기업의 전환과정에서 기업 소속 경영진과 노동자들이 이익의 대부분을 차지하기 위한 것이라고 판단된다. 경영진과 노동자들 간의 자본 소유 차이에 대하여는 정확히 알 수 없으나, 주로 경영진과 이전 주관기관 관계자들인 정부 관료들이 다수의 지분을 차지하는 것으로 추측할 수 있다. 베트남 남부 사회과학연구소의 한 조사에 따르면, 주식회사화한 기업에서 낮은 직급의 고용인이 가진 지분 비율은 기록상 평균 55%이지만, 실제 17%에 불과했다고 한다(Experts Push for ~). 이는 베트남의 탈사회주의화 과정에서 자본가가, 기존의 사회주의체제 하의 정부 관료 또는 기업 경영진으로부터 형성되고 있음을 시사한다.

(2) 경영상황의 변화

주식회사로 전환한 이후 기업들의 경영상황에 대한 종합적인 정보는 축적된 것이 없다. 이 기업들에 대한 전국적 조사가 이루어지긴 했지만, 응답하지 않은 기업도 다수 있어 정확한 상황을 파악할 수는 없어, 여러 조사 자료를 종합하여 전체적 경향을 파악하고자 한다.[24]

주식회사로 전환한 지 1년 이상 된 202개 기업에 대한 2001년 베트남 기업관리쇄신중앙위원회의 조사자료에 따르면, 매출액이 증가한 기업이 163개(82%), 감소한 기업이 37개였고, 수익이 증가한 기업이 174개(86%), 감소한 기업이 28개였다. 이 조사에서는, 매년 세전(稅前) 이윤 25%, 국가재정부담액 30%, 고용인수 10%, 노동자 수입 20% 증가를 나타내어, 주식회사화 이후 기업들의 경영상황이 전반적으로 향상되었음을 보여주었다(Lee Kang Woo 2003, 108).

베트남 계획투자부 산하 중앙경제관리연구원(CIEM)의 2002년 조사에 따르면, 2001년 이전 주식회사화한 기업 422개 가운데 31% 기업들로부터 응답을 받은 결과, 매년 평균 매출액 20%, 고용 4%, 임금 12%, 자본 21%의 증가를 나타냈다고 한다. 주식회사로 전환한 이후 경영상태를 묻는 질문에

---

24) 주식회사화 이후 경영실적을 평가하기는 쉽지 않다. 우선 기업들이 부정확한 정보를 제공하거나, 정보 제공 자체를 회피하고 있기 때문이다. 기업들이 수익을 많이 거둔 것으로 보고하면 그만큼 세금을 많이 내야 하는 부담을 안게 되고, 적자를 내는 것으로 보고하면 경영진들의 무능력을 보여주는 것이기 때문이다. 정부는 주식회사화에 박차를 가하기 위하여 주식회사화한 기업들이 좋은 경영실적을 내고 있다고 과장하려고 한다. 이 논문에서는 여러 정보를 종합하여, 가능한 한 신뢰할 수 있는 통계를 취하고자 한다.

는 매우 좋아졌다는 응답이 16%, 나아졌다는 응답이 73%로 나타나, 주식회사로 전환한 이후 경영상태가 전반적으로 향상된 것으로 나타났다(CIEM 2002, 28-31; World Bank 2002, 27-28).

주식회사화한 지 1년 이상된 500개 기업에 대한 다른 조사에서는, 기업 매출액 43%, 투하 자본 1.5 내지 2배, 국가재정수입부담액 16%, 이윤 243%, 평균 배당금(Co tuc: Distributed Dividends) 15.5%, 노동자 임금 54%, 노동자 수 12% 증가를 나타내었고, 기업의 자본 중 국유비중 10~50% 증가의 성과를 나타내었다고 한다(Ho Xuan Hung 2004, 24).

기업쇄신-발전지도위원회가 수행한 주식회사화한 기업 850개에 대한 조사에서도, 자본 연평균 44%, 기업 매출액 24%, 평균 세전(稅前) 이윤 140%, 국가재정수입부담액 25%, 평균 노동자 수입 12%, 배당금 연간 17% 증가 등의 실적을 나타내었다(Xuan Son 2005, 23). 한편, 최근의 1,000개 기업에 대한 조사에서는, 28.6%의 기업이 매출액 감소를 보였고, 10%의 기업이 손실을 보고 있다는 보고도 있었다(Target Set for ~).

이상의 정보를 종합하면, 주식회사로 전환한 이후 기업의 경영상황은 전반적으로 향상된 것으로 보인다. 그러나, 경영상황에 대한 정보들이 기업들로부터 제공된 것이고 정부에 의해 공표된 것이기 때문에 주식회사화의 효과를 과장할 수 있고, 주식회사화 이후 단기간의 경영상황에 대한 평가에 기초해 있으며, 주식회사화 이전에 흑자를 냈던 기업을 우선적으로 전환하였기 때문에 주식회사화 이후 경영상황의 평가에 편향이 있을 수 있다는 점에 주의해야 한다(Gainsborough 2003, 55)

(3) 주식회사화 이후 문제

주식회사화 이후 기업들은 비우호적 경영환경에 대처해야 하고, 극복하여야 하는 기업 내부 문제를 여전히 안고 있다. 주식회사로 전환한 기업들은 은행 대출, 토지사용권의 확보, 정부로부터의 인가 등에서 예전과 같은 특혜를 더 이상 기대할 수 없게 되었다. 아직 공정경쟁의 장(level playing field)이 마련되지 않은 베트남 경제 상황에서 이러한 차별은 자유로운 기업경영에 저해요인으로 작용하므로, 전환한 기업들은 이 같은 환경에서 어려움을 겪고 있다. 이에 따라 국제금융기구 및 외국 원조국들은 공정경쟁의 장을 신속히 구축하도록 베트남에 압력을 가하고 있다.

기업 내부적 문제로는, 주식회사화 이후에도 이전의 경영진들이 그대로 유지되고 있고, 국유부문의 대표자로 정부관리가 경영에 참여하게 되어 시장경제에 적합한 기업경영지식과 능력을 갖추고 있지 못하며, 새로운 경영기법의 도입이 제한되고, 기존의 행정기관-기업관계가 유지되고 있다는 점 등이 있다. 더불어 경영진이 벤처 정신이 결여되어, 주로 안전에만 주의를 기울이게 되어, 생산-경영효율을 높일 수 있는 능동성과 창의력을 갖는 데 제약이 되고 있다(Ho Xuan Hung 2004, 27). 주식회사화한 기업에 정부가 새롭게 출원한 자본은 6%에 불과하며, 그것도 주로 여타 국영기업 자본의 판매나 소규모 기업의 주식회사화를 통하여 획득한 자본이다(Ho Xuan Hung 2004, 27). 따라서 주식회사화의 주요 목표 가운데 하나인 기업의 효율성 증대에 크게 기여하고 있지 못하다.

4. 국영기업 개혁의 정치경제

베트남 정부의 기업쇄신-발전지도위원회에 따르면, 2003년까지 국영기업 전환은 목표의 81%, 주식회사화는 63%를 달성하는 데 그쳤다(Ho Xuan Hung 2004, 25). 2004년에도 주식회사화한 기업은 목표의 68%였다(Vietnam's SOE Equitisation ~). 이처럼 국영기업의 전환이 많이 진전되었음에도 불구하고 여전히 정부의 목표에 미달하는 것은 국영기업의 전환을 저해하는 요인이 여전히 작용하고 있기 때문이다. 국영기업 개혁정책의 집행과정에서, 정부, 관료, 국영기업 경영진, 노동자, 일반 국민들의 이해가 상호 일치하거나 충돌하는 것에 따라 국영기업의 전환이 가속화되거나, 저해되곤 한다. 이하에서는 정책 형성 및 집행과정에서 각 행위자들의 이해관계에 따른 국영기업 전환의 지체와 진전 요인들을 분석해 보고자 한다.

1) 보수의 정치경제

주식회사로의 전환을 저해하는 요인은 일반적으로 주식회사화했을 경우 경영 기회를 박탈당할 위험이 있다고 판단하는 국영기업 경영자들의 소극적 인식, 국영기업 시절 정부로부터 받던 혜택의 박탈에 대한 우려와 시장경쟁에 대처할 것에 대한 불안감, 주식회사화 이후 노동자들의 고용 불안, 주식회사화 과정에서 회계장부를 면밀히 조사할 경우 경영진의 자산 탈취나 여타 부정행위가 발각될 것에 대한 우려, 기업 자산 평가의 어려움, 부채를 정부 또는 기업 중 어느 주체가 부담하는가의 문제 등을 들 수 있다(Nguyen Dinh Tai 1996, 46-47; Gainsborough 2003, 51; Freeman 1996, 223-224; Tran Tien Cuong을 비롯한 베트남 경제학자들과의 면담). 이런 요인들은 기업에 따라 선별적으로 나타난다. 이를 좀 더 자세히 살펴보면 다음과 같다.

첫째, 최고정책결정자 및 정부 관료들 가운데 사회주의 경제의 사유화에 부정적 견해를 갖는 인사들이 여전히 있는 것도 사실이다. 1996년 제8차 공산당대회를 준비하면서 일부 보수적 인사들이 국유경제부문을 전체 경제에서 60% 이상으로 유지해야 한다는 규정을 당 정치보고에 삽입하려는 시도를 하기도 하였다(Womack 1997, 84). 2001년 9월에 열린 제9기 공산당 중앙위원회 제3차 회의에서도, "국유경제부문과 국영기업의 역할과 지위에 관하여 인식의 일치를 보지 못하고 있음"을 나타냈다(DCSVN 2001b, 5).

이 제3차 회의 개최 직전, 전임 공산당 총비서 도므어이(Do Muoi)가 국영기업 재편을 비판하는 논설을 공산당 기관지『년전』(Nhan Dan: 人民)에 게재하기도 하였고, 또 다른 베트남 인사도 2003년 8월에 생산력 지상주의를 비판하는 논설을『년전』에 게재하였다(石田曉惠 2004, 47-48).

또한, 정부부처 및 지방정부 간부들 가운데 일부는 여전히 국영기업 개혁에 대해 낮은 인식을 가지고 있다(Nghiem Quy Hao 2004, 12-13; Xuan Son 2005, 21). 기업쇄신-발전지도위원회 부위원장 팜비엣무온(Pham Viet Muon)도 국영기업 전환이 지체되는 가장 중요한 이유 가운데 하나를 국영기업 관련 정부 관료들의 인식과 태도라고 지적하였다(Pham Viet Muon 2005, 20). 이처럼 아직도 국영기업 개혁에 관하여 정책결정집단 내에서 완전한 의견의 일치를 보고 있지 못하고 있는 것이 현실이다. 특히, 국영기업의 주관기관에 있는 정부 관료들은 주식회사화 이후 그들의 기업에 대한 권한 상실을 우려하여 급격한 전환에 대해 부정적이다(Ho Xuan Hung 2004, 26).

주식회사화에 저항하는 정부 관료나 국영기업 경영진들은 주식회사화가 사유화라는 견해를 피력하며 주식회사화에 주저하는 자신들의 입장을 변호하려 한다(Nghiem Quy Hao 2004, 13). 이들은 국유경제부문이 사회주의 지향의 다부문경제체제인 현 베트남의 경제체제에서 지배적이어야 한다는 공산당과 정부의 논리에 자신들의 논리를 결부시켜 자신들 행위를 정당화하려 한다.

개혁 지향의 정부 정책결정자들은 주식회사화가 사유화가 아니라는 담론을 언론을 통하여 만들어가고자 한다. 공산당과 정부는 대체로 국영기업의 주식회사화에 대하여 긍정적인 견해를 갖고 있으며, 국영기업의 주식회사화가 일부 지분을 정부가 여전히 가지고 있고 많은 부분이 기업 내부자인 경영진과 노동자의 소유로 되므로 사유화가 아니라는 점을 분명히 하고 있다(Co phan hoa ~). 그러나, 주식회사화가 부분적 사유화라는 사실에 비추어 정부의 의도는 국영기업 개혁에 저항하는 보수적 인사 및 경영진들을 설득하기에 부족함이 있는 것도 사실이다.

둘째, 국영기업 내부적으로는 경영진이 주식회사화 이후 대면할 경영환경에 대한 우려로 주식회사화에 저항하는 경우가 많다. 주식회사화 이후 기업은 정부로부터 받았던 각종 지원을 받을 수 없을 뿐만 아니라 시장에서의 경쟁을 극복하여야 하는 어려움을 겪게 된다. 국영기업은 토지를 거의 무상으로 사용하였고, 정부로부터 매우 낮은 금리로 대출을 받을 수 있었던 혜택들을 빼앗기게 될 것이기 때문이다.

또한, 경영진들은 국영기업 하에서 국영기업법의 적용을 받아 경영을 수행하였는데, 주식회사로 전환한 이후에는 기업법의 적용을 받게 되어 경영진 역할이나 세금 등 방면에서 어떻게 행동해야 하는가에 대하여 혼란스러워 하는 경우도 있다. 국영기업 경영자들은 주식회사화 이후 그 직위를 그대로 유지할 수 있을지 우려하고 있고, 주주들로부터 보다 더 엄격한 감독을 받을 것이기 때문에 그들의 권한이 줄어들 것에 대하여도 우려한다. 따라서 국영기업 경영진은 주식회사화에 앞장서려고도 하지 않으며 정부의 정책으로부터 뒤처지려고도 하지 않는 어정쩡한 태도를 나타내게 된다. 한편, 퇴직 예정인 경영진은 주식회사화 과정에서 다수 지분을 확보하여 경영관리위원회나 새로운 경영위원회에 계속 참여하여 기존의 경영상 권리를 지속시키려고 한다(Ho Xuan Hung 2004, 26).

셋째, 노동자들은 국영기업 하에서 적게 일하고 안정된 수입과 직장을 확보할 수 있었으나, 주식회사화 이후 장래에 대한 불안으로 인하여 주식회사화에 반대하는 경우가 많다. 국영기업의 잉여 노동력은 전체적으로 20% 이상으로 추정되며, 기업에 따라서는 30~40%에 이르기도 한다. 이에 반해 노동자들의 조기퇴직률은 7% 미만이어서 큰 성과를 보이고 있지 못하다(Ho Xuan Hung 2004, 26).

국영기업하에서 노동조합이 반대하면 경영진이 특정 정책을 무리하게 집행하지 못하는 사회주의 기업문화에 젖어 있던 이들에게 노동조합의 반대는 효과적으로 작용한다. 경영진은 주식회사화를 진행하기 위하여 노동자들에게 주식회사로 전환한 이후 주식을 분배하거나 여타 보조금을 지불할 것을 약속하게 되는데, 이런 부분이 과도할 경우 이 기업을 매입할 당사자를 찾기 어렵게 된다는 점 때문에 경영진이 대부분 주식을 사는 형태로 주식회사화가 진행된다.

넷째, 정부는 적자를 내고 비효율적으로 운영되는 국영기업을 처분하고, 수익을 내는 기업을 국영기업으로 계속 유지하려는 유인을 갖고 있다. 주관기관, 즉 정부 관료와 기업의 경영진 및 노동자들은 흑자를 내는 기업을 계속 유지하려고 하고, 불량 기업을 인수하려는 당사자를 찾을 수 없다는 점에서 정부의 주식회사화 정책의 집행은 어려움을 겪게 된다. 더욱이 국영기업은 채무와 동시에 채권, 즉 삼각채(triangle debts)를 가지고 있어 부채문제 해결에 어려움을 가중시킨다(Vu Quoc Ngu 2003, 331).

국영기업의 부채는 2004년 초 약 208조 베트남 동(US\$ 134억)으로 추산되며, 그 가운데 2/3 정도는 상업은행으로부터의 여신에 의한 것이다(Vu Tin Quan 2004, 34). 이 가운데 상환해야 하는 부채만도 약 97조 동으로, 이는 국영기업 자본의 51%, 매출액의 23%에 해당하는 금액이다(Hang Chau 2004, 11). 국영기업부문의 불량채무비율은 2004년 초에 8.5%로, 전체 평균 6.1%보다 높았다(Nghiem Quy Hao 2004, 11). 불량기업은 상환불능부채(No kho doi)를 많이 갖고 있거나, 경영효율이 매우 낮은 기업들이다. 이러한 기업에 속한 경영진과 노동자들 또한 장래에 대한 불안 때문에 주식회사화에 저항하게 된다. 정부는 부채를 부분적으로 탕감하여 국영기업의 전환을 가속화하도록 할 것도 고려하고 있으나, 전환할 기업이 아닌 국영기업에서 부채 탕감 방식이 적용될 위험이 있고, 이에 따라 향후 악성 부채가 더 증가할 수 있다는 우려 때문에 이 정책 채택에 주저하고 있다(World Bank 2002, 26).

다섯째, 국영기업 자산을 평가하는 데 따르는 어려움이 주식회사화를 저해하는 요인으로 작용한다. 국영기업에 대한 자산평가는 '주식화기업가치확정회의'(Hoi dong Xac dinh Gia tri Doanh nghiep Co phan hoa)에서 행하거나 외부 평가기관에 의뢰하여 하게 되는데, 이제까지는 주로 이 '확정회의'에서 주식의 배분 등 주식회사화 방식을 결정하였다. 이 회의는 주관기관 관료, 재정부 관료 및 기업 경영자가 참여하므로, 국영기업 경영진과 정부 관료 간 합의에 많은 시간이 걸리고, 기존의 주관기관의 이해에 부합하는 결정을 내리기 쉽다. 이 과정에서 주관기관, 즉 중앙정부 부처나 지방정부는 높은 가격으로 자산을 평가하여 주식회사화를 통하여 많은 자본을 확보하려는 유인을 가지는 반면, 실제 주주가 되는 국영기업 경영진이나 노동자들은 낮은 구매대금을 지불하고 주식을 분배받고자 하는 유인을 갖게 되어 상호 이익의 갈등을 빚게 된다. 주식을 외부로 판매하는 경우에는 자산가치를 높게 평가하면 주식을 구입하고자 하는 구매자가 없을 수 있다는 문제도 발생한다. 또한 자산가치를 평가하는 데 따르는 어려움은 그간의 비시장적 관념 하에 있던 토지 및 상표, 브랜드 명성 등 무형자산들을 시장가격으로 평가하여야 하는 것이다(Assigning Value ~). 이런 이유들로 인하여 기업자산 가치는 시장가격보다 현저히 낮게 평가되는 경향도 있다. 이에 반해, 기업의 자산을 평가할 때는 보통 장부가격으로 평가하는데, 수년간 사용한 기계설비들이어서 시장가격보다 높게 평가되는 경향도 있다.

기업의 자산 중 토지에 대하여는 그간 자산평가에 포함되지 않아, 최근 이에 대한 문제가 제기되고 있으나 평가의 어려움이 있다. 토지가격은 정부 공정가격과 시장가격이 8 내지 10배 차이가 난다. 예를 들어, 호찌민시 제7군의 토지 가격은 1m²당 정부공정가격이 130만 베트남 동(US$ 83)인 데 반하여 시장가격은 1,100만 동(US$ 700)이다(SOE to Pay ~). 따라서 토지를 시장가격으로 자산에 포함시켜 평가할 경우 자산규모가 과다해지는 반면, 이를 포함시키지 않을 경우 기업 자산이 실제보다 낮게 평가되는 폐단이 있게 된다(Nguyen Quang Thai 2004, 4).

따라서 주식회사화 과정에서 국영기업의 경영진, 노동자, 주관기관 정부 관료 등은 그간의 이익을 잃을 가능성이 높은 행위자들이어서 국영기업의 주식회사화에 저항할 유인을 갖게 되는 것이다. 이에 대하여 정부는 국영기업에서 동의하지 않는 경우 강제적으로 정책을 집행할 능력을 갖고 있지 못하다. 그간 베트남이 사회주의 체제 하에서 많은 경우 설득과 합의를 통하여 정책을 결정하고 집행하던 문화가 지속적으로 작용한 때문이기도 하다. 이 과정에서 기업의 경영진, 노동자들은 나름대로의 영향력을 행사한다.

2) 전환의 정치경제

이상의 국영기업의 전환을 저해하는 요인들은, 특히 1998년 이전에 광범위하게 나타났으며, 국영기업의 전환이 확대되기 시작하는 1998년부터는 국영기업의 상황에 따라 부분적으로 나타나고 있다고 할 수 있다. 따라서 1998년 이래 국영기업의 전환이 가속화되는 과정에서는 전환을 저해하는 요인들과 다음과 같은 가속화 요인들이 중첩되어 나타나고 있다.

국영기업으로부터 전환을 가속화하는 요인으로는 첫째, 정부의 지속적인 개혁 드라이브에 있다. 정부는 국영기업의 다수가 경영상 비효율적이어서 실질적으로 적자를 내는 기업이 많아 재정상 부담을 주므로, 재정적자 해소와 기업경영 효율화 등의 목표로 국영기업의 전환을 가속화하고자 한다. 2004년 3월 국영기업개혁에 관한 회의석상에서 베트남 정부가 "국제적 경제통합과정에서 베트남 국영기업에 대한 우대와 보호 조치 및 지원금 지급이 제거되지 않으면 국영기업은 총체적 위기에 처하게 될 수 있다"고 경고한 바와 같이(Nghiem Quy Hao 2004, 12), 세계경제로의 편입 심화와 자유무역지대 편입에 따른 개방화와 경제자유화 압력에 베트남 국영기업이 견디지 못할 것이라는 정부의 인식이 크게 작용하고 있다. 베트남은 ASEAN 자유무역지대(AFTA)에 가입하여 관세를 계속 낮추어야 하고 2018년에 0% 관세를 실현하여야 하는 부담을 안고 있으며(이한우 2003, 431-434), 베트남의 희망대로 2005년에 세계무역기구(WTO)에 가입하게 된다면 세계시장에서 격렬한 경쟁을 치러야 하는 상황에 처하게 된다.

정부는 1996년 5월 정부의정(議定) 제28호로 이전까지 자발성에 기반하여 추진하던 국영기업의 전환에 강제성을 부과하기 시작한 이래, 계속하여 국영기업 전환을 가속화하는 정책들을 추진해 왔다. 특히, 1998년 6월 정부의정(議定) 제44호를 채택한 이후에는 주식회사화한 기업이 많아짐에 따라 여타 국영기업들이 그 경험을 활용할 수 있어 주식회사화에 대한 우려를 줄일 수 있었다. 더불어, 정부가 국영기업에 대한 혜택, 즉 정부보조금, 우대금리, 시장에서의 보호 등을 억제하고 비국영기업에 대한 차별을 줄여감에 따라 국영기업이 주식회사화한 이후에도 시장경쟁에서 차별을 받지 않을 것이라는 안도감을 갖게 하였다.

둘째, 세계은행, 국제통화기금 등 국제금융기구와 지원국들의 요구가 국영기업 개혁을 가속화하는 데 압력으로 작용한다. 세계 각국 및 국제금융기구는 1993년 말부터 베트남에 대한 장, 단기 차관을 제공하여 인프라스트럭처 확대에 크게 기여하여 왔다. 그 이전 국제적 금수조치로 인하여 외부 지원 없이 주로 국내자원을 동원하여 경제개혁을 수행해온 베트남은 이 때부터 산업화를 추구하는 데 긴요한 자금을 국제금융기구들로부터 제공받을 수 있었다. 베트남 지원국들은 매년 말 지원국회의(Consultative Group Meeting)를 개최하여 베트남의 경제상황과 개혁과정을 평가하고, 차년도에 제공할 정부개발원조자금(ODA)을 결정하여 왔다. 국제금융기구들과 지원국들은 베트남에 자금 지원을 약속하면서도, 베트남이 요구받은 조건을 충족시키지 않으면 약속한 자금을 공여하지 않음으로써 경제개혁과 개방에 박차를 가하도록 압력을 행사해 왔다.[25] 이러한 국제기구들의 경제개혁 및 개방에 대한 압력은 전반적 경제개혁을 가속화시키는 압력으로 작용하게 된다.

셋째, 국영기업 하의 경영진이나 노동자가 주식회사화로 많은 지분을 갖게 되는 등 사적 이익을 취할 가능성이 높을 때 전환은 신속히 일어난다. 예를 들어 하노이시 중심 호안끼엠 호수를 끼고 있는 푸쟈(Phu Gia) 호텔은 이익을 많이 내던 곳으로 알려져 있었다. 국영기업의 주식회사화가 전개되면서 푸쟈 호텔은 은밀히 이를 진행하였고, 보통 1년 반 정도 걸리는 주식회사화 과정을 6개월 이내에 신속히 완결하였다. 푸쟈의 신속한 주식회사화 비결은 중앙정부 부처 및 하노이시 인민위원회 고위 관료와 푸쟈 경영진들이 자산가치를 실제보다 1/10 내지 1/20로 현저히 낮게 평가하고 이들 간에 주식 배분에 관한 논의를 은밀히 진행하였기 때문이었다고 전해진다. 푸쟈의 주식을 누가 얼마나 소유하였는지에 대한 정확한 정보는 여전히 알려져 있지 않다(Nam과의 면담). 이처럼 권력을 지닌 관련 행위자들이 유리한 위치에서 쉽게 공유자산을 사유화할 수 있는 경우라면 주식회사화는 신속히 진행될 수 있을 것이다. 국영기업에 속한 노동자도 수익성이 높은 국영기업의 주식회사화 과정에서 타인을 명목상 주주로 등재하고 실질적으로 본인이 주식을 확보하는 사례도 있다(Tran Tien Cuong과의 면담).

주식회사화 과정에서는 국영기업이 명목상 국영기업, 실질적 사영기업의 형태로 전환되는 사례도 있다. 국영기업 경영진이 유사한 업종의 사영기업을 설립하여, 국영기업의 자산을 그 사영기업으로 빼돌리는 사례도 있다. 이를 '뒷문 주식회사화'(back door equitisation) 또는 '자발적 사유화'(spontaneous privatisation)라고 명명한다(Freeman 1996, 230). 이렇게 되면, 국영기업은 단지 명목상으로만 존재하는 허수아비 기업이 될 것이다. 이처럼 공유자산을 사적으로 횡령하는 사례가 발생하고, 공유자산과 사유자산의 경계가 분명치 않는 현상이 나타나고 있다.

---

25) 예로써, 1993년 파산법과 1995년 국영기업법 입법도 세계은행의 구조조정자금 공여의 조건이었다(Van Arkadie & Mallon 2003, 131).

5. 국영기업 개혁의 전개방향

1) 보완책

정부는 국영기업의 주식회사화 과정에서 발생한 문제점을 보완하기 위한 정책을 제시하고 있다. 그 가운데 하나로, 재정부 산하에 부채를 관리하는 초기 자본 5천억 베트남 동(US$ 3천 2백만), 총 자본 2조 동(US$ 1억 3천만) 규모의 '부채매매공사'(Cong ty Mua ban No: The Debts and Assets Trading Company)의 설립을 들 수 있다(Vu Tin Quan 2004, 34-35). 이는 2002년 7월 상환불능 부채를 가진 국영기업들을 파산하도록 한 정부의정(議定)(No.69/2002/ND-CP)에 따른 조치였으나, 이 공사의 운영은 2004년 2월에야 전면적으로 시작되었다. 베트남 국영기업은 2004년 초 약 208조 베트남 동(US$ 134억)의 부채를 갖고 있어, 부채청산의 방법을 찾지 못해 전환을 신속히 할 수 없었다(Vu Tin Quan 2004, 34).

부채매매공사의 설치 이후 처음으로 20개 국영기업을 선정하여 부채 청산 조치를 하도록 했지만, 그 집행이 지체되고 있다(World Bank et.al. 2004, 73). 구체적으로 국영기업의 부채청산이 어떤 방법으로 수행되는 지는 아직 구체적으로 알 수 없는 상황이지만, 부채매매공사의 설립으로 향후 부채를 가진 기업의 전환이 빨라지리라 예상할 수 있다.

둘째, 국영기업으로부터 전환한 기업이 많아짐에 따라, 전환한 기업에 있는 국유자본을 총괄적으로 관리할 기구의 필요에 따라, 베트남 정부는 2004년 9월 재정부 산하에 지주회사격인 '국가자본투자경영공사'(Cong ty Dau tu va Kinh doanh Von Nha nuoc: Capital Business and Investment Corporation)를 설립하도록 한 재정부의 제안서를 승인하였다(Vu Cuong 2004, 42). 이 공사는 국영기업으로부터 주식회사 또는 유한책임회사로 전환한 기업에서의 자본관리를 하기 위한 것으로, 기업에서 국유자본소유대표권과 국가의 경제관리역할을 구분하고, 기업에 대한 국가기관의 간섭을 줄이고, 정부 및 국가기관에 기업 관련 부담을 줄이기 위한 것이다.

이제까지 국영기업 자산은 재정부 산하 '기업 소재 국가 자본 및 자산 관리총국'(Tong cuc Quan ly Von va Tai san Nha nuoc tai Doanh nghiep)이 담당하였는데, 이 자산관리총국 산하에 행정기관과 별도의 법인을 설립하여 국유자산 관리를 담당하게 하여, 국영기업에 대한 자금 공여가 정부로부터 기업으로 행정적으로 이루어지던 것을 국가자본투자경영공사를 통하여 비즈니스 개념에 기반하여 수행되도록 하였다(Nam과의 이메일 교신). 국가자본투자경영공사의 초기 자본은 5조 베트남 동(US$ 3억 2천만)이며, 국영기업의 주식회사화 이후 이 공사가 관리할 전환 기업에서의 국가자본은 25~27조 베트남 동(US$ 16~17억)이 될 것이라고 예상하고 있다(Vu Cuong 2004, 43).

셋째, 주식회사화 이후 실직할 국영기업 소속 잉여 노동자에 대한 지원을 목적으로, 정부는 2002년 4월 정부의정(議定) 제41호(Decree No.41/2002/ND-CP)로 실직 노동자를 위한 지원기금을 설치하도록 규정하여, 2002년 10월 시행에 들어갔다. 이는 재정부 산하에 6조 270억 베트남 동(US$ 3억 8천만) 규모로 설치된 '잉여노동자 지원기금'(Quy ho tro Lao dong Doi du)이다. 이 기금은 전환한 국영기업 퇴직자들의 보상과 재교육에 대한 지원을 위하여 마련되었다. 이 정부의정에 따르면 실직 노동자에게는 근무년당 1개월치 급여 상당액을 지불하고 새로운 직업을 찾는 6개월 기간 동안 추가로 기본 급여를 제공하며, 재교육비용도 6개월까지 지급하도록 하였다. 시행 이후 처음으로 20개 기업이 기금 지원을 요청하였는데, 이 기업들의 잉여노동력 비율은 평균 25%이며, 기업에 따라 13~67%를 나타냈다(World Bank 2002, 71). 2003년 10월 말까지 387개 기업에서 약 15,000명의 퇴직 노동자들이 이 기금의 지원을 받았다고 한다(Le Hong Hanh 2004, 208).

일반적으로 국영기업의 잉여노동력은 6%부터 40%까지 다양하게 추산된다(Pham Quang Huan & Pham Tuan Anh 2002, 28; Lee Kang Woo 2003, 131; Ho Xuan Hung 2004, 26; Vu Quoc Ngu 2003, 331). 2003년까지 국영기업의 개혁과정에서 전체 국영기업 노동자 170만 명 가운데 약 10%인 15만 명이 실직하리라고 예상되고 있었다(Lee Kang Woo 2003, 131). 실제로 국영기업 개혁과정에서 몇 명이 실직했는지, 실직한 노동자들의 생활상황에 대한 충분한 조사가 이루어지지는 않았지만, 2,600명을 대상으로 한 2003년의 한 조사는 실직 노동자들이 지원기금을 받아 활용하고 새로이 노동시장으로 들어갈 수 있었으며, 그 2/3가 실직 후 생활수준이 낮아지지 않았다는 점을 제시하였다(Experts Push for ~).

2) 신 국영기업법

국영기업 개혁과정에서 발생하는 다양한 형태의 기업과 순수 국영기업을 구분하고 이를 관리하기 위하여 정부는 2003년 11월 국영기업법을 개정하여 2004년 7월부터 시행하고 있다. 이 신 국영기업법의 특징은, 그간 국영기업(Doanh nghiep Nha nuoc)으로 통칭되던 기업들이 주식회사로 전환하거나 국영기업 단독 혹은 복수로 출자하여 새로운 회사를 설립하는 형태로 소유권이 다양해지면서 정부가 지분을 보유하는 여러 형태의 기업들을 구분하고 명료하게 했다는 점이다.[26]

개정된 법에 따르면, 국영기업(Doanh nghiep Nha nuoc: State-owned Enterprise)은 국영기업법을 적용받는 국영회사(Cong ty Nha nuoc: State Company)와 기업법을 적용받는 네 가지 형태의 기업을 포함하는 것으로

---

26) 신 국영기업법의 특징에 대하여는, Tran Tien Cuong 2004, Dinh Van An 2004, 및 Vu Cong tac Lap phap 2003을 참조.

바뀌었다. 그 네 가지 기업형태는 국영회사 또는 정부공인기관들이 지분을 보유하는 국영주식회사(Cong ty Co phan Nha nuoc: State Shareholding Company), 국영회사가 단독으로 전 지분을 소유하는 단수구성원 국영유한 책임회사(Cong ty Trach nhiem Huu han Nha nuoc Mot thanh vien: Single Limited Liability State Company), 2개 이상의 국영회사 또는 2개 이상의 국영회사 및 정부공인기관이 지분을 소유하는 복수구성원 국영유한 책임회사(Cong ty Trach nhiem Huu han Nha nuoc co Hai thanh vien tro len: Multiple Limited Liability State Company), 정부가 과반수 지분을 소유하는 국가지배지주 주식회사를 뜻한다. 이렇게 기업(doanh nghiep)을 회사(cong ty)로 전환하는 것을 '회사화'(cong ty hoa)라고 명명하기도 한 다(Luat Doanh ngheip Nha nuoc 2003; Vu Quoc Tuan & Nguyen Dinh Cung 2003, 10; Tran Tien Cuong과의 면담).

이처럼 2003년 국영기업법은 1995년 국영기업법에 비해 국영기업의 범 위를 확대했다는 특징을 갖는다. 1995년 법에서는 국영기업을 정부가 100% 자본을 투자한 기업으로 정의하였으나, 2003년 법에서는 정부가 100%는 물 론 50% 이상 자본을 투자한 기업으로 범위를 확대하였다. 법의 적용에 있어 서는, 신 국영기업법이 적용되는 기업은 100% 국유인 국영기업만이며, 기타 형태, 즉 국영유한책임회사 및 정부가 50% 이상의 지분을 소유한 주식회사 에서는 국유부분의 대표자에 대하여 적용되며, 기업 자체는 국영기업법이 아니라 기업법을 적용받게 된다.

신 국영기업법에서는 경영관리위원회(Hoi dong Quan tri: Board of Management)에 보다 더 많은 권한과 책임을 부여하였으며, 경영진, 즉 총 감독(사장), 부총감독(부사장), 회계장 등은 계약에 의해 고용되며 해당 국영 회사 설립권자(수상, 장관, 성/중앙직속시 인민위원회 주석)가 이들에 대한 임면권을 가진다. 새 법에서는 연속 2년 손실을 내거나 수익률 목표를 달성 하지 못하는 등의 경우 총감독은 해임된다는 규정(제25조)을 넣어, 경영자의 책임을 강화하였다.

신 국영기업법은 또한 국영기업에 대한 투자자와 경영자 간의 관계를 명확히 하였다는 특징을 가지고 있다. 국영기업에 대한 투자의 성격이 과거에는 정부가 자본을 기업에 배분하는 것이었으나, 이제는 수익을 고려한 투자로 바뀌었다. 또한, 국영기업에 매년 결산을 공표하도록 하는 등 기업 운영의 투명성을 높이도록 하였다. 이러한 신 국영기업법은 그간 국영기업의 다양한 형태들이 존재하고, 투자를 통하여 새로운 국영기업을 설립하거나 국영기업을 전환하는 경우 적용할 법이 제대로 정비되지 못한 것에 대한 대응책이다.

3) 정부의 개혁 방향

(1) 전환 가속화

이제까지 국영기업의 전환은 주로 중소기업들을 대상으로 하였는데, 베트남 정부는 향후 대형 기업에 대한 전환을 가속화하려고 시도하고 있다. 베트남 정부는 2005년 말까지 1,800~1,900개의 국영기업을 유지하고, 다른 기업들을 전환할 것이며(Vu Tin Quan 2004, 35), 2005년부터 2007~2008년까지는 1,460개의 국영기업을 주식회사화하겠다는 목표를 세웠다(Xuan Son 2005, 23). 목표대로라면, 2008년 말에는 약 1,500개의 기업만이 순수 국영기업으로 남게 될 것이다.

베트남 정부는 2003년의 수상결정 제271호(No.271/2003/QD-TTg)로 국영기업을 몇 가지 지표를 가지고 매년 A,B,C 등급으로 분류하여 연속 2년간 C를 받은 기업은 국영기업으로부터 전환하도록 하는 조치를 취하였다. 그러나 관계당국이 이 결정을 엄격히 집행하고 있지 않아 이 정책이 소기의 목적을 달성하고 있지는 못하다(World Bank et.al. 2004, 72-73). 이후, 2004년 8월에는 수상결정 제155호(Decision No.155/2004/QD-TTg)로 국영기업과 총공사 소속 독립회계기업을 대상으로 100% 국영기업, 정부가 50% 이상 지분을 가지는 기업, 정부가 절반 미만의 지분을 소유하거나 전혀 소유하지 않을 기업으로 분류하도록 하여(Nguyen Van Thuong & Nguyen Ke Tuan 2005, 105-106), 대형 국영기업에 대한 전환을 가속화하려고 한다.

국영기업개혁에 대한 정부의 의지를 관철시키기 위하여, 정부는 중앙정부 부처 및 총공사들에게 매년 산하 기업의 전환계획을 제출하도록 하고, 향후 이에 따른 전환작업을 요구하고 있다. 정부는 2004년 초 현재 489개인 총공사91 산하 기업 가운데 169개를 주식회사화하고, 80개를 합병하는 등의 조치를 취하여 구조조정 이후에는 산하 소속기업수를 372개로 조정해가려고 한다(CIEM 2004, 111). 총공사90 및 총공사91 전체로는 산하의 1,476개 국영기업 가운데, 554개 기업만 순수 국영기업으로 남기고, 922개 기업은 주식회사 등의 형태로 전환할 예정이다(Vu Long 2004a, 4). 그러나, 정부가 이를 효율적으로 감독하거나 강제하지 못하고 있어 정부의 계획대로 추진될지는 의문이다. 최근 들어, 베트남 정부는 주식회사화를 주저하는 국영기업 최고경영진들이 전환을 지체할 경우 사임하도록 하는 규정을 만들도록 내무부에 지시하였다고 한다(Xuan Son 2005, 22). 이러한 정부의 개혁 드라이브로 향후 국영기업 전환은 더 가속화될 것이다.

(2) 전환절차 개선

베트남 정부는 2004년 11월 채택한 정부의정(議定) 제187호로 주식회사화에 대한 관련 당사자의 책임을 강화하고, 전환절차를 개선하였다. 앞서 설명한 바와 같이 이 정부의정에서는 주식회사화가 잘 수행되지 않는 경우, 각 중앙부처, 성/중앙직속시 인민위원회 및 총공사 경영관리위원회의 해당

기관장이 책임을 지도록 하였고, 자산평가방법을 정비하고 자산평가기관을 확대하였다. 이에 따라 현재 국내외 약 40개의 자산평가기관이 국영기업의 자산평가에 참여할 수 있게 되었다(Decree Eases SOE ~). 주식판매방식에 있어서는, 회사 고용인이 40% 할인된 우대가격으로 구입할 수 있도록 하여, 이전의 30% 할인 가격보다 더 유리한 규정을 마련하였고, '전략투자자'에게는 20% 할인된 가격으로 전체 주식의 20% 한도까지 구입할 수 있도록 조정하여, 고용인 및 기업 관련자들의 주식 매입을 더 유리하게 하였다. 또한, 국내 투자자가 매입할 수 있는 주식 비율 제한을 철폐하였고, 기업외부 투자자에게 20% 이상의 주식을 판매하도록 규정하였다. 이밖에도 부채 처리에 대한 상세한 규정을 두어 현재 주식회사화의 중요한 저해요인인 부채문제를 극복하고자 하였다.

주식매각과정에서는 '주식경매위원회'(Ban Dau gia Co phan) 설치에 대한 규정을 두어, 그간의 기업내부자 또는 '전략투자자' 중심으로 판매되던 방식을 공모를 통한 경매 방식으로 전환하려고 한다. 최근의 비나밀크(Vinamilk)와 바오민(Bao Minh)보험회사의 주식회사화 과정에서 주식 공모(경매)가 성공적이었다는 판단으로, 향후 이런 방식을 확대해 갈 것이다. 비나밀크는 전체 1억 달러 자산 중 10%를 약간 초과하는 1,827억 베트남 동(US$ 1,160만)에 해당하는 주식 182만 7천 주를 공모했는데, 투자자들이 630만 주를 응모했다. 공모 이전에 비나밀크 주식은 235,000 베트남 동(US$ 15)으로 거래되었으나, 공모 이후 313,000동(US$ 20)으로 거래되었다고 한다(Xuan Son 2005, 22). 이러한 성공사례로 향후 주식회사화 과정에서 주식 판매 시 공모 형식을 취하는 기업들이 늘어날 것으로 예상된다.

현재 외국인투자자가 매입할 수 있는 주식의 비율은 기업 전체 주식의 30%로 한정되어 있다. 베트남 정부는 외국인투자자로부터 자본동원을 확대하기 위하여 전환하는 기업의 외국인 자본 참여 비율을 30% 이상으로 확대하는 수정안을 마련 중이고(Nghiem Quy Hao 2004, 14), 그 비율을 49%까지 확대하는 방안을 고려 중이라고 재정부 산하 국가증권위원회 위원장 쩐수언하(Tran Xuan Ha)는 말하고 있으나(Xuan Son 2005, 23), 아직 실현되고 있지는 않다. 기업쇄신-발전지도위원회 부위원장 팜비엣무온(Pham Viet Muon)도 국내 자본과 외국 자본의 차별은 없다고 역설한 점에서 볼 때(Pham Viet Muon 2005, 20), 향후 외국인투자자를 베트남 국영기업의 전환과정에 끌어들이기 위한 노력이 확대될 전망이다.

(3) '경제집단' 형성

총공사를 비롯한 대형 국영기업의 전환에 따라, 기존의 순수 국영기업으로 구성되던 총공사 체제는 혼합소유기업을 구성원으로 하는 체제로 전환하게 되었다. 이에 따라 베트남 정부는 국가의 기간이 되는 총공사를 중심으로 '경제집단'(Tap doan Kinh te)을 만드는 시험적 작업에 들어갔다. 경제집단은 기존의 총공사에서 대형 국영기업을 모기업(cong ty me)으로 하여 산하에 자기업(cong ty con)을 두고, 한국의 재벌처럼 모기업이 자기업에 투자하여 그 주식을 부분적으로 소유하며 자기업을 통제하는 형태로 만들어진다. 자기업의 형태는 국영회사, 주식회사, 유한책임회사, 또는 외국과의 합자회사 등 다양하다. 이 프로젝트의 책임을 맡고 있는 중앙경제관리연구원(CIEM) 기업관리실 실장인 쩐띠엔끄엉(Tran Tien Cuong) 박사는, 이렇게 함으로써 과거 총공사와 소속기업 관계는 행정적 관계에서 비즈니스 관계로 전환하게 될 것이라고 한다(Vu Tin Quan 2004, 35).

정부는 베트남전력총공사, 베트남우정통신총공사, 베트남석유가스총공사, 베트남시멘트총공사 등 4개 총공사91을 우선적으로 그 대상으로 하였고(Business Groups ~),27) 궁극적으로 18개 총공사91 전체를 경제집단화하려는 계획을 갖고 있다(Government Plans ~). 수상은 최근 92개 총공사90 및 총공사91 중 비교적 규모가 큰 48개에서 모기업-자기업 형태로 전환하는 시험적 계획을 승인하였다(Vu Long 2004b, 37).

베트남의 경제집단화는 과거 대형 국영기업의 총공사 체제하에서의 독점적 구조를 탈피하여 기업의 경쟁력을 높이고, 주식회사를 비롯한 다양한 소유구조를 가진 소속 기업들에 대하여 영향력을 계속 행사하려는 의도로 보인다. 한국의 재벌에서 보는 바와 같이 기업의 지분을 과반수 이하로 소유하고 있더라도 타 주주들에 비해 상대적으로 많은 지분을 소유하고 있는 주주는 기업경영상 주요 결정에 대한 의결권을 주도적으로 행사하는 데 아무런 문제가 없다. 베트남 정부도 국영기업의 지분을 매각하고 과반수 이하의 지분을 정부가 소유하더라도 상대적으로 타 주주에 비해 많은 비율의 지분을 소유하여, 전환한 기업에 대하여 계속 영향력을 행사하려는 전략을 취하고 있다고 판단된다. 즉, 이 방식은 베트남 정부가 100% 국영기업을 소유하는 부담에서 벗어나 주식을 일부 소유하면서도 전환한 국영기업들을 계속 지배할 수 있을 "경제적" 방안인 것이다.

6. 맺음말

베트남 정부는 세계경제로의 통합과 자유시장경제의 확산에 대응하고자 기존의 사회주의경제체제 하에서 비효율적으로 운영되던 국영기업을 개혁하는 데 진력해 왔다. 정부의 기본방침은 국영기업 개혁을 신속히 추진하여

---

27) 베트남 정부는 '경제집단'으로 전환할 기업의 선정에 고심한 듯하다. 2003년 말에는 베트남전력총공사, 베트남우정통신총공사, 베트남석유가스총공사, 베트남항공, 베트남해운총공사를 시험적 경제집단화 대상기업으로 고려하였다가(Government Plans ~), 이후 베트남전력총공사, 베트남우정통신총공사, 베트남석유가스총공사, 베트남건설총공사를 대상 기업으로 하였으나(CIEM 2004, 112-113), 이와 같이 결정하였다.

시장경제로의 편입이 심화되고 있는 환경에서 베트남 기업들이 경쟁력을 갖게 하자는 것이다. 정부의 정책은 1990년대 초부터 국영기업의 경영효율 개선을 위한 경영자주권 부여와 '총공사' 또는 '경제집단'이라는 대형 기업화 및 주식회사화를 비롯한 여러 형태의 소유권 다양화 조치를 통하여 수행되었다.

이러한 국영기업의 개혁은, 최고정책결정자, 정부 관료, 국영기업 경영진, 노동자 등의 자기 이해에 기반한 행위에 따라 진전되거나 지체되어 왔다. 1990년대 후반까지 국영기업의 전환이 지체된 것도 전환절차 규정의 미비뿐만 아니라 관련 행위자들의 저항으로 인한 것이었다. 이제까지의 주식회사화 과정에서 정부와 관련 행위자들의 이해는 다음과 같이 정리할 수 있다. 최고정책결정자들 및 정부 관료들 다수는 정부의 개혁정책에 동의하지만, 일부 관료 특히 국영기업을 관할하는 해당 주관기관의 관료들 가운데 일부는 여전히 국영기업의 전환에 반대하는 입장을 취한다. 이들은 국영기업의 전환이 사유화를 진전시켜 사회주의체제 자체를 위협한다고 주장하고 있으나, 실제로는 기업에 대한 기존의 권력을 상실할 것을 우려하고 있는 것이다. 국영기업 경영진들은 기존의 기업 내 권력을 상실할 우려, 전환 이후 대처해야 할 시장 환경에 대한 불안감 등으로 국영기업의 전환에 부정적이지만, 한편으로는 주식회사화 과정에서 유리한 지위에서 다수의 지분을 확보하여 새로운 자본가로 등장할 기회를 노리는 이중적 행위유형을 나타낸다. 국영기업의 노동자들은 전환 이후 고용보장이 되지 않는 것에 대한 우려로 전환에 저항하나, 드물게는 국영기업의 전환과정에서 다수의 주식을 확보하는 실리를 취하기도 한다.

베트남 정부는 주식회사화가 국영기업의 사유화가 아니라는 논지로 정부 관료와 기업경영진을 설득하고, 기업경영자 및 노동자에게 혜택을 주어 전환작업에 능동적으로 참여하도록 유도하고 있다. 정부는 고용보장 및 기업에 대한 혜택을 줄여감으로써 국영기업을 시장경제에 적합한 기업으로 만드는 한편, 기업내부자, 즉 경영진 및 노동자 개인에 대한 혜택을 강화하여 이들이 국영기업의 전환에 협력하도록 하는 정책으로 주식회사화를 진전시키고 있다.

이러한 복합적 상황 속에서 국영기업 개혁이 정부의 목표대로 수행되지는 않았지만, 이제까지 전체 국영기업 중 절반 정도인 3,000여 개 기업이 전환하였고, 그 가운데 2,000여 개 기업이 주식회사로 되었으며, 전환한 기업의 경영실적은 대체로 향상된 것으로 나타났다. 그러나 이 기업들이 대부분 중소 규모여서 기업수의 감소가 곧 국유경제부문의 감축으로 이어지지는 않았다. 소유구조면에서 보면, 국영기업으로부터 주식회사화한 기업에서는 정부가 20~30%, 경영진 및 노동자가 50~60%의 지분을 소유하여, 80% 이상의 주식을 정부 또는 기업내부자가 소유함으로써, 국영기업의 사유화가 주로 기업내부자 중심으로 진행되어 왔음을 보여준다. 이는 베트남의 시장경제화 과정에서 자본가가 주로 기존 국영기업의 경영진으로부터 형성됨을 시사해주는 것이다.

그간 전환한 기업의 경영성과로 보아 베트남 정부는 앞으로도 국영기업을 계속하여 전환해가려고 한다. 그 방향은, 정부가 다수 국영기업의 자본을 소유하는 방식으로부터 벗어나, 정부가 소수 중요한 국영기업의 전 자본을 소유하고 국영지주회사를 중심으로 타 회사의 지분을 부분적으로 소유함으로써 모기업-자기업 관계로 연계되는 '경제집단'을 만들려는 것이다. 이렇게 함으로써, 정부는 전 국영기업을 소유하지 않으면서도 많은 기업들을 정부의 통제하에 두려고 한다. 즉, 전 경제에서 국유경제부문이 감소하지만, 정부는 지배주주로서 기업에 대한 영향력을 계속하여 행사하려고 한다.

여기에서 보는 것처럼 자본의 일부를 보유하더라도 명목상 국영기업을 유지하고 국유경제부문이 전체 경제의 중심 역할을 해야 한다는 베트남 정책결정자들의 의지는 지속되고 있다. 그러나, 이제까지 국영기업의 전환과정에서, 정부관료, 기업경영진, 노동자 등 관련 행위자들의 이해에 부합하지 않는 경우 정부의 정책이 계획대로 집행되지 않았음에 비추어, 향후에도 관련 행위자들의 사적 이익의 확보가 정책 집행의 중요한 요건이 될 것이며, 이에 따라 "실질적" 사유화는 점차 확대되어 갈 것이라고 예측할 수 있다. 베트남의 개혁은 점차 속도를 더해, "사회주의 지향의 다부문경제"는 그 "지향"을 바꾸어 가고 있다.

참고문헌

권 율. 2000. "베트남 국영기업의 개혁과정에 대한 연구."『베트남연구』제1권.

이강우. 2003. "도이머이시대의 베트남국영기업 개혁과정."『베트남연구』제4권.

______. 2004. "베트남국영기업의 주식회사전환 정책에 관한 연구 : 공산당과 정부 문건을 중심으로."『베트남연구』제5권.

이한우. 2002. "베트남의 체제변화와 21세기 발전 방향: 제9차 당대회 결과 분석."『국제지역연구』제5권 4호.

______. 2003. "ASEAN 확대의 정치경제." 박광희 편.『21세기의 세계질서: 변혁시대의 적응논리』. 오름.

______. 2004. "사회주의권 쇠퇴 이후 베트남 사회주의 체제의 지속과 변화: 소유제 개혁을 중심으로." 윤진표 편.『동남아의 경제성장과 발전전략: 회고적 재평가』. 오름.

조재현·송정남. 2004.『베트남 들여다보기』. 한국외국어대학교 출판부.

山崎勝. 1994. "ベトナムの「株式會社化」の諸問題."『創大アジア研究』第15號.

石田曉惠. 2004. "ベトナム工業化の課題 － 擔い手の發展－." 石田曉惠·五島文雄 編.『國際經濟參入期のベトナム』. 東京: アジア經濟研究所.

竹内郁雄. 1992. "ドイモイ下のベトナムの國營企業."『アジア經濟』第33卷 3號.

______. 1994. "「規制された市場メカニズム」への移行 －ドイモイ下の國營セクタ － 改革の過程·現狀·課題 －." 五島文雄·竹内郁雄 編.『社會主義ベトナムとドイモイ』. 東京: アジア經濟研究所.

"Co phan hoa Khong duoc Bien thanh Tu nhan hoa." [주식화는 사인(私人)화로 변화될 수 없다]. *Nhan Dan*, 04-10-2004.

DCSVN(Dang cong san Viet Nam). 1996. *Van kien Dai hoi Dai bieu Toan quoc Lan thu VIII*. [제8차 전국대표대회 문건]. Ha Noi: Nxb Chinh tri Quoc gia.

______. 2001a. *Van kien Dai hoi Dai bieu Toan quoc Lan thu IX*. [제9차 전국대표대회 문건]. Ha Noi: Nxb Chinh tri Quoc gia.

______. 2001b. *Nghi quyet Hoi nghi Lan thu ba Ban chap hanh Trung uong Dang Khoa IX ve Tiep tuc Sap xep, Doi moi, Phat trien va Nang cao Hieu qua Doanh nghiep Nha nuoc*. [국영기업의 배치, 쇄신, 발전 및 효과증진을 계속하는 것에 관한 제9기 당 중앙집행위원회 제3차 회의 의결]. Ha Noi: Nxb Chinh tri Quoc gia.

______. 2004. *Van kien Hoi nghi Lan thu chin Ban chap hanh Trung uong Khoa IX.*

[제9기 중앙집행위원회 제9차 회의 문건]. Ha Noi: Nxb Chinh tri Quoc gia.

Duong Quang Tung. 1997. "Ve Che do Bo chu quan va Cap hanh chinh chu quan doi voi Doanh nghiep Nha nuoc." [국영기업의 주관부 및 주관행정급 제도에 대하여]. *Tap chi Cong san*, so 21-1997.

Ho Xuan Hung. 2004. "Co phan hoa Doanh nghiep Nha nuoc: Ket qua, Vuong mac va Giai phap." [국영기업 주식화: 결과, 곤경 및 해법]. *Tap chi Cong san*, so 18-2004.

Le Hong Hanh. 2004. *Co phan hoa Doanh nghiep Nha nuoc: Nhung Van de Ly luan va Thuc Tien*. [국영기업 주식화: 이론과 실천 문제]. Ha Noi: Nxb Chinh tri Quoc gia.

Le Van Tam (chu bien). 2004. *Co phan hoa va Quan ly Doanh nghiep Nha nuoc sau Co phan hoa*. [주식화와 주식화 이후 국영기업 관리]. Ha Noi: Nxb Chinh tri Quoc gia.

Lee Kang Woo. 2003. *Qua trinh Doi moi Doanh nghiep Nha nuoc o Viet Nam* [베트남에서 국영기업 쇄신 과정]. Ha Noi: Nxb Dai hoc Quoc gia Ha Noi.

"Luat Doanh nghiep Nha nuoc 2003." [2003년 국영기업법].

"Nam 2005: Day manh Thi truong hoa Co phan hoa." [2005년: 시장화, 주식화 추동]. ⟨http://www.cpv.org.vn/details.asp?topic=70&subtopic=169&id=BT2620569719⟩

Nghi dinh so 64. "Nghi dinh so 64/2002/ND-CP ngay 19 thang 6 nam 2002 cua Chinh phu ve Viec Chuyen Doanh nghiep Nha nuoc Thanh Cong ty Co phan." [국영기업의 주식회사로의 전환에 관한 정부의 2002년 6월 19일자 의정 제64호]. Vien Nghien cuu Quan ly Kinh te Trung uong. *Luat Doanh nghiep Nha nuoc va Cac Quy dinh ve Co phan hoa, Giao, Ban, Khoan Kinh doanh*. [국영기업법과 주식화, 양도, 매각, 경영청부에 관한 규정]. Ha Noi: Nxb Giao thong Van tai, 2004.

Nghi dinh so 187. "Nghi dinh cua Chinh phu so 187/2004/ND-CP ngay 16 thang 11 nam 2004 ve Viec Chuyen Cong ty Nha nuoc Thanh Cong ty Co phan." [국영회사의 주식회사로의 전환에 관한 2004년 11월 16일자 정부의정 제187호]. ⟨http://www.nscerd.org.vn/detail.asp?Id=546&head=0⟩

Ngo Thang Loi. 2004. *Doanh nghiep Nha nuoc trong Phat trien Kinh te - Xa hoi o Viet Nam den nam 2010*. [2010년까지 베트남 경제사회 발전 중 국영기업]. Ha Noi: Nxb Chinh tri Quoc gia.

Nguyen Manh Hung (bien soan). 1996. *Cac Co quan Chinh phu Doanh nghiep Lon cua Nha nuoc & Du bao Nhu cau Co ban cua Thi truong*. [정부기관과 국가의 대형기업 및 시장의 기본요구 예비]. Ha Noi: Nxb Thong ke.

Nguyen Van Phuc, Vu Thanh Hung, Nguyen Van Dinh. 2003. *Mot so Van de ve Ban, Khoan Kinh doanh va Cho thue Cac Doanh nghiep Nha nuoc o Viet Nam*. [베트남 국영기업의 매각, 경영청부 및 임대에 관한 몇 가지 문제]. Ha Noi: Nxb Chinh tri Quoc gia.

Nguyen Van Thuong & Nguyen Ke Tuan (chu bien). 2005. *Kinh te Viet Nam 2004: Nhung Van de Noi bat*. [2004년 베트남 경제: 현저한 문제들]. Ha Noi: Nxb Ly luan Chinh tri.

Quyet dinh so 202. "Quyet dinh cua Chu tich Hoi dong bo truong ve Viec Tiep tuc Lam Thi diem Chuyen Mot so Doanh nghiep Nha nuoc Thanh Cong ty Co phan." [국영기업의 주식회사로의 시험적 전환을 계속하는 것에 관한 부장회의 주석의 결정]. Hoang Cong Thi & Phung Thi Doan. *Co phan hoa cac Doanh nghiep Nha nuoc o Viet Nam*. [베트남 국영기업의 주식화]. Ha Noi: Nxb Thong ke, 1994.

Tran Tien Cuong. 2002. "Co phan hoa va Cac Van de Hau Co phan hoa can Nghien cuu Giai quyet." [주식화와 주식화 이후 연구·해결해야 할 문제]. Luan van Hoi thao. "Co phan hoa va Hau Co phan hoa: Thuc trang va Giai phap." Bo Ke hoach va Dau tu & Ngan hang The gioi. Ha Noi, 29-30 thang 8 nam 2002.

Tran Van Chu. 2003. "Co phan hoa - Doi moi Doanh nghiep Nha nuoc." [주식화 - 국영기업 쇄신]. *Nghien cuu Kinh te*, so 4-2003.

Vu Cong tac Lap phap. 2003. *Nhung Van de Co ban cua Luat Doanh nghiep Nha nuoc*. [국영기업법의 기본 문제]. Ha Noi: Nxb Tu phap.

Vu Quoc Tuan & Nguyen Dinh Cung. 2003. "Phat trien cac Loai hinh Doanh nghiep." [기업유형들의 발전]. Dinh Van An (chu bien). *Phat trien nen Kinh te Thi truong Dinh huong Xa hoi chu nghia o Viet Nam*. [베트남에서 사회주의 지향 시장경제의 발전]. Ha Noi: Nxb Thong ke.

"Assigning Value." *Vietnam Economic Times*, Oct. 2004.

"Business Groups the Way to Improve SOEs?" *Vietnam News*, 26 Feb. 2005.

CIEM(Central Institute for Economic Management). 2002. "Viet Nam's Equitized Enterprises: An Ex-Post Study of Performance, Problems and Implications for Policy." Unpublished Discussion Draft.

______. 2004. *Vietnam's Economy in 2003*. Hanoi: National Political Publisher.

Cohen, Margot. 2004. "Corporate Overhaul." *Far Eastern Economic Review*, 7 Oct.

CPV(Communist Party of Vietnam). 1991. *7th National Congress Documents*. Hanoi:

Foreign Languages Publishing House.

______. 1996. *VIIIth National Congress Documents*. Hanoi: The Gioi Publishers.

______. 2001. *9th National Congress Documents*. Hanoi: The Gioi Publishers.

"Decree Eases SOE Equitisation Process." *Vietnam News*, 30 Dec. 2004.

Decree No.44. "Decree on Conversion of State Owned Enterprises into Shareholding Companies." National Committee for Enterprise Management Reform et.al. *Guideline Instruments on Equitization in Vietnam*. Hanoi, 1998.

Dinh Van An. 2004. "The 2003 Law on State Enterprises: A Motive Force for Accelerating the Process of SOE Reorganization." *Vietnam Economic Review*, No.6-2004.

"Directive to Speed Up SOE Overhaul." *Vietnam News*, 22 March 2005.

"Experts Push for Quick Equitisation." *Vietnam News*, 13 Oct. 2004.

Fforde, Adam. 2004. "State Owned Enterprises, Law and a Decade of Market-Oriented Socialist Development in Vietnam." SEARC Working Papers Series No.70. Hong Kong: City University of Hong Kong Southeast Asia Research Centre.

Fforde, Adam & Stefan de Vylder. 1996. *From Plan to Market: The Economic Transition in Vietnam*. Boulder: Westview.

Freeman, Nick J. 1996. "The Role of 'Equitisation' in Vietnam's Reform of State-owned Enterprises." *Communist Economies & Economic Transformation*. Vol.8 No.2.

Gainsborough, Martin. 2002a. "Beneath the Veneer of Reform: The Politics of Economic Liberalisation in Vietnam." *Communist and Post-Communist Studies*. Vol.35.

______. 2002b. "Understanding Communist Transition: Property Rights in Ho Chi Minh City in the Late 1990s." *Post-Communist Economies*. Vol.14 No.2.

______. 2003. "Slow, Quick, Quick: Assessing Equitization and Enterprise Performance Prospects in Vietnam." Peter Ferdinand & Martin Gainsborough eds. *Enterprise and Welfare Reform in Communist Asia*. London: Frank Cass.

"Government Plans Economic Groups." *Vietnam Investment Review*, No.633(1-7 Dec. 2003).

GSO(General Statistical Office). 2004. *Statistical Yearbook 2003*. Hanoi: Statistical Publishing House.

Hang Chau. 2004. "Restructuring Targets Put Most SOEs in Line of Fire." *Vietnam Investment Review*, No.642(2-8 Feb. 2004).

Kolko, Gabriel. 1997. *Vietnam: Anatomy of a Peace*. London: Routledge.

"Media Coverage Needed for SOE Equitisation Process." *Vietnam News*, 7 Jan. 2005.

Mekong Economics. 2002. "SOE Reform in Vietnam." Background Paper. Hanoi.

Nghiem Quy Hao. 2004. "Creating Breakthrough in SOE Reform: Accelerate SOE Equitization, Expand the Scope of Equitization, and Eliminate SOE Capital Subsidies." *Vietnam Economic Review.* No.10-2004.

Nguyen Dinh Tai. 1996. "The Equitisation of the State Enterprises." *Vietnam's Socio-Economic Development,* No.8(Winter).

Nguyen Quang Thai. 2004. "Issues Remain for Equitisation." *Vietnam Economic Times,* Aug.

Painter, Martin. 2003. "The Politics of Economic Restructuring in Vietnam: The Case of State-owned Enterprise 'Reform'." *Contemporary Southeast Asia.* Vol.25 No.1.

"Party Calls for Faster SOE Equitisation and Restructuring." ⟨http://www.vov.org.vn/2004_10_26/english/kinhte1.htm⟩.

Pham Quang Huan & Pham Tuan Anh. 2002. "State-Owned Enterprise Reform." *Vietnam's Socio-Economic Development,* No.30(Summer).

Pham Viet Muon. 2005. "Pressing Ahead." Interview. *Vietnam Economic Times,* March.

Phan Van Tiem. 1995. "Cutting the Fat." Interview. *Vietnam Economic Times,* August.

Phan Van Tiem & Nguyen Van Thanh. 1996. "Problems and Prospects of State Enterprise Reform, 1996~2000." Ng Chee Yuen et.al. eds. *State-Owned Enterprise Reform in Vietnam: Lessons from Asia.* Singapore: ISEAS.

Phillips Fox. 2004. *Vietnam Legal Update: November 2004.*

Rohland, Klaus. 2004. "Getting the SOEs on the Road." *Vietnam Economic Times,* May.

"Slow Progress in SOE Reform: Vietnam." *Business Monitor International,* 18 May 2004.

"SOE Equitisation Fell Short of 2004 Target." *Vietnam News,* 5 Jan. 2005.

"SOE to Pay Market Price for Land Use." *Vietnam News,* 17 May 2004.

Sturm, Peter H. & Benjamin Sutton. 2001. "The Transition Process in Vietnam: A Comparative View." *Vietnam's Socio-Economic Development,* No. 25(Spring).

"Target Set for Restructuring SOEs." *Vietnam News,* 25 Feb. 2005.

Tran Tien Cuong. 2004. "Vietnam's 2003 Law on State Enterprises: Main and Important Changes." *Vietnam Economic Review,* No.4-2004.

Tran Van Tho. 2001. "Vietnamese Gradualism in Reforms of the State-Owned Enterprises." *Vietnam's Socio-Economic Development,* No.26(Summer).

Van Arkadie, Brian & Raymond Mallon. 2003. *Viet Nam: A Transition Tiger?*

Canberra: Asia Pacific Press at the Australian National University.

"Vietnam's SOE Equitisation Falls Short of 2004 Target."
⟨http://asia.news.yahoo.com/050107/4/1ub90.html⟩

Vu Cuong. 2004. "Controlling State Capital." *Vietnam Economic Times*, Oct.

Vu Long. 2004a. "Large SOEs Turn for Restructure." *Vietnam Investment Review*, No.648(15-21 Mar.).

______. 2004b. "Performance Probe." *Vietnam Economic Times*, Dec.

Vu Quang Viet. 1998. "State and Private Sectors in Vietnamese Economy." *Vietnam's Socio-Economic Development*, No.13(Spring).

Vu Quoc Ngu. 2003. "SOE Equitization in Vietnam: Experiences, Achievements, and Challenges." *Southeast Asian Affairs 2003*. Singapore: ISEAS.

Vu Tin Quan. 2004. "Clearing the Decks." *Vietnam Economic Times*, March 2004.

Womack, Brantly. 1997. "Vietnam 1996: Reform Immobilism." *Asian Survey*. Vol.37 No.1(Jan.)

World Bank. 2002. *Vietnam Delivering on its Promise: Development Report 2003*. Hanoi.

World Bank et.al. 2004. *Governance: Vietnam Development Report 2005*. Hanoi.

Wright, Philip C. & V.T. Nguyen. 2000. "State-owned Enterprises(SOEs) in Vietnam: Perceptions of Strategic Direction for a Society in Transition." *The International Journal of Public Sector Management*. Vol.13 No.2.

Xuan Son. 2005. "Now for the Remainder." *Vietnam Economic Times*, March.

면담 및 이메일 교신

권 율. 대외경제정책연구원 세계지역연구센터 동서남아팀장. 전화 면담. 서울, 2005년 7월 18일.

Bui Quang Tuan. An Economist at the Institute of World Economy. Hanoi, 4 Jan. 2004.

Nam. An Anonymous Economist at the Office of the Central Committee. Communist Party of Vietnam. Interview in Hanoi, on 11 Jan. 2004; Personal Communication by e-mail, 27 June~27 July 2005.

Nguyen. An Anonymous Diplomat at the Vietnamese Embassy in Korea. Seoul, 2 July 2005.

Tran Tien Cuong. An Economist at the Central Institute for Economic Management. Hanoi, 9 Jan. 2004.

Vu Tuan Anh. An Economist at the Institute of Economics. Hanoi, 5 Jan. 2004.

필자소개

집필순

윤진표 연세대학교 정치외교학과를 졸업하였고, 미국 University of South Carolina에서
"Formation and Transformation of the Modern State: A Comparative Study
of the Nature and Role of the State in Indonesia, Thailand and Vietnam"
(1990)으로 정치학박사 학위를 취득하였다. 동남아 비교정치 및 동남아 정치경
제를 전공하고 있으며, 현재 성신여자대학교 정치외교학과 교수로 재직 중이다.
주요 연구로는, 『동남아의 정당정치』(공저, 2001), "인도네시아의 민주화 연구:
군부와 이슬람세력간의 동학"(2000), "경제위기 대응의 정치경제: 태국과 말레
이시아의 비교연구"(2001), "태국의 시민사회운동과 민주주의 발전"(2002) 등
이 있다.

권 율 서강대학교 경제학과를 졸업하였고, 동대학원에서 "베트남 경제개혁의 특성에
관한 연구: 개도국형 체제전환의 성격을 중심으로"(1999)라는 논문으로 경제학
박사 학위를 받았다. 세부전공은 개발경제학과 국제경제학이며, 현재 대외경제
정책연구원 동서남아팀장으로서 동남아시아 지역연구 및 개도국 원조(ODA)에
관한 정책연구를 담당하고 있다. 한-아세안 FTA 협상대표로서 활동하고 있으며,
일본 게이오 대학(1996~97), 싱가포르 동남아시아연구소(2001) 객원연구원으로
재직한 바 있다. 최근 연구로는, 『ASEAN 경제통합의 확대와 한국의 대응방향』
(공저, 2003), "East Asian Regionalism Focusing on ASEAN Plus Three"
(2004) 등이 있다.

이요한 한국외국어대학교 경제학과를 졸업하였으며, 동대학원 국제관계학과에서 "동아
시아정치경제의 변동과 지역협력 방안 연구"(2000)라는 논문으로 정치학박사
학위를 받았다. ASEAN 및 동아시아지역협력에 관한 연구를 세부전공으로 하고
있다. 현재 우송대학교 경영학부 초빙교수로 재직하고 있으며, 주요 연구로는
『아세안과 동남아국가연구』(공저, 2001), 『동아시아지역연구』(공저, 2001), "동
아시아협력 이론의 분석과 적용: ASEAN＋3을 중심으로"(2002) 등이 있다.

전제성 서강대학교 전자공학과를 졸업하였으며, 서울대학교 대학원 정치학과에서 "민주화 이행기 인도네시아의 노동정치"(2002)라는 논문으로 정치학박사 학위를 받았다. 세부 전공은 비교정치 및 인도네시아 정치·사회운동이며, 현재 사단법인 한국동남아연구소 총무부장으로 재직 중이다. 주요 연구로는, "수하르또 치하 인도네시아에서 노동계급의 '조직화 없는 저항'"(2002), "인도네시아에서 노동자리더십의 등장: 동부 자바 시도아르조의 마스뻬온 1단지 사례"(2003) 등이 있다.

김동엽 중앙대학교 정치외교학과를 졸업하였으며, 국립 필리핀대학교(University of the Philippines, Diliman)에서 "The Political Economy of Telecommunications Service Market Liberalization: A Comparative Study of South Korea and the Philippine"(2003)라는 논문으로 정치학박사 학위를 받았다. 전공분야는 동아시아 정치경제, 비교정치이며, 현재 서강대학교 동아연구소 상임연구원으로 재직 중이다. 주요 연구로는, "The Politics of Market Liberalization: A Comparative Study of the Korean and Philippine Telecommunications Service Industry"(2002), "Economic Liberalism and the Philippine Telecom Industry"(2003), "필리핀 민족주의와 미군기지 철수의 재조명"(2003) 등이 있다.

박승우 성균관대학교 행정학과를 졸업하였으며, 미국 조지아대학교(University of Georgia)에서 "Agrarian Transformation and Colonialism in the Context of Capitalist Development: An Historical-Comparative Study of Korea and the Philippines"(1991)라는 논문으로 사회학박사 학위를 받았다. 전공분야는 정치사회학, 발전사회학, 비교사회학이며, 현재 영남대학교 문과대학 사회학과 교수로 재직 중이다. 주요 연구로는, "Agrarian Transformation and Colonialism"(1993), "Agricultural Restructuring and Capitalist Industrialization"(1995), "The State and Social Classes in Korea and the Philippines"(1998), "Land Reform in Korea Revisited"(1999), "말레이시아와 필리핀에서의 국가와 농업/농촌 부문간의 관계"(2003), "스페인 식민지배하 필리핀의 토착 지배계급의 형성과정"(2003) 등이 있다.

이한우 서강대학교 정치외교학과를 졸업하였고, 동 대학원에서 "베트남의 농업개혁정책, 1975~1993 : 탈집체화의 전개과정"(1999)이라는 논문으로 정치학박사 학위를 받았다. 전공은 동아시아 지역 연구이며, 특히 베트남 정치경제 연구에 집중하고 있다. 현재 서강대학교 동아연구소 상임연구원으로 재직하고 있다. 최근 연구로는, "베트남전쟁시 중국의 북베트남 지원과 양국관계, 1950~1975"(2005), "Remembering the Vietnam War in Korean Novels"(2005), "사회주의권 쇠퇴 이후 베트남 사회주의 체제의 지속과 변화"(2004) 등이 있다.

찾아보기